21世纪经济管理新形态教材·工商管理系列

职业生涯规划与管理
（第3版）

石建勋 ◎ 编著

清华大学出版社

北京

内 容 简 介

本书结合时代发展变迁和当代大学生、研究生的特点，全方位、多角度地介绍了一些职业生涯规划与管理的基本知识和方法，重点阐释：个人选择、职业生涯规划与命运，如何作出正确的人生和职业选择；如何结合自身特点进行职业规划，如何进行自我认知，如何提升情商和职场竞争能力、提高处理职场人际关系能力；如何进行自我管理，如何培育毅力、提高毅商。本书与时俱进地增加了诸如人工智能应用对未来职业选择影响、组织变革的发展趋势与无边界职业规划、自由职业者的生涯规划与管理、高难度的职业规划、创业规划要点、职业生涯规划与投资理财规划有机结合，以及职业生涯心理健康的自我调适等新内容，帮助读者对职业选择、人生成就、健康快乐等一系列问题进行通盘考虑、科学规划。

本书内容新颖、涉及面广、信息量大，案例丰富、生动实用，不仅适合各类高校教学使用，也适合社会上广大中、青年职场人士进行职业生涯的自我设计时参考，还可作为相关领域的理论研究工作者、管理人员和关心职业生涯规划的人士的阅读资料。

本书封面贴有清华大学出版社防伪标签，无标签者不得销售。
版权所有，侵权必究。举报: 010-62782989, beiqinquan@tup.tsinghua.edu.cn。

图书在版编目(CIP)数据

职业生涯规划与管理/石建勋编著. —3版. —北京: 清华大学出版社, 2022.1(2022.8重印)
21世纪经济管理新形态教材・工商管理系列
ISBN 978-7-302-59367-6

Ⅰ. ①职… Ⅱ. ①石… Ⅲ. ①职业选择－高等学校－教材 Ⅳ. ①G647.38

中国版本图书馆CIP数据核字(2021)第211035号

责任编辑: 张　伟
封面设计: 汉风唐韵
责任校对: 王荣静
责任印制: 朱雨萌

出版发行: 清华大学出版社
网　　址: http://www.tup.com.cn, http://www.wqbook.com
地　　址: 北京清华大学学研大厦A座　　邮　编: 100084
社 总 机: 010-83470000　　邮　购: 010-62786544
投稿与读者服务: 010-62776969, c-service@tup.tsinghua.edu.cn
质量反馈: 010-62772015, zhiliang@tup.tsinghua.edu.cn
课件下载: http://www.tup.com.cn, 010-83470332
印 装 者: 北京同文印刷有限责任公司
经　　销: 全国新华书店
开　　本: 185mm×260mm　　印　张: 24.25　　字　数: 569千字
版　　次: 2012年1月第1版　2022年1月第3版　　印　次: 2022年8月第2次印刷
定　　价: 69.00元

产品编号: 092602-02

第3版前言

时光荏苒,这本书出版已10年有余。2017年第2版出版以来,虽然职业生涯规划与理论似乎没有多少新发展,但职业发展的环境发生了巨大变化。这几年,无论是中国还是世界都发生了一些根本性、颠覆性的变化,这些变化对世界、对国家、对每个人来说,是新机遇,也是新挑战。从国内看,中国共产党十九大胜利召开,我国社会主要矛盾发生变化,全面建成小康社会历史任务完成,开启了全面建设社会主义现代化国家新征程,进入构建新发展格局、实现高质量发展的新阶段。从国际看,全球化进入新阶段,逆全球化出现了新动向,全球贸易冲突时有发生,中美之间战略竞争进入新阶段。尤其是新冠肺炎疫情的全球暴发和蔓延,加剧了世界大变局的演绎,不确定性增加。

未来个人的职业发展,就是在这充满不确定性的大变局中进行,没有哪个人可以置身事外、独善其身,个人职业发展不受环境变化的影响。因此,认清形势、把握大势、与时俱进,对个人的职业生涯规划和发展至关重要。

鉴于此,本书再版之际,结合时代变迁的大背景和前期教材使用过程中的反馈,删掉了1章内容,增加了4章新内容,并对保留的章节进行了大幅度修改、完善和补充,更新的内容超过一半。郑雨柔、龙甜、江鸿参加了此次编写中的资料收集、案例编写和文字校对等工作,在此表示感谢。

本书第3版的编写出版得到了同济大学专业学位研究生教材出版基金的资助,在此一并表示衷心的感谢。

本书理论与实践研究涉及面广,需要深入探讨的问题很多,难免有不当之处,敬请批评指正。

编　者
2021年7月于同济大学

第1章 个人选择、职业生涯规划与命运 …… 1

- 1.1 个人选择与命运 …… 1
- 1.2 个人选择与职业生涯规划 …… 2
- 1.3 如何作出正确的选择 …… 6
- 复习思考题 …… 15
- 案例探讨 …… 15
- 即测即练 …… 15

第2章 职业生涯规划与管理的基本知识 …… 16

- 2.1 职业的产生、演变及未来发展趋势 …… 16
- 2.2 职业生涯规划的概念与意义 …… 25
- 2.3 职业选择与生涯规划发展的相关理论 …… 31
- 2.4 职业生涯管理的基本知识 …… 51
- 复习思考题 …… 61
- 案例探讨 …… 61
- 即测即练 …… 61

第3章 职业生涯规划中的自我认知 …… 62

- 3.1 自我认知的概念与方法 …… 62
- 3.2 职业需要的自我认知 …… 65
- 3.3 如何进行职业兴趣的自我认知 …… 67
- 3.4 如何进行职业价值观的自我认知 …… 75
- 3.5 如何进行职业人格的自我认知 …… 77
- 3.6 如何进行职业能力的自我认知 …… 93
- 复习思考题 …… 100
- 案例探讨 …… 100
- 即测即练 …… 100

第 4 章　个人职业生涯规划的设计与管理 ········· 101

4.1　个人职业生涯规划设计 ········· 101
4.2　个人职业生涯管理要点 ········· 115
4.3　管理者的自我职业生涯管理 ········· 118
4.4　职业生涯规划要熟悉职业规律 ········· 125
4.5　职场中如何建立个人品牌 ········· 129
复习思考题 ········· 132
案例探讨 ········· 132
即测即练 ········· 132

第 5 章　组织职业生涯管理：留住人才 ········· 133

5.1　组织职业生涯管理的意义 ········· 133
5.2　组织的职业生涯管理操作实务 ········· 140
复习思考题 ········· 148
案例探讨 ········· 149
即测即练 ········· 149

第 6 章　大学生的职业生涯规划 ········· 150

6.1　职业生涯规划从大一开始 ········· 150
6.2　大学生职业理想与充分就业的现实选择 ········· 157
6.3　大学生求职择业需要提高的自身素质 ········· 167
复习思考题 ········· 169
案例探讨 ········· 169
即测即练 ········· 169

第 7 章　研究生的职业生涯规划 ········· 170

7.1　研究生就业情况分析 ········· 170
7.2　学术型研究生的职业生涯规划 ········· 175
7.3　专业学位研究生的职业生涯规划 ········· 178
复习思考题 ········· 187
案例探讨 ········· 187
即测即练 ········· 187

第 8 章　求职择业的路径与方法 ········· 188

8.1　选好第一份职业：职业生涯第一站 ········· 188
8.2　有效利用人才市场 ········· 191
8.3　简历的写作方法与技巧 ········· 192

  8.4 面试的方法与技巧 ……………………………………………………………… 199
  8.5 签约与报到 ……………………………………………………………………… 206
  8.6 如何迅速适应职业角色 ………………………………………………………… 208
  复习思考题 …………………………………………………………………………… 212
  案例探讨 ……………………………………………………………………………… 213
  即测即练 ……………………………………………………………………………… 213

第9章 身心健康与生涯发展 …………………………………………………………… 214
  9.1 身心健康是职业发展的条件和目的 …………………………………………… 214
  9.2 身心健康的自我调适 …………………………………………………………… 221
  9.3 战胜职场压力，维护身心健康 ………………………………………………… 225
  9.4 树立身心健康的正确理念 ……………………………………………………… 240
  复习思考题 …………………………………………………………………………… 245
  案例探讨 ……………………………………………………………………………… 245
  即测即练 ……………………………………………………………………………… 246

第10章 生涯发展中的自我管理与毅力培养 ………………………………………… 247
  10.1 自我管理的多个维度 …………………………………………………………… 247
  10.2 管理好自己的人品 ……………………………………………………………… 251
  10.3 自我管理的策略和原则 ………………………………………………………… 263
  10.4 毅力与毅商 ……………………………………………………………………… 267
  10.5 如何培养毅力 …………………………………………………………………… 269
  复习思考题 …………………………………………………………………………… 271
  案例探讨 ……………………………………………………………………………… 272
  即测即练 ……………………………………………………………………………… 272

第11章 情商与处理人际关系能力 ……………………………………………………… 273
  11.1 情商 ……………………………………………………………………………… 273
  11.2 提高认知他人的能力 …………………………………………………………… 275
  11.3 提高自我激励能力 ……………………………………………………………… 282
  11.4 提高自我情绪管理能力 ………………………………………………………… 287
  11.5 建立良好人际关系的原则与方法 ……………………………………………… 296
  复习思考题 …………………………………………………………………………… 304
  案例探讨 ……………………………………………………………………………… 305
  即测即练 ……………………………………………………………………………… 305

第12章 职业环境发展变化的新特点和新趋势 ……………………………………… 306
  12.1 职业环境发展变化的新特点 …………………………………………………… 306

12.2 组织变革的发展趋势与无边界职业规划 …………………………… 315
12.3 自由职业者的生涯规划与管理 ………………………………………… 329
复习思考题 …………………………………………………………………… 335
案例探讨 ……………………………………………………………………… 335
即测即练 ……………………………………………………………………… 335

第 13 章 高难度的职业规划：创业 ………………………………………… 336

13.1 创业环境与政策 ………………………………………………………… 336
13.2 创业需要激情，更需要理性的创业规划 …………………………… 340
13.3 学生创业的成功之道 …………………………………………………… 350
复习思考题 …………………………………………………………………… 358
案例探讨 ……………………………………………………………………… 358
即测即练 ……………………………………………………………………… 358

第 14 章 职业生涯规划与投资理财规划 ………………………………… 359

14.1 生涯发展需要投资理财规划支撑 …………………………………… 359
14.2 投资理财的基本知识、原则和方法 …………………………………… 364
14.3 不同生涯阶段的投资理财规划 ……………………………………… 370
复习思考题 …………………………………………………………………… 375
案例探讨 ……………………………………………………………………… 375
即测即练 ……………………………………………………………………… 375

参考文献 …………………………………………………………………………… 376

第1章

个人选择、职业生涯规划与命运

1.1 个人选择与命运

我们每个人都是在别人的笑声中来到这个世界,在别人的哭声中与这个世界做诀别,这是每个个体生命共同的命运和归宿!但从生到死,每个个体的生命轨迹和人生际遇却截然不同。有些人事业成功,富有爱心,布施天下,为国家和人民贡献突出。有些人或者一生怀才不遇,郁郁寡欢;或者平凡超然,陶醉其中;又或者穷困潦倒,苟且一生;更有甚者,可能误入歧途,万劫不复。是什么导致了每个人有不同的人生轨迹或者不同的命运呢?

是每个人不同的选择,选择不同,人生轨迹不同,命运也就不同了。

1.1.1 什么是命运

"命运"一词,在词典里的解释是"指生死、贫富和一切遭遇"。命运的实质内涵是一个人的家庭、生存环境、生活贫富、得失成败、寿命长短、人生追求是否顺利等一切人生状态和经历的总和。这种人生状态和经历是一种客观事实。因此,命运是一种客观存在。承认命运,就是承认每个人从生到死的生命轨迹和人生际遇,每个人生死、贫富、祸福、成败截然不同的客观存在。

"生死有命,富贵在天",这是以孔子为宗师的儒家学派所宣扬的命运观。这种命运观认为人的生死存亡、得失穷富及各种际遇,都是生下来的时候上天已经注定了的,人力不可能改变上天的安排,所以这种命运观又称为天命观或宿命论。有的人认为命运是一种力量,对于这种力量,人类无可奈何。这两种关于命运的解释都未能揭示命运这一概念的真正含义。

古人说:命由天定,运由己生。对"命运"一词做进一步的解析,就会发现,"命运"一词包括两个含义:一是命,指人的生老病死等自然规律和客观状态;二是运,指一个人选择做什么或不做什么、选择专业、选择学校、选择职业、选择生活方式、追求某一目标的人生历程。至于每个人的人生之路如何走,走得是否顺心,就要看个人的选择是否适合自己、符合社会潮流、被生活环境接受,而不同的选择就有不同的结果、不同的际遇、不同的情绪状态和感受。二者结合就是我们所说的命运。

从以上的意义理解,所谓命运,其实就是一个人怎样想、怎样说、怎样做所产生的结果,一个人的想法、说法、做法决定了他所处的人生境遇,尤其是"怎样想"极为重要,因为怎样想意味着怎样选择,而不同的选择决定了不同的人生轨迹。

1.1.2 个人命运能否选择

如果我们把人生和命运通俗地比喻为打牌,所谓"命",就好比我们在玩牌时随机抓到手中的一副牌,有好有差。例如,个人出生时的社会条件、社会环境,是太平盛世还是战火纷飞;个人出生在什么样的家庭,是富裕还是贫困;个人的性别,是男还是女;个人的先天身体条件,记忆力和智力发育,是健全还是残缺等。这些先天的条件和特点,个人无法选择。所谓"运",则需要发挥我们的主观能动性,就如同玩牌,需要好的盟友,并通过自己的排列组合选择出牌的顺序,运用技巧把手中的牌不论其好坏,都打到最佳状态。

人生仿佛是打一场游戏,我们从不同的接口进入其间。有些人渐渐失去自我感知和自主操控能力,无法脱离命运的操控,犹如一块抛向太空的石块,没有外力的作用,必将滑向未知的空间。而那些保持自我感知和自主操控能力的人,才有可能摆脱惯性的控制,走出自己的人生。

由此可见,个人的命运是可以选择的,个人的命运是可以通过自己的努力而改变的。在现实生活中,有人常说自己的命运不好,或者不完全是命运,而是运气,两者本质不同,可又相互关联。命运也好,运气也罢,并非有什么神秘力量在控制每个人的人生轨迹,而只是每个人都必须遵循的客观规律。最终向命运妥协的人,大多不会有奇迹发生,因为那是心的绝望,放弃了掌握自己命运、改变命运的主动权。而有机会绝处逢生的人,靠的是不断地选择、不断地努力奋斗,用坚强的意志力撑下来,最后获得成功。人生就是由无数个选择题组成,所有的结果,都是因自己的选择而产生,不同的选择就有不同的结果。相信什么,就选择什么,播种下什么,这是"因",而"果"是需要时间来体现的。种瓜得瓜,种豆得豆。这就是客观的社会因果规律。

或者你会反问,为什么有些人是先天性残疾,还有些人,看着别人含着"金钥匙"出生,而自己只能忍饥挨饿过得清贫。这仍然是另外一个关联性的因果规律问题。由于父母基因问题、母亲的饮食习惯、孕期保养不科学,父母思维懈怠、不求上进、随遇而安所导致的问题,以至于孩子在出生那一刻,就生活在父母以前选择的处境中。由此可见,所谓的命运,不过是因果规律的必然循环产物,"因"容易被人忽视,"果"容易被人放大,在不去追根溯源的情况下,大多数人就会把各种不如意、不满意、不努力的结果归罪于命运安排,而回避自己的责任、努力和主观能动性发挥。

因此,每个人在作出选择的时候,都应该清醒地认识到自己的选择会带来什么样的后果,而不是等到选择变为既定事实以后才开始埋怨、后悔。

扩展阅读1-1:如果命运只给了你一个柠檬,你将会怎么样呢?

1.2 个人选择与职业生涯规划

1.2.1 自我选择效应

心理学上有一个非常著名的自我选择效应,即什么样的选择决定什么样的生活,今天的生活是由之前的选择决定的,而今天的选择也同样将会决定以后的生活。

自我选择效应对人生的影响是非常巨大的,因为人的选择是有惯性的,一个人一旦选择了某一条人生道路,就会沿着这条道路惯性地走下去,而且在此过程中还会不断地强化自身对这条道路的适应能力。

选择是人生处处需要面对的关口,我们的人生需要我们不断地作出选择,所以选择的结果直接影响着我们的生活质量。有句话说:"决定我们是谁的不是我们的能力,而是我们的选择。"只有懂得选择艺术的人,才能让自己的生活更精彩,拥有海阔天空的人生境界。

下面通过一个非常有意思的故事来说明自我选择效应。

一个美国人,一个法国人,还有一个犹太人,他们3个人即将被关进同一所监狱3年,监狱长答应会满足他们每人一个要求。

美国人爱抽雪茄,于是他从监狱长那里得到了满满的3箱雪茄。

法国人最浪漫,希望自己能与一个美丽女子相伴。

而犹太人则希望得到一部与外界沟通的电话。

3年服刑期满后,第一个从监狱里冲出来的是美国人,人们看到他的嘴里塞着雪茄,大喊:"给我火,给我火!"原来他当初只记得要雪茄,却忘了要火。接着出来的是法国人,他已经有了孩子。最后走出来的是犹太人,他紧紧握住监狱长的手说:"这3年的时间里,有了你送给我的电话,我每天都得以与外界保持联系,我的生意不但没有因此耽搁,收益反而增长了200%。所以,我决定送你一辆劳斯莱斯来表示我的谢意!"

3年前的选择,直接决定了今天的生活,而今天的选择又将决定3年后的生活。每个人有自己不同的追求目标,因此,每个人的选择也会不尽相同。但无论你的选择是什么,都要毫不例外地对自己的选择所产生的结果负责任。

事实上,美国人的选择并没有错,只是他在当初选择的时候忽略了一个重要的因素,那就是雪茄没有火就变成了毫无意义的垃圾。儿女满堂的法国人,3年前作出选择的时候就应该料到这样的结局。倘若他能够很好地享受天伦之乐,那就说明他的选择没有错。倘若他必须为了一群孩子的生活而奔波,觉得那是莫大的负担并痛苦不已,那就说明他的选择欠妥。犹太人的选择应该说是最明智的,但他的明智并不是因为他3年前选择了电话,而是因为3年后的事实验证了他的选择符合他的需求,他在作出选择的时候,就很清楚地知道自己到底想要什么。

1.2.2 选择一种职业,就选择了一种生活

对人生而言,选择了一种职业,就选择了一种生活,也相当于确定了一个人所承担的社会角色,职业让个人才华得以展现,让人生价值得以体现。

我们的整个生活都是由无数个选择题组成。不管发生什么,也不管我们懂得与否,我们依然是自己生命之舟的船长,不断地进行自我选择。

实际上每个人每天都在做选择题,大到选择个人信仰、对象、朋友、学校、专业、职业和工作单位,小到选择读什么书、吃什么饭、坐什么车、穿什么样的衣服。随着社会进步和发展,我们生存的世界选择越来越丰富多彩。

选择无处不在,选择无时不有。人生的路上,当我们有幸面临选择的时候,不因选择正确而得意忘形,也不因选择失误而垂头丧气,那么在回首往事时,我们就能够自豪地说:我选择,我快乐;选择过,不后悔!

很多学生毕业,都面临一个两难的选择,那就是进企业还是考公务员。用一句时髦的

话叫作"打工"或"考碗"。"打工"就是受雇于人,不太稳定,不是"铁饭碗";"考碗"则不然,不仅工作稳定,而且幸福指数高,是公认的"金饭碗"。于是大多数人对考公务员心驰神往,进企业反而成为无奈之举。对于用人单位而言,机关单位"千军万马过独木桥",自然门庭若市;而一些企业单位求贤如渴,却往往"一才难求"。

求职者对"打工"或"考碗"的选择,不正是选择不同的人生吗?

生活与职业好似一对异卵双胞胎,相互连接却又相互独立。选择做销售,就要做好经常被拒绝和经常出差的准备;选择做医生,就要经常面对各种病人,经常值夜班和加班加点;选择做律师,就要经常处理各种案件,与各色人等打交道,与公检法打交道;选择做会计,就要经常处理各种发票,月底月初就非常忙;选择做司机,就要经常开车把乘客送到目的地,有较高概率得胃下垂职业病;选择做厨师,就要经常做菜给客人吃,每天工作在烟火缭绕的狭小厨房间;选择成为警察,就可能会多次面对危险和生死考验;选择成为车间工人,就要在车间生产产品,成年累月从事单调机械的工作;选择成为农民,就要经常在土地里耕作,免不了日晒雨淋;选择成为演员,就要经常深夜拍戏到凌晨,生活不规律是常态;选择成为作家,就要经常码字,饱受颈椎病和近视眼的折磨;选择成为建设工程师,就要四海为家,哪里有工地、有建设项目,就在哪里工作,经常需要变换工作地点。选择不同的职业,就会过上不同的生活,就会有不同的感受和职业带来的习惯、影响和伤病。

有一些职业是需要经常与人打交道的,有一些职业是需要与动物或物品经常接触的;有一些职业是需要创造性强的,有一些职业是需要按流程标准操作的;有一些职业是体力劳动的,有一些职业是脑力劳动的;有一些职业是挣钱多的,有一些职业是挣钱少的;有一些职业是门槛高的,有一些职业是门槛非常低的;有一些职业是风险高的,有一些职业是风险低的。往往令人遗憾的是,既挣钱多、没风险、体面舒服又不累、时间自由、工作稳定,兼顾个人兴趣、爱好、家庭、事业和生活的职业几乎没有,世界上的任何职业都有利有弊,不可能十全十美。工作清闲,压力小,赚钱就少;赚钱多,工作压力和风险就大。选择了彩虹就注定要风雨兼程,选择了平淡就要享受默默无闻,选择了创业就要随时准备承担失败的打击,选择了当人民公仆就要甘于清贫,这就是生活,就是人生。

选择一种职业,就选择了一种生活。而每一种职业都在演绎着一种不同的生活,有人怀疑,到底是因为工作而生活,还是因为更好地生活而工作呢?多少个昼夜不分的日子里,多少人为了生活而奔波,为了日子而努力,看看他们,再看看自己,或许就能找回认真生活和工作的动力。

1.2.3 选择和努力哪个更重要

有人说,选择大于努力,但如果对此理解错了,就是为不努力找借口,贻害无穷。

1. 选择错误,再努力也是无效的

选择正确,可以事半功倍。选择错误,再努力也是无效的。选一块上等的美玉,即使雕刻水平不怎么样,可是因为美玉本身就美,随便雕刻,看起来依然很美,而如果我们选了一块石头,即使请来了天下第一的雕刻师,最多只能成为一件石雕,其价值永远比不上随便雕刻的那块美玉。所以,如果选择错误,再努力也是无效的!就像在公路上行驶的车一样,不在于速度有多快,而在于是否行驶对了方向,如果方向选错了,辛苦开车跑得再快也是错的。

2. 选择错误,将后悔终生

俗话说:"男怕入错行,女怕嫁错郎。"自古以来,人们对选择行业都非常谨慎。三百六十行,行行出状元。如今行业远超三百六十行,行业多了,但不能选错行,选错行将贻害无穷。现实生活中有一对农村夫妇,上有父母,下有儿女,常年做粮食生意,虽不算大富大贵,生活也过得平平安安。可偶然一次机会,他们受金钱诱惑,走上贩毒这条道,屋里床下很快堆满了钱,可钱还没有来得及花,就锒铛入狱,受审时泪流满面,悔不当初。这个案例告诉我们一个深刻道理,选行入业要慎之又慎,切不可粗心大意,走错路,入错行,后悔莫及。

通过这个现实中的事例,可以看到"选错行"的危害和悲惨后果,令人十分痛心。如果一个人选错了行业,做不适合自己的工作,再努力也白搭;如果选择做违法乱纪的事被追究,将给家庭带来灾难,悔恨一生。

3. 选择不能代替努力,没有努力,就没有选择权

选择大于努力,正确的理解是在努力的基础上,选择能起到锦上添花的作用,让努力更顺利一些、效率更高一些。但选择无论什么时候也不能代替努力,没有努力,也许能蒙对一次选择,而人生有无数次选择,谁也不敢保证每次都能蒙对。

人们常说,机会从来都是留给有准备的人的。不是看到机会了,再去努力,再去奋发图强,而是一直坚信,用正确的方法,选择做正确的事,一定可以达到自己理想的目标。聪明的人都懂得先努力奋斗,不断提升自己,做好充分准备,才能抓住机会,取得进步。"台上三分钟,台下十年功",要走上更大的舞台,就要在别人看不见的地方练就过硬的本领,打好基本功。要取得更大的成绩也一样,要努力,还要有持续的努力。这个世界上没人可以随随便便成功。很多人总是看到别人的成功,但是看不到别人为此的付出。

机会稍纵即逝,一旦没有做好准备,只能追悔莫及。即使有些人一时成功,如果不继续努力、不持续地去做好准备,再好的机会也会抓不住。所以,时刻准备着,从本质上而言,才是所有行动和思想付诸实践的第一步。"不侥幸、时刻做好准备"这样的心态,不仅对于企业很重要,在我们每个人的生活中,同样很重要。那些肯低下头认真准备、为每一个可能性下功夫的人,当机会来临时,他们就会牢牢抓住,从而走上命运的"快车道"。保持耐心,为每一个选择的可能性做好认真的准备。相信努力准备的价值,因为所有的成功都离不开积累,需要作出正确的选择,更需要努力准备。

4. 运气和被动选择不是选择

有不少人,根本不想努力,特别怕吃苦,所以只能谈选择。凡是把"选择大于努力"挂在嘴边的、内心真正信奉这话的人,基本上都是想用选择代替努力,更精准一点说,是想用运气代替努力。不客气地说,那就是投机取巧了,他们所说的选择,不过是"天上掉馅饼"

之类的好事。比如期待出生在一个好人家,一开始就达到绝大多数人毕生难以企及的高度;期待家里老房子拆迁,获得一大笔补偿款。

比较明显的用运气代替选择的案例,有一定的迷惑性。例如选择计算机专业年薪20万元,选择其他专业年薪10万元;买房比较早就比当初没买房的收益高。其实当初很多人并不是选择计算机专业而是被调剂被迫学的;当初很多人买房也不是因为知道房价会大涨而是因为刚需被迫买房。严格来讲,这些选择的运气成分更大。选择和运气的根本区别在于:选择是主动的,目的性很强;运气是被动的,是蒙对了。

1.3 如何作出正确的选择

1.3.1 人生选择的困惑及破解方法

做选择,是我们几乎每天都在面临的问题,大到一些人生决策,如"毕业是工作,还是考研""我该回老家发展,还是留在北上广深";小到生活日常琐事,如"今天中午吃什么,是米饭还是面条"等各种日常生活选择。然而,有不少人,做过选择后,一段时间里都会后悔。后悔的原因大多体现在如下两方面:一是想不清楚如何选;二是下不了决心做选择。

这些人想不清楚如何在多数项里作出选择,选项A和选项B,看起来都差不多,看不出区别在哪里,最后要么听别人的建议做选择,要么凭感觉做选择。

而下不了决心则在于,选了A,担心A带来的后果,选了B,又担心A是更好的选择,所以就犹豫不决,迟迟做不了决定,最后只能在时间临近的时候,仓促做个选择。

人的一生中充斥着各种大大小小的选择。在爱情上,是选择爱你的,还是选择你爱的;在生活上,是选择安逸平淡,还是选择艰苦奋斗;在工作中,是选择碌碌无为,还是选择步步高升;在学习上,选择什么学校、什么专业;选择是否放弃现在拥有的,开辟另外一条人生的路;选择外地发展还是选择本地发展,选择和谁合作;选择跟哪一个师傅学习;选择哪一个团队;等等。这些都是大的选择。小的选择也很多,如选择什么时间见客户;选择哪一个设计方案;选择用什么方式和他人沟通;选择什么样的交通工具;选择什么样的度假方式;等等。这些都是我们经常需要做选择的,正是这些大大小小的选择,使我们纠结万分,错误的选择会让我们痛苦后悔,正确的选择则会让我们少走弯路、实现理想。

莫尔曾说过:"人生中最困难者,莫过于选择。"明末清初理学家张履祥也曾说过:"书必择而读,人必择而交,言必择而听,路必择而蹈。"我们无法逃避选择而又必须作出选择,特别是面临多个选项而必须选其一的话,选择的困惑和压力显而易见。

1. 选择的几种困惑

现代社会,科技飞速发展,物质极大丰富,文化多姿多彩,这带给了我们更多的选择,但也带来了选择的困惑:可选的商品多了,应该选哪款?可读的书刊多了,到底选哪种?可走的路多了,到底该选哪条?

概括起来有以下几种选择的困惑。

1) 多项选一,怎么选都不是最优选择

我们常常要面临多项选一的困惑和痛苦,如甲乙两地各有千秋,你都比较喜欢,但选择在甲地工作就不能在乙地工作;又如,甲乙两个女孩子各有优点,你都很喜欢,但选择和甲结婚就不能和乙结婚。如果在多项选一的选择中,每一个其他选择都可能有不错的结果,那么怎么选都可能是错的,选择其中之一,就意味着要放弃其他不错的结果,选择的困惑和痛苦自然就产生了。

2) 多项选择可选多项,怎么选取决于你的时间精力和财力、物力

我们也常常面临多项选择中可选多项,如可选多种商品、多种图书、多种消费和娱乐方式,一日可以多餐,但多选多少,也是有限度的,取决于你的时间精力和财力物力。选多了,吃不了、用不了也是浪费。

3) 不确定下的选择困惑

当今社会飞速发展,国内外不可预见、不可控事件频发。在这样的大环境下,许多选择面临着很大的不确定性。通常是不确定性强,风险高,收益也高;确定性强,风险低,但收益也低。选择不确定性强、高风险高收益,还是选择确定性强、低风险低收益,这就是我们面临的不确定性选择困惑,在经济领域和金融市场,这样的选择困惑已经常态化了。

4) 没有挑选的唯一选择往往是最佳选择

现实生活中,还有一种选择是没有挑选的唯一选择,没有其他选择诱惑和影响,这时候的选择往往是最佳选择。例如,现实生活中有一位成功的企业家,若干年前在事业单位工作十几年,担任了领导职务,上级部门对事业单位改制,实行股份制改革,领导成员中只有他最年轻,年纪大的领导都选择退休,他没有别的选择,只能按照上级部署改制改革,成为大股东,领头把企业做好。当人们问他为什么会成功,他说当时没有别的选择,要么辞职,要么按照上级安排改制,十几年工作下来,对这个行业熟悉,如果辞职,不懂别的行业,所以只能选择留下,硬着头皮领头干下去。现实生活中,这样没得选的唯一选择人们也常会遇到,这样的选择没有多少困惑,往往是最佳选择。"当上帝关了这扇门,一定会为你打开另一扇门。"不要在关上的门前痛苦,而要勇敢地走向另一扇门。

2. 破解选择困惑的方法

1) 要以辩证思维破解选择困惑

选择需要哲学的辩证思维,在多项选一的选择中,要学会用舍与得的辩证思维逻辑,丰富人生选择的智慧。

取与舍、舍与得,一直是人生的一对矛盾,伴随着人从学堂走向死亡。"鱼与熊掌不可兼得",福祸相依,如影随形。人生的抉择,其实质就是在舍与得之间作出选择。两害相权选其轻,两利相权选其重,舍利而取义,舍私而取公,舍小而取大,趋利避害、趋吉避凶。舍得舍得,有舍才有得。大舍大得,小舍小得。欲求有得,先学施舍。舍得笑容,得到的是友谊;舍得宽容,得到的是大气;舍得诚实,得到的是朋友;舍得面子,得到的是实在;舍得虚名,得到的是逍遥;舍得施舍,得到的是美名;舍得放下,得到的是自在;只有舍得下苦

功,才有可能获得成功。选择了一个人的智慧,就要容忍他的狡诈。万事万物均在舍得之间,达到和谐,达到统一。要得便须舍,有舍才有得。

舍得,是一种精神;舍得,是一种领悟;舍得,更是一种人生选择的智慧、一种人生的境界。作为一个凡夫俗子,我们每个人都有着太多的欲望,包括对金钱、名利和情感的欲望。这没什么不好,欲望本来就是人的本性,也是推动社会进步的一种动力。但是,欲望又是一头难以驾驭的猛兽,它常常使我们对人生的舍与得难以把握,不是不及,便是过之,于是便产生了太多的悲剧。只有真正明白有舍才有得、鱼与熊掌不可兼得的道理,懂得取舍,才能作出正确选择,避免人生悲剧。

2) 要有底线思维,个人选择不能突破人性、良心、道德和法律的底线

所谓底线,是不可逾越的界限,是事物发生质变的临界点。一旦突破这个界限,就会产生不可估量的危害、导致难以承受的后果。底线思维,是人生选择中必须有的思维。人生过程中会进行各种选择,不同的选择就有不同的结果,对不同的选择可能达到的结果,需要有预判能力,或者说是要有底线预防和底线思维,选择中通常要守住的底线思维有以下三个层次。

一是最坏结果的预防和底线思维。对选择可能带来的最坏结果要有预见、有预案和可接受度,如对于投资股票的亏损底线,要预先设定、及时止损,避免亏损严重导致生存困难。保证人生轨迹的平稳性,有效防止大的变故和不可控制事件的发生,基本可以避免大部分让人处于困境的状态。

二是守住良心、道德等做人的底线思维。名利,是世人争相追求的东西。古今中外,社会上,凡是有人的地方,无一不在追求一个"利"字,即"天下熙熙,皆为利来;天下攘攘,皆为利往"。这种利,有大利、小利之分,也有善利、恶利之区别等。荀子曾说过:"先义而后利者荣,先利而后义者辱。荣者常通,辱者常穷。"我们在追求名利的过程中,要先仁义后名利,要从正道上去取之。在追求"利"的过程中,要充分体现一种社会倡导的思想境界,如义中取利、遵守法律、合乎人情等。如果我们把仁义当先作为我们获得名利的底线,内心就会很坦然。总之,在追求"利"的过程中,人的崇高思想境界应当构筑在道德基础之上。其中,最重要的一种道德就是善良。弗朗西斯·培根认为,善良就是一种利人的品德,它是人类的一切精神和道德品格中最伟大的一种,是属于"神"的品格。善良,这种人性中的"神性"就在于,它能够处处为他人利益着想,在必要时帮助别人,利他而利己。牢记"善有善报、恶有恶报"的信条,就会作出正确的选择。

在市场经济大潮的冲击下,我们很多人的利益观已经发生了根本性变化,但无论什么时候、什么情况下,都要坚持用高的道德标准来约束自己的行为,不能见利忘义,不能损人利己,你的就是你的,我的就是我的,你的我不动,你如果需要我的,我可以考虑提供帮助,这些最基本的做人底线和社会要求不能变、不能丢。损人利己的事不能做,损人不利己的事更不能为。相反,在社会、弱势群体、他人极度困难和危急之时,要勇于敢于挺身而出、见义勇为,甚至是奋不顾身。

三是守住法律法规的底线思维。良心、道德的底线比较模糊,由于人性的弱点、受教

育和修养的差距,有人守不住或不愿意守;有人突破良心、道德的底线后,受到的惩罚不大或有相当长时间的滞后反应,良心、道德的底线约束力不强。法律法规的底线则是不可逾越的界限,是事物发生质变的临界点。一旦突破法律法规的界限,就会产生不可估量的危害,将受到法律法规的惩罚。因此,不管你愿不愿意,个人选择必须自觉坚守法律法规的底线,牢记法律法规红线不可逾越、法律法规底线不可触碰。要明白法律法规规定我们什么事能干、什么事不能干,心中高悬法律法规的明镜,手中紧握法律法规的戒尺,法律法规面前人人平等。对危害法治、破坏法治、践踏法治的行为和现象要挺身而出、坚决斗争。

3) 要有战略思维

战略思维是指思维主体(个人或集团)对关系事物全局的、长远的、根本性的重大问题的谋划(分析、综合、判断、预见和决策)的思维过程。战略思维涉及的对象大多是复杂的政治、经济、文化系统和人与自然的复合系统及复杂过程。战略思维能力作为高层次人才的一种素质,它不可能是在脱离实践的课堂上直接培训出来的,而必须从实践中锻炼出来。因此,提高战略思维能力,既需要丰富的理论知识,更需要实践锻炼。

对个人来讲,战略思维意味着面对事关人生的重大、疑难问题,能够从全局、长远和战略视角进行选择,这就要求个人具有大局观、国际观、历史观,对世界、国家和经济社会发展的大势有观大势、谋大势的能力,能够站得高、看得远,作出有远见和前瞻性的选择与判断。要努力克服目光短浅,只顾眼前和局部利益的选择,或随大流、赶时髦的盲目从众选择。

4) 要明白量力而行、适可而止,欲速则不达,"贪多嚼不烂"的道理

进行个人选择首先要量力而行,有多大能力,做多大事情,同时也要懂得适可而止,懂得节制和自律,不能任由欲望的驱使,使自己疲惫不堪。

常言道:"欲速则不达。"人做什么事都要循序渐进,不要一味求快,求快反而达不到目的。例如,对于从政者来说,不能不顾客观条件的限制,盲目地强求速成的"政绩",快速升官;对于学习者来说,要注意打好基础,按部就班,以免"贪多嚼不烂",反而影响学习效果。

个人选择和做任何事情,一定要顺其自然,顺应客观规律,乱来不得。倘若违背客观规律去做事、揠苗助长,就逃不脱失败的命运。所以,选择做任何事情都要循序渐进,不能急躁冒进,需要等待时就要耐心地等待,而且必须脚踏实地努力,顺时而动,依势而行;要静观其变,相机谋事。循序渐进,就是指做事、求学要由浅入深、由易到难、由近及远、由此及彼、由表及里、由低级到高级、由简单到复杂、由少到多、由具体到抽象,逐步达成目标,而不能一蹴而就。正如荀子所说:"骐骥一跃,不能十步;驽马十驾,功在不舍。锲而舍之,朽木不折;锲而不舍,金石可镂。"

一个人用循序渐进的方法做事,看起来可能进步不显著、成果不明显,可是,由于这种进步是踏踏实实、脚踏实地的,因此,最终结果必然是有效率、有效果的。意大利著名画家达·芬奇从画蛋开始,循序渐进,逐步提高了自己观察对象、表现事物的能力,练就了自己高超的绘画本领,使自己最终成为文艺复兴时期的艺术巨匠。当然,循序渐进也并不是一件容易的事,它考验着一个人的意志力。日常生活中,人们总会在某些时候想走捷径,想

要一步登天,有时会为了漫长的持续努力的过程而烦躁不安,甚至试图放弃,不想再做任何尝试或停止付出。在这种时候,人们必须学会坚持自己的目标,并敦促自己为实现这个目标而不懈努力,这样才能让自己获得源源不断的动力,从而使自己一步一步地走向成功。

5) 要培育良好心态

选择的困惑有20%来自事情本身,有80%则来自心态。心态好,一切都好;心态差,一切皆难。要想主宰世界,就必须首先主宰好自己的心态。有人说:"乐观者在灾难中看到的是机会,悲观者在机会中看到的是灾难。"事实告诉我们:心态决定情绪,情绪决定心情,心情决定心境,心境决定生活,你的生活就是你的人生。淡泊从容、平和洒脱、宠辱不惊、随缘随性,相信自己的选择,不纠结、不后悔。选择是否正确,关键不是选择本身,重点是选择之前的立足点、出发点和企图实现的目标,重点是选择后的心态。以积极的心态面对生活中的一切,灾难也是机会,挫折也成为磨砺,别人的不恭也可能成为你前行的动力。

6) 要克服完美无缺的思想

一直以来在传统的教育里,我们被要求做事就要做到最好、做到第一,追求十全十美,即所谓的完美无缺,尽量地减少或杜绝缺陷,否则将受到处罚或指责。因此我们做事时会不知不觉地受到内在或外在的因素影响,要求自己做到最好、没有失误。一旦出现失误,便不由自主地自责起来,正是这种深藏于内心的害怕失误,才导致我们在做选择时出现困惑,选择后又后悔不已、痛苦不已。要克服这种困惑,首先要纠正这种完美思想,即去完美化。大作为大创造就必经大挫折大磨难,百炼才能成好钢,炉火烧到一定火候才能变成纯青。要知道我们做任何事情都不可能完美,都会有得有失,都会有缺陷,只是缺陷有多有少而已,要允许自己在做事时存在不足和缺陷,可以要求将缺陷降到尽可能的低但绝非无的境界。人生在世,十有八九不如意,而绝大多数人都为那十之一二活着,人生如意的人毕竟是少数。要明白不应该好事情都是你的,坏事情都是别人的,月圆时少,月缺时多,人生也是如此。其实,活着就是一种心态,淡看人生苦痛,淡泊名利,心态积极而平衡,有所求而有所不求,有所为而有所不为,不用刻意掩饰自己,不用势利逢迎他人,不用做伪君子,做一个真真正正的自我。如此这般,人生就算失意,也会无所谓得与失,坦坦荡荡,真真切切,平平静静,快快乐乐。

7) 不要害怕失误、害怕承担责任、害怕被指责、害怕受到损失,承受不了受挫折的心态

在实际生活中,可以说选择不一定是对与错。常听人说,塞翁失马,焉知非福,三百六十行,行行出状元,任何事情只要做得精就好。到商店买衣服也一样,不知道选择哪一件好,左挑右选,最终还是没有选对,自责不已,当你不自信时,再好看的衣服也会觉得不好;当你很有自信时,即使衣服有缺陷,你也不会在意。因此重要的不在衣服如何,而在你的心态。选择,意味着探索,探索失败了也很自然。失败是成功之母,没有选择就没有失败,但更没有成功。

8) 要懂得积极面对各种困难

当选择一件事情或东西时,如果发现有缺陷,首先不是认为自己选错了后悔不已、自责不已,而是要找到缺陷在哪里,如何去弥补和克服,用什么方法来解决才是最为重要。

任何一件事情,不是只有选择才能决定对与错,选择不是决定成败的唯一因素,重要的是在作出选择之后,如何以积极的心态面对各种困难与困惑,这才是决定胜败的关键。

如果能够理解和做好以上几点,或许就能够比较好地破解选择困惑了。

1.3.2 信仰和"三观"是选择的指南

作出选择就是进行决策,决策不做什么,做什么,怎么做。这些选择和决策,一般分为两类:以依靠经验为主的经验决策,依靠理性判断的理性决策。日常生活中,除非较为重要的事件,我们通常采用经验决策或选择,虽可能会出错,但我们需要在准确与效率之间作出权衡。

1. "三观"是经验选择的基础

依据经验作出的决策或选择,通常取决于我们的思维定式。所谓思维定式,就是按照积累的思维活动经验教训和已有的思维规律,在反复使用中所形成的比较稳定的、定型化的思维路线、方式、程序、模式。先前形成的知识、经验、习惯,都会使人们形成认知的固定倾向,从而影响后来的分析、判断,形成思维定式,思维总是摆脱不了已有"框框"的束缚,表现出消极的思维定式。

认知的固定倾向是久而久之固化在脑海中的一种习惯,而习惯则是一种因循式的思维形式。"久会而成习,久合而成惯,久应而成习惯思维"。如同我们学习开车,从手忙脚乱开始学车,到开车数年之后,形成的一系列开车习惯动作,已经固化到肌肉里,松手闸、刹车、转向、熄火等常规动作甚至不需要经过大脑思考而本能地进行。反复操作或运用,重复或练习而巩固下来并变成需要的行为方式,这些长年累月的习惯已经成为熟练掌握、不假思索的反应行为和适应行为。经常按这种行为方式思考问题,就会逐渐形成牢固的思维定式,深入潜意识中并反过来支配自己的言行,成为一种后天养成的"本能"。

由此可见,思维定式是一种按常规处理问题的思维方式。它的优点在于,可以省去我们许多摸索、试探的步骤,缩短思考时间,提高效率。在日常生活中,思维定式可以帮助人们解决每天碰到的90%以上的问题。但是思维定式对问题解决既有积极的一面,也有消极的一面,它容易使我们产生思想上的惰性,养成一种呆板、机械、千篇一律的解题习惯。当新旧问题形似质异时,思维定式往往会使解题者步入误区。思维定式不利于创新思考、不利于创造。大量事例表明,当一个问题的条件发生质的变化时,思维定式会使解题者墨守成规,难以涌出新思维、作出新决策,造成知识和经验的负迁移。

根据唯物辩证法的观点,不同的事物之间既有相似性,又有差异性。思维定式所强调的是事物间的相似性和不变性。在解决问题的过程中,它是一种"以不变应万变"的思维策略。从思维过程的大脑皮层活动情况看,思维定式的影响是一种习惯性的神经联系,即前次思维活动对后次思维活动有指引性的影响。所以,当两次思维活动属于同类性质时,前次思维活动会对后次思维活动起正确的引导作用;当两次思维活动属于异类性质时,前次思维活动会对后次思维活动起错误的引导作用。

习惯思维定式一般与个人的世界观、人生观和价值观形成存在着内在的必然联系,是个人的世界观、人生观和价值观在思维方式、行为方式上的固化和反映,由于它具有社会性、阶段性以及知识经验的局限性,在一定的历史时期成为指导人们个人行为方式的固有模式,然而,当时代需要变更创新、新旧交替时又成为其发展的主要障碍。

因此,若想提高个人选择能力以及竞争能力,就必须从改变思维定式开始,而改变思维定式的根源就要触及个人的世界观、人生观和价值观,努力使个人的世界观、人生观和价值观符合客观规律、符合现实、符合社会主流价值观,符合人类社会和世界发展的大趋势等。

2. 信仰和"三观"是理性选择的指南

理性决策或选择一般指我们形成概念、识别、判断、分析、综合、比较、逻辑推理、计算、评估后的慎重选择。理性选择和感性选择相对,是指处理问题按照事物发展的规律和自然进化原则来考虑的态度,考虑问题、处理事情不冲动,不凭感觉做事情。理性决策或选择通常是需要深思熟虑的重要选择,这主要取决于我们的信仰,也取决于我们的人生观、世界观和价值观,取决于科学决策的方法和外部帮助。

信仰是人们对生活所持的某些长期和必须加以捍卫的根本信念,同时也是个人价值的所在。严格意义上的信仰是人们为了超越自己和人类社会的一切有限而产生的,唯有超越现实的无限才能真正成为弥补人自身局限性的希望。这是因为,不管是个体还是群体,人类对客观世界和未来的认知永远没有终点的,不管科学技术发展到何等程度,人的认知有限性是不会改变的,人类在欲知和未知、有限和无限之间的鸿沟,将永远存在,旧的问题和认知解决了,新的问题和认知又需要人类去探索、去认知。在永远存在的人类欲知和未知、有限和无限之间的鸿沟里,既生出希望,也生出恐惧,未知和不确定性就给信仰留出了地盘。因此,信仰的对象也是崇拜的对象。

实际上,对个人信仰最简单的理解就是个人相信什么。马克思主义者都是无神论者,相信马克思主义是科学真理,就信仰马克思主义。还有许多人,相信一个科学道理,相信自然和社会规律,这也是一种基本的信仰,比如说相信"善有善报、恶有恶报"、相信勤劳致富、相信锻炼身体能够长寿、相信创新是企业生存和发展的核心等。从这个意义上讲,每个人都有自己的信仰,都有自己心中的"上帝",只不过没有清醒地意识到罢了。

所有正常人的言行都是受思想支配的,你相信什么,就会选择做什么、不做什么,久而久之,个人的信仰就会固化,形成习惯。从这个意义上讲,从一个人的言行习惯就能基本判断出一个人的信仰和人品。

心理学家罗伯特·麦基发现:"喜欢某个人或事物的时候,我们的心灵会让自己在现实中搜寻印证,然后再用这些似是而非的印证,来佐证自己的心理预期,最终形成一种'真是如此'心理定式。"也就是说:你看到的只是你想看到的。当一个人内心充满某种情绪时,心里就会带上强烈的个人偏好暗示,继而会导致主体从客体中去佐证。

麦基还发现一个秘密:"人的一生正如他天天所想的那样,你怎么想、怎么期待,就有怎样的人生。"一个人相信什么,他未来的人生就会靠近什么。你相信什么,才能看见什么。你看见什么,才能拥抱什么。你拥抱什么,才能成为什么。你相信潜规则,就会发现无数潜规则;你相信不公平,就会发现无数不公平;你相信努力,就会发现努力真有回报;你相信美好,就会发现生活处处有美好;你相信"善有善报、恶有恶报",就会选择从善如流;你相信勤劳致富,就会选择通过自己辛勤劳动获取财富;你相信金钱至上,就会选择唯利是图;你相信法律,就会做守法公民;等等。

有人要问：信与不信有那么重要吗？也许并没有。但是只有我们相信的东西，才有可能反过来选中我们。你选择相信什么，就会成为什么。因为你所相信的，正是那些你认为正确的事，而这些事又决定着你的人生会朝着怎样的方向发展。

理性与智慧并不代表质疑一切，眼界会让我们变得更加慈悲，相信人性中好的一面，同时原谅人性中坏的一面。从轻易相信到凡事质疑，里面包含着理性之光，然后，从凡事不信到再次愿意相信，背后是见识和格局。年轻人不要轻易说不信，因为很有可能是自己见识太少。

人一旦不相信本真，就无法拥有信仰。每个人命运不同，选择相信是一种命运，选择不相信也是一种命运。人生的路越走越窄，不是因为不够聪明，而是因为不再相信，而避免了一切美好的开始。"怀疑一切往往就会失去一切。"

1.3.3 如何作出正确选择

1. 了解自己

真正地了解自己，并非一件容易的事情，很多人活了大半辈子也没有真正地明白自己是个怎样的人，自己想要的是什么，自己的优势和劣势，自己的喜恶，因而找不到自己的位置，看不清人生发展的方向，一旦从浑浑噩噩中醒来，已错过了最为美好的时光。所以要想真正通过自身的努力去改变自己的命运，那么首要的是了解自己，了解什么对自己有利，了解什么对自己有害，了解自己的人生定位、人生方向和目标，才能真正把握自己的命运，才能有针对性地去改变自己的命运，否则一切都是空谈，哪怕你有满腔的抱负也很可能头撞南墙，哪怕你有满腹的经纶也很可能怀才不遇。

2. 了解环境

从出生到独立再到成家立业，我们无时无刻不受到周边环境、周边的人与事的影响，没有人能够屏蔽外部的作用力，所以我们也要尽可能地去探求和探索自身所处的环境，大到整个世界、整个国家，小到一个单位、一个部门、一个家庭，只有了解了环境才能去适应环境，进而改变环境，使之对自己有利。

了解环境是多方面的，包括个人生长环境、社会环境、经济环境等。例如个人环境中，你的领导、老师、家长、伴侣、朋友，这些人在大多数情况下就是造就现在的你和未来的你的主要影响因素。大多数人是被周围经常密切接触的人塑造的结果。你的自信，其实不是你生来就如此，而是这些人对待你的方式造就的结果。同理，不够自信的你，也不是生来就如此，而是某些人压抑你的结果。如果你发现自己变得比原来更好了，除了你自己的努力外，更多的可能是因为你碰到让你变得更好的人。

又比如，在经济发展水平高的地区，企业相对集中，优秀企业也比较多，个人职业选择的机会就比较多，因而就有利于个人职业发展；相反，在经济落后地区，个人职业发展也会受到限制。不同的企业有不同的企业文化，员工的职业生涯是为企业文化所左右的。一个主张员工参与管理的企业显然比一个独裁的企业能为员工提供更多的发展机会；渴望发展、追求挑战的员工也很难在论资排辈的企业中受到重用。

3. 信念与心态

"有些人运气总是特别好"，你经常听别人这样说。但是，不知你是否想过，为什么这些人即使身处逆境,却仍能创造那么多的机会?不可否认,有的人就是天生好运,做起事来总是事半功倍,困难的时候总是有人相助。但这样命好、运也好的人,毕竟是凤毛麟角,绝大多数人并没有那么好的命运,因此要靠自己去争取、去努力,只有心怀正念,才能走得好、走得快、走得稳。除了那些天生好命好运的人之外,走好运的人都有一个突出的特点,那就是:他们都知道如何吸引好运,如何激发别人帮助自己的热情。这往往来源于人的信念和心态,一个阳光积极快乐的人,身边总会有一群人,愿意接近他、愿意帮助他,好事也愿意与之分享,而一个阴暗、抱怨、忧郁的人,身边的人会越来越少,没有人愿意整天听他的抱怨和牢骚,更不可能去忍受他的讽刺和刻薄,这样的人,往往路越走越窄。那么应该抱有怎样的心态、坚持怎样的信念,就不言而喻了。

4. 正确地借助外力

借助外力的方法有调整自身气场、借助贵人之力等,正确、有效地借助这些外力,往往能够起到非常良好的效果,但其前提是自身的争取和努力,天上不会掉馅饼,再好的命和运,如果你自身不努力,即使有收获也不会长久,就像有人一夜暴富,最终却穷困潦倒、身陷绝境。面对这些帮助,我们要心怀感恩之心,将之作为自己前进的动力和助力,不能将全部希望都押在这些人、事、物上。只有心怀正见,才能真正借助这些外力为自己谋求更加快乐幸福的生活。

"凡事要好,须问三老。"要防止出现错误,就需要多向老人请教,听取老人的建议,只有这样才能作出正确的选择。"兼听则明,偏信则暗"就是这个道理。多听听过来人的意见,帮助自己进行正确选择。父母、兄弟姐妹、好朋友等通常会对个人选择产生重要影响。俗话说:"近朱者赤,近墨者黑",就像选择工作环境和伴侣一样,选择什么样的朋友,就意味着选择什么样的认知环境。举个最简单的例子,你看看各自的微信朋友圈:A类朋友圈,转发的都是晒吃喝玩乐的信息;B类朋友圈,转发的都是对你认知升级有很大影响的信息。哪类朋友圈对你影响更大呢?这里的B类朋友圈,其实是帮你做优质信息整理分类收集的重要入口,你选择了什么样的朋友圈,你就选择了什么样的认知信息流。

当然,别人的意见仅供参考。在重大抉择的问题上,一定要自己做决定,不要依赖别人给自己做选择。这是因为我们每个人做选择的时候,往往都基于自己的立场、利益、掌握的信息和思考能力。碰到同样的问题,通常不同的人会作出不同的选择。如果你依赖别人帮你做选择,由于他对你肯定不如你自己对自己更了解,所以他作出的选择,绝大多数也不会是最佳选择。所以,要正确地借助外力,而不是完全依赖外力。

5. 信仰的力量不可否认

心中有信仰,行动有力量。信仰是人安身立命的精神支撑,是一个民族的文明脊梁,是一个国家强盛的信念底气。诚如有人所说,"你所站立的地方,正是你的中国。你怎么样,中国便怎么样;你是什么,中国便是什么;你有光明,中国便不黑暗。"个人如斯,民族如斯,国家如斯。信仰造就榜样,榜样引领时代。中国梦是国家梦、民族梦,也是每个中华儿女的梦。在追梦新时代、奋进新征程的进程中,中华大地涌现出许许多多在平凡岗位上书写忠诚、用无悔的奉献诠释人生价值的模范人物:倒在扶贫路上的"时代楷模"黄文秀同志、数十年甘于奉献扎根偏远落后贫困山区的"全国优秀共产党员"张富清同志、"新时代最可爱的人"扫雷排爆英雄战士杜富国同志等。他们都是信仰的力量的光辉榜样。

复习思考题

1. 什么是命？什么是运？什么是命运？
2. 个人的命运能否选择？
3. 选择的困惑有哪些？如何克服选择困惑？
4. 为什么说选择了一种职业就选择了一种生活？
5. 为什么说正确的"三观"是作出正确选择的基础和关键？
6. 如何正确理解选择大于努力？
7. 作出正确的选择取决于哪些关键要素？

改变个人命运的三个典型案例

即 测 即 练

第 2 章 职业生涯规划与管理的基本知识

职业是一个人安身立命之本、施展抱负之基、成就自我之根。一个人步入职场的第一天,就开始书写其职业生涯;一个人退离职场安度晚年之时,几十年的职业生涯早已在其身上留下不可磨灭的职业印记。虽然大多数人天天从事自己的职业,却很少有人去深究职业、职业生涯这些概念的含义。在日常生活中,不了解这些概念似乎对我们的职业和职业生涯没有多大影响,但当我们把职业生涯作为一个特定的学术和实践领域进行研究时,探讨这些基本概念的含义就成为首要任务。

2.1 职业的产生、演变及未来发展趋势

2.1.1 职业的含义与特征

职业是社会分工的结果,是人类社会生产和社会生活进步的标志。随着经济和社会的不断发展,科学技术的突飞猛进,社会职业的数量、种类、结构、要求都在不停发生着变化。

不同学派的专家和学者出于不同的研究目的,从各自的立场出发阐述了对于职业的不同理解。其中,比较有代表性的是社会学家和经济学家的观点,都涉及职业的三个最重要特征。

1. 经济特征

从个人角度看,人们从事特定的职业,从职业劳动中获得经济报酬,以达到满足自身生存和发展的需要。因此,可以说,职业是个人获得经济收入的来源,是个人维持家庭生活的手段。从社会角度看,职业的分工是构成社会经济制度运行的主体,职业劳动创造出社会财富,从而为社会的存在和发展奠定物质基础。

2. 社会特征

职业本身是社会发展的产物,每一种职业都体现了社会分工的细化。社会成员在一定的社会职业岗位上为社会整体作出贡献,社会整体也以全体成员的劳动成果作为积累而获得持续发展和进步的动力。

3. 技术特征

任何一个职业岗位都有其职责要求,而要达到相应的职责要求,必须具有特定的知识和技能。职业岗位一般对任职者学历、职业资格、专业技术水平、上岗培训合格证、专业工作年限等都有具体规定。只有达到职业岗位的要求才能上岗。

综上所述,我们可以对职业定义如下:职业一般是指人们在社会生活中所从事的以获得物质报酬作为主要生活来源并能满足自身精神需求的、在社会分工中具有专门技能的

工作。它是人类文明进步、经济发展以及社会劳动分工的结果，同时也是社会与个人或组织与个体的结合点，由此形成人类社会共同生活的基本结构。也就是说，个人是职业的主体，但个人的职业活动又必须在一定的组织中进行。组织的目标靠个体通过职业活动来实现，个体则通过职业活动对组织的存在和发展作出贡献。因此，职业活动对个人和组织都具有重要意义。

从个人的角度讲，职业活动贯穿于人一生的主要过程。人们在其生命的早期阶段接受教育与培训，是为职业做准备。从青年时期进入职业生涯到老年退离工作岗位，一个人的职业生活可以长达几十年，即使退休以后仍然与职业活动有着密切的联系。职业不仅是个人谋生的手段，也是个人存在意义和价值的证明。选择一种合适的职业，拥有一个成功的职业生涯，是每一个职场人的追求和向往。对于组织来说，不同的工作岗位要求具有不同能力、素质的人担任，把合适的人放在合适的位置上，是人力资源管理的重要职责。只有使员工选择适合自己的职业并获得职业上的成功，才能真正做到人尽其才、才尽其用，组织才能兴旺发达。

2.1.2 职业的分层与分类

1. 职业分层

职业分层是按照职业的社会地位和社会对职业的价值取向所做的职业等级排位。它以人们从事职业的社会地位和职业声望为标准，为社会公众所认可。最早以职业角色为依据确定劳动者社会经济地位的学者，是美国人口普查局工作人员威廉·C.翰特，他将全部职业劳动者分为4个等级，依次是产业主、职员、熟练工人、一般体力劳动者。

不同的职业之间存在很大的差异，如职业活动的内容不同、工作的复杂程度不同、所需付出的体力和脑力不同、工作的环境不同、所需要的任职资格条件不同、在组织结构中的权力不同、收入水平不同等，这必然使不同职业的社会地位不一样，这是职业分层的依据。如果只是笼统地宣讲不同的职业都是社会分工的需要，是不能令人信服的。当一个社会只注重总体而忽略作为其根本要素的个人时，就会以服从社会需要来抹杀职业层次性，这是违背客观实际的。当社会重视个人时，必然承认职业的层次性，承认职业存在差别，通过给人创造平等竞争、自由择业的机会，促使人们积极向上，进而促进社会的健康发展。

从个人角度来看，职业分层就是认识职业层次。职业层次是指在同一种职业或职业类型内部，由于工作活动及其对人员要求的不同而造成的区别。一般按工作所要求的技能和责任心的程度，其可以分为6个层次。

(1) 非技能性工作，这种层次的工作简单、普通，不要求独立的决策能力和创造力。

(2) 半技能性工作，要求在有限的工作范围具有一些最低限度的技能和知识或一种高程度的操作技能。

(3) 技能性工作，要求具备熟练的技能、专门的知识和判断力，才能完成所分配的工作。

(4) 半专业性和管理性工作，是指要求有一定的专门知识或判断力的脑力工作，对他人有低程度的责任。

(5) 专业性工作,要求大量的知识和判断力,具有一定的责任和自主权。

(6) 高级专业性和管理性工作,要求具有高水平的知识、智力和自主性,能承担更多的决策和监督他人的责任。

由上可知,决定一个人职业层次的应该是其能力水平。一般用一个人的受教育程度或培训水平来代表其所达到的相应的能力水平。因此,不同层次的工作要求不同的受教育水平或培训水平,一个人的知识水平在很大程度上决定了其所要从事的职业层次。一般来说,(5)、(6)层次的工作要求本科学历或硕士学历;(3)、(4)层次的工作需要受过大学教育或中等程度的培训;而(1)、(2)层次的工作只需要进行适当的工作培训即可。

由于社会分工的要求,人们必须在不同领域和层次上工作。因此,当人们确定了自己的工作领域后,还需要进一步发掘自己的能力、价值观和目标,以决定自己在所选择领域的某个层次上开始工作及未来想要达到的层次。

2. 职业分类

职业分类是指国家采用一定的标准和方法,依据一定的分类原则,对从业人员所从事的各种专门化的社会职业进行全面、系统的划分与归类。工作分析是职业分类的基本方法。职业分类的工作分析法是根据工作的基本属性对每一种职业活动进行分析,按照工作特征的相同和相异程度进行划分与归类。科学的职业分类是职业社会化管理的平台,也是职业自身发展的需要。一个国家职业体系结构的形成,为人们了解社会职业领域的总体状况奠定了基础,也增强了人们的职业意识,促使人们提高自身的职业素质。同时,社会经济的发展促使社会对职业的需求不断发生变化,能够满足社会需要的新的职业也在不断产生、发展。因此,职业的分类也处在不断的调整变化之中。

由于各国经济发展水平不同、历史和国情不同,职业分类的具体情况也不相同。最早进行职业分类工作的是英、美等西方国家。英国在1841年将职业分列为431种。美国在1820年的人口普查工作中就已列出职业统计项目。1850年,美国进行了专门的职业普查,划分了15大行业、323种职业;1860年又增至584种;1965年确定为21 741种。到了1980年,《美国百科全书》认定美国有25 000种职业。法国在20世纪80年代中期确定的职业是8 600种。加拿大1982年出版的《职业分类词典》将职业分为23个主类、81个子类、499个细类。日本的职业分为12个大类、52个中类、279个小类。

从以上各国职业分类的情况可以看出,各国职业分类的标准是不一致的。为了使国际的职业分类具有可比性,1958年,国际劳工组织制定了《国际标准职业分类》。1966年,在日内瓦第十一届国际劳工统计专家会议上通过了《国际标准职业分类》的修订版。目前根据国际职业分类的通行做法,职业分类一般划分为大类、中类、小类和细类4个层次。大类依工作性质的同一性进行分类;中类是在大类的范围内,根据工作任务与分工的同一性进行分类;小类在中类之内按照工作的环境、功能以及相互关系分类;细类在小类的基础上,依照工作的工艺技术、操作流程等相似性和同一性再做划分与归类。

新中国成立以来,国家有关部门根据我国的国情,开展了大量的职业分类调查工作,参照联合国国际劳工局的《国际标准职业分类》,制定了有关职业分类的标准与政策。特别是改革开放后,我国先后制定了国家标准《职业分类与代码》《中华人民共和国工种分类目录》,并根据社会经济发展的需要,修订了国家标准《职业分类与代码》,在此基础上又制定了《中华人民共和国职业分类大典》。《职业分类与代码》(GB/T 6565—2015)将我国的职业分为8个大类、65个中类、410个小类。8个大类是：党的机关、国家机关、群众团体和社会组织；企事业单位负责人专业技术人员；办事人员和有关人员；社会生产服务和生活服务人员；农林牧渔业生产及辅助人员；生产制造及有关人员；军人；不便分类的其他从业人员。

2.1.3 职业的产生与发展

职业的产生与发展是社会进步的反映。但是，职业不是伴随人类社会的形成而产生的，而是社会劳动分工的必然产物，并随社会劳动分工的深化而发生变化。

1. 社会分工是职业产生的基础

在原始社会初期，生产力水平低下，劳动过程只存在以性别、年龄为基础的自然劳动分工，还没有形成社会劳动分工。同时，由于每个人不是固定从事某项专门的活动，没有形成独立的专门职能，也就没有职业可言。随着生产力的发展，人类出现了3次具有特别重要意义的社会分工，即游牧业同农业的分离、手工业同农业的分离、商业和商人阶级的产生。由于这些社会分工，最初的职业便出现了，如牧人、农夫、工匠、商人等。

2. 社会分工的发展和变化决定与制约着职业的发展和变化

科学技术的进步、生产工具的改进和生产社会化使社会分工更为精细和具体，专业化程度越来越高，社会职业的种类也越来越多。据有关资料介绍，在20世纪70年代，全世界职业种类就超过42 000种。同时，由于科学技术和生产力的发展，全社会劳动分工的模式和职业结构也在发生深刻的变化，社会职业结构变迁的速度越来越快。从农业革命到工业革命经历了数千年，而从工业革命到新的产业革命只用了200多年。就在这200多年里，新的行业不断涌现，行业主次地位的变化也越来越快。例如，工业革命时期纺织业占主要地位，一直到20世纪，钢铁、汽车和建筑业才先后超过纺织业，但是电子行业从产生、发展到成为一个主要行业只用了几十年。与此同时，脑力劳动者职位在社会职位总额中所占比例越来越大。

3. 经济发展对职业发展有重要影响

经济领域是集中职业种类和职位数量最多的社会领域。经济的发展要求社会为其提供各个行业需要的人才，人们也因此获得更多的就业机会，故社会经济对职业的变迁、发展有特别重要的直接作用。

人类社会跨入21世纪，世界上大多数国家把经济的增长和发展放到中心或优先的位置，其结果是直接促使产业结构和行业结构变迁速度加快，职业的结构、数量和分布状况的变迁也更加频繁。我国改革开放以来，由于产业结构的发展，一些新型的行业和职业不断兴起，如租赁业、房地产业等；服务性职业的社会地位提高，如保险业、广告业、旅游业、娱乐业迅速发展，这些都是经济发展的直接结果。

4. 科技进步给职业发展带来巨大冲击

现代科技的发展，带来许多新技术、新产品和新工艺。这些新技术、新工艺的研究、开发、应用必然导致部分职业的新旧更替。例如，电子计算机技术的发展，让诸如电报发报员、电话接线员、机械打字员等传统职业逐渐走入末路,但随之而来的电子通信,网络服务,电子保安,计算机制造、调试、维修、设计、培训等新职业相继破土而出。科技发展使职业发展越来越呈现出这样的特点:脑力劳动职业发展速度越来越快,体力劳动职业将越来越少;经济部门和服务性行业的职业越来越多,行政管理等行业的需求越来越少。

2.1.4 未来职业变化的趋势

1. 未来职业变化的主要特点

未来职业变化主要有以下 3 个方面的特点。

1)职业要求不断更新

新的职业层出不穷,传统的职业消亡和迁移仍在继续,一些职业因新的工作设备和条件变化,对职业内容有新的要求。例如,行政工作人员在以前只要求具备较好的组织协调能力、分析解决问题能力、文字能力、口头表达能力等,但现在还要求具备社会交往能力及计算机辅助管理能力、办公自动化操作能力等。

职业需求不断变迁的大致状况是以第一、第二产业社会职业的消亡变动和重组为主,第三产业迅猛发展,如交通运输业、邮电通信业、商业、服务业、金融保险业、信息咨询业、租赁广告业、卫生、体育、教育培训和文化艺术等,尤其是信息产业的潜力更为巨大,国外有人把其称为第四产业。这些新兴行业的出现和兴起,将为社会提供更多的就业岗位。同时,新技术、新成果的不断推广应用,也为第一、第二产业等传统行业提供了新的发展机遇。例如,新技术的应用、新的生产方法和发展思路,给农业这一传统产业也带来前所未有的职业选择机会。

就世界范围内来说,进入 21 世纪以来,由于人工智能和数字技术发展,低碳环保技术发展,人类社会将进入数字时代、智能时代和生态文明时代,未来还将形成许多新的职业,如高级信息服务行业、人身安全保障和娱乐行业、太空和海洋开发专家、环保专业人员等。未来学家预测,在 21 世纪兴起的众多职业中,增长最快的将是计算机操作与信息处理、院外保健(如戒酒、戒毒等)、个人供应服务和其他新的服务项目(如咨询、演讲、电话电信服务等)。随着我国经济、社会、文化和科学技术的发展,我国的产业结构将发生根本的变化。有关专家预测我国未来 10 年有较大发展潜力的行业和急需的人才主要是航空航天技术、汽车技术、电子信息技术、轻工生物技术、食品营养与检验教育、稀土工程、材料科学与工程、电子信息、人工智能和大数据应用创意产业、影视制作、环境保护技术、公共管理、律师等。

2)"永久性"职业减少

未来职业的发展趋势是只有少数人能拥有"永久性"的工作,而从事计时、计件或临时性职业的人会越来越多。终身依附于一个组织的固定职业不断削减,独立的、不依赖于任何组织的自由职业不断产生。依附于一个组织的固定职业是工业革命时代的产物。工业社会组织的特征是:相对较少的外部环境和内部组织结构的变化;可预期的活动序列;易于分割的流水线工作流程;易于分解的职能和责任范围。与此特征相适应,终身为一个组织工作,从事一个稳定的、全职的、长期的固定职业就成为那个时代完成各种生产活动最为有效的方式。但是,今天这种传统的固定职业中有相当一部分正在被临时性工作、项目分包、专家咨询、交叉领域的合作团队或者自由职业者所代替。

造成这种局面的原因是知识经济的出现和发展。在知识经济条件下,越来越多的工作包含知识的加工而不是对物质的处理。彼得·德鲁克(P. F. Drucker)在1993年指出,"在今天真正具有控制力和起着决定作用的生产要素不是资本,不是土地,也不是劳动力,而是知识。后资本主义时代的两大阶级是知识工人和服务工人,而不是资本家和无产者"。较之制造业,知识性和服务性职业所涉及的活动很难像传统的工厂和办公室的工作那样职责界定明确,更有可能需要跨职能的团队活动,而不仅仅是流水线上的体力劳动。知识和服务业比传统产业更有可能交由外部的顾问或独立的专家完成,并且他们也更容易运用外部采购的方式。因此,现在越来越多的工作正在由那些并没有在相关公司拥有固定职位的人来完成。他们通常是自我雇用的独立个体,在需要时以顾问或独立专家的身份提供上门服务,或者受雇于承担了分包任务的公司。美国职业指导专家威廉·布里奇斯在《创建你和你的公司》一书中预言,传统的固定职业越来越可能被更加灵活的非固定职业所取代。

3) 专业化的职业教育越来越重要

各种就业岗位需要更多受过良好教育、掌握最新技术的技术工人,单纯的体力劳动或机械操作职业将明显减少。在发达国家,制造业中蓝领工人失业率高于从事管理工作的白领员工;而白领员工中从事服务性工作,如银行、广告等的失业率又明显高于从事开发和研究工作的员工。未来白领、蓝领阶层的界限将越来越模糊,职业逐渐向专业化方向发展。

2. 未来的热门职业

热门职业是人才市场供求双方都非常关心的职业,只要有可能,双方都愿意率先进入热门职业。因为从事热门职业和录用有热门职业专长的人,都会有助于在激烈的市场竞争中获得更多的生存机会和发展机会。热门职业一般是根据经济发展的情况形成的。21世纪是知识经济时代,高新技术、电子通信将是经济新的增长点。所以,一些与信息、生物、高新科技迅速发展相关的职业将逐渐成为热门职业,未来我国热门职业将朝着以下方向发展。

1) 软件开发、硬件维护、网络集成等高层次计算机科技类职业

当今社会已步入信息化时代,计算机应用日益普及。据有关方面预测,数年之内计算机专业的毕业生将持续走俏人才市场,成为高新技术企业争夺的焦点。据了解,近年来上海交通大学、复旦大学、同济大学、华南师范大学等名校计算机专业的研究生、本科生,几乎每人都有五六家单位任其选择,其薪水的市场价格也水涨船高,最低也在6 000元。即便是一般高校的计算机专业毕业生,月薪也不低于5 000元。正因为计算机专业毕业生供不应求,不少用人单位只得改聘应用数学专业的毕业生,这让前几年一度滞销的数学专业毕业生身价随之暴涨。

2) 通信工程、无线电技术等电子工程类职业

近几年邮电通信业迅猛发展,程控电话、移动通信网等通信设备现代化建设需要大批通信工程、无线电技术等电子工程类专业的毕业生。随着今后国家把机械、电子、汽车制造业定为带动整个经济增长和结构升级换代的支柱产业,与此相关专业的毕业生将大有

用武之地,若干年内就业前景广阔。

3) 电子商务工程师

电子商务工程师的重点是应用程序开发技术,数据库管理,电子商务营销和电子商务网络安全技术的计算机培训等。随着电子商务的快速发展,电子商务平台将招募大批电子商务工程师。

4) 各类新媒体从业人员

伴随互联网的勃兴,新媒体不断涌现,传媒职业目前人才需求出现多样化和市场化趋势。专题编导、演艺经纪、制片、录音师等职位也呈现出多媒体发展的特色。而中国作为全球传媒业受众最多的国家,受众占世界的20%,电视观众超过9亿人,预计每年还会以1 000万户的速度增加。随着国内行业准入许可度的加大,外资公司进入传媒业数量将越来越多,传媒行业的人才竞争与需求也会越来越大。

5) 环境类职业

2021年的政府工作报告提出"扎实做好碳达峰、碳中和各项工作。制定2030年前碳排放达峰行动方案"。未来,从事环境保护工作的职业需求将大幅度增加,更多的废物管理员、废物处理师和环境工作研究、开发、应用职业会应运而生。有资料显示,目前我国环保产业的从业人员仅有13万余人,其中技术人员8万余人。按照国际通行的惯例计算,我国在环境工程师方面的缺口在42万人左右。未来需要:环境影响评价工程师,从事规划和建设项目环境影响评价、技术评估和环境保护验收等工作的专业技术人员;注册环保工程师,从事环保专业工程设计及相关业务活动的专业技术人员,在环境保护各种领域中担任顾问,对有关生产过程的环境技术提出改善发展;环境监测实验员,从事环境监测、提供环境保护基础监测数据的科研单位的专业技术人员,需要掌握环境监测、化学、分析化学专业、生物工程、环境工程等相关专业背景知识;循环经济管理师,负责循环经济工作管理及工程项目实施和改造,包括农业循环经济、工业循环经济,生态工业设计、城市循环经济项目规划,环境保护、清洁生产、节能降耗工作的开展;废气处理工程师,负责环保废气工程项目的设计、调试工作,操作废气处理专用设备,除去废气中有害污染物和颗粒物的专业人员。

6) 金融分析师和理财规划师

金融分析师是一些接受良好教育、具有优秀金融理论素养、经过专业认证的高级金融人才。随着经济的高速发展,商业银行、保险公司、证券公司、基金管理公司等金融机构不断涌现,金融分析师这一类人才十分抢手。

尽管今后仍会出现部分非金融类高校的金融专业毕业生改行就业的现象,但金融专业研究生和名校金融专业本科生在人才市场依然抢手。

随着中国经济的快速发展,中产阶级和豪富阶层正在迅速形成,并有相当一部分从激进投资和财富快速积累阶段逐步向稳健保守投资、财务安全和综合理财方向发展,因而对能够提供客观、全面理财服务的理财师的要求迅猛增长,专业理财将成为中国最具发展潜力的金融业务之一。与理财服务需求不断看涨形成反差,中国理财规划师数量明显不足。中国国内理财市场规模远远超过万亿元人民币,一个成熟的理财市场,至少要达到每3个家庭就拥有1个专业的理财师,这么计算,中国理财规划师职业有20万人的缺口。在中国,只有不到10%的消费者的财富得到了专业管理,而在美国这一比例为58%。理财规划师的主要业务不再是从销售金融产品及服务中获取佣金,而是为帮助客户实现其生活、财务目标提供专业咨询,并通过一个规范的个人理财服务流程来实施理财建议,从而防止客户利益受到侵害。

7) 社群架构运营师

社群架构运营师,是移动互联网时代新媒体营销类的新兴职业,主要职责是定位和设计企业(项目)社群,以及运营和管理社群,最终通过社群力量,激活企业用户渠道、引爆项目营销效果。

2015年被定义为社群元年,2016年被称为社群经济的时代。未来,对所有企业来说,都是在变幻莫测的社群时代中经历着一场生死穿越,每个企业都想拥抱移动互联网、社交媒体、粉丝经济,但很多企业依旧举步维艰。基于移动互联网,社群成为连接消费者与品牌的最短路径。社群架构运营师,作为企业微博、微信公众号等新媒体运营岗位的高端人才,在经济萧条、就业率低下的今天,甚至是未来10年,都成为企业最为急需且紧缺的重要人才。

8) 旅游行业从业者

数据表明,近年来,中国在线旅游行业复合增长率超过三成,使得传统旅行社越来越看重在线旅游市场的力量。2019年,中国在线旅游市场交易规模突破万亿元,用户规模突破4亿人。从未来发展趋势看,中国在线旅游行业会持续保持快速增长态势,因此可以明确的是,市场对于旅游体验师的需求会越来越大。未来,中国在线旅游市场交易规模的复合增长率超过20%。在这种情况下,未来会更加注重网络平台的口碑营销模式,旅游体验师由此会获得更大的发展空间。

9) 健康管理师

随着人们生活水平的提高和医学科技的发展,人类寿命将延长,出现人口老龄化问题,需要大批的健康管理师和医疗保健专家。随着经济快速发展,人类对健康也是越来越关注,不论是从饮食方面还是从健康方面都越来越重视。健康管理师是近年新增的职业,主要是为人们的健康负责,当然也会给出其他方面的建议。国内对健康管理师的需求越来越高,未来至少需要200万,其发展潜力是非常巨大的!

10) 物流师和物流从业人员

物流业是为保证社会生产和社会生活的供给,由运输业、仓储业、通信业等多种行业整合的结果。回顾历史,我们可以看到,物流业的每一次重大进步都离不开上述各行业的变革。随着铁路网、高速公路网、水运网、管道运输网、航空网、通信网、计算机网等不断涌现,物流速度越来越快,越来越精准。21世纪是一个物流全球化的时代,企业之间的竞争将十分激烈。要满足全球化或区域化的物流服务,企业规模必须扩大,形成规模效益。

由"门到门"进一步发展到"桌到桌"服务。物流业的速度和精准就集中体现在快递业中。根据中国物流与采购联合会的权威预测,目前我国物流人才缺口为600万左右,其中高级物流人才缺口约为40万。据了解,现在物流行业中高级职位普遍紧缺,不少企业在招聘物流配送总监、市场拓展总监、仓储经理、采购经理、国际货代销售主管等职位时都遇到困难,招聘条件虽然十分诱人,但合适的人才少。同样,在基层岗位上,物流行业也非常缺乏人才。相关统计显示,目前物流从业人员当中拥有大学学历以上的仅占21%。许多物流部门的管理人员是半路出家,很少受过专业的培训。

3. 未来衰落的职业

由于全球经济受互联网的影响,职业变化的速度不断加快,一些非常熟悉的职业甚至是目前比较热门的职业将要消亡。西方有位专家就曾撰文介绍了今后15年极有可能过时的职业。

1) 传统秘书

自从个人计算机、电子邮件和传真机问世,秘书的时间有45%以上都是用来做文件归档、传递信息、邮寄信息、邮寄信件和复印材料的工作。但是更先进的电子办公系统将使主管人员和经理有可能把潦草的便条变成备忘录,按一下指令键便可以分发出去,传统秘书将不复存在。

2) 银行柜员

现在银行不论是办卡或存款、转账,都很少需要人工操作了。今后,几乎所有的银行客户都会使用自动柜员机,只会留下为数不多的出纳员负责银行业务的前台交易,仅仅保留了大客户和金融产品的服务经理。

3) 接待员

美国某些通信公司现在就可以提供能够处理打进和打出电话的极其先进的语音识别系统,许多公司也正在研制相似的系统,这使得不少大公司和政府机构将来可以取消接待员这种职业。

4) 公共图书馆管理员

计算机已取代图书馆的卡片目录,而且不久可能取代传统意义上的图书馆,那时人们可能会通知图书馆通过互联网把图书内容传送过来。

5) 矿业生产中的重体力劳动者

由于商业区、住宅区、房地产渐有起色,加上环境的整修,公共工程公路、桥梁、水坝的兴建,建筑业将会持续成长。然而因为石油、天然气等工业的不振,煤、金属等矿产的需求不高,矿业的成长将相当有限。

6) 制造业中的简单重复工作者

制造业包含机械的设定、调整、操作及维修等,或是以手工利用小型器械来制造产品或组合零件。目前由于进口产品多且多利用国外生产,加上生产线的自动化,传统的人工制造业难逃日渐衰退的命运。唯一幸免的可能是塑胶器具的操作,因为某些金属器械将为塑胶制品所取代。

7) 运输业中的搬运工

运输业含大众运输及货品的搬运。一般而言,运输业将会持续成长,当然也因行业相异而有不同的发展。就公车司机这个行业的发展来说,仍会快速成长,卡车货运则是持续成长。而操纵搬运机械者,则因机器的自动化而成长有限,水路和铁路运输也将因为新科技的发明而日益衰退。

8) 清洁工人、基层劳力

在清洁工人、基层劳力方面,自动化进展缓慢,因离职率高、容易受到景气循环的冲击等因素影响,未来也不容乐观。

9）零售服务员、收银员、客服

零售行业的无人化是目前服务行业进展最快的，我们已经可以看到大型超市的收银台，一大部分都换成自助付款了。只是多数人还没有适应这种变化，在经过一段时间的熟悉后，将会彻底换掉收银员。而服务员的最大作用是推销产品，未来的产品推销，将会被类似电商这种流量模式代替。谁的产品利润更高、产品更好，谁就会被放在最好的位置。服务员的成本过高，已经非常不符合零售行业的低利润模式。而社区的零售，将会被自动售货机、无人便利店所代替。

2.2 职业生涯规划的概念与意义

2.2.1 生涯的概念与规划的定义

1. 生涯的概念与形态

一般意义上说，生涯就是生活。职业生涯，是指一个人一生连续担负的工作职业和工作职务的发展道路。目前西方较为通用的说法是美国生涯理论专家萨珀的观点："生涯"是生活里各种事件的方向；它统合了个人一生中各种职业和生活的角色，由此表现出个人独特的自我发展形态；它也是人生自青春期至退休所有有报酬或无报酬职位的综合，除了职位之外还包括与工作有关的各种角色。生涯发展是以人为中心的，只有个人在寻求它的时候，它才存在。

萨珀认为，生涯是个人终其一生所扮演角色的整个过程，由以下3个层面构成。

（1）时间，是指个人的年龄或生命的时程，可细分为成长、试探、建立、维持、衰退等时期。

（2）广度或范围，是指每个人一生所扮演各种不同的角色种类。

（3）深度，是指个人投入的程度。

萨珀的生涯理论认为，每个人都有其独特的生涯形态，而这种形态的不同，对人的发展影响极大。好的生涯形态，使事业获得成功；不好的生涯形态，使事业一事无成。

日本生涯专家高桥宪行将人的生涯形态归纳为以下18种，可做参考。

（1）超级巨星型，知名度极高，一举一动常常在无形之中牵动许多人的利益，是众所周知的知名人士。

（2）卓越精英型，是指那些品行端正、知识丰富，具有敏锐的观察力，常常适时化险为夷、扭转乾坤的人士。

（3）安分劳碌型，是指安分守己，过着朝九晚五安定生活的人士。

（4）得过且过型，缺乏理想、抱负，很少为工作奋斗和拼搏，只求生活过得去即可。

（5）捉襟见肘型，机会来了不知把握，机会走了又怨天尤人、自暴自弃。

（6）祸从口出型，是指一些人喜欢批评，常在言谈中将过错推卸给别人；喜欢标新立异，又常常提出一些根本无法实现的计划。

（7）中兴二代型，继承可观家产，又能兢兢业业将其发扬光大。

(8) 出外磨炼型,是指将第二代接班人送到外公司去工作,从基层做起,靠自己的能力、关系发展自己、磨炼成长。

(9) 家道中落型,面对困境,常常束手无策、欲振乏力。

(10) 游龙翻身型,能充分运用人生的蛰伏期,深刻思考自己的未来,并重新设计自己,终至一举飞跃。

(11) 转业成功型,是指一些人面对生涯困境,能迈开步伐,解脱束缚,另谋出路,闯出另一番天地。

(12) 一飞冲天型,智能与经营才华出众,又有冲劲,一旦遇到好的机会,就能一跃而起。

(13) 强力搭档型,是指幸遇知音,在与志趣相投、能力互补的强力搭档合作下,开创成功职业生涯的人士。

(14) 福星高照型,是指一些人相当幸运,往往随着时势的变化,在风云际会中成就美好的事业前程。

(15) 暴起暴落型,是指一些人命运多舛、起伏不定,崛起、衰败往往在一夕之间。

(16) 随波逐流型,这类人目标不够明确,策略不够坚定,行动也常三心二意,因此只有随波逐流,难有闯劲。

(17) 强者落日型,是指能够呼风唤雨、才能出众的一些人士,但常因人生的际遇,虎落平阳,以致了度残生。

(18) 一技在身型,是指专精某一领域,专心钻研,始终不懈,显得特别踏实的人士。

2. 职业生涯的含义

职业生涯是指一个人一生中的所有和工作相联系的行为与活动,以及相关的态度、价值观、愿望等连续性经历的过程,包括人的过去、现在和将来。格林豪斯(Greenhaus)对此进行了归纳总结,指出传统的观点有两种。一种是将职业生涯理解为一种职业或者一个组织的有结构的属性;另一种是将职业生涯看成一种个人的而不是一个职位或一个组织的特性。然而,即使是持传统观点的人,对职业生涯的定义也不尽相同。第一种定义是"提升的职业生涯观",主张只有当一个人展现出在地位、金钱等方面稳定或者快速地提高时,才构成其职业生涯。这个定义表明如果人们没有经历提升或取得其他实质性的成就,就不能算是真正具有职业生涯。第二种定义是"专业的职业生涯观",强调职业生涯必须具有专业化的特点,必须获得一个确定的职业或是达到某种社会地位才能构成一个人的职业生涯。例如,医师和律师就被认为具有职业生涯,而文员和机械工就没有。第三种定义是"稳定的职业生涯观",强调在某一职业领域或紧密相关的领域从事一种稳定的职业才算得上是职业生涯。

与上述观点不同,格林豪斯认为,"职业生涯是贯穿于个人整个生命周期的、与工作相关的经历的组合"。他强调职业生涯的定义既包含客观部分,如工作职位、工作职责、工作活动以及与工作相关的决策,也包括对工作相关事件的主观知觉,如个人的态度、需要、价值观和期望等。一个人的职业生涯通常包括一系列客观事件的变化以及主观知觉的变化。一个人可以通过改变客观的环境如转换工作,或者改变对工作的主观评价如调整期望,来管理自己的职业生涯。因此,与工作相关的个人活动及其对这些活动所作出的主观反应都是其职业生涯的组成部分,必须把两者结合起来,才能充分理解一个人的职业生涯。同时,这个定义也包含这样一个意思:随着时间的推移,职业生涯是不断向前发展的,并且无论从事何种职业、具有何种晋升水平、工作模式的稳定性如何,所有人都拥有自己的职业生涯。

格林豪斯还强调个人、组织和环境对个人的工作生命周期的影响与重要性。个人在职业生涯过程中所作出的关于工作和职业方面的选择,在很大程度上取决于个人以及组织内部的力量。当然,其他外部力量,如社会、家庭和教育体系,也起到很重要的作用。一方面,个人受其技能、知识、能力、态度、价值观、个性和生活环境等的影响而作出特定的工作选择;另一方面,组织为个人提供工作及相关信息,以及个人可以在将来谋求其他工作的机会和条件,也影响着个人的职业选择和职业生涯的发展。

在现实生活中,一个人选择一种职业后也许会终身从事,也许会一生中转换几种职业。无论怎样,一旦开始进入职业角色,其职业生涯就开始了,并且随时间的流逝而延续。职业生涯就表示这样的一个动态过程,是指一个人一生在职业岗位上所度过的、与工作活动相关的连续经历,并不包含在职业上成功与失败或进步快与慢的含义。也就是说,不论职位高低,不论成功与否,每个工作着的人都有自己的职业生涯。职业生涯不仅表示工作时间的长短,而且包含职业发展、变更的经历和过程,包括从事何种职业、职业发展的阶段、由一种职业向另一种职业转换等具体内容。

职业生涯是一种复杂的现象,由行为和态度两方面组成。要充分了解一个人的职业生涯,必须从主观和客观两个方面进行考察。表示一个人职业生涯的主观内在特征是价值观念、态度、需要、动机、气质、能力、性格等;表示一个人职业生涯的客观外在特征是职业活动中的各种工作行为。一个人的职业生涯受各方面的影响,如本人对自己职业生涯的设想与计划、家庭中父母的意见和配偶的理解与支持、组织的需要与人事计划、社会环境的变化等,都会对职业生涯有所影响。

3. 职业生涯规划的定义及其特性

职业生涯规划,是指个人发展与组织发展和社会发展相结合,对决定一个人职业生涯的主客观因素进行分析、总结和测定,确定一个人的事业奋斗目标,并选择实现这一事业目标的职业,编制相应的工作、教育和培训的行动计划,对每一步骤的时间、顺序和方向作出合理的安排。

良好的职业生涯规划应具有以下特性。

(1) 可行性。设计要有事实依据,并非美好的幻想或不着边际的梦想,否则将会贻误生涯良机。

(2) 适时性。设计是预测未来的行动,确定将来的目标,因此各项主要活动何时实施、何时完成,都应有时间和时序上的妥善安排,以作为检查行动的依据。

(3) 适应性。设计未来的职业生涯目标,牵涉多种可变因素,因此设计应有弹性,以增加其适应性。

(4) 持续性。人生的每个发展阶段应能连贯衔接。

一个人的事业究竟向哪个方向发展,他的一生要稳定从事哪种职业类型、扮演何种职业角色,都可以在此之前作出设想和规划。

2.2.2 职业生涯规划的目的和意义

人生需要精心地规划和设计。如果想获得事业的成功,成为某个行业中的佼佼者,你就应该善于计划自己的生活,设计好自己的职业生涯。在职业生涯规划中,有这样一句发人深省的话:你今天站在哪里并不重要,但是你下一步迈向哪里却很关键。

如前所述,职业生涯规划是指在对一个人的从业条件进行测定、分析和总结研究的基础上,确定其最佳的职业奋斗目标,并为实现这一目标作出行之有效的安排。换句话说,是指个体根据社会经济发展需要即就业环境和本人实际情况,对自己一生的职业发展道路所做的设想和规划,是对个人职业前途的展望。

职业生涯规划分为个人职业设计和组织职业设计两方面。在任何社会、任何体制下,个人职业设计都更为重要,是人的职业生涯发展的真正动力和加速器。个人职业设计又分为择业设计与调整职业设计,两者都是在一定的社会环境和自身条件制约下,个人在社会中寻找自己位置的主动行为。它要求个人根据社会环境和自身条件,将自己定位在一个最能发挥自己长处的位置,可以最大限度地实现自我价值,并与社会价值相统一,其实质是追求最佳职业生涯发展道路的过程。

职业生涯规划的目的,绝不只是帮助个人按照自己的资历条件找到一份工作,达到和实现个人目标,更重要的是帮助个人真正了解自己,为自己定下事业大计,筹划未来。职业生涯规划的意义可以归纳为以下几点。

1. 战略规划,经营未来

职业生涯规划或再规划,简而言之就是对人才和职业进行匹配的规划与再规划过程。职业生涯本身就是一个动态的不断发展的变化过程。职业规划不是应变之策,而是经营未来。有效的职业规划,有利于明确人生未来的奋斗目标。一个人的事业究竟应向哪个方向发展,可以通过制订职业生涯规划明确。"目标之所以有用,仅仅是因为它能帮助我们从现在走向未来。"只有明确的目标,才能激励人们去奋斗,并积极创造条件去实现目标,以免漫无目标而四处漂浮、随波逐流。

2. 把握自己,争取成功

职业生涯规划是以个人对自我对环境对现实的认知为基础和前提的,有助于解决个人生存和发展中的问题,实现自己的发展目标。解决好了个人生存和发展中的问题,也就把握住了自己。如何从一个学生转变成一个成熟的社会从业人员,对于我们来说,还有很长的一段路要走。现实竞争的残酷,并不允许你慢慢地成长,它要求每个人不仅要看清自己,还要看清前方,快速地成长起来。对于年轻人来说,可以有困惑,可以有迷茫,可以有不断的选择和尝试,但绝对不应该放弃努力。

3. 有高度,才可能跳得更高

职业生涯规划,就是我们每个人根据自己的实际个人条件、工作能力和专业知识,大致设计好一个自己将要为之奋斗的目标和方向,即自己以后要走的路。在前进的道路上,先给自己定下一个合适的高度和跳一跳就能够得着的奋斗目标,然后再通过自己一步一步的努力朝着那个方向前进,直至达到既定高度后再设新的高度,渐行渐高,前方的高度就是我们的未来。

4. 没有规划的人生注定要失败

亚里士多德曾经说过:"人是一种寻找目标的动物,他生活的意义仅仅在于是否正在寻找和追求自己的目标。"没有规划的职业生涯,难免要失败。

有这样一个案例,一群意气风发的"天之骄子"从美国哈佛大学毕业了,即将步入职场,他们的智力、学历、环境、条件都相差无几。在临出校门时,哈佛大学对他们进行了一次关于人生目标的调查,结果是27%的人没有目标;60%的人目标模糊;10%的人有清晰但比较短期的目标;3%的人有清晰而又长远的目标。25年后,哈佛大学再次对这群学生进行跟踪调查,结果显示,3%的人在25年间始终朝着一个方向不懈努力,几乎都已成为社会各界的成功人士,不乏行业领袖、社会精英;10%的人短期目标不断实现,成为各自领域中的专业人士,大都生活在社会的中上层;60%的人比较安稳地生活和工作,但都没有什么特别的成绩,几乎都生活在社会的中下层;27%的人生活没有目标,过得很不如意,并且常常抱怨他人、抱怨社会、抱怨这个"不肯给他们机会"的世界。其实,他们之间的差异仅仅在于,25年前他们中的一些人知道为什么和怎样去进行职业规划,而另一些人则不清楚或不很清楚。

2.2.3 职业生涯规划的成功性评价

职业生涯规划为人生事业成功提供了科学的技术和基本的操作方法,并能使组织与员工实现双赢,因此对个人的职业生涯发展及组织发展都具有重要的意义和作用。职业生涯成功标准如下所述。

1. 职业生涯成功是个人职业生涯追求目标的实现

职业生涯成功的含义因人而异,具有很强的相对性,对于同样的人在不同的人生阶段也有着不同的含义。每个人都可以,也应该对自己的职业生涯成功进行明确界定,包括:成功意味着什么,成功时发生的事和一定要拥有的东西、成功的时间、成功的范围、成功与健康、被承认的方式、想拥有的权势和社会的地位等。对有些人来讲,成功可能是一个抽象的、不能量化的概念,如觉得愉快、在和谐的气氛中工作、有工作完成后的成就感和满足感。在职业生涯中,有的人追求职务晋升,有的人追求工作内容的丰富化。对于年轻员工来说,职业生涯的成功即在其工作上建立满足感与成就感,而不是一味地追求快速晋升;在工作设计上,设法扩大其工作内容,使工作更具挑战性。

2. 5种不同的职业生涯成功方向

职业生涯成功能使人产生自我实现感,从而促进个人素质的提高和潜能的发挥。职业生涯成功与否,个人、家庭、企业、社会判定的标准都存在一定的差异。从现实来看,职业生涯成功的标准与方向具有明显的多样性。

目前大家公认的不同的职业生涯成功方向有5种。

(1) 进取型。进取型思维的人视成功为升入企业或职业较高阶层,使其达到集团或系统的最高地位。

(2) 安全型。一些扎实的人需要长期的、稳定和相对不变的工作认可、工作安全、尊敬和成为圈内人。

(3) 自由型。一些人视成功为经历的多样性,希望在工作过程中得到对自我最大的控制权而不是被控制。

(4) 攀登型。一些人将成功定义为一种螺旋形的东西,不断上升和自我完善,从而得到刺激、挑战、冒险和擦边的机会。

(5) 平衡型。在工作、家庭关系和自我发展之间取得有意义的平衡,以使工作不至于变得太耗精力或太乏味。

学者们认为这些职业生涯成功的标准和观念来自个人的思维习惯、动机和决策类型,并成为指导人们长期职业生涯选择的根据。

职业生涯成功与家庭生活之间有着非常密切的关系。个人与家庭发展遵循着并行发展的逻辑关系,职业生涯的每个阶段都与家庭因素息息相关,或协调,或冲突。职业生涯与家庭的责任之间的平衡,对于年轻雇员特别是女性雇员尤为重要。每个人在社会生命周期中都扮演着多种社会角色,但作为子女、父母的角色是不可逆的。我们能放弃一项职业,却不能放弃这些角色。相反,我们要设法完成这些角色。因此,家庭成员的意见对雇员的工作成效有重大影响。

要对职业生涯成功进行全面的评价,必须综合考虑个人、家庭、企业、社会等各方面的因素。有人认为职业生涯成功意味着个人才能的发挥以及为人类社会作出贡献,并认为职业生涯成功的标准可分为自我认为、社会承认和历史判定。对于企业管理人员来说,按照其人际关系范围,可以将其职业生涯成功标准分为自我评价、家庭评价、企业评价和社会评价4类评价体系。如果一个人能在这4类体系中都得到肯定的评价,则其职业生涯必定能获得成功。

3. 职业生涯成功评价体系

职业生涯成功评价体系见表2-1。

表2-1 职业生涯成功评价体系

评价方式	评 价 者	评 价 内 容	评 价 标 准
自我评价	本人	自己的才能是否充分施展;对自己在企业发展、社会进步中所做的贡献是否满意;对自己的职称、职务、工资待遇等方面的变化是否满意;对处理职业生涯发展与其他人活动关系的结果是否满意	根据个人的价值观念及个人的知识、水平、能力
家庭评价	父母、配偶、子女等家庭成员	是否能够理解和肯定;是否能够给予支持和帮助	根据家庭文化

续表

评价方式	评价者	评价内容	评价标准
企业评价	上级、平级、下级	是否有下级、平级同事的赞赏;是否有上级的肯定和表彰;是否有职称、职务的晋升或相同职责权利范围的扩大;是否有工资待遇的提高	根据社会文明程度、社会历史进程

由于职业生涯成功方向和标准的多样性,企业应根据员工的具体情况制订个性化的职业生涯开发与管理战略,这是对雇员人格价值的尊重。同时,企业也应根据自身的特点制订职业生涯开发与管理工作的战略目标和措施,通过两者之间的平衡,找到企业发展和个人发展之间的最佳结合点,促进两者共同发展。

2.3 职业选择与生涯规划发展的相关理论

2.3.1 职业生涯发展的含义及其影响因素

1. 职业生涯发展的含义

职业生涯发展是指为达到职业生涯计划的各种职业目标进行的知识、能力和技术的发展性培训、教育等活动。

职业生涯发展的基本点是个人,但是现代社会中个人都生活在一个组织中,在组织中从事职业活动。组织是由个人构成,并依靠个人才能生存与发展。个人在组织中应尽到满足组织需要的义务,不能单纯地把组织作为满足自己个人需要的工具,应着眼于整体,尽力而为,为组织效劳。同时,组织领导者必须关心个人需要与利益,关心组织成员的职业生活条件和心理状况,重视个人潜力的发挥。正如吉布森、伊凡舍维奇、唐纳利在《组织:行为、结构和过程》中所写的:"在设计职业生涯通路中,完全整合组织与个人的需要确实是不可能的。但是,系统的职业生涯计划都能做到这一点。"因此,可以这样说,职业生涯发展的重要原则是个人与组织之间的相互配合,这种配合程度集中表现为所设计与发展的职业生涯对个人和组织的需要和利益的满足程度。

一个人的职业生涯发展深受5个方面因素的影响:教育背景,家庭影响,个人的需求与心理动机,把握时机,社会环境。

2. 职业生涯发展影响因素分析

根据对许多成功人士的分析总结,发现以下一些因素或做法有助于个人在事业上的成功。

1) 创造性地努力工作

大家都知道,努力、勤奋地工作是事业成功的必由之路。但是,流了汗水并不能保证就能取得事业的进步。有人把从业人员分为实现者和成功者两大类型,发现二者的差别并不主要表现在主观努力程度的不同,而在于实现者不能摆脱他们在学校学习时形成的模式,不能主动地、积极地对待职业,而是被动地等待别人给他们分配任务,对待成果不会主动利用，像学生一样等待别人给他们打分、评奖。而成功者则善于主动地寻找职业竞争的机会，找出最需要自己去做的事情，发掘特殊的职业能力，并通过新的职业任务致力于革新和创造。

2) 增强交际能力

我们每天的职业都需要与人合作、与人交往。但是，谁也不喜欢难以相处的人。那么，怎样才能成为人们喜欢的人呢？

实际上，要成为一个令人喜欢的人，掌握一些基本的社交知识是十分必要的，概括起来，主要有以下4条。

（1）待人不要冷漠。

（2）善于听取话中之话。

（3）善于提出批评和接受批评。

（4）情绪要稳定。

以交往为基础的社会关系网使我们能够在各自的事业上互有所求而不怀惶恐不安的心理。实际上，大家都是相互依赖的，我们往往并不愿承认这个简单的事实。因此，从事业成功的角度，仅仅遵守以上4条是不够的，出色的交际艺术不仅包括与他人的良好合作，而且包括积极地扩大自己的交际圈，与外界进行联系。

仅仅因为职业出色，通常还不能保证一个人在单位稳步迅速上升，不管公正与否，这是现实。一般认为，以下几个因素是影响一个人晋升或阻碍职业发展的因素。

1) 忽视彼得原则

彼得原则认为，在等级制度中，每个人都可能被提升到他不再能胜任的水平。几乎人人都了解这一规律，可很少有人认为其对自己适用，人们习惯于对每一个晋升机会都进行争夺，但并不是每个晋升都符合其利益。一个不符合你专长的晋升只会加速你生活中的彼得原则早日来临。例如，有的人因为业务能力很强，而被提拔到管理岗位上，但他却不管自己对管理别人有无兴趣，都接受这种晋升，到头来使大家都受到伤害。

2) 忽视组织文化

在任何一个组织中，都或多或少存在一些不成文的习惯、规范。在一个单位，所有的人如果都穿白大褂，你肯定不会一个人穿西装。这就是一种组织文化。这种组织文化的影响对组织中所有人来说，都是十分巨大的。任何人忽视这种影响的存在，都会对其事业发展产生一定的不良影响，除非你处处表现得都杰出。

3) 希望得到所有人的好感

希望得到所有人的好感，是一件十分可怕的事情。因为在职业中，期望得到所有人好感的人，势必会偏离现实，使职业决策产生偏差。这是对"与人为善"的误解，是个人同情心和个人感情的产物。只有作出坚定又正确的决策，坚持原则，才能得到人们的尊敬和爱戴。

4) 实施不良的自我保护

一个机构的最高领导人如果有变化，其目的一定是进一步改善这个机构，而不是与个人有什么恩怨。许多人都不相信这一点，总是从个人的角度来看待新领导的到来。他们对新的领导抱有抵触情绪,这样一来,新领导对他们也会产生不良的抵触情绪。实际上,这对大家都不好。

5) 在公共场合随便说话

对人真诚是应该的,但是不可过于轻信别人。这也是许多人不成功的原因。如果你必须倾吐对某个同事或领导的看法,最好留着回家去说。尖刻的话会很快传开,结果是你会因此受到不该受到的伤害。

6) 行为反复无常

对周围的人来说,反复无常是最令人恼火的。今天对受到的挫折大发其火,明天对同样的事情又从容对待,会让人觉得太不可靠。

在任何一个单位,处理大部分日常问题时,最需要的可能都是稳健的判断,而不是个人的创造性。一个人要表现出自己的稳定风格,这样在长期的生活中,其独特人格魅力才会感染所有的人。

7) 出了事就埋怨别人

人不可能不犯错误,人总是在犯错误的过程中不断进步。犯了错误应该勇于承认,这并无不好之处。但是,也不要养成不断犯错误、不断承认的坏习惯。出了差错既不需要埋怨,也不要迁怒于别人。在错误中吸取经验教训,才会使你进步。

8) 不能以身作则

如果一个人不能以身作则,只是命令别人,是不会有好效果的。同样,如果不是时时注意指教你的部下,你就不应该指望他们会依照你的方式行事。要知道,有时以身作则、身先士卒具有巨大的感召力。

2.3.2 职业选择匹配理论

1. 帕森斯的特质因素论

1909年,美国波士顿大学的帕森斯在《职业选择》一书中,明确提出职业选择的三大要素。

(1) 自我了解,明确自己的性向、成就、兴趣、价值观和人格特质等。

(2) 获得有关职业的知识,包括信息的类型(职业的描述、工作条件、薪水等)、职业分类系统、职业所要求的特质和因素。

(3) 整合有关自我与职业世界的知识。帕森斯的理论强调,在作出职业选择之前,首先,要评估个人的能力,因为个人选择职业的关键就在于个人的特质与特定行业的要求是否相配。其次,要进行职业调查,即强调对工作进行分析,包括研究工作情形、参观工作场所、与工作人员进行交谈。最后,要以人职匹配作为职业指导的最终目标。帕森斯认为只有这样,人才能适应工作,并且使个人和社会同时得益。

帕森斯认为职业与人的匹配分为以下两种类型。

(1) 条件匹配,即需要专门技术和专业知识的职业与掌握该种专门技术和专业知识的择业者相匹配。

(2) 特长匹配,即某些职业需要具有一定的特长,如具有敏感、易动感情、不守常规、有独创性、个性强、理想主义等人格特性的人,宜从事美的、自我情感表达的艺术创作类型的职业。

帕森斯的特质因素论,作为职业选择的经典性理论,至今仍然对职业生涯规划和职业心理学的发展具有重要的指导意义。

2. 罗伊的人格发展理论

心理学家罗伊(Anne Roe)的人格理论大约在20世纪60年代提出,其理论试图说明遗传因素和儿童时期的经验对于未来职业行为的影响。罗伊认为,早年经验会增强或削弱个人高层次的需求,进而影响人的生涯发展。她特别强调早期经验对个体以后的择业行为的影响。

罗伊的理论是假设每个人天生就有一种扩展心理能量的倾向,这种内在的倾向配合个体不同的儿童时期的经验,塑造出个人需求满足的不同方式,而每一种方式对于生涯选择的行为都有不同的意义。

罗伊认为,需求满足的发展与个人早期的家庭气氛及成年后的职业选择有着密切的关系。例如,个体成长过程中,父母对他(她)是接纳的还是拒绝的,家中气氛是温暖的还是冷漠的,父母对他(她)的行为是自由放任的还是保守严厉的,这些都会反映在个人所做的职业选择上。

罗伊认为,我们所选择的工作环境,往往会反映出幼年时的家庭气氛。如果我们小时候生活的环境充满温暖、爱、接纳或保护的氛围,就可能会选择与人有关的职业,包括服务、商业、文化、艺术与娱乐或行政(商业组织)一类的职业。如果我们小时候生活在一个冷漠、忽略、拒绝或适度要求的家庭中,便可能会选择科技、户外活动一类的职业,因为这些职业的研究范围是以事、物和观念为主,不太需要与人有直接、频繁的接触。

罗伊把职业分为服务、商业交易、行政、科技、户外活动、科学、文化和艺术娱乐八大职业组群,依其难易程度和责任要求的高低,分为高级专业及管理、一般专业及管理、半专业及管理、技术、半技术及非技术6个等级。这八大职业组群和6个专业等级,组成了一个职业分类系统,见表2-2。

3. 霍兰德的职业个性理论

美国霍普金斯大学心理学教授约翰·霍兰德(John Holland)于1971年提出具有广泛社会影响的个性—工作适应性理论,并编制了霍兰德职业人格能力测验。该测验能帮助个体发现和确定自己的职业兴趣与能力专长,进而作为个体在求职择业时进行决策的依据。

1)主要观点

霍兰德认为,生涯选择是个人人格在工作世界中的表露和延伸,某一类型的职业通常会吸引具有相同人格特质的人,而具有相同人格特质的人对许多生活事件的反应模式也是基本相似的,他们创造了具有某一特色的生活环境(也包括工作环境)。霍兰德认为,在同等条件下,人和环境的适配性或一致性将会增加个体的工作满意度、职业稳定性和职业成就感。霍兰德生涯理论的基础主要由4个基本假设组成。

表 2-2 罗伊的职业世界分类系统(1984)

等级	I 服务	II 商业交易	III 行政	IV 科技	V 户外活动	VI 科学	VII 文化	VIII 艺术娱乐
1. 高级专业及管理	社会科学家、心理治疗师、社会工作督导	公司业务主管	董事长、企业家	发明家、高级工程师	矿产研究员	医师、自然科学家	法官、教授	指挥家、艺术教授
2. 一般专业及管理	社会行政人员、社工人员	人事经理、营业部经理	银行家、证券商、会计师	飞行员、工程师、厂长	动植物专家、地质学家、石油工程师	药剂师、兽医	新闻编辑、教师	建筑师、艺术评论员
3. 半专业及管理	社会福利人员、护士	推销员、批发商、经销商	会计、秘书	制造商、修理师	农场主、森林巡视员	医务室技术员、气象员、理疗师	记者、广播员	广告艺术工作员、室内装潢、摄影师
4. 技术	技师、领班、警察	拍卖员、巡回推销员	资料编纂员、速记员	锁匠、木匠、水电工	矿工、油井钻探工	技术助理	一般职员	演艺人员、装潢员
5. 半技术	司机、厨师、消防员	小贩、售票员	出纳、邮递员、打字员	木匠、驾驶员	园丁、农民、矿工助手	非技术性助手	图书管理员	模特、广告绘制员
6. 非技术	清洁工人、门卫、侍者	送报员		助手、杂工	伐木工人、农场工人		送稿件人员	舞台管理员

第 2 章 职业生涯规划与管理的基本知识

(1) 大多数人的人格特质都可以归纳为 6 种类型,即现实型、研究型、艺术型、社会型、管理型和常规型。

(2) 职业也有 6 种类型,其名称、性质与人格类型的分类一致。

(3) 人们都尽量寻找那些能突出自己特长、体现自己价值和能令自己愉快的职业,如一个现实型的人会尽力去寻找现实型的职业,其他几种人格类型和职业类型的匹配亦然。

(4) 一个人的行为表现是职业环境类型和人格类型相互作用的结果。如果知道自己的人格类型和职业类型,就可以预测自己的职业选择、工作变换、职业成就、教育及社会行为。

2) 人格类型

(1) 现实型。现实型的人喜欢从事户外工作或操作机器,而不喜欢在室内工作。这种人通常比较现实,身强体壮,擅长机械和体力劳动,会倾向于选择制造、渔业、野生动物管理、技术贸易、机械、农业、技术、林业、特种工程师和军事工作等职业。有时候,现实型的人在用言语表达自己情感时可能会存在困难。

(2) 研究型。研究型的人喜欢那些与思想有关的研究活动,如数学、物理、生物和社会科学等,喜欢研究那些需要分析、思考的抽象问题。研究型的人通常聪明、好奇、有学问,具有创造性和批判性,具有数学和科学天赋的特征。这一类型的人虽然常隶属某一研究团体,但他们喜欢独立工作。例如,实验室工作人员、生物学家、化学家、社会学家、工程设计师、物理学家和程序设计员等。

(3) 艺术型。艺术型的人喜欢自我表达,喜欢在写作、音乐、艺术和戏剧等方面进行艺术创作。他们通常会尽力避免那些过度模式化的环境,喜欢将自己完全投注在自己所制定的项目中。这样的人通常善于表达,有直觉力,具有想象力和创造力,具有表演、写作、音乐创作和讲演等天赋。他们从事的职业主要有作家、艺术家、音乐家、诗人、漫画家、演员、戏剧导演、作曲家、乐队指挥和室内装潢等。

(4) 社会型。社会型的人典型的表现是喜欢与人合作,积极关心他人的幸福,喜欢给人做培训或给大家传达信息,愿意帮助别人解决困难。他们喜欢的工作环境是那些需要与人建立关系、与群体合作、与人相处以及通过谈话来解决问题和困难的工作环境。社会型的人通常易合作、友好、仁慈、随和、机智、善解人意。他们偏好的主要职业有教学、社会工作、心理咨询和娱乐等。

(5) 管理型。管理型的人喜欢领导和控制别人,或为了达到个人或组织的目的而去说服别人。他们追求高出平均水平的收入,喜欢利用权力,希望成就一番事业。这样的人多从商或从政。管理型的人通常精力充沛、自负、热情、自信,具有冒险精神,能控制形势,擅长表达和领导。他们大多会在政治或经济领域取得一定成就。适合这类人的职业主要有商业管理、律师、政治领袖、推销商、市场经理或销售经理、体育运动策划者、采购员、投资商、电视制片人和保险代理人等。

(6) 常规型。典型的常规型的人喜欢规范化的工作或活动,希望确切地知道别人希望他们怎么样和让他们干什么,喜欢整洁有序。若把常规型的人放在领导者的位置会让他们感到不适应,他们更愿意在一个大的机构中处于从属地位、跟随大流。常规型的人大多具有细心、顺从、依赖、有序、有条理、有毅力、效率高等特征。他们多擅长文书或数据类工作,通常会在商业事务性的工作中取得成就。适合这一类人的典型职业有会计、银行出纳、图书管理员、秘书、档案文书、税务专家和计算机操作员等。

3) 职业类型

(1) 现实型的职业。现实型的职业通常是那些对物体、工具、机器、动物等进行操作的工作。从事现实型职业的人通常具有现实型的人格特质,他们大多是现实的、机械的,并具有传统的价值观,倾向于用简单、直接的方式来处理问题,也用他们的机械和技术能力来进行生产。

(2) 研究型的职业。研究型的职业通常是指那些对物理学、生物学或文化知识进行研究和探索的职业。从事这一职业的人通常具有研究型的人格特质,他们大多是有学问、聪明的人,主要是通过证明他们的科学价值而获取成就,这样的人一般会以复杂、抽象的方式看待世界,并倾向于用理性和分析的方式来处理问题。

(3) 艺术型的职业。艺术型的职业通常指那些进行艺术、文学、音乐和戏剧创作的职业。从事这一职业的人通常具有艺术型的人格特质,他们大多擅长表达,富有创造力,直觉能力强,不随大流,独立性强。他们通常以展示自己的艺术价值来获取成就,以复杂的和非传统的方式来看待世界,与他人交往更富于情感和表达。

(4) 社会型的职业。社会型的职业主要是那些与人打交道的工作,如教导、培训、发展、治疗或启发人的心智等。从事这类职业的人通常具有社会型的人格特质,他们通常乐于助人、善解人意、灵活而随和。他们获取成就的主要方式是展示自己的社会价值,并常常以友好、合作的方式来与人相处。

(5) 管理型的职业。管理型的职业主要是指那些通过控制、管理他人而达到个人或组织目标的职业。从事这一职业的人通常具有管理型的人格特质,他们一般都具有领导和演说才能,通过展示自己的金钱、权力、地位等来获取成就,常常以权力、地位、责任等为标准来衡量外界事物,并通过控制的方式来处理问题。

(6) 常规型的职业。常规型的职业通常是指那些对数据进行细致有序的系统处理的工作,如录入、档案管理、信息组织和工作机器操作等。从事这一职业的人通常具有常规型的人格特质,他们通常整洁有序,擅长文书工作,一般会在适应性和依赖性的工作中获取成就。他们通常以传统的和依赖的态度来看待事物,并用认真、现实的方式来处理问题。

4. 弗鲁姆的择业动机理论

美国心理学家弗鲁姆(V. H. Vroom)在1964年出版的《工作和激励》一书中,提出解释员工行为激发程度的期望理论的基本公式:$M=V \cdot E$。

其中,M 为动机强度,指积极性的激发程度,表明个体为了一定目标而努力的程度;V 为效价,指个体对一定目标重要性的主观评价;E 为期望值,指个体实现目标可能性的大小,也就是目标实现的概率。员工个体行为动机的强度取决于效价大小和期望值的高低。

弗鲁姆认为,这一理论也可以用来解释个人的职业选择行为,具体化为择业动机理论。该理论的应用(个人如何进行职业选择)分为以下两个步骤。

1) 确定择业动机

用公式表示,即择业动机=职业效价×职业概率。

公式中,职业效价指择业者对某项职业价值的评价。职业效价取决于两方面:一方面是择业者的择业价值观;另一方面是择业者对某项具体职业要素(如兴趣、工资、发展空间、工作条件等)的评价。职业概率是指择业者获得某项职业可能性的大小。职业概率大小通常取决于以下4个因素。

(1) 某项职业的社会需求量。在其他条件一定的情况下,职业概率同职业需求量呈正相关。

(2) 择业者的竞争能力。择业者的竞争能力即择业者自身工作能力和求职就业能力越强,获得职业的可能性越大。

(3) 竞争系数。竞争系数指谋求同一种职业的劳动者人数的多少。在其他条件一定的情况下,竞争系数越大,职业概率越小。

(4) 其他随机因素。择业动机公式表明,对择业者来说,某项职业的效价越高,获取该项职业的可能性越大,择业者选择该项职业的意向或者倾向越大;相反,某项职业对择业者而言,其效价越低,获取该项职业的可能性越小。

2) 比较择业动机,确定选择的职业

择业者对其视野内的几种目标职业,分别进行价值评估和获取该项职业可能性的评价,然后通过比较,选择某项职业。

5. 爱德华·鲍亭的择业心理动力理论

早在20世纪初期,西格蒙德·弗洛伊德就曾讨论过关于人类动机和本能驱动的问题。爱德华·鲍亭等人以弗洛伊德的个性心理分析为基础,吸取了特质—因素理论和心理咨询理论的一些概念和技术,对职业团体进行了大量的研究,于20世纪60年代后期提出个人内在动机和需要等动机因素在个人职业选择过程中具有重要作用的结论,他们将其称为"心理动力理论"(psychodynamic approach)。

鲍亭等人依据精神分析学派的观点,探讨职业发展的过程,将工作视为一种升华,而影响个体职业选择的动力则来源于个人早期经验所形成的适应体系、需要等人格结构。它们影响个人的能力、兴趣及态度的发展,进而左右其日后的职业选择与适应。个人在人格与冲动的引导下,通过升华作用,选择能够满足自身需要与冲动的职业。个人生命的前6年决定着他未来的需要模式,而这种需要模式的发展则受制于家庭环境,成年后的职业选择就取决于早期形成的需要,旨在满足个人的这些需要,如果缺少职业信息,职业期望可能因此受到挫折,在工作中会显示出一种婴儿期冲动的升华,一旦个人有自由选择的机会,则必然选择既能满足需要而又可免于焦虑的职业。

心理动力论者的主要观点表达如下。

(1) 社会上所有职业都能归入代表心理分析需要的、分属以下范围的职业群:养育的、操作的、感觉的、探究的、流动的、抑制的、显示的、有节奏的运动等,并认为这一理论除了那些由于文化水平和经济因素而无法自由选择的人之外,可以适应其他所有的人。

(2) 注重从个人职业发展的观点以及个人内在因素来探索职业选择,强调发展当事人的自我概念,通过当事人人格的重建来达到职业选择,重视当事人在职业选择中的自主作用。但是,它过于偏向个体内在因素的作用,而忽视当事人所处的现实社会环境方面的因素,未免失之偏颇。职业选择具有很强的个人特征,同时也具有鲜明的社会特征,尤其是我国目前的职业选择,社会环境因素起着极其重要的作用,是不可忽视的。

2.3.3 职业发展阶段理论

职业生涯发展理论认为个体在不同的职业发展阶段中,对职业的需要以及追求发展的方向和方式存在较大的差异,只有充分认识到人在职业生涯发展各个不同阶段的特点和规律,才能更好地规划自己的人生。对于职业生涯阶段,各国专家学者有不同的划分理论和方法,主要可分为按年龄层次划分、按专业层次划分和按管理层次划分3种类型。

1. 舒伯的终身职业生涯发展理论

美国职业规划专家舒伯(E. Super)从人的终身发展的角度出发,根据自己"生涯发展形态"的研究结果,并参照布尔赫勒(Bueller)的生命周期理论,提出一个职业发展的生涯发展概念模式。

1) 生涯发展阶段

舒伯依据年龄将个体生涯阶段划分为成长、探索、确立、维持与衰退5个阶段。其中,有3个阶段与金斯伯格(Eli Ginzberg)的分类相近,只是年龄与内容稍有不同,舒伯增加了就业以及退休阶段的生涯发展。

(1) 成长阶段(0~14岁),该阶段孩童开始发展自我概念,开始以各种不同的方式来表达自己的需要,且通过对现实世界不断的尝试,来修饰自己的角色。

(2) 探索阶段(15~24岁),该阶段的青少年,通过学校的活动、社团休闲活动、打零工等机会,对自我能力及角色、职业做了一番探索,因此在进行职业选择时有较大弹性。探索阶段属于学习打基础阶段,在这一时期个人将认真地探索各种可能的职业选择,对自己的天资和能力进行现实性评价,并根据未来的职业选择作出相应的教育决策,完成几次择业和初就业。

(3) 确立阶段(25~44岁),属于选择、安置阶段。经过早期的试探与尝试,最终确立稳定职业,并谋求发展,获得晋升。

(4) 维持阶段(45~64岁),属于升迁和专精阶段。在这一阶段,劳动者一般达到常言所说的"功成名就"情景,已不再考虑变换职业,只力求维持已取得的成就和社会地位。

(5) 衰退阶段(65岁以上),属于退休阶段。在家庭上投入相当多的时间,休闲者和家长的角色最为突出,这一阶段的主要任务就是注重发展新的角色,寻求不同方式以替代和满足需求。

2) 循环式发展任务

在随后的研究中,舒伯对于发展阶段的理论又进行了深化。他认为,在各个发展阶段中都要经历成长、探索、确立、维持和衰退这些阶段,这样就形成一种螺旋循环发展的模式。这种大阶段套小阶段的模型丰富和深化了生涯发展阶段的内涵。各阶段中的子阶段发展任务详见表2-3。

表 2-3　循环式发展任务

生涯阶段	年龄			
	青年期 15~24 岁	成年初期 25~44 岁	成年中期 45~64 岁	成年晚期 65 岁以上
成长期	发展合适的自我概念	学习与他人建立关系	接受自身的限制	发展非职业性的角色
探索期	从许多机会中学习	寻找心仪的工作机会	确认有待处理的新问题	选择良好的养老地点
确立期	在选定的职业领域中起步	确定投入某一工作，并寻求职位上的升迁	发展新的应对技能	完成未完成的梦想
维持期	验证目前的职业选择	致力于维持职位的稳固	巩固自我以对抗竞争	维持生活的兴趣
衰退期	从事休闲活动的时间减少	减少体能活动的时间	集中精力于主要的活动	减少工作时间

根据上述循环式发展任务，在大学阶段，大学一年级的新生必须适应新的角色与学习环境，经过"成长"和"探索"，一旦"确立"了较固定的适应模式，同时"维持"大学学习生活之后，又要开始面对另一个阶段——准备求职。原有的已经适应了的习惯会逐渐衰退，继而对新阶段的任务又要进行"成长""探索""确立""维持"与"衰退"，如此周而复始。

2. 格林豪斯的职业生涯发展阶段理论

美国心理学博士格林豪斯研究人生不同年龄阶段职业发展的主要任务，并将职业生涯发展分为 5 个阶段。

1）职业准备

处于此阶段的典型年龄为 15~18 岁，其主要任务是：发展职业想象力，对职业进行评估和选择，接受必需的职业教育。一个人在此阶段所做的职业选择，是最初的选择而不是最后的选择，主要目的是建立起个人职业的最初方向。

2）进入组织

处于此阶段的典型年龄为 18~25 岁，其主要任务是：在一个理想的组织中获得一份工作；在获取足量信息的基础上，尽量选择一种合适的、较为满意的职业。在这个阶段，个人所获得信息的数量和质量将影响个人的职业选择。

3）职业生涯初期

处于此阶段的典型年龄为 25~40 岁，其主要任务是：学习职业技术，提供工作能力；了解和学习组织纪律与规范，逐步适应职业，适应和融入组织；为未来职业成功做好准备。

4）职业生涯中期

处于此阶段的典型年龄为 40~55 岁，其主要任务是：对早期职业生涯重新评估，强化或转变自己的职业理想；选定职业，努力工作，有所成就。

5）职业生涯后期

处于此阶段的典型年龄为 55 岁直至退休，其主要任务是：继续保持已有的职业成就,维持自尊,准备隐退。

3. 金斯伯格的职业生涯发展理论

美国著名的职业指导专家、职业生涯发展理论的先驱和典型代表人物——金斯伯格研究的重点是从童年到青少年阶段的职业心理发展过程。他将职业生涯的发展分为幻想期、尝试期和现实期3个阶段。

1) 幻想期

幻想期指处于11岁之前的儿童时期。儿童对大千世界,特别是对于他们所看到或接触到的各类职业工作者,充满了新奇、好玩的感觉。此时期职业需求的特点是单纯凭自己的兴趣爱好,不考虑自身的条件、能力水平和社会需要与机遇,完全处于幻想之中。

2) 尝试期

尝试期指11～17岁由少年儿童向青年过渡的时期。此时期,人的心理和生理在迅速成长发育与变化,有独立的意识,价值观念开始形成,知识和能力显著增长与增强,初步懂得社会生产和生活的经验。在职业需求上呈现出的特点是有职业兴趣,但不限于此,更多的是客观地审视自身各方面的条件和能力;开始注意职业角色的社会地位、社会意义,以及社会对该职业的需要。

3) 现实期

现实期指17岁以后的青年时期。此时期的人即将步入社会劳动,能够客观地把自己的职业愿望或要求,同自己的主观条件、能力,以及社会现实的职业需要紧密联系和协调起来,寻找适合于自己的职业角色。此时期所希求的职业不再模糊不清,已有具体的、现实的职业目标,表现出的最大特点是客观性、现实性、讲求实际。

金斯伯格的职业生涯发展理论,事实上是前期职业生涯发展的不同阶段。也就是说,实际上揭示了初次就业前人们职业意识或职业追求的发展变化过程。金斯伯格的职业生涯发展理论对实践活动曾产生过广泛的影响。

4. 施恩的职业生涯发展阶段理论

美国麻省理工学院斯隆管理学院教授、著名的职业生涯管理学家施恩(E. H. Schein)立足于人生不同年龄段面临的问题和职业工作主要任务,将职业生涯分为9个阶段:成长、幻想、探索阶段;进入工作世界;基础培训;早期职业的正式成员资格;职业中期;职业中期危险阶段;职业后期;衰退和离职阶段;离开组织或职业——退休。

1) 成长、幻想、探索阶段

一般0～21岁的人处于成长、幻想、探索职业发展阶段。其主要任务是:①发展和发现自己的需要与兴趣,发展和发现自己的能力与才干,为进行实际的职业选择打好基础;②学习职业方面的知识,寻找现实的角色模式,获取丰富信息,发展和发现自己的价值观、动机和抱负,作出合理的受教育决策,将幼年的职业幻想变为可操作的现实;③接受教育和培训,开发工作世界中所需要的基本习惯和技能。在这一阶段所充当的角色是学生、职业的候选人、申请者。

2) 进入工作世界

16～25岁的人处于进入工作世界阶段。首先,进入劳动力市场,谋取可能成为一种职业基础的第一份工作；其次，个人和雇主之间达成正式可行的契约，个人成为一个组织或一种职业的成员。这一阶段充当的角色是求职者、新学员。

3）基础培训

处于基础培训阶段的年龄段是16~25岁。与进入工作世界阶段不同，此阶段要担当实习生、新手的角色。也就是说，已经迈进职业或组织的大门。此阶段的主要任务，一是了解、熟悉组织，接受组织文化，融入工作群体，尽快取得组织成员资格，成为一名有效的成员；二是适应日常的操作程序，应付工作。

4）早期职业的正式成员资格

处于早期职业的正式成员资格阶段的年龄段为17~30岁。此阶段的主要任务是：①承担责任，成功地履行与第一次工作分配有关的任务；②发展和展示自己的技能与专长，为提升或进入其他领域的横向职业成长打基础；③根据自身才干和价值观，根据组织中的机会和约束，重估当初追求的职业，决定是否留在这个组织或职业中，或者在自己的需要、组织约束和机会之间寻找一种更好的配合。

5）职业中期

处于职业中期的正式成员，年龄一般在25岁以上。此阶段的主要任务是：①选定一项专业或进入管理部门；②保持技术竞争力，在自己选择的专业或管理领域内继续学习，力争成为一名专家或职业能手；③承担较大责任，确定自己的地位；④开发个人的长期职业计划。

6）职业中期危险阶段

处于职业中期危险阶段的年龄段为35~45岁。此阶段的主要任务是：①现实地估计自己的进步、职业抱负及个人前途；②就接受现状或者争取看得见的前途作出具体选择；③建立与他人的良师关系。

7）职业后期

从40岁以后直到退休，可说是处于职业后期阶段，此时的职业状况或任务是：①成为一名良师，学会发挥影响，指导、指挥别人，对他人承担责任；②扩大、发展、深化技能，或者提高才干，以担负更大范围、更重大的责任；③如果求安稳，就此停滞，则要接受和正视自己影响力与挑战能力的下降。

8）衰退和离职阶段

一般在40岁之后到退休期间，不同的人在不同的年龄会衰退或离职。此阶段的主要任务是：①学会接受权力、责任、地位的下降；②基于竞争力和进取心下降，要学会接受和发展新的角色；③评估自己的职业生涯，着手退休。

9）离开组织或职业——退休

在失去工作或组织角色之后，面临两大问题或任务：①保持一种认同感，适应角色、生活方式和生活标准的急剧变化；②保持一种自我价值观，运用自己积累的经验和智慧，以各种资源角色，对他人进行传帮带。

需要指出的是，施恩虽然基本依照年龄增大顺序划分职业发展阶段，但并未囿于此，其阶段划分更多是根据职业状态、任务、职业行为的重要性。正如施恩划分职业周期阶段是依据职业状态和职业行为与发展过程的重要性，又因为每人经历某一职业阶段的年龄有别,所以,他只给出了大致的年龄跨度,并在职业阶段上的年龄划分有所交叉。

2.3.4 职业社会学习理论

社会学习理论是由美国心理学家班都拉(Bandura)所创,强调的是个人独特的学习经验对其人格与行为的影响。克朗伯兹(Krumboltz)将其观念引用到生涯辅导上,用以了解在个人决策历程当中,社会、遗传与个人因素对于决策的影响,并对职业生涯决策影响因素进行了分析。

1. 遗传因素

遗传因素是指人们先天所获得的各种因素,包括各种生理特征,如身高、外形、肤色、身体残疾等,这些因素可以拓展或限制个人的职业偏好和能力。另外,有些人在艺术、音乐、书法、体育等方面有天赋。一般来说,人们在某些方面或领域中越是有天赋,就越是在那些方面或领域中有可塑性。

2. 环境条件和社会现象

大量的环境因素会影响到个体的职业生涯选择。这些因素一般来说,是超出个体能力控制范围之外的,包括社会、文化、政治以及经济的因素。另外,像气候和地理环境这样的因素在很多方面也会影响到个体。生活在一种受污染的环境中或是一种经常发生地震或气候非常寒冷的环境中,对于人们进行职业生涯选择有着重要影响。克朗伯兹和他的同事们把这些影响因素归纳为社会因素、教育因素、职业因素和学习经历。

1) 社会因素

社会中的很多变化对个人的职业生涯选择有着重要影响。例如,技术的进步极大地改善了交通运输工具,使汽车和飞机的速度更快,而这些变化又为人们创造出很多新的就业机会。在很多领域中,人们已经将计算机作为加工和储存信息的手段,这种变化又对劳动力市场产生巨大的影响。除此之外,社会的很多社团和福利事业团体也会创造出很多就业机会。在某种程度上,不同的社团在需求人员的结构上也会有所不同。例如,平原地区就需要很多牧场主和农场主,而城市则需要大量的商人和生意人。社会条件也会影响到对资源的供给和需求。

2) 教育因素

教育的可获得性同时受到社会因素和个人因素的影响。例如,一个人所受的教育程度既受到家庭对教育所持态度的影响,同时也跟家庭的经济条件或状况有极大关系。另外,学校的教育体制和制度,以及老师和学校资源对学生兴趣与能力产生的影响也是非常重要的。

3) 职业因素

工作以及劳动力市场上有很多因素是个体无法控制的,但是对于人们作出职业生涯决策却有很大影响。其中,最重要的是工作机会的数量和工作性质,工作可能是季节性的,可能会受到地理环境的影响,也可能受到不断变化的经济条件的影响。教育的需要也是各种各样的,一些工作需要毕业证、学位证等证书或者其他任职条件。另外,工作的薪水和声誉是不同的,依供给、需求和文化价值观的不同而不同。安全感和其他要求也可能会影响某个工作的可获得性。

4) 学习经历

一个人的职业偏好是其各种学习经历共同作用的结果。克朗伯兹指出两种学习经验：个体作用于环境的和环境作用于个体的。一个人可能会有许多学习经历，而这些经历最终会影响到他（她）的职业选择。整天在学校里的学生会接触到很多信息，需要他（她）作出反应，或是喜欢，或是迷惑，也有可能是气馁。由于经历的种类繁多，每个人的学习经历都会跟其他人的学习经历有所不同。

3. 完成任务的技能

完成任务的技能包括目标设定、价值观归类、想法的产生，以及获取职业信息、找出备选职业并选定职业。遗传基因、环境状况以及学习经历都会培养做事技能。按照克朗伯兹生涯社会学习理论的观点，个人的偏好折射出个人所习得的反应。当你做或观察别人做与某项职业有关的事而得到正反馈，如赞许、认可等，你会倾向于对该职业有所偏好；相反，没有反馈或因你的偏好、技能、行动而受罚，会减弱甚至会完全消除你对某一职业的偏好。例如，在校成绩较差、看到他人在所选的领域里找不到工作、听到父母或其他人贬损某些职业、自己做的职业规划总是被他人否决、看到他人的职业计划受挫，可能会得出结论——个人无法控制自己的未来。

2.3.5 职业锚理论

当我们进行个人职业生涯规划时，职业锚（career anchor）是一个非常重要的概念，有助于我们进行职业定位。

1. 职业锚的含义

职业锚是美国著名职业心理学家埃德加·H. 施恩教授提出的。他认为，职业生涯发展实际是一个持续不断的探索过程，随着一个人对自己越来越了解，这个人就会越来越明显地形成一个占主导地位的职业锚。

那么，究竟什么是职业锚？施恩认为，职业锚是指一个人不得不作出职业选择的时候，不会放弃职业中一些至关重要的态度和价值观。"锚"是指抛到水底可以使船停稳的器具，"职业锚"则又有职业稳定、定位等含义。在职业心理学中，职业锚实际上就是人们选择和发展自己的职业时所围绕自己确定的中心。

一个人对自己的天资和能力、动机和需要以及态度和价值观有了清楚的了解之后，就会意识到自己的职业锚到底是什么，直到他不得不作出某种重大选择。例如，到底是接受公司将自己晋升到总部的决定，还是辞去现职，转而开办和经营自己的公司？正是在这一关口，一个人过去的所有工作经历、兴趣、资质、潜能等才会集合成一个富有意义的职业锚，这个职业锚会告诉此人，对他个人来说，到底什么东西才是最重要的。

可见，职业锚是"自省的才干、动机和价值观的模式"，是自我意向的一个习得部分，具体而言，是个人进入职业生涯早期或工作情境后，由习得的实际工作经验所决定，与在经验中自省的动机、需要、价值观、才干相符合，达到自我满足和补偿的一种稳定的职业定位。

具体而言,职业锚的概念包含3个方面的内容:自省的动机需要,以实际情境中的自我测试和自我诊断以及他人的反馈为基础;自省的才干和能力,以个人工作环境中的实际成功为基础;自省的态度和价值观,以自我与雇佣组织和工作环境的准则和价值观之间的实际碰撞为基础。

这里不难理解,如果一个人"流"向一个有可能失败或者不能满足其需要,或者与其价值观相左的环境,他就可能掉头进入某种更和谐的环境,如同航船下锚停泊于合适的港湾,这就是锚的比喻。而下锚的这个地方,就是个人职业生涯的长期贡献区。

2. 职业锚的类型

施恩根据自己对麻省理工学院毕业生的研究,提出了5种职业锚:技术职能型职业锚、管理能力型职业锚、安全稳定型职业锚、自主独立型职业锚和创造型职业锚。不同类型的职业锚,也就是不同类型的自我概念模式。近年来,国外许多机构进行了大量的试验来研究职业锚理论,又将其拓展为8种职业锚。

1)技术/职能型

技术/职能型的人追求在技术/职能领域的成长和技能的不断提高,以及应用这种技术/职能的机会。他们喜欢面对来自专业领域的挑战,对自己的认可是提高自身的专业水平,一般不喜欢从事管理工作,因为这将意味着他们要放弃在技术/职能领域的成就。

2)管理型

管理型的人追求并致力于工作晋升,倾心于全面管理、独自负责一个部门,可以跨部门整合其他人的努力成果。他们想去承担整个部门的责任,并将公司的成功与否看成自己的工作成功与否的标志。具体的技术/功能工作,仅仅被看作通向更高、更全面管理层的必经之路。

3)自主/独立型

自主/独立型的人希望随心所欲地安排自己的工作方式、工作习惯和生活方式。追求能施展个人能力的工作环境,最大限度地摆脱组织的限制和制约。他们宁愿放弃提升或工作扩展的机会,也不愿意放弃自由与独立。

4)安全/稳定型

安全/稳定型的人追求工作中的安全与稳定感。他们对可预测的成功感到放松,关心财务安全,如退休金和退休计划。稳定感包括诚实、忠诚以及完成上司交代的工作。尽管有时可以达到一个高的职位,但他们并不关心具体的职位和具体的工作内容。

5)创业型

创业型的人希望运用自己的能力去创建属于自己的公司或创建完全属于自己的产品(或服务),而且愿意去冒风险,并克服面临的障碍。他们想向世界证明,公司是他们靠自己的努力创建的。他们可能正在别人的公司工作,但同时他们在学习并评估将来的机会,一旦感觉时机到了,便会走出来创建自己的事业。

6)社会服务型

社会服务型的人一直追求他们认可的核心价值,如帮助他人、改善人们的安全、通过新的产品消除疾病等。他们一直追寻这种机会,即使变换公司,也不会接受不允许其实现这种价值的工作变换或工作提升。

7) 挑战型

挑战型的人喜欢解决看上去无法解决的问题、战胜强硬的对手、克服无法克服的困难障碍等。对他们而言,参加工作或职业的原因是工作允许他们去战胜各种不可能。新奇、变化和困难是他们的终极目标。如果事情非常容易,他们则马上变得非常厌烦。

8) 生活型

生活型的人喜欢允许他们平衡并结合个人的需要、家庭的需要和职业的需要的工作环境。他们希望将生活的各个主要方面整合为一个整体,因此需要一个能够提供足够的弹性让其实现这一目标的职业环境,甚至可以牺牲职业的一些方面。例如,提升带来的职业转换,他们将成功定义得比职业成功更广泛。他们认为,自己如何去生活、在哪里居住以及如何处理家庭事务及在组织中的发展道路,是与众不同的。

扩展阅读2-1:职业锚自我分析

2.3.6 国内职业生涯阶段理论

1. 国内职业生涯的五阶段论

我国职业指导专家也提出了类似的划分方法,即根据职业发展进程,把每个人的职业生涯大致分为职业准备期、职业选择期、职业适应期、职业稳定期和职业结束期5个阶段。

1) 职业准备期

职业准备期是形成较为明确的职业意向后,从事职业的心理、知识和体能准备及以后等待就业的时期。每一个择业者都有选择一份理想职业的愿望和要求,准备充分,就能够很快地找到自己理想的职业,顺利地进入职业角色。

2) 职业选择期

职业选择期是在职业准备的基础上实际选择职业的时期,也是由潜在的劳动者变为现实的劳动者的关键时期。职业的选择不仅是择业者个人挑选职业的过程,同时也是社会挑选劳动者的过程。只有个人与社会成功结合、相互认可,职业选择才算结束。择业者的职业选择非常重要,尤其是第一次选择。

3) 职业适应期

职业适应期是从一个择业者到一个职业工作者的角色转变的适应过程。择业者刚刚踏上职业岗位,必然要有一个适应的过程,要尽快适应新的角色,适应新的工作环境、工作方式,树立良好的第一印象,建立和谐的人际关系。这一过程一般需要半年左右的时间。

4) 职业稳定期

职业稳定期是职业适应期结束,相对稳定地从事职业工作的时期。这一时期,个人的职业生活能力最旺盛,是创造业绩、成就事业的黄金时期。当然,职业的稳定不是绝对的,特别是在科技发展日新月异、人才流动日趋加速的今天,就业单位和职业岗位发生变化是很正常的。需要指出的是,在职业稳定期,由于科学技术进步、产业结构调整等因素,个体容易进入"职业发展高原期",因此特别需要接受继续教育,需要不断学习、不断提高。

5) 职业结束期

职业结束期是由于年龄或身体状况等原因,个体逐渐丧失职业能力或职业兴趣,从而结束职业生活过程的时期。

2. 职业生涯阶段模型

一个人一生所从事的职业按先后顺序可分为早期生涯、中期生涯和晚期生涯3个发展阶段。在这3个阶段,依据休普的划分,又可以将一个人的职业生涯分为4个阶段:探索阶段、磨炼创立阶段、维持阶段(分为发展、停滞两种状态)和衰退阶段。这两种阶段模型可以用图2-1加以描述。

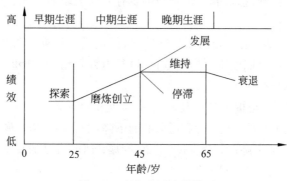

图2-1 职业生涯阶段模型

从图2-1中可以看出,职业的选择是一个发展的过程。在这个过程中,每一个步骤都与前后步骤有密切的联系,共同决定未来职业的发展趋向。同时,人也是作为一种生物存在的,有其独特的生命特征,因此职业选择的趋向必须依赖于个人的年龄和发展阶段。不同年龄和发展阶段的特征与职业生涯的选择和发展是一种相互依赖、相互作用的关系。每个人都是作为不同的个体存在的,不同的个体之间的个性、能力、兴趣不同,当他们面对同一环境时所获得的现实机会也是有很大差异的。因此,当一个人在作出职业选择的时候就必须在个体特征和现实机会之间取得平衡。

从员工个人的角度来看,其职业生涯发展阶段可分为早期、中期和后期。在不同的时期,由于员工个人生命特征的不同,其所面临的职业生涯发展任务也不同。因此,不同阶段的职业生涯中个人和组织任务存在着明显的差别。

1) 职业生涯早期阶段

职业生涯早期阶段,是指一个人由学校进入组织并在组织内逐步"组织化",并为组织所接纳的过程。这一阶段一般发生在20~30岁。

(1) 个人任务,包括:进入组织学会工作;学会独立,并寻找职业锚;完成向成年人的过渡。

(2) 组织任务,包括:对新员工进行上岗引导和岗位配置;提供一个富有挑战性的最初工作;为员工提供较为现实的未来工作展望及未来工作描述;对新员工严格要求,并开展职业生涯规划活动;开展以职业发展为导向的工作绩效评价,提供阶段性工作轮换和职业通路。

2) 职业生涯中期阶段

职业生涯中期阶段,是一个时间周期长(年龄跨度一般是25~50岁)、富于变化,既有可能获得职业生涯成功(甚至达到顶峰)、又有可能出现职业生涯危机的一个很宽阔的职业生涯阶段。职业生涯中期处于个人生命周期、职业生涯周期和家庭生命周期完全重叠的阶段,员工个人的各方面任务繁重。3个周期的交叉运行,容易导致员工职业问题的产生,形成职业生涯中期危机。例如,缺乏明确的组织认同和个人职业认同,现实与职业思想不一致,职业工作发生急剧转折或下滑等。

(1) 个人任务,包括:保持积极进取的精神和乐观的心态;面临新的职业与职业角色选择决策;成为一名良师,担负起言传身教的责任;维护职业工作、家庭生活和自我发展三者间的均衡。

(2) 组织任务,包括:落实好内部晋升计划,促进员工职业生涯向顶峰发展;提供良好的教育培训计划;针对职业生涯中期危机,进行有效预防、改进和补救。

3) 职业生涯后期阶段

职业生涯后期阶段,是指员工一般处在50岁至退休年龄。

(1) 个人任务,包括:承认竞争力和进取心的下降,学会接受和发展新角色;学会和接受权力、责任和中心地位的下降;学会应付"空巢"问题;回顾自己的整个职业生涯,着手退休准备。

(2) 组织任务,包括:发挥员工的潜能和余热,并帮助员工顺利度过职业生涯后期;组织向处于职业生涯后期的员工提供适应退休生活的计划;采取多种措施,做好员工退休后的生活安排。

表2-4是成年人生命周期各阶段特点的一个简单汇总,综合了多位研究者的研究成果。

表 2-4 成年人生命周期各阶段的特点

生命阶段	主要心理活动	标志事件	态度特征
离开家庭(16岁或18岁到20岁或24岁)	心理上将自己与家庭分离开来;减少自己对家庭的依赖性;开始建立新家庭;把自己看成成年人	离开家庭;进入社会,并对自己的生活作出独立自主的安排;上大学,出外旅游,参军,参加职业等。开始决定自己准备学什么;开始选择职业;开始恋爱	在"继续待在家中"和"脱离家庭"之间权衡
进入成年人世界(20岁到27岁或29岁)	探索进入成年人世界的可能性,并开始想象自己已是一个成年人。开始形成最初的生活结构;发展寻求友谊的能力;开始幻想,找到一位可以作为良师益友的伙伴	暂时投身到职业中去,处于职业生涯的第一个阶段;被聘用;第一次开始职业;适应职业环境;辞职或被解雇;失业;迁徙;结婚;决定要生一个孩子;小孩开始上学;购置一幢房屋;社区活动;在组织中任职	"我行我素"。为未来而生活和奋斗,暂时投身职业中只是权宜之计
30岁时的转变(30岁左右)	重新检查自己的生活结构和当前所从事的职业;做一些必要的变动,特别是尽力去实现在20多岁时没有来得及实现的奋斗目标	改变自己的职业,或是在某一行业里改变专业方向;重新回到学校读书;爱情;分居;离婚;再次结婚	"什么是生活的全部含义?我是否在做我应该做的事?我希望从生活中得到什么?"

续表

生命阶段	主要心理活动	标志事件	态度特征
专心于职业和生活（30岁出头）	更加努力，更加投身到职业中去，更关心家庭；为自己认为有价值的事而奋斗；对于一位有事业心的职场人士来说，开始成为本行业中年轻有为的成员；制订一张时间表，将自己对生活的幻想变成具体的长远奋斗目标	父母退休；寻找职业；热衷于家庭活动；挣钱；小孩已长大，可以重新返回学校读书	希望能使自己的生活更稳定，更有条理，并通过制订和实现长远目标来"使希望变成现实"
开始成为一个独立自主的人（35～39岁或39～42岁）	成为本行业中有影响的人物；有意减少对上司、批评家、同事、配偶和挚友的依赖性；在一些重要场合力求有自己的独立性并希望得到社会的认可；对于一位妇女来说，她的第一职业就是做家务，并越来越愿意承担家庭义务，同时自己也去寻求有价值的东西；独自参加一些活动	获得关键性的提升；得到别人的赏识；同挚友的关系破裂	没有原来那种青春朝气；期待人们的认可；时间开始不够用；日子开始令人烦恼
中年时期的转变（40岁出头）	使生活结构与自我表现更加相互适应；竭力消除内心对生活的感受与自己对生活的期望之间的差异	面对现实，从对生活的幻想中清醒过来；改换职业；再一次结婚；一无所有；那些把家务劳动作为第一职业的妇女开始走出家庭，寻找自己的第二职业；朋友、同胞兄弟姐妹或儿女去世	感受到体力的衰减、年龄的增加和死期的接近；男性开始出现女性特征，而女性则出现男性特征
重新稳定下来（42～48岁）	欣赏自己对生活所做的抉择及生活方式	成为别人的挚友；和同事及年轻的朋友们一道分享知识和技能；为下一代作出自己的贡献；又有了新的兴趣或爱好	
进入50岁（45～55岁）	再一次检查生活结构与自我的适应程度；需要改变自己生活道路上的方向；有些人还走上了新的开端	妇女寻找职业的最后一次机会，同时也是她们实现自己生活理想、满足自己志趣的最后良机；丈夫的职业地位发生变化	为了达到既定的目标，实现自己的夙愿，做出不得已的生活变动——或许这样做已太迟了，但的确是"我"在自己的后半生中乐意去做的事

续表

生命阶段	主要心理活动	标志事件	态度特征
再一次稳定下来，开始熟谙世故，事业达到鼎盛期（52～60岁）	取得重大的成就	在事业上会出现新的机会；又有新的希望满足自己的理想；自己对成就下定义	在感情上和待人处世方面变得老练；配偶变得越来越重要；自我宽慰
生活道路的回顾，生命结束（60岁和60岁以上）	接受生活中所发生的一切，认为它们都是有价值、有意义的；回顾评价自己的生活和自己在生活中所做的选择	自己和自己的配偶都已退休；朋友、配偶和自己的去世	回顾自己一生中的所作所为；希望能永远享受人间的喜怒哀乐；依恋家庭；考虑到死亡

3. 职业生涯发展的三、三、三理论

职业生涯发展的三、三、三理论是人生的3个"三阶段"。

1）职业生涯发展第一阶段

职业生涯发展的第一个"三阶段"主要分为输入阶段、输出阶段和淡出阶段（表2-5）。输入是指对知识、信息、经验的输入，输出是指输出服务、知识、智慧和其他产品。该理论提出的人生三大阶段是一个弹性边界，弹性产生的原因受教育程度、工作行业、职位高度、身体状况、个人特质和成就欲望等因素的影响，更加符合当前迅速发展的人性特质对职业生涯发展影响的现实。

表2-5 职业生涯三、三、三理论

阶段	输入阶段	输出阶段	淡出阶段
	从出生到从业前	从就业到退休前	退休以后
主要任务	输入信息、知识、经验、技能，为从业做重要准备；认识环境和社会，锻造自己的各种能力	输出自己的智慧、知识、服务、才干；进行知识的再输入、经验的再积累、能力的再锻造	精力渐衰，但阅历渐丰、经验渐多，逐步退出职业，适应角色的转换。该阶段是"夕阳无限好"阶段，有更加广阔的时空以实现以往的夙愿

2）职业生涯发展第二阶段

职业生涯发展的第二个"三阶段"主要是指输出阶段中职业发展的阶段。这一阶段的发展特点与第一个人生三大阶段一样，依然是弹性的、开放的、动态的，有显著的个性化特征和受多维环境因素与个体因素影响。表2-6表达的是输出阶段的三段论。

表2-6 输出阶段的三段论

输出阶段	个人的工作状态	职业环境状态
适应阶段	订3个契约 对领导：我要服从你的领导； 对同事：我要与你协同工作； 对自己：我要使自己表现出色	适应工作硬软环境，个体与环境、个体与同事相互接受，此时进入职业

续表

输 出 阶 段	个人的工作状态	职业环境状态
创新阶段	独立承担工作任务； 努力作出创造性贡献； 向领导提出合理化建议	受到领导和群众认可，进入事业辉煌阶段
再适应阶段	由于工作出色获得晋升； 由于发展空间小而原地踏步； 由于自身骄傲或工作差错受到批评	个体要调整心态，适应变化了的环境； 此时属于职业状态分化的阶段，领导和同事看法不一

3）职业生涯发展第三阶段

职业生涯发展的第三个"三阶段"主要是指再适应阶段中职业发展的阶段。再适应阶段在现实中每个人都会遇到，职业一次成功的人很少，都要经历再适应阶段，这一阶段不是人生最辉煌的阶段，却是人生到达辉煌的必经阶段。表2-7表达的是再适应阶段的三段论。

表2-7 再适应阶段的三段论

再适应阶段	职业状况
顺利晋升	面临着新的工作环境的挑战、新的工作技能的挑战、原同级同事的嫉妒，领导会提出新的要求，表面的风光隐藏着一定的职业风波
原地踏步	此时会有倚老卖老、不求上进的状态出现，挂在口头边的话是"此事我早已了解"或"我再熟悉不过了"，对同事的发展出现心理不平衡，此时如做职业平移或变更更适合
下降到波谷	由于个体原因或客观原因，遭受上级批评，或受降级处分，工作状态进入波谷，此时如能重新振奋精神，有希望进入第二次"三三三"发展状态

2.4 职业生涯管理的基本知识

2.4.1 职业生涯管理的内涵和意义

从个人的角度讲，职业生涯管理是指一个人对自己所要从事的职业、要进入的工作组织、在职业发展上要达到的高度等作出规划和设计，并为实现自己的职业目标而积累知识、开发技能的过程。其一般通过选择职业、选择工作组织、选择工作岗位，在工作中技能得到提高、职位得到晋升、才干得到发挥等来实现。

在市场经济条件下，员工个人真正成为具有自主性的市场主体——自主择业、自主流动，自己管理自己的职业，自己掌握自己的命运。但是，自主择业并不意味着个人可以随心所欲，组织也同样有着用人的自主权，任何一个具体的职业岗位都要求从事这一职业的个人具备特定的条件，如教育程度、专业知识与技能水平、体质状况、个人气质及思想品质等。并不是任何一个人都能适应任何一项职业，这就产生了职业对人的选择。一个人在择业上的自由度很大程度上取决于个人所拥有的职业能力和职业品质。个人的时间、精力、能量毕竟是有限的，要使自己拥有不可替代的职业能力和职业品质，就应该根据自身的潜能、兴趣、价值观和需要来选择适合自身优点的职业。将自己的潜能转化为现实的价值,这就需要对自己的职业生涯作出规划和设计。因此,人们越来越重视职业生涯的管理,越来越看重自己的职业发展机会。

1. 职业生涯管理的意义

任何规划和计划如果不实施、不加以有效管理都只能是空中楼阁,因此,对职业生涯规划必须进行有效管理。我们可以把职业生涯管理看作一种对个人开发、实现和监控职业生涯目标与策略的过程。职业生涯管理是一个长达一生的过程,能够使我们认识自我、工作、组织,设定个人的职业目标,发展实现目标的战略以及在工作和生活经验的基础上修正目标。虽然职业生涯是指个体的工作行为经历,但职业生涯管理可以从个人和组织两个不同的角度来进行。

职业生涯既是个人生命运行的空间,又和组织有必然的内在联系。一个人的职业生涯设计得再好,如果不进入特定的组织,就没有职业位置,就没有工作场所,职业生涯就无从谈起。组织是个人职业生涯得以存在和发展的载体。同样,组织的存在和发展也依赖于个人的职业工作,依赖于个人的职业开发与发展。

2. 职业生涯规划与管理的分类

职业生涯规划与管理可以按时间的长短,以及主体和主导者的不同进行以下分类。

1) 按时间的长短分类

按时间的长短,职业生涯规划可分为人生规划、长期规划、中期规划与短期规划4种类型。

(1) 人生规划,是指整个职业生涯的规划,时间长至40年左右,设定整个人生的发展目标,如规划成为一家有数亿元资产公司的总经理。

(2) 长期规划,是5~10年的规划,主要设定较长远的目标。例如,规划30岁时成为一家中型公司的部门经理,规划40岁时成为一家大型公司副总经理等。

(3) 中期规划,一般为3~5年内的目标与任务。例如,到不同业务部门做经理、从大型公司部门经理到小公司做总经理等。

(4) 短期规划,是3年以内的规划,主要是确定近期目标,规划近期完成的任务。例如,对专业知识的学习、掌握哪些业务知识等。

一个人的职业生涯是一个长期的过程,所以应有一个整体的职业生涯规划,但整个人生职业生涯规划是一个笼统的概念,很难具体地实施。例如,制订一个人生职业生涯规划,要成为一家掌握上亿元资产公司的总经理。为了达到这个目标,就要把这个规划分成几个中等的规划,如什么时候成为一个部门的主管、什么时候成为一个部门的经理等。然后,再把这些规划进一步细分,将其分解为直接可操作的具体计划,如为了达到总经理的要求,攻读MBA(工商管理硕士)学位;从事不同的职业,丰富各个业务流程等。可以把整个人生职业生涯规划分成几个长期规划,长期规划再分成几个中期规划,中期规划再分成几个短期规划,一步一步来实现自己的目标。

2) 按主体和主导者的不同分类

按主体和主导者的不同,职业生涯规划可分为个人职业生涯规划和组织职业生涯规划两种类型。

（1）个人职业生涯规划，是一个人对其一生中所承担职务相继历程的预期和计划,包括一个人的学习、对一项职业或组织的生产性贡献和最终退休。个人职业生涯规划并不是一个单纯的概念,与个人所处的家庭以及社会存在密切关系。

（2）组织职业生涯规划,是从组织的发展角度对员工的职业生涯进行管理,集中表现为引导和帮助员工制订职业生涯规划,建立各种适合员工发展的职业通道,针对员工职业发展的需求进行适时的培训,给予员工必要的职业指导,使企业的发展与员工的发展紧密结合起来,增加企业的凝聚力和发展的后劲。

2.4.2 职业生涯管理的人才测评理论与实践

无论是个人还是组织,做好职业生涯管理的前提条件都是自我认知和对管理对象个体的正确认识评价,而科学的测评方法有助于我们更好地认识自我、认识他人。

1. 人才测评的含义

人才测评是运用现代心理学、管理学及相关学科的研究成果,通过心理测验、情境模拟等手段对人的能力、水平、性格特征等因素进行测量,并根据职位需求及企业组织特性对其素质状况、发展潜力、个性特点等心理特征作出科学的评价。

我国最早的较为标准化的人才测评是1916年在清华大学开展的职业指导活动。1921年,中华职业教育社采用自制的职业心理测验对入学人员进行了测验。但因中国社会工业的落后以及社会条件的限制,早期人才测评难以形成规模发展。20世纪60年代以来,我国因工业和军事发展的需要,人才测评工作有了一次长足的发展,如70年代空军第四研究所曾编制《学习飞行能力预测方法》,用以对招考新生进行集体心理测验,取得良好的效果,使飞行员淘汰率大大降低。

改革开放后,人才测评在公务员招考和企业的招聘中得到了极为广泛的重视与应用。一些公司开始由专业人员采用心理测验手段进行选员,政府部门召集心理学家帮助建立公务员测评体系,而越来越多的企业、事业单位也意识到人才测评对员工招聘的重要性。

2. 人才测评的目的

人力资源开发和管理的基础与前提是知人,知人才能善任。要充分开发和有效利用人才资源,不仅要知其所掌握的知识和技能,还要知其发展潜能和个性特征。对人的知识技能可以通过传统的考试进行考察,而对人的发展潜能和个性特征则只能借助现代人才测评技术来了解。人才测评从功用的角度上,可分为选拔性测评、配置性测评、开发性测评、诊断性测评和考核性测评。

3. 人才测评的方法

人才测评从技术层面上分为两大类。第一类是标准化的心理测验,通过笔试测验来了解人的基本能力素质和个性特征;第二类是评价中心技术,包括小组讨论、结构化面试。具体来讲,人才测评主要有以下方法。

1) 心理测验

心理测验是指使用系列心理测验量表来测量一个人的潜能和个性特点,如基础职业能力、价值取向、进取意识、创新能力、风险承受能力等。通常的做法是让受测者在答题卡或在计算机上作答一些客观性试题,然后对作答结果进行系统评价,并出具相应的职业心理素质测评报告。

2）面试

面试是指通过精心设计的面试来测量受测者的岗位胜任能力和个性特征,可分为结构化面试、半结构化面试和自由式面试。通常的做法是由主考官根据面试设计向受测者进行系统提问,几位训练有素的面试考官再用客观化评分表对受测者进行量化评价。

3）文件筐测验

文件筐测验又称公文处理测验,是将工作情境中可能遇到的各种典型问题设计成信函、请示、备忘录等书面形式,让受测者在规定时间内写出书面处理意见或决定。文件筐测验比较适合对管理人员的测评,可以考察应试者多方面的能力,如计划分析能力、判断决策能力以及对下属的指挥能力。

4）小组讨论

小组讨论包括有领导小组讨论和无领导小组讨论,其中无领导小组讨论更为常用。在无领导小组讨论中,通常把受测者分为几个小组,各组在无负责人的情况下,要在规定时间内对资金分配、任务分担、干部提拔等有争议的问题进行讨论,并形成一致意见。考官根据受测者在讨论中的表现作出评价。

5）情境模拟

情境模拟指通过设置工作中的各种典型情境,让受测者在特定情境中扮演一定的角色,完成一定的任务,从而考察其沟通和解决问题等方面的实际工作能力。

4．人才测评的作用

具体而言,人才测评可以起到如下 4 个方面的作用。

1）自我认知

自我认知是个人职业规划的前提条件,自己往往对自我的认识有一定的盲点,通过中介机构的测评,可以清楚地知道自己的性格特点、能力倾向和优劣势,从而为个人的职业规划提供比较科学的依据。

2）人员招聘

人才测评在人员招聘中应用较为普遍,如选拔营销人员,除了解应试者的营销知识外,还需通过测评了解其营销动机、人际敏感性和沟通技能、失败承受性等职业心理特性,可以使人员录用的失误率大幅度降低。

3）优化组合

例如,在部门、班组等团队的人员组合中,不仅要考虑成员间的专业知识、年龄结构的互补,还要通过测评考察成员间工作价值观念的一致性和个性特征的相容性等,以形成高效率的工作队伍。

4）人力资源普查

通过测评,可以全面掌握组织内全体人员的素质状况,为人力资源规划、培训、流动和安置提供依据。

5. 人才测评的特点

人才测评是一种特殊复杂的社会认知活动,其主体包括主持测评者和测评对象。归纳起来,其主要有以下几个方面的特点。

1) 人才测评是心理测量,不是物理测量

一般来讲,人才测评主要是对个体心理现象的测量,包括能力、兴趣、性格、气质及价值观等。身高、体重等有时也列入测量范畴,但不是主要方面。人才测评主要是心理测量,这是由心理素质在个体发展事业成功过程的关键性作用所决定的。美国心理学家特尔曼曾对800名男性成人进行测评,发现其中成就最大的20%与成就最小的20%两组之间,最明显的差异是他们在心理素质上的差异。成就最大组,在进取心、意志力、兴趣和坚持性方面,明显高于成就最小组。物理测量结果是以物理的度量单位计算的,如重量是以斤(两)计算、长度是以米(分米)计算的。相反,心理测量测查的对象具有内在性、隐蔽性和无形性等特点。相对于物理测量,心理测量就复杂艰巨得多。

2) 人才测评是抽样测量,不是具体测量

人才测评的对象是素质及绩效,但素质及绩效不是在某一孤立时空内抽象存在的,而是表现在个体活动的全部时空中。从理论上讲,人才测评实施时,涉猎的范围越广,收集的相关信息越充分、越全面,测评结果就越有效、越具体客观。但在实际操作中,上述理想状态不可能存在,也不可能做到,任何一项测评的主持者,在有限时间内都不可能掌握被测评者素质的全部表征信息,只能本着"部分能够反映总体"的原理,对测评要素进行抽样,保证样本的足够多及其足够的代表性,从样本的测量结果来推断全部待测评内容的特征。那种企图一应俱全,对测评内容全面进行测评的想法在实践中行不通,也没有必要。

3) 人才测评是相对测量,不是绝对测量

任何测评从测评的实施者主观愿望来讲,都力求尽量客观地反映被测者素质的实际状况。但再严格的素质测评都会存在一定的误差,这是由测评的主观性决定的,毕竟人才测评是人对人的测评。一方面,测评方案的设计及测评活动的实施都是凭借施测人的个人经验进行的,而不同的施测人对测评目标的理解、测评工具的使用及测评结果分数的解释,都难免带有个人色彩,不可能完全一致。另一方面,作为测评对象的人,其素质是抽象模糊的,其构成是极其复杂的,且测评工具有一定的局限性,诚如苏东坡所言:"人之难知也,江海不足以喻其深,山谷不足以配其险,浮云不足以比其变。"由此可见,人才测评既有精确的一面,又有模糊的一面。

在人才测评实践中,应强调测评的精确性、科学化,但人才测评具有复杂性,在测评技术尚不十分发达的情况下,片面追求精确性,反而违背人才自身特有的特点。德国物理学家海森堡在1927年提出了物理学中的"测不准原理",人才测评也处于一定的测不准状态,即测评实施对被测者的鉴别评价不一定完全符合对象的实际情况,测评结果虽然反映被测者素质的基本状态,但与被测者真实素质有一定程度的偏离。这就是说,人才测评既有测准的一面,也有测不准的一面;测准是相对的,测不准是绝对的。

随着人类认识自身能力的提高及测评技术的发展,人才测评将逐步摆脱测不准的状况,无限逼近测准的状态,这个过程是十分漫长的。因此,从这个意义上讲,人才测评的结果只有相对意义,没有绝对意义。

4）人才测评是间接测量，不是直接测量

人的素质是个体实施社会行为的基本条件和潜在能力。素质的突出特点之一是抽象性。素质是隐蔽在个体身上的客观存在，是一种内在抽象的东西，是看不见、摸不着乃至说不清的。但素质并不神秘，有一定的表现性，即素质可以通过人的行为表现出来，素质和行为之间存在一系列中介物。我们不能对素质本身进行直接测量，但可以通过表现的行为特征进行间接的推测和判断。由此可见，人才测评是间接测量，而不是直接测量。

6. 人才测评中的素质结构

人才的素质一般可以分为身体素质、思想政治素质、知识素质、能力素质和心理素质5个方面。

1）身体素质

身体素质是个人最基本的素质。没有健全的体魄和良好的身体素质，就失去了事业成功最起码的条件。身体素质包括体质、体力、体能、体形和精力。身体素质的测评大都可以通过现代医学手段进行，这种体检，可以测试出个人的视力、身高、体重、血压、脉搏、肝功能、心脏等是否正常。

2）思想政治素质

思想政治素质是指个人从事社会政治活动所必需的基本条件和基本品质，是个人政治思想、政治方向、政治立场、政治观点、政治态度、政治信仰的综合表现。个人的思想政治素质与其在社会生活中的位置、政治生活经历有密切关系，是随着个人的成长，在长期社会生活实践中逐步形成、发展和成熟的。思想政治素质由多种因素构成，有丰富而深刻的内涵，一般包括政治方向、政治立场、政治观点、政治纪律、政治鉴别力、政治敏锐性和政治技能。

3）知识素质

知识素质是指个人做好本职工作所必须具备的基础知识与专业知识。基础知识是应试者知识结构的基础。测评考试，可以测试应试者应具备的基本理论、基本知识和基本方法的掌握程度，特别是运用这些理论、知识和方法解决工作中实际问题的能力。专业知识是知识结构的核心，也是区别于其他专业领域人才知识结构的主要标志。

4）能力素质

从广义上来说，能力是人们认识、改造客观世界和主观世界的本领。从狭义上来说，能力是指胜任某种工作的主观条件，表现为顺利完成某项活动且直接影响活动效率所必备的心理特征。能力是顺利完成某种活动中的一种心理特征，但活动中的心理特征并不都是能力。例如，领导干部的能力是领导干部从事管理活动必须具备的并直接和活动效率有关的基本心理特征，是胜任领导工作、行使其权力、承担责任的主观条件。

5）心理素质

心理素质是指人在感知、想象、思维、观念、情感、意志、兴趣等多方面心理品质上的修养。心理素质是一个内容非常广泛的概念，涉及人的性格、兴趣、动机、意志、情感等多方面内容。良好的心理素质即指心理健康或具备健康的心理。例如，领导干部的心理素质包括事业心、责任感、创新意识、权变意识、心理承受能力、心理健康状况、气质类型和领导风格等。

2.4.3 对现行测评方法的评价

1. 现行测评方法存在的问题

近些年来,我们在探索科学、"如何评价"人才选拔方面,已经取得了一定的进步。例如,在公务员选拔过程中,重视思想政治素质,强调人才的实际能力,以及向社会公开招考、择优录用的大胆尝试。但也仍然存在一些薄弱环节,例如:虽然建立了考试机制,但缺少统一的标准;在考试的内容上,多偏重于知识考查,忽视发展潜能的预测;在考试技术上,沿用教育测量的做法多,借助多种科学引用新技术的尝试少。尽管考试录用人才的做法已赢得社会和用人部门的认可,但是高分低能的问题仍未得到解决。要使人才测评工作再上一个台阶,有必要对考试方法进行新的探索和研究。

2. 测试内容的分析

从影响工作绩效的因素出发,可以对人才录用中应该考查的内容做如下分析。

1) 智能因素

(1) 知识与工作绩效。知识是个人经过有目的、有选择的学习后,在头脑中形成的有系统、有层次的结构体系。知识与工作绩效的关系密切,是做好工作的基本条件。对知识的考查,一是看容量,二是看结构的合理性。后者对工作绩效的影响更为直接。

近年来,对知识的考查有过争论,有人主张知识并不是推测潜能的指标,而智力与能力倾向测验对潜能的预测才更有意义。这种观点认为,管理人员的发展,主要决定于基本才能的具备和运用,而非决定于某专业方面的知识有多少。

(2) 智力与工作绩效。关于智力与工作绩效的关系,目前尚有争议。但大多数人认为智力因素是选择人员的必要条件。不过也有研究表明,当智力均已达到中等水平以后,与工作绩效的相关甚微,尤其是在执行类人员中,高智力很可能导致低绩效。即使是在指导类管理者中,智力也并非越高越好,因为过于聪明的人制定政策,往往容易脱离实际。所以,有些国家在制定选人原则上,对常识、智力采取封闭式标准,即规定录用的最低限和最高限。

(3) 能力倾向与工作绩效。能力倾向,有广义与狭义之分。广义的能力倾向,包括人的身体条件、智能、性格、兴趣等是否适合于某职业领域。狭义的能力倾向,是指为了有效地进行某种特定活动所必需的特殊能力。值得指出的是,人的能力倾向是尚未接受教育训练的潜能,同经过学习训练而获得的才能是有区别的。

另外,能力倾向与智力之间无必然的相关。心理学的实践证明,人的特殊能力与智力的关系很小。一个人具有较高的智力水平,可能会有一些特殊的才能,但也可能缺乏某些如音乐的、美术的特殊能力。而那些有音乐、美术才能的人,其聪慧性可能在平均者之上,也可能在平均者之下。所以,我们不能从一个人的能力倾向来推测他的智力,同样也不能从他的智力水平来推测他的特殊能力。

能力倾向与工作绩效的相关是比较明显的,如果一个人的能力与他所从事的工作特点相匹配,那么就容易取得成功。我们提倡"用人所长"就是这个道理。

(4) 实践经验与工作绩效。实践经验是指从亲身参加活动或者直接观察活动中得到的知识、技巧和行为方式。实践经验与工作绩效之间的相关性是显而易见的,尤其对于政府机关执行类的人才来讲,在某种意义上,经验比学历、知识更重要。需要指出的是,一个人被录用前的实践经验与他将要从事的工作性质只有是正相关时,其实践经验才能继续获得用武之地,否则就没有考察意义。

2) 非智能因素

(1) 政治素质与工作绩效。政治素质主要是指一个人的政治立场、信仰和态度倾向,主要体现在思想觉悟、道德情操和价值水准上。在行政工作中,政治素质将决定工作绩效的方向,是人才考核中不可忽视的主要指标。

(2) 成就动机与工作绩效。成就是指一个人在工作中达到组织或个人目标所设置的期望值。实践证明,工作绩效的大小,取决于一个人的能力与成就动机的强度,即强度较高的成就动机将有助于工作上的成功,但是成就动机也并非越高越好。有研究表明,成就动机处于中等强度时,工作绩效最佳。

近年来,欧美等国又发展出一种新的笔试,要求个人撰写未来"自传",设想个人今后5~10年的工作计划,以此测验应试者的成就动机和决策能力,从而发现最合适的管理人才。

(3) 社会适应性与工作绩效。社会适应性是指人与社会相互作用时的心理承受水平以及自我调节能力,包括人的气质、性格、应急能力等心理指标。

社会适应性对工作绩效的影响反映在人才身上是比较直接且明显的。例如,在智能指标基本相同的前提下,不同气质类型的人对待同一工作表现出的活动方式和工作效果是不一样的。应该说,每一个人的社会适应性都是针对特定某一环境而言,并且具有适应性强与弱的区别。

社会适应性虽然不是选拔考核人才的重要指标,但是在实际工作中又无时不在影响和制约着一个人对知识的运用、经验的积累和才能的发挥。在特殊的情况下,将起到比智能因素更为重要的作用。例如,在应急状态下,一个人的情绪稳定性和应变能力往往比智慧显得更重要。事实上,对于从事行政工作的人才来说,其工作上的受挫或失败,由于适应、自我调节能力差者多,由于知识欠缺、经验不足者少。

(4) 身体条件与工作绩效。身体健康、精力充沛是取得工作绩效的前提和保证。当然,影响工作绩效的除了以上主观因素外,还有环境因素。

3) 测试手段的开发

工作岗位所需要的考核内容,只有借助有效的测量方法和测试手段才能得出。由于我们录用考试的对象——人是一个受多种因素影响的复杂整体,所以考核就要借助多种方法和手段才能获得有参考价值的资料。如今,知识老化的周期已经大大缩短,单纯的知识积累和一般能力的培养已不适应形势的需要,要求选拔具有应变能力的人才,而这种人才需要通过多方面的测验才能发现。因此,各国主张考试内容应包括以下3个方面。

(1) 知识测验。其包括基础知识和专业知识两部分。例如,目前行政工作逐渐向专业化发展,更注重应试者的专业知识。

(2) 智力测验。其主要包括对空间能力、察觉能力、归纳能力和语言关系能力的综合测验。

(3) 技能测验。例如,行政工作测验主要包括检验应试者处理实际问题的速度和质量,应试者的领导才能和处理人际关系的能力,以及其对知识和智力运用的程度与能力。

因此,通过多种教育形式的综合运用,来选拔具有独立思考能力和应变能力的人才,已成为各国考任制的发展趋势。在国内,随着管理学、考试学、心理测量及计算机技术的不断发展和完善,能够科学、客观、全方位地考核人才已经从可望变成可能,对于人类智能的考察可以通过一系列规范化的测量方法实现。当然,这需要在实施中付出艰苦的努力,既要有严谨求实的研究作风,又要有走出经验框框的创新意识。

2.4.4 心理测验

1. 心理测验的性质

从1905年第一个作为测量人智力的工具的比奈-西蒙智力量表问世以来,心理测验就面临着应用和发展中的两种错误态度。一种是不思考、探索其原理、内容、方法,就妄加批评;另一种是盲目迷信,夸大测验功能,且对测验结果的解释极不慎重。这两种态度的共同原因之一是对心理测验的性质缺乏足够的认识。

对于大脑的产物——心理现象来说,不能直接测量,但是人的心理必定会在人的具体活动和行为中有所表现,倘若我们对智力或人格特征这些测量对象有着明确的操作定义,便可根据它寻找一组作业或刺激(实际上就是一组测题或问卷)用以引起被试者的行为,而从中推论出其智慧能力或个性特征。例如,要测量智力,便得首先弄清"智力是什么""哪些活动是智力活动",而后才能定出一组作业,让被试者对此作出反应,借以得到他完成这组作业的成绩,而此成绩就是他的智慧效率。然后我们就由直接测得的智慧效率,推测他的智力。由此可见,心理测验是间接的测量。

2. 心理测验的种类和功能

这里讲的测验是标准化测验,标准化测验应具备下列条件。

(1) 给所有被试者定出有代表性的相同的一组测题,为他们的作业取得直接比较的基础。

(2) 实施测验的程度(包括测验指导语、测验时间限制、测验情境等)要有详细的规定,以保证每一位被试者有相同的测验条件。

(3) 记分方法要有详细的规定,使评分误差极低。

(4) 要建立常模(标准化样的平均数)。常模则给测验分数提供参照点。这样的一个测验就能作为测量人的某种心理特性(智力、能力倾向、人格特征等)的工具。

心理测验有以下分类。

1) 按测验的对象分类

(1) 智力测验,目的在于测量智力的高低,一个人的智力水平可以用智商(IQ)表示。智力测验是衡量智力高低的参考,对于管理中估价一个人的能力水平,安排恰当的工作有重要的作用。例如,某项工作要求智商120,智商低于或高于它的人都需要用人部门认真考虑。前者会由于能力低而无法胜任;后者则可能由于智商超出该项工作性质要求而不安于现状,甚至轻视这项工作,造成不良后果。因此,人事部门在选用和安排人才时,应当尽可能做到每个人的智力水平与其工作性质相适应。

(2) 能力倾向测验,又称性向测验,目的在于发现被试者的潜在才能,深入了解其长处和发展倾向。能力倾向测验一般可以分为两类。一是一般能力倾向测验,测验一个人多方面的特殊潜能。例如,区分能力倾向测验,可以预测一个人哪一方面潜在能力较高或较低,多用于选择人才和就业指导。二是特殊能力倾向测验,偏重测验个人的特殊潜在能力,如音乐能力倾向测验、机械能力倾向测验。

(3) 成绩测验。测验一个人经教育训练后的学业成绩,又称成就测验,可分为学科测验和综合测验。前者测验学生某学科的知识、技能,后者测验学生各学科的知识、技能。成绩测验同能力倾向测验的区别在于,前者是测验在工作中所具有的实际能力,后者是用心理指标测验在未来工作中的胜任能力。

(4) 人格测验,又称个性测验,是测验情绪、需要、动机、兴趣、态度、性格、气质等方面的心理指标。

2) 按测验的人数分类

(1) 个别测验,只能由同一个主试在同一时间内测量一个人。个别测验的优点是主试对被试者的言语、情绪状态可以仔细地观察,并且有充分的机会与被试者合作,可以唤起被试者最大努力,以保证其结果正确可靠。个别测验的缺点在于时间不经济、测验的手续复杂,需要训练有素者方能胜任。

(2) 团体测验,可由一位主试官同时测验若干人。各种教育测验都是团体测验,一部分智力测验也是团体测验。其优点是时间经济,主试不必接受严格的专业训练即可担任;缺点在于对被试者的行为不能做切实的控制,所得的结果不及个别测验准确可靠。

3) 按测验材料分类

(1) 语言或文字测验,可以测验人类高层次的心理功能,编制和实施都较容易。人类的心智能力不能完全以图形或实物测量出来,所以语言或文字测验应用范围较广,团体测验多数采用这种方法。然而其不能应用于语言有困难的人,而且难以比较语言文化背景不同的被试者。

(2) 非文字测验或操作性测验,以图画、仪器、模型、工具、实物为测验材料,被试者以操作表达。其长处和短处,正好与语言或文字测验相反。

4) 按测验的功用分类

(1) 预测测验和成就测验。预测测验用于推测某人在某方面未来成功的可能性,智力测验、能力倾向测验就属于此类,其多数根据作业分析的结果来选择测验材料。成就测验在于考察人目前某方面的成绩,如一般教育测验所测验的是学生现在的成绩,往往是根据作业样本来选择测验材料。

(2) 难度测验和速度测验。难度测验的功用在于测验被试者的程度高低,其时间限制的标准通常是使95％的被试者都有做完测验的机会。测验由易到难排列,以测验被试者解决难题的最高能力。速度测验在于测验被试者作业的快慢,其测题难度相等,但严格限制时间,看规定时间内所完成的测验数量。

(3) 普通测验与诊断测验。普通测验在于考察一个人或一个团体在某些心理品质方面的分布情况。诊断测验则进一步去诊断被试者某方面的特殊优点和缺点。

3. 心理测验是人才测评方法的补充

现代人事管理的目的就是追求人与事的有效配合,追求使用科学方法甄选适当的人才,以便提高工作效率。因此,心理科学的发展,已经能够相当有效地测定人类若干心理素质与工作效率之间的相关。目前在国外的人事考核与选拔方面,除了应用档案审查与面谈手段之外,已比较普遍地使用心理测验的技术方法。无论是对企业管理人员还是对机关工作人员的选拔或晋升,往往都必须经过各种心理测验来决定取舍。当然,在国外人们对心理测验的认识和评价是不一致的。但是,这不能否认心理测验具有一定的科学意义。

行为管理学的研究成果证实,由于人与人之间存在着个别差异,因此不同人会对同一种工作有不同的适应性;不同的工作也就自然要求具有不同的个性心理特征的人来承担。在工作性质与人的自然属性及智力发展水平之间存在着一种镶嵌现象。每一种工作都有一个能力界限,只需要恰如其分的某种智力发展水平。一个智力发展水平偏低或智力平庸的人,去从事一种复杂或比较精尖的工作任务时,往往会感到力不从心,产生焦虑心理,严重的还会由于团体压力而出现心理障碍或人格异常。因此,通过心理测验来区别人们心理特征与智力结构水平的高低,并根据人们智力发展水平来分配不同的工作,能够真正做到人尽其才、才尽其用。由此看来,心理测验完全可以配合其他考试评价方法,从不同角度去考核人才心理素质结构的不同侧面。诚然,完善的人才选拔考核方法还有待于诸多方法的综合运用。

复习思考题

1. 如何从职业产生和发展的角度定义职业这一概念?它有什么特点?
2. 如何理解职业分层与分类的必要性?
3. 你怎样看待职业未来的发展趋势?
4. 从职业生涯阶段模型中,你有哪些启发?
5. 什么是职业锚理论?如何分析应用职业锚理论?
6. 为什么要对职业生涯规划进行管理?
7. 简述人才测评的分类和基本方法。

孙先生的职业锚分析与职业发展规划

即 测 即 练

第 3 章 职业生涯规划中的自我认知

有效的职业生涯规划需要对自己及环境有充分且全面的了解，只有先深刻了解自己，才能确定适合自己的生涯发展目标，而进行自我认知是了解自我的必经之路。本章系统介绍如何进行自我认知，并从需要、兴趣、价值观、个性、能力等方面探索了职业自我和职业选择之间的关系。

3.1 自我认知的概念与方法

3.1.1 自我认知的概念

在心理学上，自我是指一个独特的、持久的同一身份的我，主要包括作为认知对象的我和作为行为主宰者的我。认知自我属于自我意识范畴，包括自我觉察、自我认知、自我分析、自我评价等，可以从"我是谁""我从哪里来""我要到哪里去"3个问题入手来进行说明。

第一个问题——我是谁？这包括物质自我、社会自我和精神自我3个部分。

物质自我是对自己生理状况如身高、体重、形态以及住房、财产、衣物和装饰等的认识。一个人对自己的外貌长相、服饰打扮的定位和评价是物质自我的认识反应。这一部分有形的"自我"可以说是每个人对于"自我"最直接的感受和理解。

社会自我是对自己在社会关系、人际关系中的角色、地位、作用和权力等的认识和体验。社会自我使个体在社会化过程中得以发展和成长。

精神自我是自我认知中最核心的部分，是对"我"的内部主观存在的认识，是对自身心理特征如需要、动机、价值观、能力、气质、性格等的认识。

第二个问题——我从哪里来？这包括自己的籍贯、家庭状况、学历、阅历、现有知识储备、能力、社会地位和社会资源等。

第三个问题——我要到哪里去？这包括对自己未来的人生设计，如希望自己在情感、经济、社会成就上达到什么样的目标，以及实现目标的具体方法。

正确认识自我是一个人迈向成功职业生涯的第一步，一个人如果无法充分认识自己，所有的努力都可能只是符合他人的期待和要求，而与自己的内心状态不符。因此，只有通过自我探索，了解自己的内在需求，个人的潜能才能得以充分发挥。

3.1.2 自我认知的方法

在古希腊帕尔纳索斯山南麓阿波罗神庙一根巨大的石柱上，刻着苏格拉底的名言"认识你自己"，卢梭称之为"比伦理学家们的一切巨著都更为重要，更为深奥"。那么，我们应该如何进行自我探索，认识自我？

1. 通过与别人的比较来认识自我

一个人对自己价值的认识,是通过与他人的能力和条件的比较而获得的。在与他人比较的过程中,应注意比较的参照系和立足点,要注意以下事宜。第一,跟别人比较的应该是行动后的结果,而不应该是行动前的条件。第二,跟别人比较要有标准,而且标准应该是相对标准而不应该是绝对标准,应该是可变的标准而不应该是不可变的标准。例如,一个人的容貌与出身是不可更改的,以此为标准同别人比较是没有意义的。第三,比较的对象应该是与自己条件相类似的人。此外,大学生在认识自我过程中要努力拓宽生活范围,增加生活阅历,积极参加社会实践和社交活动,这些都有助于找到正确的参照系来了解自己。

2. 通过自我比较来认识自我

与过去的自己相比,是进步了、成熟了,还是退步了、又犯错误了？与理想中的自我相比,还有哪些差距等。通过自我比较来认识自己。前者可以发现自己的成绩和进步,提高自尊和自信；后者可以明确努力的方向,进一步完善自我,但是理想中的自我要切合自己的实际。

3. 通过分析他人对自己的评价来认识自我

从他人的态度和情感中认识自己,是明确自我的另一种途径。一个人对自己的认识难免有偏差,因此有必要根据他人的评价、他人对自己表现出的言行态度来认识自己。他人的评价就像一面镜子,正如古语所云"以人为鉴,可以明得失"。需要注意的是,正如镜子不一定能反映出事物的本来面目一样,别人对你的评价,由于受多种因素的影响,也不一定是完全正确的,不能把别人的评价和态度作为唯一的衡量标准,还要充分结合其他相关信息进行综合分析。

4. 通过内省来认识自我

了解自己最重要的还是时时刻刻不忘自我反省,随时检视自己的言行举止与内在思维,这是一种个体直接认识自己的方法。个体既是心理活动的主体,又是心理活动的对象。通过内省,我们可以了解自己的智力、情绪、意志、能力、气质、性格和身体条件等特点,内省也是自我意识形成的重要途径之一。在内省认识自己的过程中,一定要注意客观、全面、辩证地看待自己,形成正确的自我意识,真正地了解自己。

5. 通过自己的活动表现和成果来认识自我

自我的各个方面都表现和反映在具体事件中,当代大学生可以通过学习和文学、艺术、体育、社会工作、人际交往等各方面的能力来加深自我认识,获得关于自己能力、意志、兴趣和投入角度等多方面的信息,但注意不要把成就或成绩作为评价自我价值的唯一尺度。

6. 通过"周哈里窗口"来认识自我

心理学家鲁夫特和英格汉提出了一个"周哈里窗口"(Johari Window)理论,把自我分为4个部分：公开我、脊背我、隐私我、潜在我(图3-1)。

"公开我",是代表自己和别人都了解的部分。对初次交往的朋友而言,这个区域可能

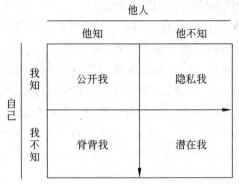

图 3-1　周哈里窗口

很小；对于自己的父母，这个区域可能就变得很大。这个区域的大小视对方对你所了解的多寡而异。

"脊背我"，代表自己看不清楚而别人却一目了然的部分，也就是所谓的个人盲点，通常是我们不自觉的瑕疵或怪癖、习惯等缺点。有自知之明、常常自我反省的人，这个区域比较小。虚心接受师长与亲友的指点是缩小盲目区的有效捷径。

"隐私我"，代表个人很清楚且隐秘，他人不了解的部分。自己的秘密、弱点都不愿让别人知道，因为暴露这个部分可能会让自己受到伤害或被鄙视，唯有当我们很信任对方不会出卖、伤害自己的时候，才会开放自己的隐藏区。所以，这个区域的大小视个人对他人的信任程度而定，越信任的人，个人对其的隐藏区就越小。

"潜在我"，代表自己和别人都不清楚的部分，这个区域范围大小是个未知数。有的时候经过省思或特殊的际遇，我们可能会突然有所顿悟，发现自己的潜能或潜藏的一些特质；有的时候则需要通过心理咨询、测验工具来开发；还有些部分可能是永远都不会察觉的。

上述 4 个部分，对大学生而言重点是了解"潜在我"和"脊背我"这两大部分。

"潜在我"是影响一个人未来发展的重要因素。许多研究都表明，人类平常只发挥了极小部分的大脑功能，如果一个人能够发挥出一半的大脑功能，就能轻易地学会 40 多种语言，背诵整套百科全书。著名心理学家奥托指出："一个人所发挥出来的能力，只占他全部能力的 4%。"控制论的奠基人 N. 维纳指出："可以有把握地说，每个人，即使他是做出了辉煌成就的人，在他的一生中利用他自己的大脑潜能还不到百亿分之一。"由此可见，认识与了解"潜在我"，是自我认识的重要内容之一。

"脊背我"是准确对自己进行评价的重要方面。如果一个人诚恳地、真心实意地对待他人的意见和看法，就不难了解"脊背我"。当然，这需要开阔的胸怀、正确的理解和"有则改之，无则加勉"的态度，否则，很难听到别人对自己的真实评价。

7. 通过心理测试来认识自我

心理测试法是通过回答有关问题来认识自己、了解自己。测试题目是心理学家们经过精心研究设定的，只要如实回答，就能大概了解自己的有关情况。这是一种简便易行的自我剖析方法。国内外常用的测试方法有人格测试、智力测试、能力测验、职业倾向测验。

为了最大限度地发挥心理测评的效用,首先,应该选用一个较为权威的心理测量工具。其次,在做测评的过程中,一定要按自己的真实想法填答。最后,应该选择一个安静、没有干扰的环境。

8. 通过传统和科学的方法来认识自我

在人类历史上有许多识人识己的方法。现在也有不少科学测验如心理测验,可以借鉴。在采用上述方法、综合各种情况后,自己进一步全面分析对比,采纳正确的认识,剔除错误的看法,客观地评价自己,既不高估自己,也不贬低自己。认识自己的优劣势、自己的与众不同和发展潜力。认识自己的生理特点,认识自己的理想、价值观、兴趣爱好、能力、性格等心理特点。需要注意的是,认识自我,要尽量客观、准确、全面,避免因为个人认识或个人动机出现较大误差。再者认识自我,包括认识自己的现状和未来,是为了更好地把握自己、发展自己,要避免因此限制自己,成为发展的桎梏。

9. 通过现实和历史的状况来认识自我

现实中,自己最近事业、工作等各方面的基本情况如何,要从多个角度进行分析,要尽可能准确。历史的情况分析,要尽可能客观。通过对比分析历史和现实的情况,进行自我的重新认知,不断刷新认知、改进认知。

3.2 职业需要的自我认知

需要是个体感到某种欠缺而力求得到满足的一种心理状态。这里的"需要"主要是指个体生存和发展两大需要,是针对个体身心健康和成长而言的。

3.2.1 马斯洛的需要层次论

著名心理学家亚伯拉罕·马斯洛(Abraham Maslow)认为:"你在生活中所做的每一件事情都是为了满足自己的需要。"马斯洛基于自己的研究提出,在人类的需要层次当中,只有当低层次的需要首先得到了满足,人们才会去追求高层次的需要。马斯洛把人的需要从低到高分为以下5个层次。

1. 生理的需要

人类最基本的需要是食物、水、睡眠、空气、身体活动、感官刺激等,这些需要的满足使我们得以生存。以生存为导向的人就是长期以来一直努力却又无法使生理需要得到充分满足的人。如果一个人长期处于饥饿、干渴或睡眠不足的状态,那他所有的行为就会直接指向能满足这些需求的活动。

2. 安全的需要

人们需要住在一个安全、有序、稳定、可靠、可以得到保护并且远离恐惧和焦虑的环境里。安全的需要包括生理的和心理的安全需要。以安全的需要为导向的人,在生理的需要上相对得到了很好的满足,但在安全的需要上没有得到充分的满足。

3. 归属的需要

归属的需要,马斯洛也称为"爱和归属的需要",也就是被他人认可、获得他人的感情和爱他人、对他人付出感情的需要。归属的需要实际上是与他人发展良好的社会关系的需要。

4. 尊重的需要

人们需要来自他人的,以注意、欣赏、认可或地位等方式表现出来的尊重,以及建立在对自己的能力、成就、才干和独立的感觉之上的自尊。对尊重需要的满足会形成良好的自尊和自我价值感。

5. 自我实现的需要

在马斯洛需要层次论的顶点是自我实现的需要,即开发自我的潜能、充分发挥自己的天赋和才能、实现自己的人生目标并获得人格的独立和统一性的需要。只有当个人满足了前4个层次的需求,才会在自我实现的层次上采取行动。马斯洛所描述的自我实现的人对现实有着非常准确的知觉,对自己、他人和自然有很好的认同,有自发性,具有关注外界事物的能力。马斯洛称之为"越来越渴望成为原来的自己,即成为自己有能力成为的人"。

人们通常首先希望满足较低层次的需要,其次才会希望满足较高层次的需要。当一种需要得到满足时,另一种更高层次的需要就会占主导地位。在不同时间、不同条件下,个人需要会有所差异。

需要产生动机,动机决定行为。马斯洛的需要层次论从心理学的角度深刻阐述了工作、职业对我们的深刻含义,描述了各种动机对择业的影响。需要决定择业行为的流程如图3-2所示。

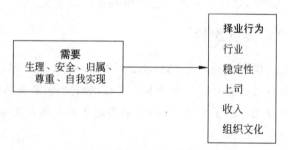

图3-2 需要决定择业行为的流程

3.2.2 赫茨伯格的双因素理论

赫茨伯格于1959年在《工作激励》一书中,提出"双因素理论"的观点。他把能促使员工产生工作满意感的这类因素称为激励因素,把另一类促使员工产生不满意感的因素称为保健因素。激励因素是指与工作内容紧密相关的因素,这类因素的改善会使员工产生工作满意感,否则会使员工产生"没有满意"的感觉。保健因素是指与工作环境相关的因素,这类因素的改善会消除员工的不满,如果得不到改善,则会引起员工对工作的不满。赫茨伯格双因素理论内容见表3-1。

表 3-1　赫茨伯格双因素理论内容

激励因素（1 753例）	保健因素（1 844例）	激励因素（1 753例）	保健因素（1 844例）
工作成就	公司政策与管理	责任感	地位
成绩认可	监督机制	发展	报酬
工作挑战性	人际关系	成长	工作安全感
工作趣味性	工作条件		

双因素理论实际上指出，对员工的激励可分为内在激励和外在激励。内在激励是从工作本身得到的某种满足，如对工作的爱好、兴趣、责任感、成就感等。这种满足能促使员工努力工作、积极进取。外在激励是指外部的奖酬或在工作以外获得的间接满足，如劳保、工资等。这种满足有一定的局限性，只能产生少量的激励作用。这是因为人除了物质需要以外，还有精神需要，而外在激励或保健因素难以满足人的精神需要。只有满足人的精神需要，才能持久而有效地激励人的积极性。在组织中，管理者若想持久而高效地激励员工，必须注重工作本身对员工的激励。这一理论被广泛地运用于人力资源的管理中，20世纪60年代以来，通过工作丰富化、工作扩大化和工作轮换制的实践，员工的缺勤、早退以及辞职现象大为减少。

赫茨伯格的理论虽然来自对职业人士的调查，但这一理论对个人职业选择与规划来说，也具有重大的启发意义。

3.3　如何进行职业兴趣的自我认知

3.3.1　兴趣的含义

兴趣是指个体为认识、掌握某种事物，经常参与该种活动的心理倾向。或者说，兴趣是一个人积极探究某种事物的心理倾向。人的兴趣是建立在需要的基础之上，在活动之中发展起来的，是推动人们去寻求知识和从事活动的巨大内在动力。一个人在从事自己感兴趣的活动时，注意力会更加集中，思维会更加活跃，行为会更持久稳定，并能产生愉快的心理状态。

按照兴趣的不同内容，可以将其分为表现在对衣食住行、生活环境与条件的追求之上的物质兴趣和表现在对学习、研究等认识活动追求之上的精神兴趣。按照兴趣所指向的目标，又可以将其分为对活动过程表现出来的直接兴趣和对活动结果表现出来的间接兴趣。由于个体之间存在差异，个人的兴趣也表现出很大的不同，在兴趣内容、兴趣范围和兴趣持久性上存在明显差异。

人的兴趣在广阔性、中心性、稳定性和效能性方面所表现出的不同特点称为兴趣的品质，具体论述如下。

1. 兴趣的广阔性

兴趣的广阔性是指兴趣的范围大小。有些人兴趣广泛，对什么都感兴趣，琴棋书画样样都乐于探求；有的人兴趣就比较单一，范围非常狭窄。

2. 兴趣的中心性

兴趣的中心性是指兴趣的深度。人不可能对所有的事物都抱有浓厚的兴趣，只是对某些方面特别感兴趣。因此,只有广阔的兴趣与中心兴趣相结合,才能促使人更好地发展。否则,什么都知道又什么也不深入,浅尝辄止,博而不专,这样的人很难有大的发展。

3. 兴趣的稳定性

兴趣的稳定性是指兴趣的持久与稳固程度。人与人之间的差异很大,有的人能长期地对他们从事的工作或研究的问题保持浓厚的兴趣,无论在工作中遇到什么困难都能加以克服,因此在事业上更容易取得成功。

4. 兴趣的效能性

兴趣的效能性是指兴趣对活动产生的效果大小的品质。凡是能促使人积极主动地学习和工作,并产生明显效果的都是积极的有效能的兴趣。

3.3.2 兴趣在职业活动中的作用

当人的兴趣对象指向职业活动时,就形成了人的职业兴趣。职业兴趣主要是回答"我喜欢做什么?"的问题,对人的职业活动有着重要的影响。一份符合自己兴趣的工作常常能够给自己带来愉悦感、满足感。在选择职业时,人们总会将自己是否对此有兴趣作为考虑因素之一。从感到有趣开始,到逐渐形成更加稳定、持久的乐趣,进而再与自己的奋斗目标相结合,形成有着明确方向性和意志性的志趣,这是人的兴趣发展过程。从事自己感兴趣的职业活动时,人们可以被激发出强烈的探索和创造的热情,可以在良好的体能、智能、情绪状态之下从事有意义的职业活动,激发自己全身心地投入而又感觉心甘情愿。从事自己感兴趣的职业活动可以使人比较容易适应变化的职业环境,可以使人在追求职业目标时表现出坚定有恒的意志力。可见,职业兴趣是个人在进行职业设计时必须考虑的重要因素之一。

我们应该努力培养自己多方面的兴趣、爱好,并且注意培养自己的中心兴趣,努力发展自己的专长,从而使自己的兴趣、爱好有明确的方向性,在进行职业选择时可以既有一个较广的适应范围,又有一个确定的指向,同时只有将能力和兴趣结合起来考虑,才更有可能适应职业和取得成功。李开复曾提过关于兴趣的 5 点建议:选你所爱;爱你所选;把握每一个选择兴趣的机会;忠于自己的兴趣;找到最佳结合点。

总之,对个人来说,如果从事有兴趣的工作,就会更加努力,有努力就容易出成就。从某种意义上,甚至可以说,兴趣比能力更重要。具体来说,兴趣对人们职业活动的影响主要表现在以下 3 个方面。

1. 兴趣是人们职业选择的重要依据

正如人们在日常生活中喜欢参加自己感兴趣的活动一样,具有一定兴趣类型的个人更倾向于寻找与此有关的职业,特别是在外界环境限制较小时,人们都会选择自己感兴趣的职业。因此,对个人的兴趣类型有了正确的评估后,就有可能预测或帮助人们进行职业选择。

2. 兴趣可以增强人的职业适应性

兴趣可以通过工作动机促进个人能力的发挥,兴趣和能力的合理结合会大大提高工作效率。研究表明,如果一个人从事自己感兴趣的职业,就会发挥他全部才能的 80%～90%,而且长时间保持高效率却不感到疲劳;而对所从事工作没有兴趣的人,只能发挥其全部才能的 20%～30%。

3. 兴趣在某些情况下具有决定性作用

由于兴趣的本质特征,兴趣会影响一个人的工作满意度和稳定性。在某些情况下,如果不考虑经济因素,兴趣甚至具有决定性作用。一般来说,从事自己不感兴趣的职业很难让人感到满意,并由此会导致工作的不稳定。

扩展阅读3-1:兴趣与职业选择典型测试题

3.3.3 测验:了解你的职业兴趣

心理学中有很多职业兴趣表,其中比较经典的是霍兰德(Holland)职业倾向测验。该测验有助于我们发现和确定自己的职业兴趣与能力特长,从而更好地确定职业方向,选择一个恰当的职业目标,作出更适合自己的择业决策。该测验使用的范围较广,包括社会上的一般人员、大中学生,也包括管理人员。

本测验充分借鉴霍兰德的经典职业倾向测验表格,进一步完善而成职业兴趣倾向测验。本测验作为一种工具来帮助自己进行职业生涯设计,可以更容易发挥出自己的能力,帮助自己发现和确定个人的职业兴趣与能力专长,从而科学地作出求职择业的决策。

1. 你所感兴趣的活动

你喜欢做下列事情吗?

R 型(现实型活动)	I 型(研究型活动)
1. 装配修理电器 2. 修理自行车 3. 装修机器或机器零件 4. 做木工活 5. 驾驶卡车或拖拉机 6. 开机床 7. 开摩托车 8. 上金属工艺课 9. 上机械制图课 是: 个	1. 阅读科技书刊 2. 在实验室工作 3. 研究某个科研项目 4. 制作飞机、汽车模型 5. 做化学实验 6. 阅读专业性论文 7. 解一道数学或棋艺难题 8. 上物理课 9. 上化学课 是: 个
A 型(艺术型活动)	S 型(社会型活动)
1. 素描、制图或绘画 2. 表演戏剧、小品或相声节目 3. 设计家具或房屋 4. 在舞台上演唱或跳舞 5. 演奏一种乐器 6. 阅读流行小说 7. 听音乐会 8. 从事摄影创作 9. 阅读电影、电视剧本 是: 个	1. 给朋友们写信 2. 参加学校、单位组织的正式活动 3. 加入某个社会团体或俱乐部 4. 帮助别人解决困难 5. 照看小孩 6. 参加宴会、茶话会或联欢晚会 7. 跳交谊舞 8. 参加讨论会或辩论会 9. 观看运动会或体育比赛 是: 个

续表

E 型（企业型活动）	C 型（常规型活动）
1. 对他人做劝说工作 2. 买东西与人讨价还价 3. 讨论政治问题 4. 从事个体或独立经营活动 5. 出席正式会议 6. 做演讲 7. 在社会团体中做一名理事 8. 检查与评价别人的工作 9. 结识名流 是：　　个	1. 保持桌子和房间整洁 2. 抄写文章或信件 3. 开发票、写收据或打回条 4. 打算盘或用计算器计算 5. 记流水账或备忘录 6. 上打字课或学速记法 7. 上会计课 8. 上商业统计课 9. 将文件、报告、记录分类与归档 是：　　个

2. 你所擅长或胜任的活动

R 型（现实型能力）	I 型（研究型能力）
1. 使用锯子、钳子、车床、砂轮等工具 2. 使用万能电表 3. 给自行车或机器加油，使它们正常运转 4. 使用钻床、研磨机、缝纫机等 5. 修整木器家具表面 6. 看机械、建筑设计图纸 7. 修理结构简单的家用电器 8. 制作简单的家具 9. 绘制机械设计图纸 是：　　个	1. 了解真空管的工作原理 2. 知道 3 种以上蛋白质含量高的食物 3. 知道 1 种放射性元素的"半衰期" 4. 使用对数表 5. 使用计算器或计算尺 6. 使用显微镜 7. 辨认 3 个星座 8. 说明白细胞的功能 9. 解释简单的化学分子式 是：　　个

A 型（艺术型能力）	S 型（社会型能力）
1. 演奏一种乐器 2. 参加二重唱或四重唱表演 3. 独奏或独唱 4. 扮演剧中角色 5. 说书或讲故事 6. 表演现代舞或芭蕾舞 7. 人物素描 8. 油画或雕塑 9. 制造陶器、捏泥塑或剪纸 是：　　个	1. 善于向别人解释问题 2. 参加慰问或救济活动 3. 善于与人合作，配合默契 4. 殷勤待客 5. 能深入浅出地教育儿童 6. 为一次宴会安排娱乐活动 7. 帮助他人解决困难 8. 帮助护理病人或伤员 9. 安排学校或社团组织的各种集体事务 是：　　个

续表

E 型（企业型能力）	C 型（常规型能力）
1. 在学校里当过班干部并且干得不错 2. 善于督促他人工作 3. 善于使他人按你的习惯做事 4. 做事具有超常的精力和热情 5. 能做一个称职的推销员 6. 代表某个团体向有关部门提出建议或反映意见 7. 担任某种领导职务期间获过奖或受到表扬 8. 说服别人加入你所在的团体（俱乐部、运动队、研究组等） 9. 创办一家商店或企业 是：　　个	1. 一天能誊抄近1万字 2. 能熟练地使用算盘或计算器 3. 能够熟练地使用中文打字机 4. 善于将书信、文件迅速归档 5. 做过办公室职员且干得不错 6. 核对数据或文章时既快又准确 7. 会使用外文打字机或复印机 8. 善于在短时间内分类和处理大量文件 9. 记账或开发票时既快又准确 10. 善于为自己或集体做财务预算（表） 11. 能迅速誊清贷方和借方的账目 是：　　个

3. 你所喜欢的职业

R 型（现实型）	I 型（研究型）	A 型（艺术型）
1. 飞行机械技术人员 2. 鱼类和野生动物专家 3. 自动化工程技术人员 4. 木工 5. 机床安装工或钳工 6. 电工 7. 无线电报务员 8. 长途汽车司机 9. 火车司机 是：　　个	1. 气象研究人员 2. 生物学研究人员 3. 天文学研究人员 4. 药剂师 5. 人类学研究人员 6. 化学研究人员 7. 科学杂志编辑 8. 植物学研究人员 9. 物理学研究人员 是：　　个	1. 诗人 2. 文学艺术评论家 3. 作家 4. 记者 5. 歌唱家或歌手 6. 作曲家 7. 剧本写作人员 8. 画家 9. 相声演员 是：　　个
S 型（社会型）	E 型（企业型）	C 型（常规型）
1. 街道、工会或妇联负责人 2. 中学教师 3. 青少年犯罪问题专家 4. 中学校长 5. 心理咨询人员 6. 精神病医生 7. 职业介绍所工作人员 8. 导游 9. 青年团负责人 是：　　个	1. 供销科长 2. 推销员 3. 旅馆经理 4. 商店管理费用人员 5. 厂长 6. 律师或法官 7. 电视剧制作人 8. 饭店或饮食店经理 9. 人民代表 是：　　个	1. 簿记员 2. 会计师 3. 银行出纳员 4. 法庭书记员 5. 人口普查登记员 6. 成本核算员 7. 税务工作者 8. 校对员 9. 打字员 是：　　个

4. 你的能力类型简评

能力类型量表

R 型	I 型	A 型	S 型	E 型	C 型
机械操作能力	科学研究能力	艺术创造能力	解释表达能力	商业洽谈能力	事务执行能力
7	7	7	7	7	7
6	6	6	6	6	6
5	5	5	5	5	5
4	4	4	4	4	4
3	3	3	3	3	3
2	2	2	2	2	2
1	1	1	1	1	1

技能类型量表

R 型	I 型	A 型	S 型	E 型	C 型
体力技能	数学技能	音乐技能	交际技能	领导技能	办公技能
7	7	7	7	7	7
6	6	6	6	6	6
5	5	5	5	5	5
4	4	4	4	4	4
3	3	3	3	3	3
2	2	2	2	2	2
1	1	1	1	1	1

5. 统计和确定你的职业倾向

请将第一部分至第四部分的全部测验分数按前面已统计好的 6 种职业倾向（R 型、I 型、A 型、S 型、E 型、C 型）得分填入表格中，并做纵向累加。

测试	R 型	I 型	A 型	S 型	E 型	C 型
第一部分						
第二部分						
第三部分						
第四部分						
总分						

请将上面表格中的 6 种职业倾向总分按大小顺序依次从左到右重新排列。

___型　___型　___型　___型　___型　___型

你的职业倾向性得分是：

_____型最高，得分为：_____。

_____型最低，得分为：_____。

得分最高的职业类型是最适合你的职业。以上全部测验完毕。现在，将你测验得分居第一位的职业类型找出来，对照下面的职业索引，判断一下自己适合的职业类型。

类型	特点
R 现实型	喜欢使用工具、机器,需要基本操作技能的工作,倾向于需要技能、体力和合作等方面的职业。此类型的人通常身体强健,动作灵活敏捷,具有较好的身体技能。他们可能在自我表达和向他人表达方面感到困难。他们喜欢在户外活动,喜欢使用和操作工具,尤其是操作那些大型机械,不善于与人打交道。他们愿意从事操作性工作,偏好于具体任务,动手能力强,做事手脚灵活,动作协调。他们遵守规则,对新观点和新变化兴趣不大。这种类型的人不善言辞,做事保守,缺乏洞察力,不善于与人交往,喜欢独立做事。 **性格特征**:非社交的、物质的、遵守规则的、实际的、安定的、脚踏实地、实事求是、缺乏洞察力的、感情不丰富的、不善于与人交往。 **典型职业**:计算机硬件工程师、电气工程师、海洋工程师、机械工程师、电子电器技工、机械装配员、机械技师、飞机维护员、系统软件工程师、土木工程师、建筑师、音响师、建筑制图员、玻璃雕刻师、消防员、客机飞行员、飞机机械师、轮船工程师、制图工程师(电子)、制图工程师(机械)、机械测量人员、精密制造(加工)操作员、制造系统维护员、数控设备程序员、操作 X 光的技师、自动化技师、机械工(车工、钳工等)
I 研究型 (探索型或 调查型)	喜欢智力活动和抽象推理、偏重分析与内省、自主独立、敏感、好奇心强烈、慎重;适合以观察、学习、探索、分析、评估或解决问题为主的职业。此类型的人抽象思维能力强,求知欲强,肯动脑,善思考,不愿动手。对科学研究和科学探索有热情,并表现出对工作的极大热情,对周围的人并不感兴趣。他们习惯于通过思考在思想中解决所面临的难题,而并不一定实现具体的操作。在科学领域,他们喜欢面对疑问和挑战。他们常常具有非传统的观念,倾向于创新和怀疑。这种类型的人知识渊博,有学识才能,不善于领导他人。考虑问题理性,做事喜欢精确,喜欢逻辑分析和推理,不断探讨未知的领域。这种类型的人喜欢各种与生物科学、物理科学等有关的活动,不喜欢那些必须遵循许多固定程式的任务,倾向于需要认知能力的、独立的和富有创造性的工作。 **性格特征**:喜欢智力的、抽象的、分析的、坚持性强、勤奋的、有韧性、喜欢钻研、好奇的、独立性强、内省的、慎重的。 **典型职业**:材料工程师、生物工程师、网络工程师、计算机程序员、计算机安全专家、化学工程师、电子工程师、技术支持工程师、统计学家、系统分析师、工业工程技术人员、药剂师、HR(人力资源)顾问、财务分析师、气象学者、天文学家、药剂师、动物学者、科学报刊编辑、地质学者、植物学者、物理学者、数学家、实验员、科研人员、科技作者、外科医生、牙医
A 艺术型	属于理想主义者,想象力丰富,独创的思维方式,直觉强烈,感情丰富。适合非精细管理的创意类工作,如音乐、写作、戏剧、绘画、设计、广告、舞蹈等。此类型的人天资聪慧,喜欢具有许多自我表现机会的艺术环境,不喜欢从事粗重的体力活动和高度规范化和程式化的任务。他们喜欢单独活动,有强烈的自我表现欲望,往往过于自信。他们独立性、自主性、自发性、非传统性和创造性都较强,好表现,不拘小节,自由放任,不受常规约束,情绪变化大,比较敏感。这种类型的人具有语言、美术、音乐、戏剧或者写作等方面的技能,喜欢能发挥创造才能的职业。喜欢需要艺术修养、创造力、表达能力和直觉性的工作,不善于事务性工作。 **性格特征**:有创造性、富于想象力的、非传统的、敏感、容易情绪化、善于表达、冲动、做事理想化、追求完美、不重实际。 **典型职业**:漫画家、场景设计师、科学摄影师、陈列设计师、专业摄影师、产品设计师、艺术教师、语言教师、翻译、广播电视播音员、音乐指挥、艺术指导、设计师(服装/平面/室内)、广告经理、制片人、广告文案、室内装饰专家、图书管理专家、摄影师、音乐教师、作家、演员、导演、记者、诗人、作曲家、编剧、编辑、雕刻家

第 3 章 职业生涯规划中的自我认知

续表

类型	特点
S 社会型	关心工作能对他人或社会作出的贡献。重视友谊,善于合作,体察力强,有强烈的社会责任感;适合教导、帮助和支持类的工作如教师、辅导员、社会工作、医护等。此类型的人关心社会的公正和正义,比较看重社会义务和社会道德,责任感强,关心社会问题,渴望发挥自己的社会作用,具有较强的人道主义倾向,社会适应能力强。他们善于表达,善于与周围的人相处,寻求广泛的人际关系,喜欢处于集体的中心地位,喜欢通过与他人讨论来解决存在的难题。他们不喜欢需要剧烈身体运动的工作,不喜欢与机器打交道。具有与他人相处共事的能力。这种类型的人喜欢参加提供信息、启迪、帮助、咨询、培训、开发或治疗、教学以及各种理解、帮助他人的活动。倾向于需要人际交往技能的、与人打交道的工作。 **性格特征**:热情友好、喜欢与人交往、善解人意、乐于助人、易于合作、有洞察力、责任感强、善言谈、愿意教导别人。 **典型职业**:社会学者、导游、福利机构工作者、社会工作者、社会科学教师、经济学教师、商业教师、精神病工作者、公共保健护士、体能教练、理疗医生、食疗专家、职业咨询师、学校辅导员、个人理财顾问、培训发展顾问、职业健康专家
E 企业型 (事业型或经营型)	为人乐观,喜欢冒险,行事冲动,充满自信,精力旺盛,好发表意见和见解。适合需要运用领导能力、施展人际能力与说服能力来达到组织目标的职业。此类型的人通常精力充沛、热情洋溢、做事有较强的目的性、喜欢竞争、富于冒险精神、自信、有支配欲强,有野心和抱负。他们喜欢争辩,总是力求使别人接受自己的观点,通常追求权力、财富、地位,有领导才能。为人务实,习惯以利益、权力、地位、金钱等来衡量做事的价值。这种类型的人善于辞令,爱好商业或与管理有关的职业,喜欢要求具备经营、管理、监督和领导才能的工作,适合做推销和领导工作。 **性格特征**:精力旺盛、雄心勃勃、友好大方、精力充沛、信心十足、善辩、冲动、独断、乐观、好交际、有支配欲望、富于冒险精神。 **典型职业**:销售工程师、精密设备销售人员、生产线线长、建筑项目经理、保险理赔人员、推销员、进货员、商品批发员、旅馆经理、饭店经理、广告宣传员、调度员、律师、政治家、零售商、公关顾问、警察、经纪人、HR 经理、HR 主管(福利/培训/招聘)、旅游代理人、保险销售员、经理(物流/仓储)、生产经理
C 常规型 (传统型或事务型)	追求秩序感、自我抑制、顺从、防卫心理强、追求实际、回避创造性活动。适合有清楚规范和要求的,按部就班、精打细算,追求效率的工作,如财务工作。此类型的人通常谨慎保守、忠诚、尽职尽责,忠实可靠,自我控制能力强,尊重权威和规章制度,喜欢按计划办事,细心、有条理,习惯接受他人的指挥和领导,不喜欢冒险和竞争,缺乏创造性,富有自我牺牲精神。他们既不喜欢从事笨重的体力劳动,也不喜欢在工作中与别人形成过于紧密的联系,对于明确规定的任务可以很好地完成。他们喜欢关注实际和细节情况,不喜欢那些模棱两可的指示,希望精确地了解自己所要做的事情。这种类型的人倾向于规则较多、高度有序性的工作,包括言语方面和数量方面那些规范性较强的工作。喜欢要求注意细节、精确度、有系统有条理的职业。 **性格特征**:有责任心、效率高、稳重踏实、细致、有耐心、自我抑制、顺从、有秩序的、实际的、依赖性强、缺乏想象力。 **典型职业**:工程测量人员、建筑监理、记账员、会计、银行出纳、法庭速记员、成本估算员、税务员、核算员、打字员、办公室职员、统计员、计算机操作员、秘书、仓库管理员、机场控制中心主管、预算分析师、审计师、精算师

3.4 如何进行职业价值观的自我认知

3.4.1 价值观的含义

价值观是指人们认识和评价客观事物、现象对自身或对社会的重要性所持有的内部标准。每个人都生活在特定的生活环境中,对现实中的一切事物都会有一定的评价,哪些是好的、可接受的、值得的,哪些是不好的、不可接受的、不值得的,这就是价值观。价值观代表了人们最基本的信念,这些信念使人们对某些事情的认可和接受程度比对其他事情要高。价值观对个人的思想和行为具有重要的导向与调节作用,使之指向一定的目标或带有一定的倾向性。

一个人的价值观是从刚出生开始,在家庭和社会的影响下,逐渐形成和稳定下来的。一个人所处的社会环境、家庭的经济和社会地位、父母的职业和价值观、早期的学校教育等,对其价值观具有决定性的作用。广播、电视、电影、报纸等大众媒体对价值观的影响是不可忽视的。西方学者关于价值观的研究表明,一个人的价值观一旦形成,就会相对稳定、持久,不易发生变化。但是随着时代的变化、生活的变迁,人们的某些观念也会发生变化,这就是价值观的社会属性。

价值观对人的行为和生活选择有不可估量的影响,就像亚当·斯密所说的那样,价值观就像"一只看不见的手",在不知不觉中就决定了我们选择以什么样的方式度过一生。然而,你是否清楚地意识到它们的存在呢?对自身价值观的探索,将使我们的生活更有方向感,将有助于我们更好地回答下面3个最根本的哲学问题:"我是谁""我适合做什么工作""我的生命有什么意义"。

钢琴家路易斯·拉舍(Louise Rathes)认为,如果就一项已知的价值,你能够对接下来的7个问题都回答"是",那么就可以确定这项价值对你很重要。

我是否对这一价值感到骄傲(或珍视、爱护)?
我是否愿意公开维护这一价值——也就是说,在别人面前公开地为其辩护?
我是否在考虑了其他的价值之后才选择这项价值?
我是否考虑到选择这项价值的后果?
我是否自主地选择了这项价值?
我是否已经按照这项价值去行动了?
我是否依照这项价值前后一贯地行动?

3.4.2 职业价值观的含义

价值观在职业选择上的体现就是职业价值观(vocational value),是人们对待职业的一种信念和态度,或是在职业生活中表现出来的一种价值取向。职业价值观可以反映出个人价值观。人们在选择职业时,个人的择业标准和对具体职业的评价集中反映了他们的职业价值观。例如,在择业过程中,有的人追求丰厚的收入,有的人希望奋斗到较高的社会地位,有的人喜欢工作环境轻松愉快,也有很多人将能充分发挥自己的才能作为择业的第一标准。

对职业价值观和工作价值观的研究是职业生涯规划的基础。认识到个人思想中最根深蒂固的价值，是理解工作中什么样的特征才能给你满足的第一步。如果在职业生涯中找到了自己的价值观，那么工作就会变得更有意义、更有目的。如果你的工作没有使你得到满足，生活本身就会变得乏味和令人烦闷。

扩展阅读3-2：21种个人价值观排序测验

3.4.3 如何树立正确的职业价值观

职业生涯规划的核心是价值观，也就是说，你把什么看得最重。有人看重收入，那么职业生涯规划就会朝向高薪方向；有人看重地位，那么规划时就会优先考虑升迁；而有的人宁愿平凡安宁地生活，如此一来，职业生涯规划就会侧重稳定。一般来讲，职业价值观对确定职业规划具有本质意义。不过，从纵向来看，一个人的职业生涯规划也会因时因境作出一定调整和改变。例如，一般在职业规划初级阶段会较多考虑一些经济利益，以满足自己的生存需要。随着初级目标的实现，就会多考虑成就感的获得；再进一步，则会加大幸福感的权重。当然，任何一种职业价值取向都是因人而异的。

选择的最深层次的依据是个人的价值观，选择的表面依据是个人的职业目标。当然，对于没有目标的人，选择的依据就是他个人所理解的利益。主动选择要考虑的要点包括地域、行业、企业和职业。或者说，一个非常清晰的职业目标应该描述为，多少年后我希望成为在某地（北京/上海/纽约/老家的县城等）、某个行业（房地产/物流/教育培训等）、某个企业（500强企业/民企/国企/政府等）的一个从事某职业（人力资源/财务/金融/管理等，高/中/低层）的人士。

从实际的例子来看，我们的人生价值观决定了我们的生活态度，从而决定了我们的职业取向，并导致我们作出各种职业选择，这种职业选择决定了我们的职业状况，从而也决定了我们的生活方式，这种生活方式又最后决定了我们的人生幸福感。

价值观在事实上左右着我们的决定，并进而决定我们的人生，包括职业选择。一个人要想成为职场的顶尖人物，就必须清楚地知道自己的价值观，同时确实按照这个价值观度过其人生。我们所见到的在职业上有着良好发展的人士，大多都秉持他们的价值观念，而一些不太顺利的职场人士大多思想混乱，要么秉持错误的价值观念，要么根本没有自己的价值观念，随着社会大众的舆论而摇摆不定。

从企业选人的角度也能够很好地揭示出价值观的重要性。为什么麦肯锡的咨询顾问很多并不是出身于管理专业？为什么一些学业上并不突出的人能够在竞争激烈的应聘中胜过那些学习成绩突出的人？为什么外企在招聘面试中总是会有"你最大的成就是什么""你最大的优缺点是什么"等看似非常普通的问题？其实，这些都和价值观有非常密切的关系。因为一个人在职业上的价值观念和他能取得的成就是息息相关的，与之相比，一时的学习成绩反倒成为末节。

从价值观的角度来说，职业发展成功还是失败的判别标准，就是个人是否得到了自己想要的生活，自己的职业所带来的生活方式是否符合自己的价值观。如果符合，你就会感觉很快乐，哪怕收入会相对低一些；如果不符合，你会感觉很痛苦，哪怕你拿着看起来很高的年薪。刚刚工作的时候，遇到那些拿高薪的人，或许很羡慕；但工作若干年后，心态就比较平和，遇到比自己薪水高的人能够理解，甚至有时候有些高薪的朋友还让人觉得同情,因为为了高薪他们也失去了很多,如天伦之乐和某种程度的身体健康,但他们也得到了成就感。因此,在职业发展上我们没有必要去羡慕别人,因为当你得到一些东西的时候也会失去另外一些东西,你可能得到的是高薪,但失去的是时间;你可能不会成为一个好领导,但会是一个好儿子。关键是你得到的,正好是你想要的;而你失去的,你并不介意。真正的职业目标追求的是相对满意和平衡。

职业发展不能用挣钱的多少来判断,那不应该成为我们职业上的目标。我们看到的真正成功的职业人士,即使在他们职业生涯的早期,也没有单纯地考虑金钱,而是更多地追求自己的梦想,按照自己的价值观去发展。应该说,这样的人反而会成功。金钱只是职业发展所带来的副产品。当你按照自己的梦想去追求而后成功,所有美好的东西都会向你涌来,其中就包括金钱。

如图 3-3 所示的那样,个人追求的职业发展目标应该是个人的才能和贡献,而现实中,人们往往把职业发展的主要目标和副产品混淆或颠倒,导致职业选择和规划走入误区而难以自拔。

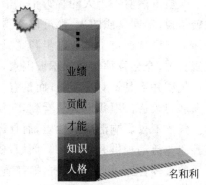

图 3-3　职业发展的主要目标和副产品

价值观的一个核心问题是如何看待和对待成功与幸福之间的关系。说到成功与幸福,除了看经济和物质方面的东西,更重要的是看人的面部表情和精神状态,这是社会观察很重要的一个方面。经常听到很多人抱怨"不幸福",说自己活得太累,生活压力太大。其实,早就有人提出,中间阶层的幸福指数最高,那些世人看来"最不成功"和"最成功"的人士幸福指数却相对偏低。"全球幸福指数"调查显示,国民幸福感名列前茅的并不是世界上最富裕的国家,而是拉丁美洲、亚洲以及加勒比海地区的中等收入国家。这些国家的人民对生活的满意程度非常高,而美国、英国这样的富裕国家却分别排在了第 114 位和第 74 位。这些统计数据告诉我们,幸福感是相对的,与人们对周围环境的感受相关,带有强烈的主观色彩。这与你是贫穷还是富有、是否成功出色不是简单的对应关系。显然,这对于那些抱着"成功就会幸福"想法的当代大学生来说,或许会是一个不小的打击。很多做职业生涯规划的青年,张口就是成功,仿佛这是唯一目的。当然,我们并不排斥将成功作为职业规划的目的,要强调的是"成功不等于幸福"。在做职业生涯规划之前,首先要弄清你究竟想要的是怎样的生活。

3.5　如何进行职业人格的自我认知

3.5.1　气质与职业

1. 气质及其分类

现代心理学认为,气质是一种不受活动的目的和内容所影响的心理活动的典型、稳定的动力特征,即心理活动的强度、速度、稳定性、灵活性、指向性等特征。这些特征是个体与生俱来的高级神经活动类型在情感和行为方面的表现。例如,有的婴儿一出生就表现得很好动、喜欢吵闹,对外界事物反应迅速;有的婴儿则表现得比较平稳、安静,对外界事物反应缓慢,这些特征在儿童以后的游戏、学习、社会交往等活动中会逐渐表现出来。

气质无所谓好坏,也无善恶之分。每一种气质都有其积极的一面,也有其消极的一面。气质类型本身不能决定一个人社会成就的高低,每一个职业领域都可以找出各种不同气质类型的代表,每一种气质类型的人在不同的职业部门都能作出突出的贡献。有人曾研究指出,俄罗斯著名文学家普希金、赫尔岑、克雷洛夫、果戈理分别属于胆汁质、多血质、黏液质、抑郁质的气质类型,他们在文学领域都取得了杰出成就。而达尔文和果戈理都属于抑郁质类型,却在各自不同的职业领域内取得了伟大成就。

气质虽然对一个人的智力活动有所影响,但不会影响到一个人智力发展的可能性。也就是说,不同气质的人,都可以获得同样好的成绩;相同气质的人,也可能获得不同的成绩。气质特征对于学业进步和完成任务的可能性,不起决定的作用。只要依靠个人的主观努力,充分发挥气质的积极因素,就能达到预期目的,取得好的成绩。

气质并不是绝对不变的,而是有一定的可塑性,人的气质可以在社会生活和教育条件下发展与改造。但我们必须看到,气质的可塑性是有限度的,不能忽视气质类型的巨大差异。气质不仅影响活动的性质,而且影响活动的效率。某些气质特征往往为一个人从事某种职业活动提供有利条件。例如,要求作出迅速、灵活反应动作的职业,对于多血质、胆汁质的人较合适,而对黏液质、抑郁质的人则较难适应。相反,要求持久耐心细致的工作,对于黏液质和抑郁质的人较为合适。在某些特殊领域的选材中,应当特别注意人的气质特点。不同的角色还需要不同气质的人去扮演。如果一个人恰恰从事了与自己气质不相符的职业,对这个人来说是痛苦的,对工作本身来说也是一种损失。因此,择业时要"量质选择"。

气质是一个古老的概念。早在古希腊时代,医学家希波克拉底(Hippocrates)就认为人体内有4种体液:黏液汁(生于脑)、黄胆汁(生于肝)、黑胆汁(生于胃)、血液(生于心脏)。这4种体液在不同的人身上占有不同的比例,只有4种体液调和,人才能健康,如果失调就会生病。他还根据体液在人体内占优势的程度不同,把人的气质分为4种类型。在体液的混合比例中,血液占优势的人属多血质,黏液汁占优势的人属黏液质,黄胆汁占优势的人属胆汁质,黑胆汁占优势的人属抑郁质。虽然现代生理学研究表明,气质的生理基础是人的高级神经活动类型,与人的体液无关,但希波克拉底把人的气质分为4种基本类型,仍被许多学者所采纳并沿用至今。

多血质的人特点如下:情绪兴奋性高,思维、言语、动作敏捷,心境变化快但强度不大,稳定性差;活泼好动,富于生气,灵活性强,乐观亲切,善交往;浮躁轻率,缺乏耐力和毅力;不随意反应性强,具有可塑性、外倾性较强等。

黏液质的人特点如下:情绪兴奋性和不随意反应性都较低,沉着冷静,情绪稳定,深思远虑;思维、语言、动作迟缓;交际适度,内心很少外露,坚毅执拗,淡漠,自制力强;感受性低而耐受性较高;内倾性较高并且明显等。

胆汁质的人特点如下:情绪兴奋性高,反应迅速,心境变化剧烈,抑制能力较差;易于冲动,性情直率,不够灵活;精力旺盛,动作迅猛,性情暴躁,脾气倔强,容易粗心大意;

感受性低而耐受性较高;外倾性明显等。

抑郁质的人特点如下:感受性很强,善于觉察细节,见微知著,细心谨慎,敏感多疑;内心体验深刻但外部表现不强烈,动作迟缓,不活泼;易于疲劳,疲劳后也易于恢复;办事犹豫和缺乏信心;内倾性明显等。

实际生活中,真正属于某种典型气质的人很少,大多数人是接近某种气质,同时又具有其他气质的一些特点。因此,判断一个人的气质,主要是了解某个人具有哪些气质特点,而不能简单套用现成的模式。

2. 气质与职业的关系

世界上的职业多种多样,在一般职业中,气质的各种特性可以起到相互弥补的作用。例如,有人对优秀纺织女工的研究发现,黏液质的女工,有稳定的注意力并能及时发现断头故障,能克服注意力不易于转移的缺陷;多血质的女工,注意力易于转移,这种灵活性弥补了注意力易分散的缺陷。但是,有些特殊职业对气质类型则有比较高的要求。

实际上,不同的职业对人的气质特点都有特定的要求,如对医务工作者要求反应灵敏、耐心、细致、热情等品质;对驾驶员、飞行员、运动员则要求机智、敏捷、勇敢、抗干扰强等气质特点;对组织管理干部则要求工作细致、善于交际、耐心等品质;对外交人员则要求思维敏捷、姿态活泼、能言善辩、感染力强等气质特点。因此,分析职业对气质的要求,分析个体的气质类型,有利于做到人职匹配,提高个体适应职业的能力。

没有任何一种气质类型是完美无缺的,也没有任何一种气质类型是一无是处的,每一种气质类型既有为人们所乐于接受的一面,也有为人们所不赞成或不易接受的一面。但是气质不同,对职业的适应性也是不同的,如果一个人具备了从事的职业所要求的气质特点,就可以为所从事的这项工作提供有利的条件。气质类型虽然不能决定一个人社会价值和成就的高低,但往往能够影响一个人工作的性质和效率,影响一个人对职业的适应性程度。因此,在职业选择中,气质应作为重要参考因素之一。

根据各种气质的特点以及职业要求,可以找到气质和职业的匹配关系,具体见表3-2。

表3-2 气质和职业的匹配关系

气质类别	多血质	胆汁质	黏液质	抑郁质
气质特点	活泼、好动、敏感	热情直率、外露、急躁	稳重、自制、内向	安静、情绪不易外露、办事认真
适合的职业	政府及企事业管理者、外事人员、公关人员、驾驶员、医生、律师、运动员、公安、服务员等	导游、推销员、勘探工作者、节目主持人、外事接待人员、演员等	外科医生、法官、财会人员、统计员、播音员等	机要员、秘书、人事、编辑、档案管理员、化验员、保管员等
不适合的职业	单调或过于细致的职业	长期安坐的细致工作		热闹、繁杂环境下的职业

3. 职业气质自我测评

下面60道题,若如实回答,可有助于确定自己的气质类型。在回答下列题目时,若与自己的情况"很符合"记 2 分,"比较符合"记 1 分,"一般"记 0 分,"较不符合"记 -1 分,"很不符合"记 -2 分。

(1) 做事力求稳妥,一般不做无把握的事。
(2) 遇到可气的事就怒不可遏,想把心里话全说出来才痛快。
(3) 宁可一个人干事,也不愿很多人在一起。
(4) 到一个新环境很快就能适应。
(5) 厌恶那些强烈的刺激,如尖叫、噪声、危险镜头等。
(6) 和人争吵时,总是先发制人,喜欢挑衅别人。
(7) 喜欢安静的环境。
(8) 善于和人交往。
(9) 羡慕那种善于克制自己感情的人。
(10) 生活有规律,很少违反作息制度。
(11) 在多数情况下情绪是乐观的。
(12) 碰到陌生人觉得很拘束。
(13) 遇到令人气愤的事,能很好地自我克制。
(14) 做事总是有旺盛的精力。
(15) 遇到问题总是举棋不定、优柔寡断。
(16) 在人群中从不觉得过分拘束。
(17) 情绪高昂时,觉得干什么都有趣;情绪低落时,又觉得干什么都没有意思。
(18) 当注意力集中于某一事物时,别的事很难分心。
(19) 理解问题总比别人快。
(20) 碰到危险情景,常有一种极度恐怖感。
(21) 对学习、工作怀有很高的热情。
(22) 能够长时间做枯燥、单调的工作。
(23) 符合兴趣的事情,干起来劲头十足,否则就不想干。
(24) 一点小事就能引起情绪波动。
(25) 讨厌做那种需要耐心、细致的工作。
(26) 与人交往不卑不亢。
(27) 喜欢参加热烈的活动。
(28) 爱看感情细腻、描写人物内心活动的文艺作品。
(29) 工作、学习时间长了,常感到厌倦。
(30) 不喜欢长时间谈论一个问题,愿意实际动手干。
(31) 宁愿侃侃而谈,不愿窃窃私语。
(32) 别人总是说我闷闷不乐。
(33) 理解问题常比别人慢些。
(34) 疲倦时只要短暂的休息就能精神抖擞,重新投入工作。
(35) 心里有话宁愿自己想,不愿说出来。
(36) 认准一个目标就希望尽快实现,不达目的,誓不罢休。

(37) 学习、工作同样一段时间后,常比别人更疲倦。
(38) 做事有些莽撞,常常不考虑后果。
(39) 老师或他人讲授新知识、新技术时,总希望他讲得慢些,多重复几遍。
(40) 能够很快地忘记那些不愉快的事情。
(41) 做作业或完成一件工作总比别人花的时间多。
(42) 喜欢运动量大的剧烈的体育运动,或者参加各种文艺活动。
(43) 不能很快地把注意力从一件事转移到另一件事上去。
(44) 接受一个任务后,就希望把它迅速解决。
(45) 认为墨守成规比冒风险要强一些。
(46) 能够同时注意几件事物。
(47) 当我烦闷的时候,别人很难使我高兴起来。
(48) 爱看情节起伏跌宕、激动人心的小说。
(49) 对工作抱认真严谨、始终一贯的态度。
(50) 和周围人的关系总是相处不好。
(51) 喜欢复习学过的知识,重复做能熟练做的工作。
(52) 希望做变化大、花样多的工作。
(53) 小时候会背的诗歌,似乎比别人记得清楚。
(54) 别人说自己"出语伤人",可自己并不觉得这样。
(55) 在体育活动中,常因反应慢而落后。
(56) 反应敏捷,头脑机智。
(57) 喜欢有条理而不太麻烦的工作。
(58) 兴奋的事常使自己失眠。
(59) 老师讲新概念,常常听不懂,但是弄懂了以后很难忘记。
(60) 假如工作枯燥无味,马上就会情绪低落。

将每题得分填入表 3-3 相应的得分栏内;分别计算 4 种气质类型的总得分。

表 3-3 职业气质自我测评量表

胆汁质	2	6	9	14	17	21	27	31	36	38	42	48	50	54	58	总分
多血质	4	8	11	16	19	23	25	29	34	40	44	46	52	56	60	总分
黏液质	1	7	10	13	18	22	26	30	33	39	43	45	49	55	57	总分
抑郁质	3	5	12	15	20	24	28	32	35	37	41	47	51	53	59	总分

气质类型的确定：

如果某一栏得分超过 20 分,其他三栏得分较低,则为典型的该气质；如果某一栏得分为 10～20 分,其他三栏得分较低,则为一般气质；如果有两栏的得分显著超过另两栏的得分,而且分数比较接近,则为两种气质的混合型；如果一栏的得分低,其他三栏都不高,但很接近,则为 3 种气质的混合型。

3.5.2 性格与职业

1. 性格及其分类

性格是指一个人对事物的稳定态度以及与之相适应的习惯化的行为方式,在一个人的人格中处于核心地位,决定着个人的活动方向,是个人区别于他人的最主要特征。

与气质相比,性格则更多地受到后天社会生活环境的影响。心理学家认为,气质是性格形成的先天因素,家庭是个人性格形成的最重要因素。虽然家庭、学校、社会都会对人的性格产生多方面的影响,但相比之下家庭的影响最为重要。因为 6 岁之前是人的性格基本定型的最重要阶段,而孩子在这段时间通常都是在家庭中度过的,接触最多的就是自己的父母。因此,父母对孩子性格的形成起着关键作用。

瑞士心理学家荣格(Jung)认为,我们的心理活动会指向外部世界,也会指向自己的内心世界,前者属外倾型,后者属内倾型,同时我们通过感观和直觉来获取外界的信息,并利用这些信息,通过理性和感性的方式,对事情进行判断和认识,在此基础上形成自己的行为习惯和人格模式。

后来,梅尔和布莱格母女以荣格的理论为基础,发展出 16 种人格理论,并于 1962 年发表了"梅尔-布莱格类型指标"(MBTI),作为测量心理类型的工具。后经美国的 Katharine Cook Briggs 与 Isabel Briggs Myers 深入研究而发展成型。MBTI 性格类型揭示了一个人深层的"本我"、真实的我、自我的核心,最本能、最自然的思维、感觉、行为模式,而不是在别人面前所表现出来的表面的性格特征。一个人的 MBTI 性格类型是由遗传、成长环境决定的,一旦形成,很难改变,只是性格倾向的程度会随着年龄的增长而有所变化。

通过了解自己和其他人的性格倾向,我们可以更好地理解自己的优点、缺点,更容易接受自己；可以更好地理解和接受他人,不会因为存在性格的差异而苦恼；可以理解为什么人与人之间在思维、行为、观念、表现等方面存在不同,在工作、生活中更好地利用这种差异,接受其他观点的合理性,避免固执己见或者简单地判定某种做法的正确与错误。

50 多年来,MBTI 理论在全球范围得到了广泛的运用。例如,公司利用其进行招聘选拔、人岗匹配、组织诊断、改善团队沟通及人际关系；职业人士利用其进行职业定位、职业生涯规划；老师、学生利用其选择适合学习的专业,提高学习、授课效率；夫妻利用其融洽关系、增进感情。

MBTI 心理类型理论主要是将人的性格区分为 4 组维度,每组两个向度,据此就划分出 16 种不同的心理类型。MBTI 中的 4 组维度,如下所述。

1) 外向(E)和内向(I)维度

外向是指我们的注意力和能量主要指向外部世界；内向是指个体将自己的注意力和能量集中于自己的内心世界。

2) 感觉(S)和直觉(N)维度

感觉和直觉是我们感知世界、获取信息的两种方式。感觉型的人倾向于通过自己的感官来获取有关环境的事实和现实，他们需要获取精确的信息和事实，着眼于现在。直觉型的人则习惯用超越感官的方式来获取信息，更注重事情的含义、象征意义和潜在意义。直觉型的人对洞察力、抽象的事物和未来等方面有明显的偏好。

3) 思考(T)和情感(F)维度

思考和情感是关于我们如何对获取的信息做决定并得到结果的两种方式。思考型的人习惯于通过分析数据、权衡事实来作出符合逻辑的、客观的结论和选择。情感型的人则习惯于通过自己的价值判断来做决定，通常会对信息作出个人的、主观的评价。思考型的人通常是直接的、分析型的，用思维做决定；而情感型的人更坚信自己的价值观，并习惯于用心灵来做决定。

4) 判断(J)和觉察(P)维度

判断和觉察是关于个体面对外部环境时如何行动的两种态度。判断型的态度意味着个体会通过思考和情感去组织、计划与调控自己的生活。觉察型的态度则意味着个体倾向于用感觉和直觉的方式去对事物做决定，他们的态度通常是灵活机动的、开放的。判断型的人喜欢将事情管理得井井有条，习惯过一种稳定有序的生活；而觉察型的人喜欢自发、随意地处理问题，并愿意保持一种开放性的态度。

通过对上述4组维度进行排列组合，就能得到16种性格类型。每个人通过MBTI测试都可以获得有关自己性格类型的信息，了解自己的性格特点，并据此选择适合自己性格类型的职业。以下我们分别介绍16种性格类型的特征及其适合的职业。

1) 内向感觉思考判断型

内向感觉思考判断型(ISTJ)，这类人严肃、沉静，因专注和执着而取得成功；务实、有条不紊、尊重事实、逻辑严密、现实、可信，能够承担责任。其较适合会计师、账务核查员、工程师、财务经理、警察、技师等职业。

2) 内向感觉情感判断型

内向感觉情感判断型(ISFJ)，这类人沉静、友好、可靠、尽责，能全力以赴地承担责任；持之以恒、勤劳、细致、忠诚、周到。其较适合健康工作者、图书管理员、服务性工作者、教师等职业。

3) 内向直觉情感判断型

内向直觉情感判断型(INFJ)，这类人不屈不挠，有原创力，渴望做任何有需要的事，尽最大努力在工作上；很有可能获得别人的景仰，且说服别人谋取最佳的福利。其较适合艺术工作者、神职人员、音乐家、心理医师、教师、作家等职业。

4) 内向直觉思考判断型

内向直觉思考判断型(INTJ)，这类人具有原创力，有较大动力去实现自己的构想和目的；眼界宽阔，很快能发现外在事件的意义；在有兴趣的领域，有很好的组织和实践能力;对事存疑,具有批判性,独立,坚决,能有高水准的工作表现。其较适合计算机分析师、工程师、法官、律师、工程人员、科学家等职业。

5) 内向感觉思考觉察型

内向感觉思考觉察型(ISTP),这类人是冷眼旁观者,沉静、保守,以好奇心远远地观察和分析生活,具有非预期的幽默感;关心事件的因果,应用逻辑原则来组织事实;擅长直接切入实际问题的核心,并找出解决的办法。其较适合手工艺者、建筑工作者、机械工作者、保全服务工作者、统计人员等职业。

6) 内向感觉情感觉察型

内向感觉情感觉察型(ISFP),这类人沉静、友善、敏感、善良、谦虚,即使有不同意见,也不会勉强他人接受其意见和价值观;不喜欢领导别人,而是忠实的跟随者;喜欢享受眼前的时刻,不急于完成事情。其较适合文书工作者、建筑工作者、音乐家、户外工作者、油漆工等职业。

7) 内向直觉情感觉察型

内向直觉情感觉察型(INFP),这类人是沉静的观察者、理想主义者,忠实,重视外在生活与内在价值的一致性;充满好奇心,很快看到事情的可能性,并将之作为实践其想法的催化剂;具有调适的弹性与包容性,希望了解人们及实现人类潜能的方式;其较少关注周围的现实。其较适合艺术工作者、娱乐工作者、编辑、心理学家、社会工作者、作家等职业。

8) 内向直觉思考觉察型

内向直觉思考觉察型(INTP),这类人沉静且保守,特别喜欢理论和科学探讨;喜欢运用逻辑来分析并解决问题,对意念思考充满兴趣,较不喜欢热闹的聚会和闲聊;常有清楚明确的兴趣,并将该强烈的兴趣应用于职业生涯中。其较适合艺术工作者、计算机分析师、工程师、科学家、作家等职业。

9) 外向感觉思考觉察型

外向感觉思考觉察型(ESTP),这类人擅长切中要害解决问题,喜欢和朋友一起行动,或做机械性工作和运动;适应力强、容忍力佳,注重实用性且获得结果;不喜欢长篇大论,最擅长处理可以掌握、参与或投入的真实事情。其较适合账务核查员、工匠、行销人员、警察、销售职员、服务性工作者等职业。

10) 外向感觉情感觉察型

外向感觉情感觉察型(ESFP),这类人喜交朋友、善于接纳、对人友善,让每一件有兴趣的事更为有趣,使别人感到快乐;喜欢行动、让事情发生,知道正在发生什么事并且热切地参与;记忆事实比精通理论容易,对需要常识判断和实务技能的情况可妥善处理。其较适合儿童保育人员、采矿工程师、秘书、督导等职业。

11) 外向直觉情感觉察型

外向直觉情感觉察型(ENFP),这类人温暖热情、精神高昂、聪明、富有想象力,几乎能做任何感兴趣的事;很快能想出困难问题的解决之道,帮助任何有困难的人;常依赖即兴创作的能力而非事前充分准备,总能找到让人信服的理由。其较适合演员、神职人员、咨询师、记者、音乐家、公关人员等职业。

12) 外向直觉思考觉察型

外向直觉思考觉察型(ENTP),这类人迅速、聪敏,擅长许多事,警觉性高,口才好;可能因乐趣和人争论不休,善于解决新的、挑战性的难题,但可能会忽略因循不变的工作;兴趣一直转变,很能找到逻辑性的理由。其较适合演员、记者、行销人员、摄影师、销售人员等职业。

13) 外向感觉思考判断型

外向感觉思考判断型(ESTJ),这类人务实、实际,倾向商业或机械;对抽象理论不感兴趣,学习须有直接或立即性的应用目的,喜欢组织和操作活动;是很好的行政人员,很快就能作出决定,注意日常细节。其较适合督导者、行政人员、财务经理、推销人员等职业。

14) 外向感觉情感判断型

外向感觉情感判断型(ESFJ),这类人有温暖的心、善于谈话、受欢迎、有良心、能合作且主动参与团体;喜欢和谐氛围,能创造和谐,总是对人很好;在鼓励和赞美下做最大的努力;主要的兴趣在于直接且显著地影响人们的生活。其较适合美容师、健康工作者、办公人员、秘书、教师等职业。

15) 外向直觉情感判断型

外向直觉情感判断型(ENFJ),这类人负责任,真诚地关心其他人的想法和希望,依据他人的感觉来处理事情;能轻松提出计划或领导团体讨论,社会性强、受人欢迎、富有同情心;对他人的赞美和批评能及时作出反应;喜欢催化他人,协助他人发挥潜能。其较适合演员、神职人员、咨询顾问、咨询师、音乐家、教师等职业。

16) 外向直觉思考判断型

外向直觉思考判断型(ENTJ),这类人坦率,是活动的领导者;善于建立并发展全面的方法体系,以解决组织的问题;擅长需推理和知识性的谈话,如公开演说;知识广博,而且喜爱任何能增长知识的活动。其较适合行政人员、律师、经理、行销人员、工程人员等职业。

2. 测验一:识别你的职业性格

阅读下面每一对描述,选择其中在大多数情况下更像你的一个,你必须设想最自然状态下的自己,且在没有别人观察下的举止。

第一部分:关于精力的描述,其中哪一种模式更接近你,是 E 还是 I?

E	I
喜欢行动和多样性	喜欢安静和思考
喜欢通过讨论来思考问题	喜欢讨论之前先进行独立思考
采取行动迅速,有时不做过多的思考	在没有弄明白之前,不会很快地去做一件事情
喜欢观察别人是怎样做事的,喜欢看到工作的结果	喜欢了解工作的道理,喜欢一个人或很少的几个人干事
在意别人是怎样看自己的	为自己设定标准

第二部分：关于处理信息方式的描述，其中哪一种模式更接近你，是 S 还是 N？

S	N
主要是通过过去的经验去处理信息	主要是通过事实所反映出来的意义以及二者之间的逻辑关系去处理信息
愿意用眼睛、耳朵或其他感官去觉察新的可能性	喜欢用想象去发现新的做事方法、感受事物
讨厌出现新问题，除非存在标准的解决方法	喜欢解决新问题，讨厌重复地做同一件事
喜欢用自己会的技能去做事，而不愿意学习新的东西	不喜欢练习旧技能，更愿意运用新技能
对于细节很有耐心，但出现复杂情况时则开始失去耐心	对于细节没有耐心，但不在乎复杂的情况

第三部分：关于做决定方式的描述，其中哪一种模式更接近你，是 T 还是 F？

T	F
根据逻辑决策	根据个人感受和价值观决策，即使它们可能不符合逻辑
愿意被公正和公平地对待	喜欢被表扬，喜欢讨好他人，即使在不太重视的事情上也是如此
可能不知不觉地伤害别人的感情	了解和懂得别人的感受
更关注道理或事物本身，而非人际关系	能够预计到别人会如何感受
不太关注和谐	不愿看到争论和冲突，珍视和谐

第四部分：关于日常生活方式的描述，其中哪一种模式更接近你，是 J 还是 P？

J	P
预先制订计划，提前把事情落实和决定下来	保持灵活性，避免作出固定的计划
总想让事情按"它应该的样子"进行	轻松应对计划外和意料外的突发事件
喜欢先完成一件工作后，再开始另一件	喜欢开展多项工作
可能过快地作出决定	可能做决定太慢
按照不轻易改变的标准和日程表生活	根据问题的出现，不断改变计划

回顾前面的 4 个部分，哪些类型更接近你？圈出对应的字母，你的职业性格的 4 个字母为：_____。

3. 测验二：20 个"我是谁"的游戏

目的：认识并接纳自我。

(1) 20 分钟之内，写下 20 个"我是……"要求尽量反映个人特点，真正代表自己。

(2) 将自己所陈述的 20 项内容从身体状况、情绪状况、才智状况、社会关系状况等方面进行归类。

(3) 仔细分析自己的分类，从中得到启发。

4. 测验三：了解自己的社会资源

社会资源指的是个人在自己的社会关系网络中所能获得的、来自他人的物质和精神上的帮助与支援。

(1) 请你对以下问题做简单的解答。

① 如果自己陷入困境,有多大把握能得到他人广泛、及时而又有效的帮助?

② 这些"他人"都包括谁?请依次将其罗列出来。

③ 你在遇到物质上的困难时,最有可能求助并且有把握得到支持的人有谁?

④ 你在遇到精神上的痛苦时,最有可能求助并且有把握得到支持的人有谁?

⑤ 想到自己的社会支持系统,你会产生什么样的感觉?

⑥ 你是否知道要能够区分社会支持系统中不同关系所具有的不同功能?

⑦ 在得到别人的帮助后,你会想到感恩吗?

⑧ 别人向你求助时,你会帮助他们吗?

(2) 看看自己可以求助的人有几个。如果你的社会支持系统中不足5个人,就需要问问自己"是什么阻碍了我拥有较多的社会资源""我现在可以做些什么来增强自己的社会支持系统"。

3.5.3 MBTI 性格类型系统的几种典型性格分析

从公元前450年的希波克拉底,到中世纪的帕拉萨尔斯(Paracelsus),都注意到所有的个体可以归纳为4种,同一种类型的人的性情具有惊人的相似之处。

心理学家大卫·凯尔西(David Keirsey)发现,这些由不同文化背景和不同历史时期的人各自独立研究得出的4种不同性情的划分,对性格的描绘惊人的相似。同时他发现,MBTI性格类型系统中的4种性格倾向组合与古老智慧所归纳的4种性情正好吻合。这4种组合如下:

直觉+思考=概念主义者

感觉+觉察=经验主义者

直觉+情感=理想主义者

感觉+判断=传统主义者

对于不同的性格类型而言,没有"好"与"坏"之分,每个人都是独一无二的个体,都有其特别的优势和劣势,但问题的关键在于如何认识这些优势和劣势。我们的建议是"扬长避短",这一点将会影响到你的成败及对工作的喜好。

需要说明的是,个人根据对每一种性格类型的描述来判断自己的性格类型往往不准确,必须使用可靠性得到充分验证的专业测试工具进行测试,并对此系统和测试工具有丰富经验的专业人士充分沟通,由专业人士对测试结果进行修正或确认,才能确定自己的性格类型。

1. 概念主义者

概念主义者类型代表人物有比尔·盖茨、撒切尔夫人、爱因斯坦等。

1) 特点

概念主义者自信、有智慧、富有想象力,其原则是"所有的事情都要做到最好"。概念主义者是4种类型中最独立的一种人。他们工作原则性强、标准高,对自己和对别人的要求都很严格,不会被别人的冷遇和批评干扰,喜欢以自己的方式做事。概念主义者天生好奇，无论是由于工作本身的需要还是出于长远的考虑，都很喜欢不断地吸取知识，他们因此而常常能看到同一问题的多个不同的方面，习惯全面、概括地思考问题和"一分为二"地看待问题。他们很善于发现事物的可能性，理解事物的复杂性，喜欢进行逻辑的分析，从而对真实或假设的问题构思出解决方案。

概念主义者喜欢能够提供自由、变化和需要有较高的智力才能完成的工作，不喜欢简单、重复的工作。他们喜欢看到自己的想法能够得到实施。概念主义者会对那些他们认为不够能干的人不耐烦，喜欢与很有能力的上司、下属、同事共事。许多概念主义者推崇权力，易于被有权力的人和权力地位所吸引。

2）优势

（1）善于分析、总结、判断。

（2）善于从整体上把握事物。

（3）喜欢追根究底，力图抓住事物的本质。

（4）对文字、语言敏感。

（5）抽象思维能力强，能理解复杂的理论概念，善于将事情概念化，善于从中推断出原则或预测趋势。

（6）擅长策略性思维。

（7）会接受建设性的批评，而不把其当作针对个人的问题。

3）潜在的弱点

（1）由于有时给自己制定了不切实际的高标准，可能对自己和他人的期望过高。

（2）易于像紧逼自己工作一样去逼着别人工作。

（3）常常不希望别人对抗自己的意愿，有时给人顽固、死板的印象。

（4）易于过分强调工作，从而损害了家庭的和谐。

（5）常常不记得花时间夸奖同事、下属或其他人。

（6）常常忽视一些工作中所需要的社交礼仪。

（7）有时没有注意到他人的情绪感受，从而给人冷漠、不近人情的印象。

（8）有时会因忽略细节而没有注意到周围环境的变化。

（9）易于过于理论化而不考虑实际情况，易受远景规划诱惑，难以具体落实。

（10）有时想法太多，不知道哪些是切实可行的，不知道真正应该做什么。

2. 经验主义者

经验主义者类型代表人物有麦当娜、玛丽莲·梦露、迈克尔·乔丹、莫扎特、毕加索等。

1）特点

经验主义者关注五官带给他们的信息，而且相信那些是可以测量和证明的东西，同时喜欢面对各种各样的可能性，喜欢自由随意的生活方式，是反应灵敏和自发主动的一种人。

经验主义者是4种类型中最富冒险精神的，其最可贵的地方在于机智多谋，令人兴奋，而且很有趣。他们为行动、冲动和享受现在而活着，一想到某件事情就有立即去做的冲动，而且喜欢一气呵成把事情做完；但又不喜欢太长时间做同一件事情，只有很少的事情（如自己很喜欢的事情）能够长期坚持,多数情况下难以做到坚持不懈。他们关注于眼前的情况,对眼前的情况看得很清楚,并能正确估计立即需要做什么。他们崇尚自由和主动,很少选择有太多结构和规则的活动与环境。他们适应能力强,随遇而安而且注重实际。经验主义者喜欢有技巧性的活动,常常被认为是喜欢冒险、喜欢寻找刺激的人。

经验主义者喜欢可以提供自由、变化和行动的工作,喜欢那些能够有即时效果的工作,以能够巧妙而成功地完成工作为乐。由于他们喜欢充满乐趣的生活,无论做什么都必须让其感到有高度的乐趣,这样才能令他们感到满意。

经验主义者又分为两类,即思考型经验主义者和情感型经验主义者。一些情感型经验主义者并不完全符合经验主义者类型的性格特点,这是因为他们天性乐于帮助别人,希望自己的工作可以很快地改变他人的生活,喜欢做自己认为很有意义的事情。

2) 优势

(1) 对人/事物观察敏锐。他们能够清楚地看到正在发生的事情,而且能够敏捷地抓住机会。

(2) 思维及行动反应敏捷、活跃,擅长随机应变,能够很快发现突然出现的实际问题,且灵活、勇敢、机智地解决问题。需要的时候,不会害怕冒险或立即采取应急行动。

(3) 有创新意识,不像传统主义者那样墨守成规。

(4) 许多经验主义者（但不是全部）尤为擅长使用工具和演奏乐器,这些东西可以被他们实际操作且有一定的精确度。

3) 潜在的弱点

(1) 因为喜欢面对各种各样的可能性,他们不能一直遵守已建立的规则,有时会逃避约束或计划。

(2) 他们有时会在没有认真考虑的情况下就采取行动。

需要说明的是,当你思考你是否是这种类型的人时,请记住环境常常迫使我们的行为并不能反映真正的自我。我们中的大多数人在部分时间里,尤其是在工作时,行为不得不表现得有计划性、有责任感。如果你被指定完成一项工作,那么你就必须在最后期限前准时做完,而且作出许多决定。更复杂的是,当你的个人生活与工作越来越多地缠绕在一起时,要想分辨"真正的你"会变得更加困难。在这种情况下,应看一看如果你能按照所希望的方式行为时,哪种偏好会给你带来最大的满足感。

3. 理想主义者

理想主义者类型代表人物有列宁、甘地、夏洛特姐妹等。

1) 特点

理想主义者感兴趣的是事物的意义、关系和可能性,并基于其个人的价值观念作出决定。这是一类关心个人成长和如何理解他人与自我的人。

理想主义者做人的原则是"真实地面对自己",是4种类型中精神上最具哲理性的人。理想主义者乐于接受新的思想,善于容纳他人。

理想主义者好像永远在寻找生存的意义,非常崇尚人与人之间和各种关系中的真实和正直,容易将别人理想化。许多理想主义者本能地喜欢帮助别人成长和进步。理想主义者是很好的传播者,被人们认为是促进积极变化的催化剂。他们天生能够理解别人的情感,关心在生活、工作中碰到的人们(如同事、病人或客户、雇员)的需要。

对于理想主义者而言,一份好的工作应该是对他们个人很有意义的工作,而不是简单的常规工作或只是一种谋生手段。理想主义者崇尚和谐,不愿意在一种竞争激烈或四分五裂的环境中发展。他们喜欢民主气氛浓、能够激励各种层次的人高度参与的组织,会被那些促进人性价值的组织或那些允许他们帮助别人完成工作的职业所吸引。

2) 优势

(1) 对别人的情绪敏感,能理解、体会别人的心情,善于安慰、鼓励别人。

(2) 对文字、语言敏感。

(3) 善于分析、总结。

(4) 善于从整体上把握事物。

(5) 能理解复杂的理论概念,善于将事情概念化,善于从中推断出原则。

(6) 擅长策略性思维。

3) 潜在的弱点

(1) 有仅凭个人的好恶或价值观来决定事情,并希望别人也以同样的角度或标准来处理问题的倾向。

(2) 有时他们心里老想着别人的问题,可能会过于陷于其中,以至于被其困扰。

(3) 有时容易将别人或事情理想化,不够实际。

(4) 不是特别善于管束和批评他人,尽管常常自我批评。有时会为了和睦而牺牲自己的意见或利益。

(5) 有些理想主义者比较容易动感情,情绪波动较大。

4. 传统主义者

传统主义者类型代表人物有乔治·布什、乔治·华盛顿、维多利亚、伊丽莎白等。

1) 特点

传统主义者相信事实、已证实的数据、过去的经验和五官所带给他们的信息,喜欢有结构、有条理的世界,喜欢做决定,是一种既现实又有明确目标的人。

传统主义者是4种类型中最传统的一类,坚定、可靠、可信。

他们重视法律、秩序、安全、得体、规则和本分,被一种为社会服务的动机所驱使。他们尊重权威、等级制度和权力,一般具有保守的价值观,很有责任感,且经常努力去做正确的事情,这使其可以信赖和依靠。

传统主义者需要有归属感,需要服务于别人,需要做正确的事情。他们注重安稳、秩序、合作、前后一致和可靠,而且严肃认真、工作努力。传统主义者在工作中对自己要求十分严格,希望别人也是如此。传统主义者喜欢那些与他们一样具有奉献精神、尊重权威和尽自己本分的同事。

传统主义者往往是组织机构的主要支持者,不论他们是在领导层还是处于被领导的位置上,最常扮演的角色就是"稳定器"——传统和现状的维护者。

大多数传统主义者(不论他们是属于什么判断偏好)最喜欢的是组织结构稳定、清楚、目标明确的岗位,不喜欢处在不断变化和杂乱状况之中的职位或组织。

传统主义者包括思考型传统主义者和情感型传统主义者,这两种传统主义者之间又有很明显的不同。情感型传统主义者常常不像思考型传统主义者那样明显地表现出传统主义者的一般特征。在做决定时,情感型传统主义者把与别人的关系和人放在首要位置,本能地努力寻求与他人更和睦的关系,同时不断寻找着使他们能够通过有形的方式帮助他人的机会。

2) 优势

(1) 务实,有条理,认真仔细。

(2) 注重规则、政策、契约、例行习惯和时间要求。

(3) 一旦他们承诺一件事情,总会坚持完成。

(4) 在跟进、规范方面做得很好。

(5) 以第一次和每一次都做了正确的事情为荣。

(6) 对需要注意的事情有敏锐的洞察力。

(7) 善于尽可能有效地利用现有资源完成工作。

3) 潜在的弱点

(1) 容易只看到事情有黑和白两种情况,而看不到中间的灰色地带。

(2) 可能不能很快地作出改变和适应。

(3) 有些传统主义者不擅长变通、缺乏想象力。

3.5.4 天赋、性格与世界著名的优势理论

心理学上把性格定义为个人对现实的稳定态度和习惯化了的行为方式。同气质相比,它具有更大的后天性,是人在社会活动中通过与环境相互作用而逐步形成的。性格一经形成,就具有一定的稳定性。世界上没有性格完全相同的两个人,每个人都与别人有所不同。

职业心理学的研究表明,不同的职业对从业者的性格要求也不同。例如,从事中学教师职业的人要求乐观外向、乐于与人亲近、耐心正直、责任心强、稳定性好、安详沉着、冷静自信。从事广告职业的人要求聪明、敏锐、敢于打破常规、狂放不羁、富于幻想。从事科学研究的人必须认真、聪明、独立自信、敢于怀疑,富于批判精神和创新意识。

人的性格一旦形成,就很难改变,但这并不是说人们只能顺其自然,人们仍可以通过自身的努力,充分发挥自己性格的优势,避免或减少自己性格中的劣势方面对事业的影响。性格的作用是一把"双刃剑",我们在选择人生目标时,一定要扬长避短,选择适合自己的职业。

人际关系、努力、教育等因素固然重要,但都不是职业成功的关键。成功心理学的研究认为,在外部条件给定的前提下,一个人能否成功,关键在于能否准确识别并全力发挥其天生优势——天赋和性格。只要能够识别和接受自身的天赋与性格,配以必要的知识和技能,而且寻找需要你所具备天赋和性格的岗位,持续地发挥它们,并坚持下去,就有望成功,有望建立幸福的人生。

1. 优势理论

世界著名的优势理论也可称为"成功第一定律",用一个公式表示如下:

优势 = 天生优势 + 后天优势 = (天赋 + 性格) + (知识 + 技能)

天生优势，是一个人天然产生并贯穿始终的思维、感觉或行为模式，包括天赋和性格。

知识指人们在改造世界的实践中所获得的认识和经验的总和。

技能指对专门技术掌握和运用的能力。

天生优势是遗传和早期形成的，一个人到十五六岁就基本定型，也就是说其天赋和性格基本形成。一旦形成，就很难改变。每个人都有自己的天赋，就如同每个人都有自己的性格一样。天生优势是先天的，而后天优势（知识和技能）可以通过学习和实践而获得。所以，天生优势是一个人优势的关键。

例如，作为一名销售员，你能够学会如何介绍产品特性（知识），甚至能学会通过恰如其分的问题来了解每个潜在客户的需求（一种技能），但是你永远不可能学会如何在恰到好处的时刻以恰到好处的方式，推动这位潜在客户掏钱购买。后者就是一个人的天生优势。

有天赋的人能持续地表现优秀，没有这方面天赋的人往往表现平平，甚至很差，或者只是有时表现优秀。在许多工作中，你都能够获得必需的技能和知识，但无论什么工作，如果缺乏必需的天赋，就绝不可能持续地表现优秀。

每个人在他的天赋方面学习进步最快，成长空间、潜力最大，能够获得的成就也最大。与其把时间精力放在克服弱点上，不如放在发挥天赋上。职业成功之道在于最大限度地发挥优势、控制弱点，而不是把重点放在克服弱点上。因此，我们要尽快走出"只要下功夫，什么都能学会"的误区。就销售工作而言，不要盲目参加销售技巧、领导艺术以及其他用心良苦的培训，指望依靠培训脱胎换骨。除非你具备销售工作必需的天赋，否则进步将十分有限。

2. 天赋的内涵

1）天赋的表现特征

有天赋的人能持续地表现优秀，没有这方面天赋的人往往表现一般，或者不能持续地表现优秀。

天赋既不能增加，也不能减少，不能在本来没有的情况下通过学习获得，只能在有天赋的前提下通过传授、培训来加强。

天赋通常表现为一种学习的能力，拥有某种天赋，在学习这方面的东西时就能比一般人快，甚至无师自通。这就是中国人常说的"悟性好"。

例如，学习语言的能力就是一种天赋。有的人来广州1年，广东话就说得很地道，听不出北方口音；有的人来广州10年，广东话还说不好。

2）天赋表现的范围

天赋几乎表现在所有的领域或行业中。

3）天赋的分类

按照作用的对象，天赋可以分为三大类。

（1）与人打交道的天赋。

（2）与物打交道的天赋。

（3）与数据/信息打交道的天赋。

有的人擅长与人或物打交道，不擅长与数据/信息打交道；有的人则擅长与数据/信息打交道,不擅长与人或物打交道。

4) 天赋与职业的关系

天赋是一个人技能的最基本元素,一种天赋可以适用多种不同职业。假如你有很强的空间图形辨认力,你就有成为一名成功的画家的潜力,也有成为一名成功的雕刻家、建筑设计师、室内设计师的潜力。空间图形辨认力就是以上这些工作所需要技能的最基本元素。

5) 天赋与兴趣的关系

一个人的兴趣、爱好往往蕴藏着自己的天赋,但兴趣、爱好不等于天赋。所以,我们可以从众多的兴趣、爱好中寻找自己的天赋,但不能把兴趣、爱好当作自己的天赋。

3.6 如何进行职业能力的自我认知

3.6.1 职业能力及其影响因素

1. 能力的含义

能力是指个人顺利完成某种活动所必须具备的心理特征,包括智力、性向和成就3种。智力是指个人的一般能力;性向是指个人可以发展的潜在能力;成就是指个人通过教育或培训在学识、知识和技能方面达到的较高水平。

从能力的定义即可看出,从事任何一种活动都必须具备一定的能力,能力是影响活动效果的基本因素。同样,对任何一个人而言,要让职业生涯得以顺利进行,必须具备相应的能力。能力总是和个体所从事的活动联系在一起,人们总是通过某种活动来考察个体的能力。

2. 能力的分类

人的能力是各种各样的,从不同的角度可以将能力做如下分类。

1) 一般能力和特殊能力

一般能力是指在不同种类的活动中表现出来的能力,如观察力、记忆力、想象力、创造力等。其中,抽象概括能力是一般能力的核心。平日我们所说的智力就是针对一般能力而言的。人们要完成任何一种活动,都和这些能力的发展分不开。

特殊能力是指在某种专业活动中表现出来的能力,是顺利完成某种专业活动的心理条件。例如,画家的色彩鉴别力、形象记忆力,音乐家区别旋律的能力、音乐表现能力以及感受音乐节奏的能力等,均属于特殊能力。

一般能力与特殊能力的关系是十分密切的。一方面,一般能力是特殊能力的组成部分。人的一般听觉能力既存在于音乐能力中,也存在于言语能力中。没有一般听觉能力的发展,就不可能发展音乐和言语的听觉能力。另一方面,特殊能力的发展有助于一般能力的发展。例如,音乐能力的发展会提高一般听觉能力,进而影响言语能力的发展。

2) 模仿能力和创造能力

模仿能力是指人们通过观察别人的行为、活动来学习各种知识,然后以相同的方式作出反应的能力。模仿不但表现在观察别人的行为后作出的相同反应中,而且表现在某些延缓的行为反应中。模仿是动物和人类的一种重要的学习能力。

创造能力是指产生新的思想和新的产品的能力。一个具有创造力的人往往能超脱具体的知觉情境和思维定式的束缚,在习以为常的事物和现象中发现新的联系与关系,提出新的思想,产生新的产品。作家在头脑中构思新的人物形象,创造新的作品;科学家提出新的理论模型,并用实验证实这些模型,都是创造能力的具体表现。

模仿能力和创造能力是两种不同的能力。动物能模仿,但不会创造。模仿只能按现成的方式解决问题,而创造能力能提供解决问题的新方式与新途径。人的模仿能力和创造能力有明显的个体差异。有的人擅长模仿,而创造能力较差;有的人既善于模仿又富有创造能力。

模仿能力与创造能力又有密切的关系,人们常常是先模仿,然后再进行创造。科研工作者先通过观察、模仿别人的实验,然后才有可能提出有独创性的实验设计;学习书法的人先临摹前人的字帖,然后才有可能创作出具有个人独特风格的作品。在这个意义上,模仿也可说是创造的前提和基础。

3) 流体能力和晶体能力

流体能力是指在信息加工和问题解决过程中所表现出的能力,如对关系的认识,类比、演绎推理能力,形成抽象概念的能力等。它较少地依赖于知识和文化的内容,而决定于个人的禀赋。流体能力的发展与年龄有密切关系。一般人在20岁以后,流体能力的发展达到顶峰,30岁以后将随年龄的增长而降低。心理学家也发现,流体能力属于人类的基本能力,其个体差异受教育文化的影响较小。因此,在编制适用于不同文化的所谓文化水平测验时,多以流体能力作为不同文化背景的个体智力比较的基础。

晶体能力指获得语言、数学知识的能力,决定于后天的学习,与社会文化有密切的关系。晶体能力在人的一生中一直在发展,只是一般人到25岁以后,发展的速度渐趋平缓。

晶体能力依赖于流体能力。两个人具有相同的经历,有较强流体能力的人将发展出较强的晶体能力。但是,一个有较强流体能力的人如果生活在贫乏的智力环境条件中,其晶体能力的发展也可能是低下的或一般的。

4) 认知能力、操作能力和社交能力

认知能力是指人脑加工、储存和提取信息的能力,即我们平常所讲的智力,如观察力、记忆力、想象力等。人们认识客观世界,获得各种各样的知识,主要依赖于人的认知能力。

操作能力是指人们操作自己的肢体以完成各项活动的能力,如劳动能力、艺术表演能力、体育运动能力等。操作能力是在操作技能的基础上发展起来的,又成为顺利掌握操作技能的条件。操作能力与认知能力不能截然分开。不通过认知能力积累一定的知识和经验,就不会有操作能力的形成和发展;相反,操作能力不发展,人的认知能力也不可能得到很好的发展。

社交能力是指在人们的社会交往活动中所表现出来的能力,如组织管理能力、言语感染力、判断决策能力、调解纠纷和处理意外事故的能力等。这种能力对组织团体、促进人际交往和信息沟通有重要的作用。

受遗传和环境的影响,人的能力存在个体差异,这主要可以从质与量两个方面来体现。从质的角度而言,人的特殊能力存在差异。这不仅体现为人们所具有的特殊能力的不同,而且即使同一种特殊能力,其构成要素也会有差异。例如,高等教育总体而言属于专业教育,不同专业也促使大学生具有不同的特殊能力。从量的角度而言,人的能力发展水平和发展速度存在差异。在遗传和环境这两大因素的支配之下,通过个体成长和不断学习的交互作用,个人的能力在不断发展。人与人不仅在能力特质的总体发展程度上有差异,而且同一个人各种特质之间也有发展程度上的差异。

3. 能力的影响因素

影响能力的因素主要体现在素质、知识和技能、教育、劳动实践和主观努力5个方面。

1) 素质

素质是有机体天生具有的某些解剖生理特征,主要是神经系统、脑的特征以及感官和运动器官的特征。素质是能力发展的自然前提,离开这个自然基础就谈不上能力的发展。天生或早期聋哑的人难以发展音乐能力,双目失明者无从发展绘画才能,严重的早期脑损伤或脑发育不全的缺陷是智力发展的障碍。素质是能力发展的自然基础,但不是能力本身。素质作为先天生成的解剖生理结构,不能现成地决定能力本身。先天素质只是为能力的发展提供了最初的可能性大小。

2) 知识和技能

知识是人类社会历史经验的总结。从心理学的观点来讲,知识是头脑中的经验系统以思想内容的形式为人所掌握。技能是操作技术,是对具体动作的掌握,以行为方式的形式为人所掌握。

知识、技能与能力有密切的关系。知识是能力形成的理论基础;技能是能力形成的实践基础。能力的发展是在掌握和运用知识、技能的过程中实现的;同时能力在一定程度上决定着一个人在知识、技能的掌握上可能取得的成就。能力和知识、技能的关系主要体现在:掌握知识、技能以一定的能力为前提;能力制约着掌握知识、技能的快慢、深浅、难易和巩固程度;知识的掌握又会促进能力的提高。当然,知识、能力的发展与技能的发展是不完全同步的。

3) 教育

教育是掌握知识和技能的具体途径与方法。教育不仅在儿童和青少年的智力发展中起着主导作用,而且对能力的发展同样也起着主导作用。教育不但使学生掌握知识和技能,而且通过知识和技能的传授,还能促进心理能力的发展。学校教育对学生能力的培养是至关重要的,但是当他们走上工作岗位以后,已经掌握的知识和技能就显得不够用,有些甚至已经过时了。因此,在组织中对在职员工的教育和培训就显得特别重要。作为员工,必须掌握多种知识、多种技能,并能进行综合的运用。

4) 劳动实践

能力是人在改造客观世界的实践活动中形成和发展起来的。劳动实践对各种特殊能力的发展起着重要的作用。不同职业的劳动,制约着能力发展的方向。劳动实践也向人们提出不同的要求,在实践和完成任务的活动中,人们不断地克服薄弱环节,从而使能力得到相应的发展和提高。

5) 主观努力

主观努力是获得成功的必由之路。要使能力获得较快和较大的增长,没有主观的勤奋努力是不可能的。世界上许多政治家、科学家和发明家,无论他们从事的是什么领域,共同点都是长期坚持不懈、刻苦努力。没有刚毅、顽强、百折不挠的意志力,任何成就都不可能取得,能力的发展也无从谈起。

3.6.2 职业能力及其测评

1. 职业能力的含义

职业能力是人们从事某种职业的多种能力的综合。例如,一位教师只具有语言表达能力是不够的,还必须具有对教学的组织和管理能力,对教材的理解和使用能力,对教学问题和教学效果的分析、判断能力等。如果说职业兴趣或许能决定一个人的择业方向,以及在该方面所乐于付出努力的程度,那么职业能力的强弱则说明一个人在既定的职业方面是否能够胜任,也能说明一个人在该职业中取得成功的可能性大小。

职业能力与人的职业活动相联系,并表现在人的职业活动中。个体具有某种职业能力,就能够顺利地完成某种职业活动,而且职业能力的强弱决定着职业活动效率的高低。职业能力是在一般能力和特殊能力的基础上发展起来的,是多种能力的有机组合。因此,可以把职业能力分为一般职业能力、专业能力和职业综合能力。

1) 一般职业能力

一般职业能力主要是指一般的学习能力、文字和语言运用能力、数学运用能力、空间判断能力、形体知觉能力、颜色分辨能力、手的灵巧度、手眼协调能力等。此外,任何职业岗位的工作都需要与人打交道,人际交往能力、团队协作能力、对环境的适应能力以及遇到挫折时良好的心理承受能力都是在职业活动中不可或缺的能力。

2) 专业能力

专业能力主要是指从事某一职业的专业素质和技能。在求职过程中,招聘方最关注的就是求职者是否具备胜任岗位工作的专业能力。例如,应聘教学工作岗位,对方最看重的就是你是否具备最基本的教学能力。

3) 职业综合能力

职业综合能力有很多种,这里主要介绍国际上普遍注重培养的"关键能力",其主要包括以下4个方面。

(1) 跨职业的专业能力。一个人跨职业的专业能力一般表现在:运用数学和测量方法的能力;计算机应用能力;运用外语解决技术问题和进行交流的能力。

(2) 方法能力。方法能力一般表现在:信息收集和筛选能力;制订工作计划、独立决策和实施的能力;准确的自我评价能力和接受他人评价的承受力;从失败经历中有效吸取经验教训的能力。

(3) 社会能力。社会能力主要是指一个人的团队协作能力、人际交往和善于沟通的能力。在工作中能够协同他人共同完成工作,对他人公正宽容,具有对事物的准确判断力以及自律能力等,这是在工作中胜任岗位、开拓进取的重要条件。

(4) 个人能力。个人能力包括组织能力、沟通能力、领导能力、创新能力、学习能力等。在知识经济时代,学习能力是最重要的,因为知识总是在更新,只有不断学习才能跟上时代的步伐。

2. 能力对职业的影响

能力对职业的影响主要体现在如下方面。

1) 一定的职业能力是胜任某种职业岗位的必要条件

任何一种职业岗位都有相应的岗位职责要求,一定的职业能力则是胜任某种职业岗位的必要条件。因此,求职者在进行择业时,要明确自己的能力优势以及胜任某种工作的可能性。条件允许的情况下,可以由专业职业指导人员帮助分析,根据求职者的学历状况、职业资格、职业实践等来确定求职者的职业能力,必要时可以以心理测试作为参考,在基本确定求职者的职业能力和发展的可能性的基础上帮助求职者进行职业选择。

2) 职业实践和教育培训是职业能力发展的前提

具体来看,职业实践和教育培训作为职业发展的前提表现如下。

(1) 职业实践促进职业能力的发展。职业能力是在实践的基础上得到发展和提高的,一个人长期从事某一专业劳动,能促使人的能力向高度专业化发展。例如,计算机文字录入人员,随着工作的熟练和经验的积累,录入的速度会越来越快,准确性也会越来越高。个体的职业能力只有在实际工作中才能不断得到发展、提高和强化。

(2) 教育培训促进职业能力的提高。个体职业能力除了在实践中磨炼和提高之外,最有效的途径就是接受教育和培训。像我们所熟悉的职业教育、专科教育、大学本科教育、研究生教育等,提高学生对有关知识和技能的掌握程度,对以后更好地胜任本职工作会有极大的帮助。

(3) 职业能力、职业发展与职业创造的关系。职业能力是人的发展和创造的基础。个体的职业能力越强,各种能力越是综合发展,就越能促进其在职业活动中的创造和发展,越能取得较好的工作绩效和业绩,越能给其带来职业成就感。

3. 职业能力测评和职业选择的原则

从能力差异的角度来看,在职业能力测评和职业选择时应遵循以下原则。

1) 能力类型与职业相吻合

从能力差异的角度看,人的能力类型是有差异的,即人的能力发展方向存在差异。职业研究表明,职业是可以根据工作的性质、内容和环境而划分为不同类型的,并且对人的能力也有不同的要求,因此应注意能力类型与职业类型的吻合。

能力水平要与职业层次一致或基本一致。对一种职业或职业类型来说,由于所承担的责任不同,又可分为不同层次,不同层次对人的能力有不同的要求。因此,在根据能力类型确定职业类型后,还应根据自己所达到或可能达到的能力水平确定相吻合的职业层次。只有这样,才能使能力与职业的吻合具体化。

每个人都具有一个多种能力组成的能力系统,在这个能力系统中各方面能力的发展是不平衡的,常常是某方面的能力占优势,而另一些能力则不太突出。对职业选择和职业指导而言,应主要考虑其最佳能力,选择最能运用其优势能力的职业。同样,在人事安排中,若能注重一个人的优势能力并分配相应的工作,会更好地发挥一个人的作用。

2) 一般能力与职业相吻合

一般能力包括注意力、观察力、记忆力、思维能力和想象力等。不同的职业对人的一般能力的要求不同，有些职业对从业者的智力水平有绝对的要求，如律师、工程师、科研人员、大学教师等都要求有很高的智商。

3）特殊能力与职业相吻合

特殊能力是指从事某项专业活动的能力，也可称特长，如计算能力、音乐能力等。要顺利完成某项工作，除要具有一般能力外，还要具有该项工作所要求的特殊能力。例如，从事教育工作需要有阅读能力和表达能力；从事数学研究需要具有计算能力、空间想象能力和逻辑思维能力。法官就应具有很强的逻辑推理能力，却不一定要有很强的动手能力；建筑工应有一定的空间判断能力，却不需要良好的语言表达能力。

4. 职业能力倾向测评

能力倾向，是一种潜在的、特殊的能力，与经过学习训练而获得的才能是有区别的，其本身是一种尚未接受教育训练就存在的潜能。职业能力倾向主要是指与个体成功地从事某种工作有关的能力因素，是一些对于不同职业的成功在不同程度上有所贡献的心理因素。社会上的职业很多，各种职业对人的能力的要求也各不相同，而人的能力也存在很大的个体差异。因此，如果我们能对自己的职业能力作出恰当的评价，就可以结合自己的职业兴趣，选择适合自己的职业，并在选定的职业中充分施展自己的才华和优势。职业能力倾向测评就是一种测量人们从事某种职业活动潜在能力的评估工具，具有诊断功能和预测功能，可以判断一个人的能力优势与成功发展的可能性，可以为人员选拔、职业设计与开发提供科学依据。

1）特殊性倾向测评

特殊性倾向测评是系列式的，包括四大类多个小测评，是国外企业常用的职业能力倾向测评。这 4 类分别是：机械倾向性测评，主要测量人们对机械原理的理解和判断空间形象的速度、准确性以及手眼协调的运动能力；文书能力测评，是专门了解个人打字、速记、处理文书和联系工作能力的测评，适合于科室和文职人员能力测量；心理运动能力测评，主要测评工业中许多工作所需的肌肉协调、手指灵巧或眼与手精确协调等技能；视觉测评，是运用特殊仪器对视力的多种特征进行测评，以评定其是否符合一定工作的要求。

2）多重能力倾向测评

多重能力倾向测评主要用来测量与某些活动有关的一系列心理潜能，能同时测定多种能力倾向。其中，普通能力成套测验（GATB）是较有代表性且较常用的。GATB 由 8 个纸笔测验和 4 个仪器测验组成，可以测量 9 种职业能力，简单介绍如下。

（1）G——智能。智能即一般的学习能力，包括对说明、指导语和诸原理的理解能力、推理判断能力及迅速适应新环境的能力。

（2）V——语言能力。语言能力是指对语言的意义及其相关的概念，有效掌握的能力；对字词、句子、段落、篇章及其相关关系的理解能力；清楚而准确地表达信息的能力。其包括口头表达能力和文字理解与表达能力。

（3）N——数理能力。数理能力是指在正确、快速进行计算的同时，能进行推理，解决应用问题的能力。

（4）Q——书写知觉能力。书写知觉能力是指对文字、表格、票据等材料之细微部分正确知觉的能力；直观比较、辨别字词和数字，发现错误和矫正的能力。

（5）S——空间判断能力。空间判断能力是指对记忆片段图形与立体图形之间的关系的理解能力和解决应用问题的能力。

（6）P——形态知觉能力。形态知觉能力是指对实物或图像的有关细节的正确知觉能力；根据视觉能够比较、辨别的能力；对图形的形状和阴影的细微差别、长宽的细小差异，进行辨别的能力。

（7）K——动作协调能力。动作协调能力是指迅速、准确和协调地做出精确的动作，并迅速完成作业的能力；迅速而准确地做出反应动作的能力；手、眼协调运动的能力。

（8）F——手指灵活性。手指灵活性是指快速而准确地活动手指，操作细小物体的能力。

（9）M——手腕灵活性。手腕灵活性是指随心所欲、灵巧地活动手以及手腕的能力；拿取、放置、调换、翻转物体时手的精巧运动和腕的自由运动能力。

其中，V、N、Q能力出色的人，属于认知型职业类型；S、P能力出色的人可归入知觉型；K、F、M能力突出的人属于运动机能型。现实生活中，有许多人可能同时在上述两类能力类型中都相当优秀，或者9种能力水平相差不多，没有哪一种特别突出。一般能力倾向测评的意义，在于帮助个人发现什么样的职业领域最能发挥自己的潜能，而不是简单地划定"最适合的职业"，要知道人的很多能力是可以通过后天培养而积累的。

以上9种能力中的每一种能力水平，都要通过一种测评获得。这种能力倾向测评是从个人在完成各种职业所必要的能力中，提炼出各种职业对个人所要求的最有特征的2～3种。其中，纸笔测评可集体进行。计分采用标准分数，各能力因素的原始分数转换为标准分数后便可绘制个人能力倾向剖析图，并与职业能力倾向类型相对照，被试者可以从测评结果中知道能够充分发挥个人能力特性的职业活动领域。

5. 创造力的自我测评

创造力是根据一定的目的，运用已知信息，产生某种新颖、独特、有社会价值的产品的能力。这里的产品是指以某种形式存在的思维或物质成果。正是有了创造力，人类的生活才能够丰富多彩、日新月异。对一个人的创造力进行测评，对于预测他在未来的职业中的成就具有重要的参考意义。

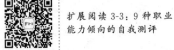
扩展阅读3-3：9种职业能力倾向的自我测评

扩展阅读3-4：尤金·劳德赛创造力倾向测试

6. 特殊职业能力测评与职业选择

特殊职业能力不同于特殊职业能力倾向。它不是一种潜在能力，而是某些特殊的职业所要求的现实存在的能力（包括

扩展阅读3-5：卡特尔16PF测验

工作技能）。工作技能是个体通过学习或训练来掌握、运用概念和规则，表现出对个体自身和工作环境产生影响的行为活动能力。鲍尔（Ball. B,1996）提出3种工作技能：自我管理技能、职业计划技能、核心工作技能。核心工作技能是个人在工作中很可能会经常使用的技能，包括工作创造性、掌握数字材料能力、书面表达能力、实践能力、解决问题的能力、组织能力、研究能力、人际关系、影响力、沟通能力。核心工作技能分析，有助于更好地分析、了解自己。

复习思考题

1. 为什么要进行自我认知？自我认知包括哪些内容？
2. 什么是职业能力？什么是职业能力倾向？测评的方法有哪些？
3. 气质、性格与职业有什么关系？如何进行职业定位？
4. MBTI性格类型理论有哪些特点？有几种典型的性格类型？
5. 你是如何进行自我认知的？除了教材介绍的自我认知的方法外，你还有没有比较独特的方法帮助你认识自己？

建议他先不要跳槽

即 测 即 练

第4章 个人职业生涯规划的设计与管理

4.1 个人职业生涯规划设计

4.1.1 个人职业生涯规划的内涵与原则

目前,许多人在探索职业发展阶段时存在一些观念上的误区,容易把职业规划与职业生涯规划相混淆,认为职业规划就是职业生涯规划。其实不然,文字表述上的不同已经说明了其不同的含义。弄清二者的概念和关系,有利于大学生早日做好自己的职业生涯规划。

1. 职业规划——找到适合的职业

职业规划就是规划职业,是通过规划的手段来找到适合自己的职业的过程。找到适合自己的职业是职业规划的核心标志,这个"适合"要在分析自己的基础上,综合考虑外在环境后作出判断。"适合"的简单判断就是"人职匹配",其中要分析以下3个因素。一是"人",即大学生自身,由性格、理想、价值观、道德等内在因素和专业、知识、经验、技能等外在因素所组成,分析"人"就是分析自我的内、外两方面。二是"职",就是行业、职业、企业、职位等外在因素(简称"三业一位")。三是匹配,就是"人""职"互动的和谐适应。"人""职"互动要考虑工作方式和生活方式,这两个方式的适应是判定匹配的关键标志。

2. 职业生涯规划——规划整个人生

职业生涯规划,简单地说,就是规划个人从开始工作到退休的整个职业历程。职业生涯是个人从事职业的所有时间;职业生涯规划包括职业规划、自我规划、理想规划、环境规划、组织规划等。

人活着不仅仅是为了工作,更重要的是实现身心健康和生活快乐的目标。职业成功、财富增长、心理健康、快乐生活视角下的生涯规划与管理,不仅包括一个人的学习生活、对一项职业或组织的生产性贡献和最终退休,也包括个人的财富增长、心理健康、快乐生活等多方面内涵。而与此相关的生涯管理是一个长达一生的过程,能够使一个人认识自我并管理自己的心理、人际关系、财富和职业历程,处理好家庭、工作、组织等之间的关系,在职业发展的同时实现身心健康和生活快乐的目标。

职业生涯规划的目的就是争取最大的收益,实现少走弯路、不走错路、避免走回头路的职业探索与奋斗目标,通过最佳路径来实现职业理想。

因此,可以将个人职业生涯规划定义为个人对自身的主观因素和客观环境进行分析,确立职业发展目标,选择实现这一目标的职业,制订相应的工作、培训和教育计划,按照一定的时间安排,采取必要的行动,实现职业生涯目标的过程。

3. 职业生涯的4个"迷茫期"

职业生涯的第一个"迷茫期"是14~22岁,这个阶段的个体承担着学生与求职者的双重角色,其主要疑问是"我是谁、我能做什么"。迷茫的主要原因是自信心不足和缺乏社会经验。

职业生涯的第二个"迷茫期"是22~28岁,这个阶段的大部分人已进入工作领域,逐渐了解社会,建立了初步的人际关系网。工作一段时间后,开始重新衡量身边的一切,如工作环境、职业种类、待遇等与自己的"职业梦想"是否匹配。其主要疑问是理想与现实不相符,即"我是否要重新选择"。迷茫的主要原因是个人的发展目标与单位的现状、提供的机会等不一致。

职业生涯的第三个"迷茫期"是28~35岁,这是个人职业发展的重要阶段。这个阶段的人已积累了较丰富的经验,其才能也得到了一定的发挥,正在为提升或进入其他职业领域打基础。其主要疑问是"为什么这么多年我一直无所成就"。迷茫的主要原因是工作中的挫折及对目前工作的不满。

职业生涯的第四个"迷茫期"是35~45岁,这个阶段的人开始重新衡量所从事职业的价值,是容易发生职业生涯危机的阶段。其主要疑问是"接下去的岁月,我应该做些什么"。之所以迷茫,是因为拥有丰富人生阅历的他们对人生的有限与世事的无常产生较深刻的领悟,对"将来何去何从"难以决定。

其实,人在不同的阶段都会有不同的目标和需求。在职业生涯陷入"迷茫期"时,要弄明白自己需要的到底是什么,这一点非常重要。只有冷静地分析和对自己、对形势客观判断,有克服暂时困难、争取美好未来的勇气、信心与决心,才能顺利度过职业生涯的各个"迷茫期"。

4. 职业生涯规划的原则

中国人力资源网就职业生涯规划提出了十大原则,并进行了比较详细的阐述。

(1) 清晰性原则,是指考虑目标、措施是否清晰、明确,实现目标的步骤是否直截了当。

(2) 挑战性原则,是指目标或措施是具有挑战性,还是仅保持其原来状况。

(3) 变动性原则,是指目标或措施是否有弹性或缓冲性,是否能随着环境的变化而进行调整。

(4) 一致性原则,是指主要目标与分目标是否一致,目标与措施是否一致,个人目标与组织发展目标是否一致。

(5) 激励性原则,是指目标是否符合自己的性格、兴趣和特长,对自己是否能产生内在激励作用。

(6) 合作性原则,是指个人的目标与他人的目标是否具有合作性与协调性。

(7) 全程原则,是指拟订生涯规划时必须考虑到生涯发展的整个历程,要做全程的考虑。

(8) 具体原则,是指生涯规划各阶段的路线划分与安排必须具体可行。

(9) 实际原则,是指在进行职业生涯规划时必须考虑自己的特质、社会环境、组织环境以及其他相关的因素,选择切实可行的途径。

(10) 可评量原则,是指职业生涯规划的设计应有明确的时间限制或标准,便于评量、检查,可以随时掌握执行状况,并为规划的修正提供参考依据。

按照以上十大原则,我们在制订职业生涯规划时,还应该考虑清楚以下3个方面的问题。

(1)适合从事哪些职业或工作?这个问题的回答要根据个体的职业价值观、职业兴趣、专业技能以及人格特质综合考虑。

(2)所在公司能否提供这样的岗位以及职业通路?要考虑个体所在公司可能提供的相应岗位,从中选择那些适合的岗位。如果所在公司没有适合的岗位,或者说,所在公司不可能提供适合的工作岗位,就应该考虑换工作。

(3)在适合从事的职业中,哪些方面是社会发展迫切需要的?做职业生涯规划时,还要把目光投向未来,要研究清楚现在做的工作,10年后会怎么样;自己的职业在未来社会需求中,是增加还是减少;在未来社会中自身的竞争优势随着年龄的增加是不断加强还是逐渐削弱;在适合从事的职业中,哪些是社会发展迫切需要的部分。

在综合考虑上述3个方面的问题后,就可以进行职业生涯规划了。

5. 职业与人生有机结合的原则

孟子曾说过一句话:"术不可不慎。"即是说:"选择职业时,能不慎重吗?"这句话告诉我们,选择了一种职业就选择了一种生活或者说选择了一种人生。因此,选择职业时,要把职业与人生目标有机结合起来。以下的几点原则,对我们选择职业是很有启发和帮助的。

1) 兴趣原则

兴趣原则是指个体所选择的职业,即使自己的付出与回报不对等,甚至有时根本没有报酬,仍然对这一职业保持浓厚的兴趣,对自己的吸引力不会因此而减弱。这是最重要的一条原则,也是个体职业生涯成功的重要基础。

2) 金钱原则

金钱不是万能的,但是没有钱是万万不能的。所以,要充分考虑所选职业是否能给自己带来相当的收入。因为收入多少在很大程度上决定了你拥有多少自由,而且金钱本身可以创造机会,可以决定你能否做你想做、喜欢做的事情。当然,这种自由和机会是相对的。

3) 多样性原则或弹性原则

如果可能的话,所选择的职业应尽量具有某种弹性。天天机械地做同一件事情,你可能很快就会变得厌烦。所以,在可选职业范围内尽量使自己的工作具有一定的弹性和多样性,不至于很快就感觉到兴味索然。

4) 慎重性原则

除非你的收入有相当的保障,否则,在得到另一份工作之前,千万不要轻易放弃目前的工作。健康、自由和幸福固然重要,但如果没有了面包,它们还有什么意义可言?

5) 长远性原则

"风物长宜放眼量",在择业时要充分考虑职业的特点和前景。一时趋之若鹜的职业,可能很快就成为明日黄花;今日的丑小鸭说不定就是明天的白天鹅。因此,在选择职业时,要注意长远性原则。

4.1.2 个人职业生涯规划设计步骤

1. 确定志向

志向是事业成功的基本前提。俗话说:"志不立,天下无可成之事。"立志是人生的起跑点,反映出一个人的理想、胸怀、情趣和价值观。所以,在制订生涯规划时,首先要确立志向。这是制订职业生涯规划的关键,也是最重要的一点。

2. 自我评估或自我认知

自我评估的目的是认识自己、了解自己。只有认识了自己,才能对自己的职业作出正确的选择,才能选定适合自己发展的职业生涯路线。自我评估包括个人的兴趣、特长、性格、学识、技能、情商(emotional quotient,EQ)、思维方式、道德标准以及社会中的自我认同等。

3. 职业生涯机会的评估

职业生涯机会的评估,主要是评估各种环境因素对自己职业生涯发展的影响,也可称为环境认知。每一个人都处在一定的环境之中,离开了这个环境,便无法生存与成长。所以,在制订个人的职业生涯规划时,要分析环境条件的特点与发展变化情况,个人与环境的关系、在环境中的地位,环境对个人提出的要求以及对己有利的条件或不利的条件等。环境因素包括组织环境、政治环境、社会环境以及经济环境,只有对这些因素充分了解后,才能在复杂的环境中避害趋利,让自己的职业生涯规划更具有实际意义。

4. 职业的选择

职业选择得正确与否,直接关系到人生事业的成功或失败。据统计,在选错职业的群体当中,有80%的人在事业上是失败者。由此可见,职业选择对人生事业发展是何等重要。

如何才能选择正确的职业?这里建议大家应考虑性格与职业的匹配、兴趣与职业的匹配、特长与职业的匹配、内外环境与职业相适应等因素。

5. 职业生涯路线的选择

在职业确定之后,就面临着选择路线的问题。是向行政管理路线发展,还是向专业技术路线发展?或是先走技术路线,再转向行政管理路线……发展路线不同,对职业发展的要求也不相同。因此,在职业生涯规划中,须作出抉择,让学习、工作以及各种行动措施能沿着自己的职业生涯路线或朝着预定的方向前进。

通常职业生涯路线的选择必须考虑3个问题:自己想往哪一条路线发展?自己适合往哪一条路线发展?自己可以往哪一条路线发展?

6. 设定职业生涯目标

职业生涯目标的设定,是职业生涯规划的核心。一个人事业的成败,很大程度上取决于有无正确适当的目标。没有目标的人生如同驶入大海的孤舟,没有灯塔,不知驶向何方。只有树立了目标,才能明确奋斗的方向。

7. 制订行动计划与措施

确定了职业生涯目标后,行动便成为关键。没有具体的行动,目标就难以实现,也就谈不上事业的成功。这里所指的行动,是指落实目标的具体行为,主要包括工作、训练、教育、轮岗等方面的措施。例如,为达到自己的目标,在工作方面要采取什么措施,提高工作效率?在业务素质方面,要计划学习哪些知识,掌握哪些技能,提高业务能力?这些都要有具体的计划与明确的步骤,并且计划要切实可行,便于定时检查。

8. 评估与回馈

影响职业生涯规划的因素有很多,有的是可以预测的,而有的难以预测。因此,要使职业生涯规划行之有效,须不断对职业生涯规划进行评估与修订。修订的内容包括职业的重新选择、职业生涯路线的再次选择、人生目标的修正、实施措施与计划的变更等。

扩展阅读 4-1:职业规划的 5 个"What"

4.1.3 职业生涯规划设计的环境认知

前文已经对自我认知做了详细介绍,这里主要介绍职业生涯规划中环境认知的内容和方法。一般来说,对职业生涯规划的环境认知包括对社会环境的认知和对组织环境的认知两部分。

1. 对社会环境的认知

对社会环境的认知包括:当前社会政治、经济发展趋势;社会热点职业门类分布与需求状况;自己所选择职业在当前与未来社会中的地位情况等。

1) 社会政治、经济发展趋势

国家政治环境的稳定水平、经济发展状况、就业政策等对个体的择业与就业都有重大的影响,人生发展与社会环境密切相关,要分析哪些事情可以做、哪些事情不能做。不仅要分析现在,而且要预测未来的经济增长率、经济景气度、经济建设的重点转移等。

当经济振兴时,百业待举,新的行业不断出现,新的组织不断产生,机构增加,编制扩容,为就业及晋升创造了有利条件;反之,则带来不利条件,特别是经济模式的变化对人的影响更大。例如,由过去的计划经济转为市场经济,加上当今知识经济社会的到来,给人们的生活方式带来巨大的变化,对人的就业、人的发展、人的素质提出更高的要求。

2) 社会热点职业门类分布与需求状况

社会的变迁与价值观念对于生活在社会中的个体来说,也有重大的影响,要重点分析信息社会对职业生涯发展的影响,分析信息社会对人才成长的要求与挑战。另外,还要注意人的价值观念的变化。随着社会的发展,人的需要层次也在不断提高,对人的职业生涯发展产生了直接影响。同时,科学技术日新月异,知识更新的周期日趋缩短,在职业生涯规划中还要充分考虑知识的补充、理论的更新、观念的转变、思维的变革等。

3) 自己所选择职业在当前与未来社会中的地位情况

首先,要对自己所面对的劳动力市场有一个大致的了解,自己的专业在劳动力市场属于什么样的地位,是处于"卖方市场"还是处于"买方市场"?这在很大程度上决定着个体在劳动力市场是处于相对主动的地位还是相对被动的地位。其次,就业之后考察自己的职业在当前以及未来社会中的地位情况,这一点无疑对于一个人的职业生涯成功来说是非常重要的。

2. 对组织环境的认知

对组织环境的认知,具体包括企业内部环境分析和企业外部环境分析两部分。

1) 企业内部环境分析

企业内部环境分析主要包括以下内容。

(1) 组织特色,是指组织规模、组织结构、组织文化、人员流动等。

(2) 经营战略,是指组织的发展战略与措施、竞争实力、发展态势等。发展态势是指该组织是处于发展期、稳定期,还是处于衰退期。组织的发展态势对人生发展影响极大,须引起重视。

(3) 人力评估,是指人才的需求预测、升迁政策、培训方法、招募方式等,应重点了解组织未来需要什么样的人才、需要多少、对人才的具体要求是什么、升迁政策有哪些规定等。

(4) 人力资源管理,是指人事管理方案、薪资报酬、福利措施、员工关系等。

2) 企业外部环境分析

企业外部环境分析主要包括企业所面对的市场状况、在本行业中的地位与发展趋势、所从事行业的发展状况及前景。

进行职业生涯规划时,我们必须对组织环境与社会环境的相关信息进行认真分析。

4.1.4 如何确定职业生涯目标

职业生涯目标是指一个人渴望获得的与职业相关的结果,可以通过很多方式影响个人的行为和表现。

职业生涯目标可以刺激高水平的努力;可以给高水平的努力固定方向;可以提高朝目标努力的坚持性。另外,具体的目标有助于形成实现目标的战略;可以衡量行为结果的有效性,向个体提供积极的反馈。

有关调查结果显示,多数情况下,职业生涯目标的设定对于个体的职业生涯成功是很有帮助的。

1. 确定职业生涯目标的要求

一个人要获得事业的成功,应当按照人生成功的规律来制订行动的目标。也就是说,一个未来的成功者,必定是一个目标意识很强的人。所谓"目标意识",就是头脑中始终有清楚的目的,就像是精确制导的导弹一样,一直"咬"着目标不放,直到击中目标为止。当这个目标实现以后,又会盯住下一个目标,直到事业的成功。

人生要确立的事业目标,需要根据主客观条件和可能性来加以设计。每个人的条件不同,目标也不可能完全相同,但确定目标的方法是相同的。下面将确定职业生涯目标的基本要点简单介绍一下。

1) 目标符合社会与组织需求

职业生涯目标如同一种"产品",有市场需求,才有"生产"的必要。故在确定职业生目标时,要考虑到内外环境的需要,特别是要考虑到社会与组织的需要,有需求,才有相应的位置。

2) 目标适合自身特点

不同的人有不同的特点,将目标建立在个人优势的基础上,就能游刃有余,处于主动有利的地位。人之才能,各不相同。目标选择不能偏离自身长处,否则便是自己跟自己过不去,自我设置前进道路上的障碍。有的人选择目标时单凭自己的爱好(爱好往往不等于特长),或者盲目追逐世俗的热点,就容易误入歧途。

3) 目标高低恰到好处

职业生涯目标是高一些好,还是低一些好?总的来看,还是高一些好。苏联大文豪高尔基说过:"我常常重复这一句话,一个人追求的目标越高,他的才能就发展得越快,对社会就越有益;我确信这也是一个真理。这个真理是由我的全部生活经验,即是我观察、阅读、比较和深思熟虑过的一切确定下来的。"

大学生应当勇于追求符合实际的远大职业生涯目标。在与实际相符合的范围内,自我确定的目标越高,其发展前途也越大。就是说要"志存高远"。当前的行动要在立足现实的基础上,心中要有符合实际的崇高而远大的抱负。远大的目标,能起到激励作用,能使人为达到目标而发愤工作。所定目标如果仅限于自己目前的能力范围之内,只求工作轻松省力,回避新的激励,往往会使人陷于畏缩不前、消极保守的状态。

当然,目标也不能过高。目标过高,会使人悬在幻想的高空,在现实生活中必然一事无成,目标也就失去了意义。盲目提高目标中的"期望值",也会因好高骛远而导致失败。

还要引起注意的一点是,目标不是理想,不是希望,而是理想与希望的具体化。理想是对未来事物的想象或希望,是一种崇高的精神境界;而目标是现实的,是具体的。目标与理想之间,目标指向理想,二者虽有联系,但不能相互替代。

4) 目标幅度不宜过宽

奋斗目标有高有低,专业面有宽有窄。在目标选择中是宽一点好,还是窄一点好?一般来说,专业面越窄,所需的力量相对越少。也就是说,用相同的力量对不同的工作对象,专业面越窄的,其作用越大,成功的机会越多。所以,职业生涯目标的专业面不要过宽,最好是选一个窄一点的领域,把全部身心力量投放进去,较易取得成功。

例如,某人的奋斗目标是成为一名管理专家。此目标就确定得过宽,因为管理包括许多领域,一个人的精力有限,要想成为各方面的管理专家,有点不太现实。如果只是想成为一名企业战略管理或品牌管理的专家,经过若干年的努力,就有可能实现。

5) 目标长短配合恰当

职业生涯目标是长期的好,还是短期的好?我们的回答是应该长短结合。长期目标为人生指明方向,可鼓舞斗志,防止短期行为。短期目标是实现长期目标的保证,没有短期目标,也就不会有长期目标。特别是在职业生涯发展过程中,通过短期目标的不断达成,能体验到达成目标的成就感和乐趣,可以鼓舞自己向更高的目标前进。但是,只有短期目标,看不到远大的理想,也会影响奋斗的激励作用,还会使事业发展摇摆不定,甚至偏离发展方向。

6）同一时期目标不宜多

就事业目标而论，同一时期目标不宜多，而应集中到一个目标身上。目标是追求的对象，你见过同时追逐5只兔子的猎手吗？正所谓"一只手抓不起两条鱼"，也就是这个道理。有的大学生年轻气盛，自认为高人一等，同时设下好几个目标。那样的话，可能一个目标也实现不了。

这并不是说不能设立多个目标，而是应该把目标分开设置。具体来说，就是一个时期内设立一个目标，拉开时间距离，实现一个目标后，再去实现另一个目标。

7）目标要明确具体

目标就像射击的靶子一样，要清清楚楚地摆在那里。干什么、干到什么程度，都要有明确具体的要求。例如，从事某一专业，到什么时间；学习哪些知识，达到什么程度，都要明确、具体地确定下来。

目标明确不仅是指业务发展目标，与之相应的其他目标也要明确具体。例如，学习进修目标、思想目标、经济收益目标、身体锻炼目标等。同时，目标之间要做到互相配合、共同作用，促进个人的身心、生活和事业的全面发展。

无论是什么目标都应有"度"的要求。所谓"度"，一是时间，二是高度和深度。只有这两个方面完全结合，才能成为明确的目标。

8）职业生涯目标与生活目标结合考虑

人生除了事业目标外，还有财富、婚姻、健康等问题。这些问题都直接影响人生事业的发展和生活质量。所以，财富、婚姻、健康也是人生的重要组成部分，在制订职业生涯目标时应加以考虑。

人生立志创一番事业，物质基础是必要的，没有一定的物质基础，事业也难以得到发展。所以，在制订人生事业目标时，适当地对个人收入问题加以设计是非常必要的。其设计的方法是根据需求和实际能力，把渴望得到的金钱数量用数字表达出来。心中如果只有笼统的金钱概念，希望有"很多钱"，希望"多多益善"，这些抽象的金钱概念，说不定正是造成个人贫穷的一个重要原因。因为人的大脑潜意识，只会按照具体、明确的目标去行事。

婚姻也是人生中一件大事，处理得好，有助于事业的发展，一生幸福；处理不好，不但影响事业的发展，而且带来一系列痛苦。

人人都希望健康、长寿，事业发展也离不开健康。但是，人在年轻时，对健康是不太注意的。年轻人有的是精力和朝气，所以很多人认为健康不必费神；到年老力衰之时，则会哀叹"早知今日，当初加强身体锻炼就好了"。因此，等到发出哀叹之时，失去的东西就太多了，付出的健康代价也太大了。

另外，职业生涯目标一旦确定，就大可不必过多在意别人的闲言碎语，用不着太看别人的脸色行事。世上大多数伟人与凡夫俗子的最大区别就是，前者懂得事先设计自己的一生，后者则不懂得或不愿意计划自己的人生。作为一名大学生，拥有接受高等教育的机会，在此期间做好职业生涯设计，正是夯实未来事业发展基础的最佳时机。

2．职业生涯目标的多维度考察

从不同角度对职业生涯目标进行考察有助于我们加深对职业目标的理解与把握。可以从3个不同的角度来考虑职业生涯目标：概念性目标、操作性目标和时间维度。

1）概念性目标

概念性目标可以概括为哲学意义上的目标，与具体的工作和职位无关，反映的是一个人的价值观、兴趣、才能和生活方式的偏好。例如，一个人的概念性目标可能是从事市场工作，其包括：广义上的研究与分析，有机会承担较多的责任；有广阔和多样的空间，需要和多种多样的客户打交道；家庭的事务不受过多的影响；公司是一家成长型的、位于温暖气候地带的小公司。这种概念性目标就明确表达了工作任务的性质、工作的场所和生活方式。

2）操作性目标

操作性目标就是将概念性目标转换为具体的工作或岗位。例如，操作性目标是获得××公司的市场调研部经理的职位。操作性目标仅仅是达到根本的概念性目标的一个媒介。

3）时间维度

在时间维度上，要把短期和长期的职业生涯目标相结合。职业生涯目标有一个时间维度，可以采用惯例来区分短期目标和长期目标。一般而言，5~7年的目标可以视为长期目标，1~3年的目标则是短期目标。

3. 职业生涯目标设定中的误区

如同职业探索一样，职业目标设置的过程不可能没有障碍。从根本上来说，职业目标的质量取决于一个人要达成的职业目标是否与他所偏好的工作环境相一致，以及他所设定的目标是否切实可行。这里简单介绍一下设置职业目标过程中常见的问题以及克服的方法。

1）设立了一个并不属于自己的目标

如果职业生涯目标不能满足一个人的需要，或与其价值观不一致，或者一个人对工作不感兴趣，又或者一个人不具备这项工作所要求的才能，那么他所设立的职业目标对其就没有任何意义。然而，现实中有一些人在做职业决策时，常常是为了取悦他人——父母、导师、配偶或老板。他们让别人来判断什么职业是适合他们的。也有人常常说，我并不重要，我不知道什么适合自己。归根结底，这些人不是根据自己的能力、兴趣来选择自己的工作或职业。

从长远来看，即使实现了一个并不属于自己的职业目标，所带来的也常常是挫折而不是成长。要解决这一问题可以从两方面入手。首先，必须认清自己的价值观、兴趣、才能以及自己所偏爱的生活方式。其次，必须意识到职业目标与个人的个性特征相协调的重要性。实际上，所有自我评估的程序都可以提供自我认识的机会，比较困难的任务是按照自我意识去行动，而职业规划能起到这样的推动作用。

2）职业目标与人生的其他目标不相关联

很多人在追求职业生涯目标时，往往忽略了其对人生其他方面的影响。常常是经过婚姻的磨难和个人的悲剧之后，才意识到工作和生活之间的联系。很多人在职业生涯的中期，才开始有意识地进行工作责任和家庭及休闲活动的角色互换。其实，工作与非工作角色的相互作用贯穿于人生的每一个阶段。有效的职业生涯管理者在这方面先人一步，他们一开始就知道职业和生活之间的联系，所设定的职业目标和自己所渴望的生活方式是一致的。职业生涯规划本身就包含对生活方式、生活风格的考虑。

这些道理说起来很容易,真正做起来时,人们往往只会注意工作的挑战、奖赏、声誉而忽略了家庭、休闲和社区等角色。这需要人们有意识地去努力,在制订职业目标时一定要把它作为生活的一部分。

3) 职业目标和目前从事的工作相分离

具体的工作仅仅是实现职业目标的一个媒介、一种工具。很多时候,人们只是狭隘地寻找另外一种工作,忽略了眼前所从事的工作。其实,一个人目前所做的工作应该成为其职业成长的资源。成功的职业生涯管理者则是在了解概念性的职业目标之外,还拥有用现在的工作实现目标的能力。

4) 太过模糊的目标

一般来说,具体的目标比模糊的目标更为有用。具体的目标可以有效指出奋斗的方向,可以更好地衡量努力的结果。概念性的长期目标则比较宽泛,即使是概念性的职业目标也应该由一系列比较具体的要素构成,以便于转化成可操作的目标。可操作的目标更要具体,可以衡量。

5) 过分关注具体性目标要素

尽管具体的职业目标有许多优势,但过分关注具体目标则会目光短浅,成为"井底之蛙"。如果只注重完成具体的目标,人们就会忘记自己为什么要追求这样的目标,可能就会变成只有行动而不会思考,拒绝接受任何与其职业目标价值不同的新信息。更重要的是,只为一系列的目标奋斗,忽略了此时此刻的乐趣,忽略了人生的终极目标。人生成为没有乐趣的苦旅,就是一种困境。

6) 太容易或太难的目标

有人认为,心理成功对个人的发展和满意是绝对必要的。心理成功是指完成有挑战性、有意义的任务后所带来的成就感。所以,太容易或太难的目标都不能带来成就感。目标必须有适当的挑战性,太难的目标会造成挫折感和失败,太容易的目标又没有挑战性。合理的目标应该是既有挑战性,又有实现的可能性。要设置这样的目标,要求一个人具有独特的判断力和深刻的洞察力,了解工作环境中的机会和障碍。如果一个人选择了一个困难的目标,就要有承受风险和失败的心理准备。

7) 不灵活的职业生涯目标

我们在设定职业目标时常常强调灵活性,但在实践中却容易忘掉这一点。人们可能常常对自己已经投入的时间和精力产生很高的期望,因此变化对大多数人来说是一个困难的过程,特别是对职业生涯目标和职业方向可能变化的重新审视更容易让人感受到威胁。但是,灵活的目标对于有效职业生涯管理是必不可少的,工作环境和人都会不可避免地随时间变化,过去合适的目标在目前或将来不一定有效。另外,由于几乎所有公司雇用的不确定性,个人会发现在职业生涯目标设定和变化中,采取灵活的方式是更恰当的行动。例如,工作和职业生涯路径可能随着组织结构或公司新战略的制定而消失或改变,不灵活的员工往往会被淘汰。类似地,技术和结构的变化可能产生新的职业生涯路径,需要对个人目标的重新审视。更宽泛地说,人们需要了解自己的工作和生活经历,以使职业生涯目标能够保持相关性和可实现性。

4. 制订实现职业生涯目标的计划

职业生涯目标设计,应从一生的发展写起,然后分别制订出十年、五年、三年、一年的计划,以及一月、一周、一日的计划。计划订好之后,再从一日、一周、一月的计划开始进行,直至实现一年目标、三年目标、五年目标、十年目标。

1) 未来发展目标

今生今世,你想干什么?想成为什么样的人?想做哪一件或几件大事,想取得什么成就?想发挥自己哪一方面的优势与特长?想成为哪一专业的佼佼者?把这些问题确定后,你的人生目标也就确定了。当然,目标是建立在自我分析与内外环境分析的基础上,否则目标就失去了意义。

2) 今后十年的大计

十年工夫,足够干成一件大事。今后十年,你希望自己成为什么样子?找到一份什么样的工作?有什么样的事业?将有多少收入,过上什么样的生活?你的家庭与健康水平如何?你将获得什么样的社会地位?把这些仔细地想清楚,一条一条地计划好,记录在案。

3) 五年计划

订出五年计划的目的,是将十年大计分阶段实施,并将计划进一步具体化、详细化,将目标进一步分解。

4) 三年计划

大学生求学期间的三年计划,主要应是对大学期间的学习生活作出合理的安排。

5) 明年计划

制订出明年的计划,以及实现计划的步骤、方法与时间表,务必具体、切实可行。如果从现在开始制订目标,还应单独订出今年的计划。

6) 下月计划

下月计划包括下月应完成的任务、在质量和数量方面的要求、计划开展的活动,等等。

7) 下周计划

下周计划的内容与下月计划相同,其重点在于必须具体、详细、数字化,且每周末应提前做好下周的计划。

8) 明日计划

明日计划要做哪几件事?哪几件事是最重要的,非做不可的?把它们挑选出来,取最重要的3～5件事,按事情的轻重缓急、先后顺序排好序,按计划去做。这样可以避免"捡了芝麻、丢了西瓜",对一个人提高办事效率也是大有裨益的。

4.1.5 职业生涯设计的战略模型及决策过程

1. 职业生涯设计的战略模型

"职业生涯设计"实际上就是"人生战略设计"。战略就是对未来的发展作出的一种安排。成功的人生需要正确规划。一个人的成功与失败,其差别就在于能不能管理好自己的人生规划;一个人现在站在哪里并不重要,但是下一步迈向哪里却非常关键;一个人不仅要知道应该做什么,还要知道不应该做什么。如果我们把个人的职业生涯规划看作是在分析评价主客观条件基础上的一系列选择的话,这实际上就是一个战略选择问题——个人根据自己不同时期不同的情况变化不断地进行职业方向的选择。个人职业生涯规划战略选择问题,可以从以下模型来分析、评价,并可在此基础上根据不同的选择,采取不同的战略措施。

职业生涯设计的战略模型如图4-1所示。个人职业方向的选择依据有3个基本要素:个人愿望、个人条件(包括性格、能力等)和社会环境与机会。理想的职业规划应该是3个要素或3个条件都能够满足,即图4-1中的O区,这一区域是职业规划的最佳区域,可以把个人的理想、兴趣、爱好和个人条件与社会的需要紧密结合起来,有助于发挥人的主观能动性,在实现个人理想的同时为社会作出最大的贡献。

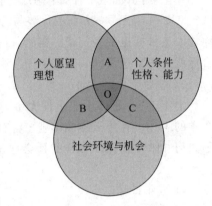

图4-1 职业生涯设计的战略模型

但是,现实中的个人愿望、个人条件(包括性格、能力等)和社会环境与机会三者之间往往是有矛盾的,很难达到理想状态,处于图4-1中A区、B区、C区的情况比较多。具体来说,A区是个人愿望和个人条件集合区,但是社会环境与机会不具备;B区是个人愿望和社会环境与机会集合区,但是个人条件不具备;C区是个人条件和社会环境与机会集合区,但是个人不喜欢或不愿意干。

谁也不可能天生就能够处于理想的O区,对我们每一个人来说,一生中都是在往O区努力,而达到O区往往有一个艰难地改变自己、改变环境的过程,其战略选择可以有以下要点。

(1) 假如你现在在A区,想要往O区进发,采取的战略措施应该是:改变环境;转换环境;寻找机会;耐心等待机会。

(2) 假如你现在在B区,想要往O区进发,采取的战略措施应该是:改变自我;提高能力。

(3) 假如你现在在C区,想要往O区进发,采取的战略措施应该是:培养兴趣;改变理想;适应并接受现实。

2. 职业生涯选择的决策过程

职业生涯选择是从社会上众多的职业岗位中挑选其一的过程。这个过程既是一个筛选掉其他不适当的职业的过程,也是将自己从无业者转化为某职业从业人员的过程。因此,职业生涯选择是一种决策。

在现实生活中,人们常常面临着诸多职业选择却感觉找不到符合自己理想的职业;面对一些高等级职业,又不具备必要的能力。因此,人们的职业生涯选择也是个人降低职业意向水平、适应社会实际需求的现实化的决策过程。社会学上把这一现实化过程称为个人职业理想与社会职业实现的"调和"或"调适"过程。

对于个人而言,可能得到某类职业的概率公式如下。

$$J = Q \cdot C \cdot A \cdot O$$

式中：J 为职业概率；Q 为职业需求量；C 为竞争系数；A 为职业能力水平；O 为其他因素。

其中，其他因素 O 包括：该类职业机会的时间、地点，家庭对个人的帮助，个人寻求职业的努力，以及社会职业介绍机构的帮助，等等。

由于各类职业需求量（职业岗位数量）、各类职业谋求人数、人们所具备的不同职业的能力水平以及其他因素各不相同，对一个人来说，不同的职业可能得到的概率也各不相同。我们可以依据不同职业的期望值（职业概率）大小，将其顺序排列。举例如下。

A 职业（作家）	＝0.01
B 职业（大学教师）	＝0.05
C 职业（报社记者）	＝0.05
D 职业（编辑）	＝0.10
E 职业（中小学教师）	＝0.30
F 职业（秘书）	＝0.30
G 职业（银行职员）	＝0.50
H 职业（技术工人）	＝0.70
I 职业（一般工人）	＝1.00
J 职业（服务员）	＝1.00

一般来说，期望值最小的职业，往往是人们理想中最好的职业；期望值极大的职业，则往往是现实的、较差的职业。因此，人们选择职业时"调和"程度的大小，就体现为在职业期望序列中，所取相应期望值对应的职业。

从社会学的角度看，人的职业生涯选择可以分为以下类型。

(1) 标准型，即顺利完成职业准备、职业生涯选择、职业适应期，成功地进入职业稳定期。

(2) 先确定型，即人们在职业准备期接受方向明确的职业、专业教育，并确定自己的职业方向，有时教育培训单位还协助介绍对口的职业。

(3) 反复型，当一个人选择职业，走上工作岗位后，不能顺利完成职业适应，或者自己的职业期望值提高，有可能导致二次选择，以致三次、四次选择等。

4.1.6 职业生涯路线设计

确定了职业生涯目标后，就要对目标的实现路线进行设计。职业生涯路线是指一个人选定职业后选择从什么途径去实现自己的职业目标。例如，是向专业技术方向发展，还是向行政管理方向发展；是下海经商、自己创业，还是做职业经理人。发展方向不同，要求也不同。犹如登山，要到达山顶，就要选择最佳的登山路线与方式。人们常说"条条大路通罗马"，可是到底哪条道路是到"罗马"最近、最好走的？这就是实现目标的路线选择问题，选择了捷径、好路，就易于进入职业发展的快车道；否则，就会耽搁在路上。甚至如果没有一个职业发展的路线蓝图，就会走错路、走弯路、走回头路，这将直接导致个人的努力、动力、能力不能直接作用于目标，同时也产生资源、时间、精力的浪费，在无形中延长个人成功的期限。因此,在职业确定之后,必须对职业生涯路线进行选择,以使今后的学习和工作沿着职业生涯路线与朝着预定的方向发展。

传统的职业生涯路线规划注重纵向流动,其程序是:分析过去通往金字塔顶的一系列通路→确定职业生涯路线的进口与出口→规定进口的职位要求→确定达到塔顶的职业经历和每一层阶梯的最低服务年限。

现在的职业生涯路线规划不再局限于纵向流动,而是要求其能:描述各种流动的进步可能性;反映职业内容、组织需要的变化;详细说明职业生涯路线的每一职位的学历、职业经历、技能与知识要求。组织职业生涯路线规划程序为:比较分析职业数据,确定职业必备条件,具体说明每项职业的性质、任务或行为及需要的知识、技术与能力等→以职业需要的现实性为依据,把职业划分为职业群,建立职业分类系统→规定职业生涯路线,确定职业群中逐级上升的可能的逻辑次序,并把各个职业生涯路线构成整体网络,结合成一个职业系统。

典型的职业生涯路线图是一个"V"形图(图 4-2)。假如一个人 24 岁大学毕业参加工作,即"V"形图的起点是 24 岁。以起点向上发展,"V"形图的左侧是行政管理路线,右侧是专业技术路线。将路线分成若干等份,每等份表示一个年龄段,并将专业技术的等级、行政职务的等级分别标在路线图上,作为自己的职业生涯目标。

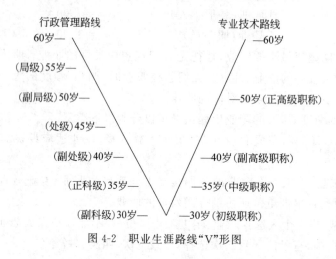

图 4-2 职业生涯路线"V"形图

为了使大学生的职业生涯设计更具针对性,促进大学生更好地认识自我,这里可对自己的职业生涯路线作出规划,设想自己将来是走行政管理路线,还是走专业技术路线;或是先走专业技术路线,再走行政管理路线,这些在设计中必须作出抉择。

在抉择的过程中,大学生要问自己 3 个问题:

我想往哪条路线发展?

我适合往哪条路线发展?

我可以往哪条路线发展?

回答上述 3 个问题,就是对"知己""知彼"有关情况进行综合分析并加以利用的过程。

第一个问题是通过对自己的价值、理想、成就动机和兴趣分析,确定自己的目标取向。

第二个问题是通过对自己的性格、特长、经历、学历以及专业的分析,确定自己的能力取向。

第三个问题是通过对自己所处的社会、经济、政治、组织环境分析,确定自己的机会取向。

3个取向确定后,进行综合分析,确定自己的职业生涯路线,这对大学生的职业生涯发展是十分重要的。职业生涯路线分析过程如图4-3所示。

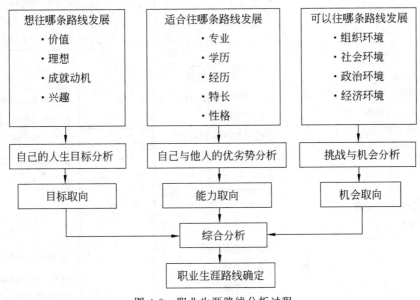

图 4-3 职业生涯路线分析过程

4.2 个人职业生涯管理要点

4.2.1 个人需要与组织需要的匹配

事物都是处在运动变化之中,由于自身及外部环境条件的变化,职业生涯规划也要随着时间的推移而变化。在制订职业生涯规划时,最初对自身及外界环境都不十分了解,确定的职业生涯目标往往是比较模糊或抽象的,有时甚至是错误的。经过一段时间的工作以后,有意识地回顾自己的言行得失,可以检查自己的职业定位与职业方向是否合适。在实施职业生涯规划的过程中自觉地总结经验和教训,评估职业生涯规划,个人可以修正对自我的认知,通过反馈与修正,调整最终职业目标与分阶段职业目标的偏差,保证职业生涯规划的行之有效。

有效的职业生涯发展,要求个人需要与组织需要之间相互配合。整个职业生涯中,个人和组织共处于一个不断变化的环境中,二者的相互匹配过程也是动态的过程,如图4-4所示。

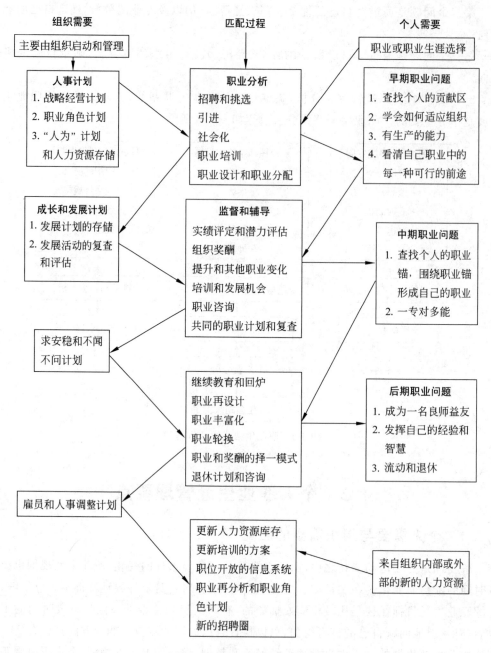

图 4-4 职业生涯匹配过程

如果匹配过程能够有效地进行,组织与个人都能受益。组织将能合理运用与开发人力资源,得到绩效的提高和人际关系的改善;个人将能较好地管理自己的职业生涯,实现职业与家庭的最佳结合,个人才干毫无浪费地发挥,个人理想和价值观得到较好实现,自身也得到最好的发展。

4.2.2 个人职业生涯周期管理

1. 职业生涯早期阶段的管理

职业生涯早期阶段是指一个人由学校进入组织并在组织内逐步"组织化",为组织所接纳的过程。这一阶段一般发生在20～30岁,是一个人由学校走向社会、由学生变成雇员、由单身生活走向家庭生活的过程。一系列角色和身份的变化,必然要求有一个适应过程。在这一阶段,个人的组织化以及个人与组织的相互接纳是个人和组织共同面临的、重要的职业生涯管理任务。

1) 职业生涯早期阶段的个人特征

职业生涯早期阶段,个人正值青年时期,无论是从个人生物周期、社会家庭周期还是从生命空间周期来看,其任务都较为单纯、简单。这一阶段个人的主要任务如下。

（1）进入组织,学会工作。

（2）学会独立,并寻找职业锚。

（3）向成年人过渡。

这一时期,其突出的员工心理特征如下。

（1）进取心强,具有积极向上、争强好胜的心态。

（2）职业竞争力不断增强,具有做出一番轰轰烈烈事业的心理准备。

（3）开始组建家庭,逐步培养调适家庭关系的能力,承担家庭责任。

在职业生涯早期阶段,个人尚是职业新手,一切还在学习、探索之中。但这一阶段的心智特征会对个人职业生涯发展产生重要影响。

2) 个人的组织化

个人的组织化是指求职者接受雇用并进入组织后,由自由人向组织人转化所经历的一个不断发展的进程。它包括向所有雇员灌输组织及其部门所期望的主要态度、规范、价值观和行为模式。个人组织化是组织创造条件和氛围,使新雇员学会在该组织中如何工作、如何与他人相处、如何扮演好个人的角色、如何接受组织文化,逐渐融入组织的过程。在这一过程中,新雇员和组织都必须学会相互接纳。

相互接纳,是指组织与新雇员个人之间的相互关系,关系要清晰化、明确化、确定化。组织确认了新雇员作为组织正式成员的资格,新雇员则获得了组织正式成员的身份。相互接纳又是一种心理契约。新雇员与组织之间没有书面的接纳证明,只是在思想上、情感上以及工作行为上互相承认、认同和接受。尽管相互接纳是一种心理契约,但是仍有显著的标志。新雇员努力工作以及安心于组织,便是他向组织发出的认同信号。组织给新雇员增薪、晋升等,则象征组织对新雇员的接受。

2. 职业生涯中期阶段的管理

个人职业生涯在经过了早期阶段,完成了雇员与组织的相互接纳后,必然步入职业生涯中期阶段。

1) 职业生涯中期阶段的个人特征

职业生涯中期的开始,有两种表现形态。

(1) 得到晋升，进入更高一层的领导或技术职位。
(2) 薪资、福利增加，在选定的职业岗位上成为稳定的贡献者。

2) 职业生涯中期阶段个人面临的管理任务

职业生涯中期阶段是时间周期长（年龄跨度一般是 25~50 岁，长达 20 多年）、变化大，既有可能获得职业生涯成功，又有可能出现职业生涯危机的一个很宽阔的职业生涯阶段。作为人生最漫长、最重要的时期，职业生涯中期特殊的生理、心理和家庭特征也使其面临着以下特定的问题与管理任务。

(1) 现实地评估自己的进步、职业抱负及个人前途。
(2) 就接受现状或者争取看得见的前途作出职业角色选择决策。
(3) 保持技术竞争力，在自己选择的专业或管理领域内继续学习，力争成为一名专家或职业能手。
(4) 成为一名良师，担当起言传身教的责任。
(5) 维护职业工作、家庭生活和自我发展三者之间的均衡。
(6) 扩大、发展、深化技能，或者提高才干，以担负更大范围、更重大的责任。

3. 职业生涯后期阶段的管理

从年龄上看，职业生涯后期阶段的员工一般处在 50 岁至退休年龄。由于职业性质及个体特征的不同，个人职业生涯后期阶段开始与结束的时间也会有明显的差别。这一阶段，员工面临的个人任务如下。

扩展阅读 4-2：设计职业生涯规划几大要素

(1) 承认竞争力和进取心的下降，学会接受和发展新角色。
(2) 学会接受权力、责任和中心地位的下降。
(3) 回顾自己的整个职业生涯，着手退休准备。

4.3　管理者的自我职业生涯管理

我们把管理者定义为在组织中有下属，承担组织、控制、领导、计划等职责的人。管理者面临着更为激烈的职场竞争，组织结构的扁平化使他们在工作过程中垂直的升迁机会大大减少；外部环境的变化又要求他们不得不持续地去学习和发展，否则就会被淘汰出局。在这种情况下，管理者必须学会战略性地思考自己的职业生涯，善于管理自己的职业并且变成一个自我引导型的学习者；必须学会如何开发自己以及如何更新和拓展自己的专长，以确保自己能够为组织的绩效作出相应的贡献，为自己尽早建立起一种"成功的良性循环"。

4.3.1　学习：提高管理技能与领导才能

作为一名管理者，要成功地履行自己的职责，就必须具备特定的技能。美国心理学家罗伯特·卡兹（Robert Katz）提出了 3 种基本的管理技能：技术技能、人际技能、概念技能。技术技能包括应用专门知识或技能的能力；人际技能是指在群体中与人共事、理解别人、激励别人的能力；而概念技能则是指分析、诊断复杂情况、通观全局、作出正确决策的能力。在今天这个快速变化的环境中,要想使管理工作更有效率,管理者还必须优先考虑发展自己的领导才能。一般来说,领导才能主要体现在对变化的处理上。约翰·科特将领导能力及从属能力确定为以下 3 个重要方面。

1. 确立未来的发展方向

领导能力是一种对未来的远见,以及将该远见付诸实践时所必需的战略规划能力。从属能力包括:归纳推理能力;战略性思考和多角度思考的能力;将复杂的、模糊的数据转化为一种直接的、简单的可以交流的观点和战略以及承担风险的能力。

2. 协调人们

管理者的领导能力要求管理者能通过一些特定的语言和行为,将已经确立的公司发展方向告诉其他所有的合作者,因为这些人是否能够很好地理解和接受公司的发展前景与发展战略,将会影响到整个团队和联盟的创造性。所要求的从属能力包括:建立相互信任的能力;领悟力;与各种各样的人相互沟通的能力;授权给其他人的愿望与能力。

3. 激励和鼓舞人们

管理者的领导能力还表现为通过满足人们一些非常基本的但通常又是难以实现的需要,来激励他们去克服一些重要的政治障碍、官僚主义障碍以及资源障碍。所要求的从属能力包括:运用权力和影响去改变人们的行为、态度和价值观的能力;管理绩效的能力,尤其是为达到一定的绩效而提供相应的培训、反馈以及奖赏;选择适当的变化策略以适应外界环境的能力。

很多研究表明,上述管理技能和领导才能是可以通过学习获得的。管理者必须善于通过各种途径来进行学习——通过自己的实践、观察其他人的行为、与其他人的互动过程、参加各种培训。为了能够从自己的经验中学习,管理者还必须思考和强化那些从经验中获得的教训。为了改变自己并使自己不断地成长,管理者就必须周期性地进行自我反省——对有关自己行为、态度和价值观的反馈信息进行收集并分析。

一般来说,人们很难客观地认识自己,在实际当中总会存在一些因素,妨碍人们真实、正确地评价自己。通常一个人从各种来源中所获得的信息反馈越是明确,他们对自我的评估也就越是准确。管理者应该花费大量的时间和精力去建立与维持一个发展关系的网络,从这些人那里获得相应的信息反馈、建议和感情支持等,并且能够从自己的这些经验中进行学习。

4.3.2 策略:如何进行职业生涯管理

美国职业指导专家林达·A.希尔在《新经理人的领导力》一书中,对管理者的职业生涯发展策略提出以下 5 项建议。

1. 选择正确的职位

建设自己职业生涯的第一步,就是在职业生涯之路上选择正确的职位。当管理者决定自己应该去追求哪一个工作机会时,他必须考虑两个因素:自己与这个职位(或者说这个组织)之间是不是非常匹配;自己与这个职位(或者说这个组织)所需要的人是不是非常一致。从一定意义上来说,所谓"最佳的"匹配,就是指管理者具备从事这项工作所要求的才能和个人特征。在非常匹配的职位上，可以更好地为组织的绩效作出自己的贡献。因此，管理者应该追求在工作环境中将自己的优势充分发挥，而自己的一些弱点却不是严重的缺陷，并且自己的核心价值观与组织的价值观是相一致的。

在职业生涯的早期，人们对自己的才能、动机以及价值观可能仅仅有一个模糊的认识。管理者也是如此。管理者应该通过认真、系统的内省来收集一些有关自我认识的信息，尤其是应该通过自己过去和现在所经历的一些重要事件，来仔细分析自己的一些关键优势、重要的局限性以及核心价值观。例如，当你正在决定是否应该从事一项管理工作时，就应该询问自己以下问题：什么类型的工作是我最感兴趣的，而且也是我最能胜任的？我是否喜欢协调性的工作？我倾向于成为我所在群体的领导吗？我曾经自愿地去教导或者训练别人吗？我对解决一些非常困难的、模糊不清的问题很好奇吗？我能够在有压力的状态下处理问题吗？如果你不能明确地回答这些问题，那么也就说明了你既不具有个人特质，又不具有个人的动机，去成为一个有效的管理者，即使你具有领导别人的能力。

2. 争取重要的工作分配

一些重要的工作任务，可能并不是与你最匹配的，但是却可以为你提供重要的发展机会。这些工作任务往往具有大量的职位权力：相关性、可见度和自主权等。那些最有效率和最成功的人，并不只是简单地等待其他人将这些职位提供给他们。他们会去主动地追求或者创造这些职位，会用自己已有的权力进行"投资"以获取相应的"收益"。那些非常善于管理自己职业的人都会战略性地思考自己的职业——知道自己现在处于什么样的位置，并且知道自己希望将来能够在什么位置上。他们有明确的职业发展目标，并周期性地对这些目标进行重新评估和重新修改。他们不断地审视自己周围的环境，以便能够提前预测组织会需要什么，并因此而努力地发展相关的知识和技能。

研究发现，成功的管理者都非常关注其职业发展的一些重要指标。他们不仅关注一些非常明确的目标，如职务提升和工资增加等，而且还关注一些非常模糊的指标，如在一定的时间范围内，是否能够不断地被给予一些更具有挑战性的重要工作。在他们做好准备之前，还会拒绝公司努力地让他们快速移动。因为，如果他们移动得太快，那么他们就不会有机会去掌握或者强化自己的经验教训。同时，管理者在战略性地思考自己的职业发展时，可能会选择侧面移动而不是垂直移动，因为他们相信这样做会帮助他们获得更为广泛的技能，并且能够在一个更好的位置上为组织服务。

扩展阅读4-3：管理者职业生涯规划的5条原则

3. 建立一个关系网络

关系网络是指以互惠原则为基础而建立起来的共同利益联盟或者交易关系，如将自己的一些资源和服务提供给别人，以此来交换自己所需要的资源和服务。科恩（A. R. Cohen）和布瑞福特（D. L. Bradford）使用"货币"来比喻这个交易过程。他们指出，就像在世界金融市场中可以交易的各种货币一样，很多东西在组织生活中也是可以进行交易的。

对自己的工作选择进行战略性思考的人，也会倾向于战略性地思考自己的关系网络。当他们投入相应的时间和精力来发展与培植自己的关系网络时，不仅有助于获得一些重要的工作分配,而且还可以帮助管理相关的风险。一般来说,那些最有效地管理自己职业的人,不是去寻找一个优秀的导师,而是去培养一个多样化的关系网络,以此来帮助自己建立一个"个人的智囊团"(包括自己的教练、支持者、保护者、工作榜样、咨询者等)。他们会将自己的时间花费在由自己的工作需要和发展需要所决定的重要关系上,而不会花费在自己最习惯的事情和最喜欢的人身上。他们会尽可能地识别并抓住一些机会,和与自己在一起工作的那些人建立起合作伙伴关系。成功的经理不是着急成为一个"好的领导",而是关心自己是否能够成为一个"好的保护者",让其他人都喜欢与自己在一起工作。为了确保自己的持续发展并取得职业成功,经理们所建立的这些网络通常是非常关键的。这些经理的领导者和支持者会逐渐给他们一些更具挑战性的工作任务,通过这些工作任务,可以进行相应的学习,培养一个更为广泛的关系网络,并且能够为组织作出自己的贡献。

4. 发展符合伦理道德规范的判断力

希尔强调,当管理者在职业上取得进展并且开始获得相应的权力时,一定要警惕,不要滥用自己的权力。他们应该清楚地认识到,权力不仅带来权利和特权,而且还带来相应的责任和义务。科特认为,对于当代组织中那些处于高层职位的有效领导者的要求,已经不再仅仅是将事情"做好"就可以了,实际的要求远比这复杂得多。它通常要求领导者能够进行正确的道德判断。首先,这意味着领导者能够对受到公司运行和决策影响的所有人有一个深入的了解。其次,这还意味着领导者必须具备相应的能力,能够评估那些受到公司运行和决策影响的人。这种判断不仅是一种经济上的狭隘认识,而且应该尽可能的全面。在职业发展的过程中,管理者必须不断地提高自己的内在能力,也不可避免地会遇到一些道德问题。如果一个人对自己的成功有很高的需要,而对对和错的标准却几乎没有自己的判断,就很容易跌入不道德行为的陷阱。

5. 经常评估自己的职业生涯

要想建立一个成功并让自己满意的职业并不容易,管理者还应该定期地检查自己目前处在什么位置以及希望达到的职业位置。希尔建议管理者至少应该一年一次地询问自己以下一些问题。

(1) 我是如何为组织的绩效作出贡献的?我的个人资历增加了什么?

(2) 如果我的个人资历以及可信度没有得到提高,这是为什么?人们知道我所做的一切吗?

(3) 我学会了什么?

(4) 我发展或者提高了自己的领导力吗?

(5) 我认识了多少新人?我加强我的关系了吗?我疏远了什么人吗?

(6) 我目前与哪些支持者建立了关系?这些人在我的个人发展中扮演什么样的角色?如果我没有任何支持者,那是为什么?我所在的环境机会没有合适的支持者吗?我选择的工作任务,让我不能看到那些潜在的支持者以及不能与他们保持联系吗?

(7) "适合"就是很好吗?如果是这样,那么是否意味着我已经掌握了这项工作任务,而且已经可以去选择另一项工作任务了?

第4章 个人职业生涯规划的设计与管理

(8)"适合"是不好的吗？我是否应该允许自己进行一项错误的工作选择或者组织选择（如这项工作与我的才干、动机以及价值观并不匹配）？如果是这样，那么对于我和组织而言，我是否最好选择离开呢？

经常进行职业生涯发展状况的评估，可以开发有效的策略或及时调整自己的目标。

4.3.3　结果：建立职业生涯中"成功的良性循环"

管理者如果按照上述策略对自己的职业生涯进行管理，就必然会进入一个成功的良性循环。如果一个人选择了一个合适的职位，那么他就可以在组织里充分施展个人的才能。一旦他开始为组织的绩效作出自己的贡献，在组织中的资历和信任度就开始不断上升，人们也将开始关注他并且很希望和他一起工作。换句话说，他的关系网也得到了相应的发展。有些人会愿意支持他，甚至愿意帮助他，而且还会愿意与他一起分担风险，以及分配一些重要的工作任务给他。通过这些工作分配，他就可以发展更多的专长和更多的关系，并且因此而能够在一个更好的职位上为组织的一些重要目标作出自己的贡献。

在一个不断强化的成功循环之中，管理者在组织中的资历和信任度将会持续地发展。当他获得了更大的权力并且建立了更为广泛的人际关系时，就会发现自己正处在建立的关系网络的核心位置——因此也就赢得了更大的权力。一旦这种关系网络开始发展，他就可以获得更为正式的权力，并且不断地巩固自己的权力。

4.3.4　管理生涯成功要领

如果你选择了管理生涯，就应当了解确保你成功的若干重要事项。管理者曾用来发展他们的事业，经实践检验为有效的一些策略建议，如图4-5所示。

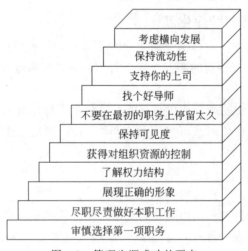

图4-5　管理生涯成功的要点

1. 审慎选择第一项职务

并不是任何第一项职务都有相似的结果。一个管理者在组织中的起点，对于今后的职业发展具有重要的影响。特别是有经验证明,假如你拥有选择,你应当挑选一个有权力的部门作为自己管理职业生涯的起点。一开始就在组织中权力影响很大的部门中就业,这样的管理者更有可能在其职业生涯中得到迅速的提升。

2. 尽职尽责做好本职工作

良好的职业绩效是管理生涯成功的一个必要但不充分的条件。有效的管理者会在短期内得到奖赏,不过其缺点最终总会暴露出来,从而影响职业生涯上的晋升。因此,职业绩效好并不是成功的担保,但缺少了这一条,管理生涯成功的可能性就会降低。

3. 展现正确的形象

假定一批管理者都是绩效良好者,那么使自己的形象与组织所寻找的目标保持一定的吻合,自然对职业成功有正相关的影响。

管理者应当对组织的文化作出评价,明确组织对管理者的要求和期望。管理者对自己在各个方面如何展现合适的形象要做到心中有数,如应当如何着装,应与谁或不与谁联络感情,应表现出一种敢冒风险还是规避风险的立场,组织喜欢哪种领导风格,对冲突是避免、忍受还是鼓励,与其他人良好相处中重要的是什么,等等。

4. 了解权力结构

组织结构所确定的职权关系,只反映组织中影响类型的一种。同样重要或更为重要的是,要熟悉并理解组织的权力结构。有效的管理者需要知道谁真正控制局面,谁对谁拥有资源,谁又对谁存在重要的依赖和负债,等等。所有这些信息,不会在组织结构图上的齐整方框中表现出来。一旦对这些有了更好的了解,就可以更熟练、自如地在其中行进。

5. 获得对组织资源的控制

对组织中稀缺而又重要的资源加以控制,这是权力的一大来源。知识和技术就是其中一类特别有效的可控制资源,会使你显得对组织更有价值,更有可能得到职业保障和晋升。

6. 保持可见度

由于管理绩效的评估具有相当的主观性,因此让上司和组织中有权力的人意识到自己的贡献是很重要的。如果你侥幸有一份能让自己的才能为他人所注意的职业,那么你可能不必要采取直接的措施增加自己的可见度。但是,如果你的职业是处理一些可见度很低的活动,或者因为只是小组行动的一分子,难以区分你的特定贡献,你就需要采取一些手段引人注意(但不要给人留下一种爱吹牛的印象)。例如,向上司及其他人汇报职业进展情况、出席社交集会、积极参加有关的职业协会、与正面评价你的人结成有力的同盟,以及采取其他一些相似的策略。

7. 不要在最初的职务上停留太久

经验表明,如果有两种选择,要么在第一份管理职务中一直干到"真正做出点成绩",要么不久就会接受一项新的职务轮换指派,你应该选择早期的轮换。很快地转换不同的职业岗位,会给人一种你在"快车"上的信号,而这又经常成为自我成就的预言。这一信息对管理者的启示,就是要尽快在第一份管理职务中寻找早期的职务轮换或者晋升机会。

8. 找个好导师

导师通常是组织中职位较高的某个人,他接纳一个被保护者作为助手。从导师那里,可以学到职业的技能,并得到鼓励和帮助。经验表明,找到组织中居权力核心的某个人作为导师,对于有志要升到高层的管理者来说,是很有意义的。

管理者从何处找到自己的导师?一些组织会提供正式的教导方案,将组织寄予高期望的年轻管理者分派给扮演导师角色的高级经理人员。但更经常的,往往是年轻管理者非正式地由自己的上司或者组织中其他与其共享某些利益的人选中,而成为一个被保护者。假如自己的导师不是上司,而是其他什么人,这时务必注意不要通过这种教导—保护关系,做出一些威胁到上司的事,或提一些不忠于上司的建议,这是一种极其不明智的做法。

9. 支持你的上司

你的眼前、未来掌握在现有上司手中,是他或她评估你的绩效。很少有年轻的管理人员会有足够的力量,在对其上司进行挑战以后,还能继续在组织中工作下去。更聪明的做法是,你应当努力帮助自己的上司取得成功,在他或她处于被动时给予支持,并找到上司用以评估自己职业绩效的主要标准。不要试图挖上司的墙脚,也不要对其他人讲你上司的坏话。假如你的上司有才干,是那种人们看得见的才干,拥有一定的权力基础,那么他或她很可能在组织中步步高升。而你因为被认为是有力的支持者,也会发现自己跟着得到提升,或者最起码地与组织中的高层人物建立起某种关系。假如你的上司职业绩效很差,而且缺乏权力基础,那么你应当求助于你的导师(如果有的话)给你安排职业轮换,因为如果上司被认为是无能之辈,你的才干是难以得到认可的,有关你的职业绩效的正面评价也不会得到认真的对待。

10. 保持流动性

一个管理者如果显示出他乐于转换到组织中的其他地理区域或职能领域,可能会更为迅速地得到提升。愿意为组织变化的人,其在职业发展进程中也可能得到更好的促进。尤其是受雇于成长缓慢、不景气或衰退之中的组织时,职业流动性对于充满进取心的管理人员来说,具有更为重要的意义。

11. 考虑横向发展

由于管理组织的重组和随层次精简而形成的组织扁平化,许多组织中职位提升的阶梯减少了。要在这一环境中求得发展,一个好的建议就是考虑横向的职位变换。20世纪六七十年代,横向变换职务的人常被认为是绩效平庸者。如今,横向变换被视为可取的职业发展考虑,因为可以给人提供更广泛的职业经历,提高其长期的职业流动性。另外,这种变换还有助于激发人的职业积极性,会让职业变得更为有趣,也

扩展阅读4-4:应对职场10种人

更富有满足感。因此,假如你在组织中不能向上层发展,那么不妨考虑内部横向的职务变换或者向其他组织流动。

4.4 职业生涯规划要熟悉职业规律

成功往往在于认识和把握规律,职业生涯规划也是如此。我们常常迷茫于自己的职业生涯前景,在一次次疲惫的颠簸之后,不知下一个驿站又在哪里;我们一次次跌倒又爬起,但没有谁能保证自己永远都那么幸运。只有明白职业规律,才能一步一个脚印,奔向属于自己的职业未来。

4.4.1 另一个视角的职业规律

1. 职业性格

下面举一个生活实例,以此来判断人的性格类型。例如,"我"受朋友邀请欲前往赴约,由于前方的交通事故,乘坐的公交车在途中塞车了,眼看约定时间就要到了,"我"会怎么做呢?以下"我"的不同表现,代表了不同人的性格类型。

1)监督人

"我"开始抱怨:警察都是干什么的?纳税人的钱都让他们糟蹋了!一个司机违章害得一路人跟着塞车!还有那辆车,这么挤,还在加塞,这不是存心添乱吗?

我们可以把这种人称作"监督人"。他们非常擅长发现问题,对问题有独到的见解。在常人看来简单的塞车行为,他们基本上把警察不作为、司机违章、车辆加塞等造成塞车的原因都罗列出来了。当然,他们的见解或许很客观,也可能很主观。

2)幕僚人

"我"思考了一下,不如下车从车缝中挤到下一条马路,走另一条路去赴约。但是,如果事故处理得快,一会儿就完事了,先下车反而得不偿失。

我们可以把这种人称作"幕僚人"。他们非常擅长提出解决问题的方案,却总是徘徊在是与否之间,迟迟拿不定主意。他们的方案太多了,以至于每个方案都值得考虑,反令自己难以抉择。

3)协调人

"我"看了一眼拥堵的车流,掏出手机,告诉朋友:"哥们,实在抱歉,我真没办法,我就怕塞车,提前1小时从家里走(其实'我'刚离家10分钟),怕啥来啥,塞上了。唉,真不好意思,你再等我一会儿,估计一会儿就好了。"挂了电话,"我"把衣服领子一竖,挨着座位靠背,睡着了。

我们可以把这种人称作"协调人"。他们非常擅长沟通,在其沟通下,总会有意想不到的效果。他们时常撒谎,并且撒得很圆滑,但总能跟亲戚朋友打成一片,把人际关系搞得非常和谐。不得不承认,他们总是那么幸运。

4)行动人

"我"一看表,还有30分钟,再看看拥堵的车流。算了,不等了,立即下了公交车,沿着车流的方向,绕过路口,打了一辆出租车,赶赴约会地。

我们可以把这种人称作"行动人"。他们的行动永远多过语言,总是风风火火,在他们身上总能看到一股用不完的热情。他们用行动解释一切,没有犹豫不决。

5）信息人

"我"打电话给交通广播电台,问他们这个路段多长时间能畅通,对方说,估计2小时。为了验证这个信息,"我"又问一个从出事方向步行过来的路人,那个路人说,来了许多警察,估计要1小时。"我"又找了其他信息,把得到的信息不断地告诉旁边的乘客。30分钟后,车流畅通了。

我们可以把这种人称作"信息人"。他们努力收集各种信息,简直就是"万事通",各种类型的知识、各种类型的情报,他们都非常善于收集与观察。

事实上,我们可能不会是其中单纯的某一种人,而是他们的组合体。例如,"我"既向朋友打了招呼(协调人),又急匆匆地赶赴约会地点(行动人),这并不影响我们的性格分类。

2. 职业方向

不同的性格,适合于不同的职业。如果我们顺应自己的性格,就很容易取得职业成就;否则,就可能丧失职业优势。那么,性格与职业的关系到底是什么?

监督人,是指那些喜欢批评、评论、分析的人。大家都怕他们,怕他们对自己说三道四,更怕掀自己的老底。这种人适合的职业一般有警察、法官、审计、律师、医生、评论员等。

幕僚人,是指那些喜欢出谋划策的人。他们的点子很多,精于算计,这些人的"群众基础"可能并不好,因为他们太精明了。这种人适合的职业一般有参谋、企划、广告人、研究员、艺术家、工程师等。

协调人,是指那些喜欢与人打交道的人。他们活跃在人群之间,人们非常喜欢与其相处,他们的人缘也极好。一些尴尬的人际关系,在他们手里,总能搞得热火朝天。这种人适合的职业一般有销售员、联络官、公关员、办公室主任、秘书等。

行动人,是指那些不喜欢太多思考,只相信行动的人。他们不愿意多废话,喜欢在第一时间以最快的速度解决问题。虽然有时解决方法笨拙了点,但总比白费口舌好得多。有时,他们也愿意搞搞借力打力。这种人适合的职业一般有办事员、管理者、军人、政治家等。

信息人,是指那些总能在第一时间掌握最充足信息的人。他们简直就是"百科全书",他们的欲望就是能知道许多别人不知道的事。其中表现优秀的,简直可以称为"小广播"。这种人适合的职业一般有情报员、调研员、侦察员、会计、统计等。

很少人只具备一种性格,大部分人都是几种性格的组合体。所以,他们的许多性格都被另一种性格压抑着,不细加观察,很难分辨得出来。例如,"小广播"由于还具有监督人特点,理性压制了"小广播",他们也不怎么散布消息,但的确很注重收集信息,这是表面上较难分辨的。

拥有的性格越多,人格就越健全,适合他的职业就越多,获得的职业成就可能也会越大。如表4-1所示,一个"信息人"仅仅只是知识、信息渊博点,如果是"信息人+幕僚人"就能依据这些信息,做出优秀的企划案;如果是"信息人+幕僚人+行动人",这个企划案就能迅速实施;如果再加上"协调人",就可以让参与方案执行的人乐此不疲;如果再加上"监督人",就没人敢偷懒了,但这是比较理想化的事。

表 4-1　职业性格与职业方向

性格	信息人	信息人 幕僚人	信息人 幕僚人 行动人	信息人 幕僚人 行动人 协调人	信息人 幕僚人 行动人 协调人 监督人
特点	无所不知	无所不知 千条妙计	无所不知 千条妙计 雷厉风行	无所不知 千条妙计 雷厉风行 圆滑中和	无所不知 千条妙计 雷厉风行 圆滑中和 雷霆万钧
职业	调研、会计、统计等	调研、会计、统计等 参谋、广告、艺术等	调研、会计、统计等 参谋、广告、艺术等 管理者、执行员、军人等	调研、会计、统计等 参谋、广告、艺术等 管理者、执行员、军人等 调解员、公关员、销售员等	调研、会计、统计等 参谋、广告、艺术等 管理者、执行员、军人等 调解员、公关员、销售员等 司法、监察等

3. 职业战略

有人说，从以上 5 种性格中找到自己的职业方向，就一定能成功吗？这可未必。在人生道路上，不可能事事都称心如意，总会有各种矛盾。例如，当我们遇到吃不上饭的问题时，首先要解决的是吃饭问题，而不是职业生涯。这里有一个关键问题，就是职业战略。某人是一个"信息人＋监督人"的性格，适合他的工作是司法、监察、情报类工作，却意外得到了一份月薪 1 万元的广告总监的肥差，他该怎么办？其实，这就涉及职业战略问题，可以采取以下办法。

1）逐步过渡

继续担当这个职位，逐渐向既定的职业方向努力。例如，发动下属想办法健全公司的法人治理结构，建立内部监察或监事会之类的机构。

2）立即休克

辞去该职务，寻找一个与职业性格相符合的低级职位，哪怕是一般职员，从低职位做起，逐步升到高位。休克，是需要勇气的，有时还可能为之付出代价。

职业战略决策并不容易，人们常常受到现实利益的诱惑，很容易丧失职业方向。很多人正值壮年就已走到职业尽头，这时才感叹自己走错了路，只能亡羊补牢。无论是在企业，还是在从政，或者是行商，各种岗位都不是固定不变的，只要把握住大方向，一切将尽在掌握中。

4. 职业道德

职业道德，就是同人们的职业活动紧密联系的符合职业特点所要求的道德准则、道德情操与道德品质的总和，既是对本职人员在职业活动中行为的要求，同时又是职业对社会所负的道德责任与义务。其是从业人员在一定的职业活动中应遵循的、具有自身职业特征的道德要求和行为规范，主要包括爱岗敬业、诚实守信、办事公道、服务群众、奉献社会等内容。

职业道德的含义包括以下 8 个方面。

(1) 职业道德是一种职业规范,受到社会普遍认可。

(2) 职业道德是长期以来自然形成的。

(3) 职业道德没有确定形式,通常体现为观念、习惯、信念等。

(4) 职业道德依靠文化、内心信念和习惯,通过员工的自律实现。

(5) 职业道德大多没有实质性的约束力和强制力。

(6) 职业道德的主要内容是对员工义务的要求。

(7) 职业道德标准多元化,不同企业可能具有不同的价值观。

(8) 职业道德承载着企业文化和凝聚力。

5. 职业配合

如果一个人同时具备了上述 5 种性格,他应该是很完美的人,但这种人少之又少,绝大部分人都会有一些性格缺欠。既然一个人的性格会有缺欠,那不如建立一个团队来弥补各自的不足。

1) 设计和谐的团队

我们发现监督人总是与幕僚人矛盾重重,当信息人融入他们中间时,3 个人的配合就会非常默契。一个团队要想和谐,要求领导者必须明白各种性格人相处的规律,再根据这个规律,去安排人事组织。

相同的道理,有些老板为了制衡一些下属,不希望团队和谐,而是希望团队在和谐中保持摩擦不断,从而形成了一种动态的平衡。尽管这有些不那么光明磊落,但姑且也算是内部控制的一种。

2) 寻求性格健全的团队

一个团队就像一个人一样,也有性格。我们常说企业文化,可以认为企业文化就是一种性格。当领导者的性格不够健全时,要转而寻求团队的性格健全。

例如,如果领导者缺少幕僚人的足智多谋,他的团队活动就显得非常笨拙,甚至步履蹒跚。那么,领导者应该考虑增加幕僚人,来健全团队性格。一个具有健全性格的团队,也会远离失败。企业招聘也是如此,当发现整个团队中缺少协调人时,就要多招聘协调人。

3) 找到左膀右臂

我们说做领导者的最好是"行动人",因为他的行动力最好。但现实中,不仅是行动人,任何一种性格的人都有可能登上领导的宝座。无论是谁当领导,都必须找到自己的左膀右臂。

与此同时,领导者常犯自我主义的毛病,总感觉自己是最完美的,其实只是孤芳自赏罢了。领导者可能在某方面有特长,但必须明白自己的弱点在哪里,并设法弥补。弥补的方法,就是增加自己缺少的那种性格,找到左膀右臂,从而形成正确的决策观点。

4.4.2 职业生涯规划需要理性的冒险

心理学家马斯洛在"需要层次论"基础上,又提出"高峰体验论"。一个人的高峰体验应该离不开奋斗的挑战与冒险过程。

例如,当你去爬泰山,经过了漫长艰难的山路,终于到达了山顶。此时,清晨的一轮红日喷薄而出,映入眼帘。这一刻,你一定会全身心地沉浸在高峰体验中,也会暂时忘却走的路、流的汗、吃的苦。那么,在工作中我们同样也需要高峰体验。例如,你是一名记者,肯定不会满足于简单的采访、写稿,你会争取进步,成为知名记者和媒体圈里有影响力的人物。如果有一天,你真的实现了这个目标,如获得了新闻界至高荣誉的普利策奖,那一刻你的高峰体验是被人认可和欣赏的快乐。然而,一个人要获得职业生涯高峰体验需要巨大的付出,包括可能遇到的挑战和失败。

国外有一种说法,认为职业规划的过程就是生涯冒险(career adventure)的过程。从某种角度来看,的确如此。每个人的职业生涯都是一次冒险的历程,其中会有理想的召唤和奋斗的喜悦,这会给你带来精神的刺激。但同时,这种刺激也可能让你跌入深渊,甚至丧命。所以,这就要求我们在做生涯规划时必须具有想象力和冒险精神,要多做一份承担痛苦和折磨的准备。天底下任何一份职业,回归到本质上看,都避免不了将是一定的简单重复过程。因此,职业生涯发展并不像我们最初憧憬的那样,充满乐趣与新奇。当然,如果能把自己的价值观、兴趣、性格、素质、能力与职业发展进行有效的匹配,那么相应的痛苦就会呈现得少一些。正是在这个意义上,我们需要学会用一种理性的态度来看待分析自己的职业生涯和职场的关系,从而更加理性地去思考和安排自己的职业生涯之路。

有理由相信,带有冒险精神的理性思考,能更好地帮助当代年轻人规避奔向理想道路上的潜在风险,获得更多的高峰体验。

4.5 职场中如何建立个人品牌

在信息发达的今天,在自己的职业生涯历程中建立良好的个人信誉和品牌,对个人以后的职业生涯道路是非常重要的。

1. 个人品牌的准确定位

个人品牌可以定义为区别于别人的独特的品质,并被社会认可和接受的品牌。它包括个人技能专长、思想、观念、世界观、价值观、行为准则等一系列内容。个人品牌需要精心打造并向社会传播,更需要时间沉淀。优秀的个人品牌随着时间的推移会不断地增值,不良的个人品牌随着时间的推移会逐步被社会淘汰。建立个人品牌的第一件事就是找出自己与他人不同的特质。

影响个人品牌的因素有5个能级模型:体能、技能、智能、势能及整合能。体能,指一个人的体力状态。技能,指一个人拥有一技之长和在某个领域的专业知识。智能,指一个人的经营管理才能和创新能力。势能,指一个人在社会层面上所处的位置、人际关系等。整合能,指一个人整合各种社会资源的能力,是一个人各种综合能力的集中体现。

个人品牌的价值,就是自身能力的价值。我们可以从以下不同方面测评一下自己的品牌价值:你的知名度如何?你以哪几件事闻名一时?你有几项技能比别人强?你在过去的一年中学到了什么?你的履历表与别人有何不同?别人认为你最大的长处是什么?最值得人注意的个人特质是什么?你每一次都能完成既定的工作吗?你总是预先一步解决问题吗?好好想一想:你将如何与众不同?

市场讲究产品细分,个人品牌同样如此。一提起篮球就想到姚明、易建联等,一提起导演就想到张艺谋、陈凯歌等,这就是个人品牌的魅力。

2. 建立个性的视觉形象

建立个人品牌的首要条件就是让人们清楚地记得你。在这个极度商业化的社会,人们每天直接和间接接触到的各类信息数不胜数,让人们记得你的重要方法之一就是建立自己独特的个性视觉形象。每提到姚明、比尔·盖茨等人,相信很多人在脑海中就会有一定的刻板印象,因为那是长期对你的视觉冲击产生的个人品牌印象。

无论你从事的是哪个行业,都要记住,一定要在业界经常保持你的声音,要抓住一切有可能的机会,在行业的论坛、会议、媒体上发表你的观点和构想。树立你鲜明的观点、旗帜,并且不遗余力地捍卫它,寻找影响面宽、扩散快的媒体和场合发布,这样你就能获得知名度。另外,适度的包装和策划也是必不可少的,但一定要围绕某专业领域的形象来设计个性视觉形象。例如,如果经济学家吴敬琏以拿篮球穿运动衣的形象去传播自己的观点,想想都很有意思。

3. 专精于目前的工作并获得成绩

个人品牌是由一个接一个的工作来表现的。你应该将90%的时间用在拼命完成工作上,你的工作日程表就是你的个人品牌建立的蓝图。争取在自己的行业内成为专家高手,并且要有令人叫绝的思想。当然,重要的是取得举世瞩目的成就,一般媒体乐于报道和传播成功的人士。例如,姚明—篮球;王石—房地产;马云—电子商务,等等。提到某人,必然联想到某个行业,这就是个人品牌的影响力。如果姚明、王石、马云等人没有在自己的行业内取得卓越成绩,也就很容易被淡忘。

4. 扮演自己的公关经理,整合传播个人品牌

建立个人品牌,目的是提升知名度,需要利用每个机会,向别人推销自己。要有很好的口语表达技巧,虽然不需要做演讲家,但一定能够清楚、从容地表达自己,要充满热情地说服别人。建立个人品牌的重要技巧就是设法用心经营自己的人际网络,扩大自己的社交圈子,坚持每天都结识不同的人,增加能见度。广结善缘很重要,大家知道你想要什么、能力如何,有合适的机会自然就会想到你。

信息时代中信息传播的速度和覆盖面是决定你是否能够得到超速发展的重要因素之一。个人视觉形象、观点论调、事件扩散,都需要通过各种媒体渠道去传播,使更多的人记得你、认知你、关注你。和媒体保持密切和友好的关系,有助于加速传播你的个人品牌,特别是互联网媒体。因此,你需要利用每个机会,向别人讲述自己的故事。例如,在博客(Blog)上写自己的独特观点和视角,需要掌握专业知识并巧妙运用一些基本的语言技巧,要琢磨如何简单明了地向别人传播你的品牌。同时,你需要分析目标客户经常出入的场合、接触的媒体等,对"个人品牌"进行整合传播,让目标客户主动找你,你的品牌价值就会增加。

5. 个人品质是品牌的保障

建立个人品牌需要有足够承载品牌传播的平台,也就是你的个人素质。社会只相信有能力的人,并为他们预留发展的空间,机会总是垂青有充分准备的人,个人素质就像企

业之产品,最基本特征是质量保障,只有产品质量过硬,才能声名鹊起。引申到个人品牌上,最重要的就是品质保障。这体现在两方面,一方面是个人业务技能上的高质量;另一方面是人品质量,也就是既要有才更要有德。一个人仅仅工作能力强,而道德水平不高是不会建立个人品牌的。此外,品牌最重要的就是讲信誉。要成功建立个人品牌,你必须绝对诚信。

6. 管理好个人品牌

个人品牌一旦建立,并不能因此安枕无忧,有必要通过特定的手段对个人品牌(不同对象对于个人的认知)进行有效的管理,可以根据自身的特色,精心地设计对外的所有信息:性格、爱好、经历、特长、业绩等。

美国前总统克林顿是否拥有个人品牌?答案是肯定的。这一至关重要的个人品牌当然需要有效的管理。实际上,他的一言一行、一举一动、着装方式、演讲内容都要经过其专业班子的精密策划和执行后,方能走向前台。企业家和明星参与社会活动的形象和言语都是需要进行策划的,向不同受众传达不同风格和理念,从而维护其个人品牌形象。

在树立个人品牌的过程中,可以通过亲身调查或者委派管理机构出面,与行业人士和媒体、消费者随时互动,以了解当前他们对于个人的认知情况:是怎么看待本人?是喜欢还是排斥?是信任还是怀疑?是了解还是误解?内外部的认知永远不可能完全统一于个人品牌的识别,但是通过不懈的努力,两者之间可以达到较高程度的一致。

7. 维护个人品牌的技巧

个人品牌一定是在互动的过程中得到升华,所以想了解在个人品牌市场中运作得怎么样,一定要首先和目标客户沟通,了解他们的想法。例如,想获得更好的职业发展和收入待遇,就要在猎头那里和行业内形成良好的口碑,提升个人形象,争取更好的职业前景。其次,需要在行业内或者圈内经常露脸,成为各种社交场所的熟面孔,让更多的人为你的品牌传播。再次,推出自己的品牌宣言,如独特的价值主张、生活方式和个性,个人品牌宣言对个人定位的简洁陈述,也是你个人理念的有效传播形式之一。最后,建立个人品牌一定要注意自己的言行,言行得体,才会形成良好的品牌。网络发达的年代,个人品质上的任何闪失都会造成终身污点,对建立个人品牌非常不利,数不胜数的引咎辞职的先例,是对个人品牌的最大伤害。

8. 强大的个人品牌收益

强大的个人品牌会带来巨大的收益。个人形象的进一步提升,会带来更多认可和快速增长的收入。你的博学和智慧能给别人带来收益,同时也给自己带来价值提升。更多的客户和生意量,会让你的专业品质广为传播,生意源源不断。知名度和美誉度的提升,可占领目标受众的心智资源,增加感知价值,品牌身价也会提高。例如,张艺谋是电影界的知名品牌等。

总之,信息化时代也是自我营销的时代,个人品牌层出不穷。树立个人品牌仅靠埋头苦干还不行,一定要走出去,让更多人熟知你,了解你的品质,但也不能因此成为随意跳槽和加薪的理由,重要的是展现自己的价值,得到客户的认可,其实老板也是你的客户。树立个人品牌无疑是职场获胜的关键,如果你能建立一个可持续经营的个人品牌,运用好这个无形资产,你的收益将不同凡响。

复习思考题

1. 职业成功、财富增长、心理健康、快乐生活视角下的生涯规划与管理包括哪些内涵？如何认识和理解职业本身不是目的？
2. 在职业生涯目标设定过程中主要存在哪些问题？你认为怎样才能有效地解决这些问题？
3. 在不同的职业生涯发展阶段,个人面临哪些不同的任务？如何才能有效地完成这些任务？
4. 怎样才能在自己的职业生涯发展过程中建立起一种"良性循环"的发展路径？
5. 试着用职业生涯规划设计的战略模型对自己的职业目标进行选择。

是去是留如何抉择

即 测 即 练

第 5 章

组织职业生涯管理：留住人才

5.1 组织职业生涯管理的意义

5.1.1 组织职业生涯管理的产生背景与内涵

企业组织的基本资源是人力、物力和财力三大类。随着科学技术的发展，企业组织资源先后出现过五分说和六分说，即加上技术、信息和时间。根据资源的根本性质，企业组织资源可以分为人与物两类。"物"的因素虽然是衡量企业实力的重要尺度，但毕竟是有限资源。真正可持续的核心竞争力只能来源于高品质、善于学习与创新、得到充分开发的人力资源，因为人力资源是一种可以不断开发并增值的增量资源。通过人力资源的开发，不断更新员工的知识技能，提高创造力，可以使"物"的资源尽其所用。

组织的职业生涯管理在 20 世纪 70 年代开始流行于欧美等国。一些企业开始有意识地帮助员工建立起在本企业内部的发展目标，设计在企业内部的发展通道，并为员工提供实现目标过程中所需要的培训、轮岗和晋升。实际上，组织的职业生涯管理是在实践的基础上，对某些管理措施进行总结和制度化并加以适当的创新之后形成的。在过去的管理实践中，有些管理人员意识到不同的员工应有不同的职业选择、不同的发展目标、不同的发展道路，因此会提醒员工根据自己的情况和企业组织的需要正确地进行职业选择、人生目标的确立和发展道路的确定。随着时代的发展，人们意识到这种管理方式的必要性，对其加以系统化才逐步形成职业生涯的组织管理模式。

组织职业生涯管理，是一种专门化的管理，即从组织角度对员工从事的职业和职业发展过程所进行的一系列计划、组织、领导和控制活动，以实现组织目标和个人发展的有效结合。在员工制订和实施其个人职业生涯发展规划的过程中，需要组织的参与和帮助。员工个人的职业发展是不可能脱离组织而存在的，因此组织在员工个人的职业发展中起着重要的作用。

5.1.2 组织职业生涯管理的功能

组织职业生涯管理旨在将组织目标与个人目标联系起来，组织对员工实施职业生涯管理本身应该是一个双赢的过程。职业生涯管理中，个体管理与组织管理的主体利益是一元化的，任何一个组织都要依靠员工的努力工作创造新的价值，而员工则依靠组织提供的工作和就业机会，二者是相互依存、彼此需要的。在这里，员工不是个人英雄主义者，不是脱离社会环境需求的个体的人，只有进入一定人群关系的组织，个人方能从事某项工作，使个人的职业才能得以发挥。组织也不再把员工看作角色单一的"工作人"，只是谋取用于满足生存的经济利益，而是从多种角度看待员工，理解员工的"角色丛"。员工不仅是组织的成员，还扮演着各种家庭角色和其他社会角色。开展工作除了获取经济报酬外，还具有参与社会交往、增强自我才干、体现社会地位的附加功能。组织的职业管理不仅是给员工晋升和加薪，还包括组织形象提供的工作声望、工作职业带来的才能成长。因此，组织职业生涯管理工作与员工个人职业生涯规划利益是趋同的，组织做好职业生涯的管理是既有益于组织又有利于个人的双赢之路。

组织职业生涯管理既强调个体对组织目标的识别和忠诚，又重视组织对个人职业计划的重视和引导。借助上下级讨论、组织信息发布、绩效评价制度等具体措施，将个人的职业计划与组织环境相匹配，讨论员工的特长、缺点、不足以及发展方向。无论是从短期还是长期来看，只要一个人加入某一组织，就把个人的利益与该组织的利益联系在一起，双方在互动中满足各自的需要。例如，组织得到员工高水平的工作绩效，获得最大的经济效益，实现组织目标；员工得到薪金福利和他人的尊重，取得工作与休闲、工作与家庭之间的平衡。

组织职业生涯管理在西方国家企业的人力资源管理活动中已经逐步成为非常有效的人性化技术手段和战略思想，非常突出地体现了企业"以人为本"的企业哲学和价值导向。我国加入世界贸易组织（WTO）后，人才的吸收、培养和发展的竞争越来越激烈，越来越多的企业更加明确地树立了现代人本主义理念，即企业不仅要为客户生产高质量的产品，更重要的是需要为企业和社会培育高质量的人才，帮助人才实现职业抱负和职业价值，在员工和企业之间建立起真正的合作关系，保持一支敬业、才华横溢、工作效率高、不断进取和创新的员工队伍，以此为基础实现企业和员工个人的共同可持续发展。

1. 组织职业生涯管理的作用

组织职业生涯管理的作用主要可以从组织和个人两个角度来考虑。

1）组织职业生涯管理对组织的作用

（1）使员工与组织同步发展，以适应组织发展和变革的需要。任何成功的企业，其成功的根本原因都是拥有高质量的人才。而这些人才除了依靠外部招聘，更主要的是要靠组织内部培养。实施职业生涯管理可以有效地实现员工和组织的共同发展，不断更新员工的知识、技能，提高人的创造力。因此，有效的组织职业生涯管理是确保企业在激烈的竞争中立于不败之地的关键所在。

（2）优化组织人力资源配置结构，提高组织人力资源配置效率。经过组织职业生涯管理，一旦组织中出现了空缺，可以很容易在组织内部寻求到替代者，既减少了填补职位空缺的时间，又为员工提供了更加适合他们发展的舞台，解决了"人事合理配置"这一传统人力资源管理问题。

（3）提高员工满意度，降低员工流失率。组织职业生涯管理的目的就是帮助员工提高在各个需要层次的满足程度，尤其是马斯洛的需要层次论中提到的归属、尊重和自我实现等高层次的需要。它通过各种测评技术真正了解员工在个人发展上想要什么和应该得到什么，协调并制订规划，帮助其实现职业生涯目标。这样可以有效地提高员工对组织的认同度和归属感，降低员工流失率，进而形成企业发展的强大推动力，更高效地实现企业组织目标。

2）组织职业生涯管理对个人的作用

（1）让员工更好地认识自己，为发挥潜力奠定基础。每个人都有自己的目标，以此来指导自己的行为,但是人们尤其是年轻人在规划自己的发展目标时,往往会过高估计自己。另外,由于从众心理的影响,人们经常会不顾自身的特点及环境提供的条件,盲目追随社会热门的职业。事实上,个人目标应该是建立在对自己的客观评价和认识的基础之上的。有很多人在目标实现过程中并非不努力,而是由于缺乏对自身和环境的正确认知,导致对工作的期望值过高。通过职业生涯管理,组织可以帮助员工了解自己的特点及所在组织的目标、要求,为自己制订切实可行的发展目标,并不断从工作中获得成就感。

（2）提高员工的专业技能和综合能力,增强自身竞争力。组织适当地对员工进行职业生涯指导,提高他们进行职业生涯自我管理的能力,可以增强其对工作环境的把握能力和对工作困难的控制能力,帮助他们养成对环境和工作目标进行分析的习惯,同时又可以使员工合理计划、分配时间和精力,提高其外部竞争力。

（3）能满足个人的归属需要、尊重需要和自我实现的需要。随着时代的发展,工作对于个人的意义可能远远超过一份养家糊口的差事,已成为人们生活的一部分。人们越来越热衷于追求高质量的工作生活。组织职业生涯管理可以通过对职业目标的多次提炼,使工作目的超越财富和地位之上,让人们享受到追求更高层次自我价值实现所带来的成功。

（4）有利于员工处理好职业生活和其他生活的关系。良好的组织职业生涯管理可以帮助个人从更高的角度看待工作中的各种问题,将各自分离的事件结合起来,服务于职业目标,使职业生活更加充实和富有成效。员工也可以实现职业生活同个人追求、家庭目标等其他生活目标的平衡,避免顾此失彼、两面为难的困境。

2. 组织职业生涯管理可以采取的策略

组织职业生涯管理可以采取的策略有如下几个方面。

（1）组织职业生涯管理在早期阶段的主要任务是帮助新员工准确认识自己,制订初步的职业生涯发展规划。例如,草原兴发集团在公司创业十周年时,推出面向全体员工的职业生涯规划项目。它通过研究,把员工的职业生涯发展分为 4 个时期,即起步期、成长期、成熟期和衰老期。集团规定,起步期的年轻人通过一段时间的感受、摸索后,对现有工作环境不满意,或觉得现有岗位不能发挥个人才能,可以向集团人事部提出相关要求。人事部负责在 1 个月内给予满意答复。

（2）为新入职的员工提供职业咨询和帮助。新员工如果能得到老员工的建议和帮助,将会更快地融入组织。有些组织专门为新员工配备了工作导师,这些人或是组织中资历经验比较丰富的老员工,或是新员工的直接上司。目前很多管理理念先进的企业都在实施"顾问计划",其实质就是为员工安排一个工作中的导师。

顾问,是指一个能向个体提供指导、训练、忠告和友谊的人。在成功的职业生涯中,顾问处在一个很重要的位置,能在工作与心理两方面为个体提供帮助。顾问所提供的工作上的帮助包括教导、引荐、训练和保护。教导是指有效地帮助个体取得工作经验；引荐是指为其提供与组织中关键人物建立友谊计划的机会,从而取得职业上的进步；训练是对其工作进行指导；而保护则是指帮助个体避免卷入那些能毁坏个体的事件中。工作上的帮助对个体今后的成功与发展尤为重要。研究表明,个体在工作上得到帮助的数量与 4 年后能否取得成功是息息相关的。

顾问也能在心理上为个体提供帮助。角色榜样的作用会在顾问表现出让个体效仿的行为时产生,有利于个体的社会学习。当个体认为他被顾问接纳的时候,就会产生一种自豪感;同样,年轻同事的积极评价与欣赏也能使顾问感到高兴,接受顾问的指导也使个体得到了在私人方面问题的帮助。产生友谊是顾问的另一个心理功效,这会对双方产生积极的影响。

(3)帮助员工寻找早期职业困境产生的原因及解决办法。刚刚入职的新员工之所以选择某个职位,往往是建立在这样一种期望的基础上,即组织会对他们有什么样的需要。如果他们满足了这些需要,那么他们就能够从组织中获得什么。新员工尤其是那些受过大学教育的人,他们所期望获得的工作方式是既能够充分利用自己在大学所受过的训练,同时又能够得到组织的认可,并获得发展的机会。然而在很多情况下,这些新入职的员工很快就对他们最初的职业选择感到失望。他们面临着严重的"现实的震荡",陷入早期职业困境。组织职业生涯管理可以有效地帮助员工寻找到产生困境的原因,并提出解决方法。

3. 新员工陷入早期职业困境的主要原因

导致新员工在早期职业阶段产生失望的具体原因是因人而异的,但还是能够找到一些一般性的原因。以年轻管理人员的早期职业问题为主题所进行的研究发现,使新员工陷入早期职业困境的主要原因有以下方面。

1)最初的工作缺乏挑战性

年轻的管理人员所承担的第一份工作对他们能力的要求远远低于他们的实际能力水平。这种状况导致他们认为自己不能够充分展示自己的能力,被"大材小用"了,由此对工作产生厌倦。有一些年轻的管理人员即使是被安排去从事一些相当平常的工作,也有能力使自己的工作变得有挑战性。他们会尝试运用不同的方法来更好地完成这些日常性的工作,还有可能会说服自己的上司给自己留出更多的空间,以及交给自己更多的事情去做。然而,大多数新员工都没有能力去创造这种挑战,以往在学校时通常是由老师提供挑战。他们的挑战是别人为他们创造的,而不是由他们自己创造出来的。

2)过高的期望和最初日常事务性工作安排碰撞所导致的不满情绪

一些接受过大学教育的从事管理工作的新员工往往认为,自己接受过最新的管理理论和管理技术的熏陶,至少已具备管理一个公司的基本能力。但事实上他们所要做的却是一些没有挑战性的事务性工作。当他们发现自我评价并不被组织中的其他人所认同时,失望和不满就是一种必然的结果。总之,较低的工作满意度,尤其是在成长以及一般意义上的自我实现需要方面的较低满意度,是陷入早期职业困境一种较为普遍的现象。

3)不恰当的工作绩效评价

绩效反馈是一项很重要的管理职责。但是,很多管理人员在如何承担这一职责方面所接受的培训却显得不足,他们甚至不知道如何对下属的工作绩效进行评价。这种管理上的不到位,对新入职的管理人员伤害最大。新员工到组织中来的时间很短,还没有完成组织的社会化过程,没有被组织和他人所认同。他们自己也不确定,组织到底希望他们相信什么、信奉什么样的价值观,或者期望他们有什么样的行为表现。因此,新员工很自然地会指望自己的上司来指导他们度过最初的这一阶段。如果他们的上司并不能准确地评价他们的工作绩效,不能对他们的工作绩效有恰当的反馈,那么他们就不清楚自己到底是否达到了组织的期望,他们也因此总是感觉找不到合适的位置。

4. 新员工走出早期职业困境的方法

针对上述三种情况,专家学者们提出了以下几种方法,帮助新员工走出早期职业困境。

1) 运用实际工作预览

消除新员工不现实期望的一种方法是,在招募的过程中尽量提供所聘职位和组织的完整、准确的信息,即一位被招募的人应当知道自己可能从工作和组织中获得的好的东西,同时也要了解可能会得到的不好的东西,这种方法被称为实际工作预览。求职者获得全面的信息后,他们可以作出自己的选择。一旦作出加盟组织的选择,他们就会按照实际工作的要求调整自己的职业期望。研究显示,接受实际工作预览的人的实际雇佣率和那些没有经历这一过程的人的雇佣率是相同的。更为重要的是,那些接受过实际工作预览的员工比那些没有经历过这一过程而被雇用的员工,更有可能留在工作岗位上,并且满意度也较高。

2) 尽可能地安排一份挑战性的工作

组织应当鼓励新员工的上级管理人员在可能的工作范围内,尽可能地给他们安排工作技能水平要求较高的工作。然而要成功地实施这一政策,却需要上级管理人员冒一定的风险,因为管理人员要对其下属员工的工作绩效负责。如果所安排的工作任务的难度远远超过了下属的能力范围,那么上级管理者和下属员工都要分担失败的成本。研究表明,那些经历过最初工作挑战的员工在今后的工作中会表现得更加有效率。

3) 丰富最初的工作任务

工作丰富化是为了激励那些对成长和成就感有较高需要的员工而采取的一些既定措施。如果对新员工安排的第一份工作在本质上不具有挑战性,那么他们的上级可以让这项工作任务更为丰富。通常做法包括给新员工以更多的权力和责任,允许他们直接与客户进行沟通,允许新员工去实践自己的想法(而不仅仅是向自己的老板推荐自己的想法)。

4) 安排要求严格的上司指导新员工

在新员工就职的最初阶段,把他们安排给那些对下属要求较为严格的上司,这对新员工的职业发展是极为有利的。这样的上级会向新员工灌输这样一种思想,即组织期望他们能够达到良好的工作绩效,并且这种绩效会得到组织的回报。此外,同样重要的是,这些上级会随时做好通过指导和咨询对他们给予帮助的准备。

富有挑战性的、丰富的早期工作经验所带来的收益还不仅仅局限于一个人职业生涯的早期阶段。那些能够成功地迎接这些早期职业挑战的人,毫无疑问也能够在他们的职业中期阶段乃至其后阶段更好地为组织作出贡献。此外,为成功地管理职业而设定这样一个时期,也有助于避免许多职业停滞和不满问题的出现。

5) 开展以职业发展为导向的工作绩效评价,提供阶段性工作轮换和畅通职业通道

主管人员需要弄清楚自己正在依据何种未来工作性质对下属的工作绩效进行评价,同时通过尝试不同领域的工作,下属获得了一个评价自己的资质和偏好的良好机会,有利于明确自己的职业锚类型。工作轮换的一种扩展情形被称为"职业生涯通道",它是指认

真地针对每一位员工制订他们的后续工作安排计划,以促进员工的职业生涯发展。

5.1.3 知识经济时代组织职业生涯管理的对策

在知识经济时代,组织环境的急剧变化对企业的职业生涯管理活动提出了全新挑战,国外很多企业为了吸引人才、激励人才和留住人才,对以往的职业生涯开发活动进行了较大的改进。黄后川、兰邦华在《国外员工职业生涯开发实践的新发展》一文中对此做了较为详细的介绍,这些措施具体表现如下。

1. 工作重新设计

在传统的工业社会生产方式下,工作的设计提倡劳动分工的细化,许多员工在生产流水线上年复一年地从事简单的重复劳动,这种工作方式不但容易使人厌烦、降低生产效率,而且还是对员工个人发展的一种忽视甚至摧残。新型的职业生涯管理要求组织对工作进行重新设计,让员工的能力得到更快的发展,员工的人性得到更多的尊重。工作重新设计的具体做法有:工作轮换制,工作内容扩大化、多样化和丰富化等。

工作轮换可以消除员工长时间固定一个岗位或工种所产生的厌烦情绪。当然,这种工作轮换也不能过于频繁,不能在员工对其工作产生浓厚兴趣时进行轮换。只有员工主动申请,或经考察不能胜任工作或已对其工作不胜其烦时,才能进行工作轮换。

如果员工对一项工作已经驾轻就熟,希望有更多的机会展示其才能或愿意承担更多的挑战时,企业组织应该及时扩大员工的工作内容,使员工不只干一道工序而可以干多道工序。工作扩大化必然会提高员工的工作热情和兴趣,员工也能从更多的新的工作中获得满足感。工作丰富化不仅指增加员工的工作内容,还包括扩大员工的责任范围,让员工参与他们所从事工作的目标制订、规划、组织和控制。

工作轮换或者工作扩大化、多样化、丰富化是从扩展人的知识和技能、挖掘人的潜能、激励员工承担更大的责任,提供更多的进步和发展机会出发而设计的措施。这里也包含让企业员工自行规划自己的工作、自行控制生产的产量和质量的自我管理的含义。

无论是工作轮换、工作扩大化或多样化或丰富化,企业组织都必须从改善工作环境出发,着眼于组织的人员配置和工作团队的建设来进行。教育培训是取得预期成效的关键性环节,集体意识和团队精神的培育与文化技能的培训也同等重要。

2. 弹性工作时间安排

弹性工作时间安排是一种以核心工作时间(如早晨6点到下午2点)为中心而设计的弹性工作时间计划。之所以被称为弹性工作时间计划,是因为在完成规定的工作任务或固定的工作时间的前提下,员工可以选择每天开始工作的时间以及结束工作的时间。例如,员工可以选择从早晨7点到下午3点工作,也可以选择从上午11点到晚上7点工作。在美国,除了本来就是确定工作时间的专业人员、管理人员和自雇用人员以外,有15%以上的员工是按照弹性工作时间计划来自行安排工作的。

弹性工作时间计划在实践中还产生了许多具体多样化的形式,如工作分担计划、临时工作分担计划、弹性工作地点计划、弹性年工作制计划等。

工作分担计划指允许由两人或更多的人来分担一项完整的全日制工作。例如,两个人可以分担一项每周40小时的工作,其中一个人上午工作,另一个人则在下午工作。临时工作分担计划则是一种常在经济困难时期使用的工作安排方式。在这种情况下,企业用临时削减某一员工群体的工作时间(将这些工作时间分给面临失业的员工)的办法来对付临时解雇的风险。如今,弹性工作制被越来越普遍地运用,有的企业允许甚至鼓励员工在家里或在离家很近的附属办公室中完成自己的工作。办公自动化技术的发展为弹性工作计划提供了技术上的支持。还有一些企业,尤其是欧洲的企业,正在向弹性年工作制计划转变。在这种计划下,员工可以选择自己在下一年度每个月愿意工作的时间。例如,一位希望每个月工作110小时的员工,可以选择在1月份(工作高峰期)工作150小时,而在2月份(旅游季节)只工作70小时。

3. 针对双职业家庭的职业生涯开发

以往的职业计划一般是在某个时段针对某位员工的,但是现在越来越多的员工及其配偶也从事工作,他们的职业及雇用前景也必须在职业决策时考虑到。一些学者开始把双职业家庭与双收入家庭分开。双职业家庭夫妇都把工作视为自我认同的需要和职业道路的一部分而投入很多精力。这条职业道路包括逐渐增加的责任、权力和报酬。至于双收入夫妇,他们中的一方或双方认为工作是与报酬相联系的,如用于支付账单的收入。对双收入家庭而言,配偶中只有一方需要进行明确的职业定位,制订职业规划相对容易些;对双职业家庭来讲,配偶中的每一方都强烈要求建立连续且富有挑战性的职业,双方的需要在职业计划中必须进行平衡。

由于考虑到配偶工作前景的需要,许多员工不太愿意接受雇主调动工作的安排。在这种情况下,组织调度人力资源的方式必须变化。现在越来越多的组织在进行必要的地区间人事调动时,更加注意员工配偶的职业需要,也更乐意同时雇用职业夫妇两人。例如,在美国杜邦公司的10万名员工中就有3 500名双职业生涯夫妇,在中国这样的情况更是非常普遍。所以,应该尽可能让配偶双方在同一地区工作,关心员工配偶的职业问题已成为企业挽留有价值专业人才的好办法。

双职业家庭的需要与传统的丈夫上班、妻子做家务的家庭有很大的区别。这些家庭通常欢迎"家庭援助"的组织政策,包括照顾小孩、弹性工作时间、工作共享、部分的时间选择权等形式的帮助。根据双职业家庭的职业计划,当家庭责任达到顶峰时,夫妻双方中的一方或双方会停止工作或进入较慢的、工作压力较小的职业轨道。

4. 变换的职业发展模式

自20世纪80年代中期以来,美国出现了一股企业重组、组织再造的强烈趋势。企业通过缩小长期全职员工的规模来降低劳动力成本,既涉及蓝领工人,也涉及中层管理人员。企业减少管理层次,使组织更为扁平化、反应更迅速、更贴近顾客。为了适应变动中的劳动力需要,重组后的企业会雇用短期的工人或把工作转包给更小的机构与兼职顾问。此外,企业还大量增加兼职工人的雇用。兼职工人成本较低,有更高的边际利润,而且在劳动力市场发生变化时可以更灵活地安排人事。

单个员工的职业发展模式也正在发生变化。进行机构改革的中国政府和国有企业,这几年一直在压缩规模、减员增效,组织成员获得提拔的管理职位机会正在不断减少,同时新增潜在竞争者的人数却还在不断增加。在美国,不少企业重组后也曾经被这个问题所困扰。当时一部分自认为怀才不遇的员工离开大企业去独立创业或作为顾问自由工作,另一些人则采用一种新的职业模式,更频繁地在组织的不同部门间流动。组织正试图通过开发传统职业道路的替代物来维持组织的动力和创造力;还采用专业等级升迁制的做法,鼓励员工在某一专门技术领域内增长专业知识,而不必转到管理部门。组织的报酬与工作结构正在发生变化以适应新的职业活动形式。扩宽等级面是普遍采用的做法,它把许多以前严格的工作称号、等级、报酬级别加以联合、拓宽,通过降低工作资历的重要性、奖励成绩优异者、加强同级间的工作变动等办法来鼓励员工。螺旋形或交叉形的组织职业化道路会使员工待在一个地区的可能性变大。随着双职业夫妇数量的增加,员工倾向于在同一个社区住更长一段时间,或在同一机构不同类型工作间转移,或在不同的当地雇主处做同一项工作,新的职业流动模式满足了他们的这种稳定性的需要。

5. 多元经历发展

多元经历发展,是指员工不仅有企业需要的专业工作经验,还具有与该工作相关的其他工作经验。例如,一个人力资源经理除了有很丰富的专业管理经验外,还可以有财务管理经验,能进行人力资本的分析和控制;还可以有法律知识,能代表公司出庭和应诉。

一个企业或组织如果有意要发展某些员工的多元经历,最重要的是制订相应的计划和找到相应的发展环境。摩托罗拉公司人力资源发展部门的经理可以在公司任何角落发展员工的多元经历、多元文化、多元技术以及多元经济,员工在这种环境下得到的发展远远超过在其他公司的发展。因此,摩托罗拉公司在保留员工的同时,也从员工素质不断提高中获得了可观的经济效益。

多元经历发展需要更大的投资和空间,需要运用社会及外部的资源,其平衡和组织也是跨学科、跨专业的,这对企业的人力资源组织者提出了更高的要求,必须从现有的条件出发,找到最容易成功的多元经历发展的"捷径"。

5.2 组织的职业生涯管理操作实务

员工职业生涯规划是对员工职业生命的精细化管理,是指个人发展与组织发展相结合,对决定员工职业生涯的主、客观因素进行分析、总结,确定事业奋斗目标,并选择实现这一事业目标的职业,编制相应的工作、教育和培训的行动计划,对每一步骤的时间、顺序和方向作出合理的安排。员工的职业生涯管理有比较规范的操作程序、步骤和具体内容。无论是个人、组织还是作为第三者的咨询机构,都可以按照以下步骤的规范要求,进行具体的职业生涯管理。

5.2.1 员工职业生涯管理的一般操作流程

在当前这个人才竞争的时代,倡导员工职业化意识,推行员工的职业生涯管理,将逐步成为培养人才、留住人才的另一重要利器。现代人力资源管理研究证明,企业能否赢得员工献身精神的一个关键因素在于其能否为员工创造环境和条件,使得员工在获得物质回报的同时,得到获取成就感和自我实现感的职业机会。

实施企业员工职业生涯的规划,设计与管理目的是为企业长期战略发展之需要,寻求企业发展目标与员工个人发展目标的一致性,在充分掌握员工个人生命周期与企业发展生命周期之间的关系上,为企业做好人力资源的开发与配置。

在进行职业生涯设计时,企业必须考虑到不同职位对员工所要求的核心能力不同,核心能力体系让员工在设计职业发展道路时有了清晰的目标和发展方向,也使得员工自我学习与发展有了努力的方向,那么,企业员工的职业生涯规划到底该如何进行呢?

1. 制订员工计划工作一览表

(1) 职业计划表对企业各工作岗位进行有条理的排列组合,找出各工作类型(是指两个或两个以上的工作任务相似或人员特征要求相似的一组工作)之间的交叉点,确定同一工作类型内各项职务的相对级别。员工可以很容易地从表中辨认职务升迁、变换的途径。

(2) 将在职员工姓名填写在职业计划表中,员工一眼就能看出职务升迁受阻之处。

(3) 职业计划表还确认了未来的工作要求和对人的要求。这些未来工作所需,被排成一张"职业计划工作一览表"(相当于公司岗位说明书中的任职资格一栏)。利用此表,员工可以很方便地对未来工作进行选择。

职业计划工作一览表应包括以下内容。

(1) 未来每项工作对员工素质的要求。如创造力、体力、数字运算能力和毅力等。

(2) 与人员素质要求相对应的工作职能。这方面的要求使员工了解到人的某一特殊品质在实际工作中是怎样得到应用的。

(3) 员工应具备的知识、技能,员工应持有的证照。这些规定根据各项工作的不同而迥异。这样,工作一览表就对未来每一项工作的技术要求都作出了明确的规定。

2. 调查员工的资历

针对每一项不同的工作,让每位员工填写一份资历调查表,内容包括:学历、工作经验、技能、兴趣、特长和人际关系等。然后,公司将那些有资格从事某一项工作,并对该项工作感兴趣的员工的个人资历与工作要求进行对照,以确定合适人选。同时,公司还采取一定的措施,对员工的年度工作评价作出修正。

根据这些因素,企业对员工今后的工作情况和职业发展情况作出的判断真实可信。这种慎重的做法,使企业避免了许多考虑不周或错误的提升决策和工作调动决策,作出了一些更为明智的选择。

3. 同员工谈工作与发展机会

(1) 专题讨论会。在会上,企业向所有员工公布职业计划方案和实施方法,并向员工介绍工作一览表、自我评价方法、员工资历调查情况、工作评价的意义以及这一整套系统的管理方法等。企业在向员工介绍可能的工作机会和发展机会时应留有余地,如企业或部门负责人应向员工说明由于企业政策的变化可能对员工职业生涯发展产生的影响。

(2) 让员工了解公司岗位的设置及个人发展道路。员工能够明确自己所处的位置和发展方向。

(3) 让员工了解公司岗位的任职资格。便于员工确定适合自己的目标。

4. 根据员工的自我评价和公司对员工的评价确定员工的发展目标

(1) 企业实行员工自我评价，其目的是考察员工是否具备未来工作所要求的那些个人品质，包括动机、分析能力、价值观、人际关系、情感特征等。

(2) 继自我评价之后，各部门的经理找其下属谈话，了解他们的职业生涯目标。经理将下属的职业生涯目标记录下来，并写上这些人目前的工作情况。

(3) 企业再把评审结果综合考虑，看看要调换工作的员工有哪些方面亟待改进。也就是说，通过评价鉴定，组织就能保证每一个想调换工作的员工都是在原来工作岗位上具有竞争能力的人。

(4) 企业的部门总监和人力资源管理者可以利用这些信息去整合人力资源规划，制定工作要求规范以及做升迁上的时间安排。当公司未来的需求与员工的职业生涯目标大体一致时，部门总监就为员工的职业发展提供帮助，如对员工进行培训或轮岗等。

(5) 企业将每个员工的职业生涯发展目标结合到工作目标中去，有利于今后的工作评价鉴定。同时，各部门的经理还把对员工职业生涯发展的监督作为工作检查的一部分，并负责向员工提供各种可能的帮助。

5.2.2 员工的职业生涯诊断

职业生涯的目标与实际必须相结合，职业生涯诊断能够帮助个人和企业组织真正了解自己，进一步评估内外环境的优势、限制，在"衡外情，量己力"的情形下，设计出合理且可行的职业生涯发展方向。

1. 诊断的内容

职业生涯诊断的内容包括自我分析、环境分析、关键成就因素分析，以及存在的关键问题分析4个方面。

1) 自我分析

(1) 个人部分。

① 健康情形：身体是否有病痛？是否有不良的生活习惯？是否有影响健康的活动方式？生活是否规律？有没有学习过养生之道？

② 自我充实：是否有专长？是否经常阅读和收集资料？是否正在培养其他技能？

③ 休闲管理：是否有固定的休闲活动？如果有，这种活动是否有助于身心健康和工作？是否有休闲计划？

(2) 事业部分。

① 财富所得：薪资多少？是否有储蓄、动产、有价证券、不动产？其价值各是多少？

② 社会阶层：现在的职位是什么？还有升迁的机会吗？是否有升迁的准备？人际关系如何？

③ 自我实现：喜欢现在的工作吗？其理由是什么？有完成人生理想的准备吗？

(3) 家庭部分。

① 生活品质：居家环境如何？有没有计划换房子？家庭的布置和设备如何？有丰富的精神文化生活吗？小孩、配偶、父母有学习计划吗？

② 家庭关系：夫妻关系是否和睦？是否拥有共同的发展目标？是否有共同或个别的创业计划？与子女、父母、公婆、姑叔、岳家的关系如何？是否常与家人相处、沟通、活动、旅游？

③ 家人健康：家里有小孩吗？小孩有多大、是否健康、是否需要托人照顾？配偶的健康状况如何？家里有老人吗？有需要照顾的家人吗？

2) 环境分析

(1) 友伴条件：有多少有能力、有实力的朋友能够帮助你？

(2) 行业条件：关注社会当前及未来需要的行业。

(3) 企业条件：公司有改革计划吗？公司需要什么人才？

(4) 地区条件：视行业和企业而定。

(5) 社会：注意政治、法律、经济、社会与文化、教育等因素，现实社会的特性及潜在的市场条件。

3) 关键成就因素分析

(1) 人脉：家族关系、亲戚关系、同事（同学）关系、社会关系、沟通与自我推销。

(2) 金脉：薪资所得、有价证券、基金、外币、定期存款、财产（动产、不动产）、信用（与为人和职位有关）、储蓄、理财有方、夫妻合作、努力工作提高自己的能力条件及职位。

(3) 知脉：知识力、技术力、咨询力、企划力、预测（洞察）力、敏锐力，做好时间管理、安排学习计划、上课、听讲座、进修，组织内轮换，经常做笔记、做模拟计划。

4) 存在的关键问题分析

(1) 问题发生的领域：是家庭问题、自我问题，还是工作问题或是其中两者或三者的共同问题？

(2) 问题的难度：是否要学习新技能？是否需要投入全部精力，是否需要个人改变态度与价值观？

(3) 自己与组织的相互配合情况：自己是否为组织作出贡献？是否在组织内部找到适合自己的职业领域并发挥专长，和其他组织人员的团结协作怎样？组织对自己的职业生涯设计和自己制订的职业生涯规划是否有冲突？等等。

2. 诊断的方法

职业生涯诊断的具体方法包括如下方面。

1) 诊断方法体系

(1) 自我评价：自己的才能是否能充分施展？对自己在企业发展、社会进步中所作出的贡献是否满意？对自己的职称、职务、工资待遇等方面的变化是否满意？对处理职业生涯发展与其他人生活动的关系的结果是否满意？

(2) 家庭评价：父母、配偶、子女等家庭成员对自己是否能够理解和肯定，是否能够给予支持和帮助？

(3) 企业评价：是否有下级、平级同事的赞赏？是否有上级的肯定和表彰？是否有职称、职务的晋升或相同职务的权力范围扩大？是否有工资待遇的提高？

(4) 社会评价：是否有社会舆论的支持和好评？是否有社会组织的承认和奖励？

2) 常用的 6 种诊断工具

常用的 6 种诊断工具的关键之处就在于所用的方法是归纳式的而非演绎式的，诊断过程是从具体到一般，而不是从一般到具体。

(1) 自我访谈记录。给每人发一份提纲，其中有 11 道涉及个人情况的问题，要提供有关个人生活(有关的人、地、事件)、经历过的转折以及未来设想的记录，让其在小组中互相讨论。这篇自传摘要性质的文件将成为随后自我分析所依据的主要材料。

(2) 斯特朗—坎贝尔个人兴趣调查问卷。这份调查问卷包含 325 项问题，能据此确定个人对职业、专业领域、交往的人物类型等的喜恶倾向，能为个人跟各种不同职业中成功人物的兴趣进行比较提供依据。

(3) 奥尔波特—弗农—林赛价值观问卷。这份有关价值观的问卷中列有多种相互矛盾的价值观，每人需对其作出 45 种选择，从而测定这些参加者对多种不同的关于伦理、经济、美学、社会、政治及宗教价值观接受和同意的相对强度。

(4) 24 小时活动日记。参加者要把一个工作日及一个非工作日全天的活动如实而无遗漏地记下来，用来对照其他来源所获同类信息是否一致或相反。

(5) "重要人物"访谈记录。每位参加者要对自己的配偶、朋友、亲戚、同事或其他重要人物中的两个人，就自己的情况提出一些问题，看看这些旁观者对自己的看法。这两次访谈过程需要录音。

(6) 生活方式描述。每位参加者都要用文字、照片、图表或其他手段，把自己的生活方式描绘出来。

5.2.3 确定职业生涯发展目标和方向

1. 分析和了解不同员工的职业性向

分析员工的职业性向是做好员工职业生涯管理的基础性工作。一般来说，决定个人选择何种职业有 6 种基本的"人格性向"。实际上，每个人不是只具有一种职业性向，而是几种职业性向的混合。个人的这几种性向越相似，在选择职业时面临的内在冲突和犹豫就越少。

1) 实际性向

具有实际性向的人会被吸引从事一些包含体力活动并且需要一定技巧、力量和协调的职业，如森林工人、运动员。

2) 调研性向

具有调研性向的人会被吸引从事一些包含较多认知活动的职业，而不是主要以感知活动为主的职业，如生物学家和大学教授。

3) 社会性向

具有社会性向的人会被吸引从事一些包含大量人际交往活动的职业，而不是那些有大量智力活动或体力活动的职业，如心理医生和外交人员。

4）常规性向

具有常规性向的人会被吸引从事一些包含大量结构性和规则性的职业,如会计和银行职员。

5）企业性向

具有企业性向的人会被吸引从事一些包含大量以影响他人为目的的语言活动的职业,如管理人员、律师。

6）艺术性向

具有艺术性向的人会被吸引从事一些包含大量自我表现、艺术创造、情感表达和个性化的职业,如艺术家、广告创意人员。

2. 分析和了解不同员工的职业锚

从职业锚可以判断雇员要达到职业成功的标准。

1）职业锚类型判断

职业锚类型判断,可以参照第2章"职业锚理论"小节进行分析。

2）职业锚评价

可以根据以下10个问题,进行具体的职业锚评价。

(1) 你在高中时期主要对哪些领域比较感兴趣?如果有的话,为什么对这些领域感兴趣?你对这些领域的感受是怎样的?

(2) 你在大学时期主要对哪些领域比较感兴趣?为什么会对这些领域感兴趣?你对这些领域的感受是怎样的?

(3) 你毕业之后所从事的第一种工作是什么?你期望从这种工作中得到些什么?

(4) 当你开始职业生涯的时候,你的抱负或长期目标是什么?这种抱负或长期目标是否曾经出现过变化?如果有,是在什么时候?为什么会出现变化?

(5) 你第一次换工作或换公司的情况是怎样的?你期望下一个工作能给你带来什么?

(6) 你后来换工作、换公司或换职业的情况是怎样的?你怎么会作出变动决定?你所追求的是什么?请根据你每一次更换工作、公司或职业的情况来回答这几个问题。

(7) 当你回首自己的职业经历时,觉得最令自己感到愉快的是什么时候?你认为这些时候的哪些东西最令你感到愉快?

(8) 当你回首自己的职业经历时,觉得最让自己感到不愉快的是什么时候?你认为这些时候的哪些东西最令你感到不愉快?

(9) 你是否曾经拒绝过从事某种工作的机会或晋升机会?为什么?

(10) 现在请你仔细检查自己的所有答案,并认真阅读关于5种职业锚,即管理型、技术或功能型、安全型、创造型、自治与独立型的描述。根据你对这些问题的回答,分别将每一种职业锚赋予1~5的某一分数。

分数为1~5,1代表重要性最低,5代表重要性最高。

5.2.4 确定职业生涯发展策略

确定职业生涯发展策略应把握4条原则：择己所爱、择己所能、择世所需和择己所利。而企业内部的人事部门为员工设计或提出的生涯发展策略，首先要立足于在组织内部为员工提出3个方向的发展策略。

1. 组织内部发展

组织内部发展基本上有以下3个方向。

（1）纵向发展，即员工职务等级由低级到高级的提升。

（2）横向发展，是指在同一层次不同职务之间的调动，如由部门经理调到办公室任主任。这种横向发展可以发现员工的最佳发挥点，又可以使员工积累各个方面的经验，为以后的发展创造有利的条件。

（3）向核心方向发展。虽然职务没有晋升，却担负了更多的责任，有更多的机会参加单位的各种决策活动。

以上不同方向的内容发展都意味着个人发展的机会，也会不同程度地满足员工的发展需求。

2. 组织外部发展

如果无论是企业人事部门还是个人，都没有提出在组织内部发展的策略，或遇到发展的"天花板"，那么，要分析和把握组织外部发展的时机。

（1）如果你在一家公司太早就晋升至高层，欲更上一层楼，则需等待很久。

（2）由于你最近的成功表现，你的身价大幅提高时。

（3）你觉得你在现职位上并未获得充分的重视时。

扩展阅读5-1：外部发展需要的判定工具——职业满意问卷

（4）你的公司在竞争中落后，而你又无力促使公司迎头赶上时。

（5）公司的改组或变动使你的前程计划受到阻碍时。

（6）你有更高的眼界与新的理想时。

5.2.5 职业生涯管理的实施

1. 职业生涯发展方案

确定了员工个人的职业生涯发展策略之后，如何实施？采取哪些具体行动成为关键。职业生涯发展方案通过准备一套周密的行动计划，并辅以考核措施以确保预期目标的实现。考虑到影响职业生涯规划的因素很多，对职业生涯设计的评估与修订也很有必要。

1）分析基准

（1）我的人生价值是什么？

（2）环境是否有利于我的成长？

（3）成长最大的障碍在哪里？

(4) 我现有的技能和条件有哪些？

2) 目标与标准

(1) 我处于职业生涯哪一阶段？这一阶段的特点有哪些？

(2) 可行的职业生涯方向是什么？为什么这个目标对自己而言是最可能的目标？

(3) 如何判断自己是否成功？

3) 职业生涯策略

(1) 自己职业生涯发展的内部路线与外部路线如何？

(2) 如何进行相应的角色转换？

(3) 如何进行相应的能力转换？

(4) 对自己而言，还有哪些不能解决的问题？

4) 职业生涯行动计划

(1) 执行计划是否做到长期计划→年度计划→月计划→周计划→日计划的分解？

(2) 自己将分别在何时进行上述每一行动计划？

(3) 有哪些人将会/应当加入此行动计划？

5) 职业生涯考核

(1) 哪些方面你做得好？哪些方面你做得不好？

(2) 你还需要什么？是需要学习，需要扩大权力，还是需要增加经验？

(3) 怎样运用你的培训成果？你拥有什么资源？

(4) 你现在应该停止做什么、开始做什么？培训和准备的时间是如何安排的？

6) 职业生涯修正

(1) 职业是否应该重新选择？

(2) 职业生涯路线是否应该重新选择？

(3) 人生目标是否需要修正？

(4) 实施措施与计划是否需要变更？

2. 建立职业生涯发展档案

建立 PPDF(personal performance development file)，就是个人职业发展档案，是一种极为有效的职业生涯匹配人力资源开发的方法。

1) PPDF 的使用指南

PPDF 的主要目的以及具体使用如下。

(1) PPDF 的主要目的。PPDF 是对员工工作经历的一种连续性参考。其设计使员工和他的主管领导，对该员工所取得的成就，以及员工将来想做些什么有一个系统的了解。PPDF 既指出员工现时的目标，也指出员工将来的目标及可能达到的目标。它标示出，个人如果要达到这些目标，在某一阶段应具有什么样的能力、技术及其他条件等。同时，还帮助个人在实施行动时进行认真思考，看自己是否非常明确这些目标，以及应具备的能力和条件。

(2) PPDF 的使用。PPDF 是两本完整的手册。当个人希望达到某一目标时，PPDF 会为个人提供一个非常灵活的档案。将 PPDF 的所有项目都填好后，交给自己的直接领导一本,个人留下一本。个人需要告诉领导,自己想在什么时间内、以什么样的方式来达到自己的目标。领导会同你一起研究、分析其中的每一项,指出哪一项目标设计得太远、哪一项目标设计得太近,甚至可能会亲自为你设计一个更适合你的方案。总之,不管怎么样,你将单独地和你相信的领导一同探讨你该如何发展、奋斗。

2) PPDF 的主要内容

PPDF 的主要内容包括个人情况、现在的行为、未来的发展。

(1) 个人情况。

个人简历,包括个人的生日、出生地、部门、职务、现住址等。

文化教育,包括初中以上的校名、地点、入学时间、主修专题、课题等,还包括在学校负责过何种社会活动等。

学历情况,要求填入所有的学习经历、所修课程是否拿到学历、取得学历的时间、考试时间、课题以及分数等。

曾接受过的培训,要求填入曾受过何种与工作有关的培训,如在校、业余或是在职培训以及课题、形式、开始时间等。

工作经历,按顺序填写以前工作过的单位名称、工种、工作地点等。

有成果的工作经历,填写个人认为以前有成绩的工作,不用填写现在的工作。

以前的行为管理论述,填写个人工作进行的评价,以及关于行为管理的事情。

评估小结,对档案里所列的情况进行自我评估。

(2) 现在的行为。

现在的工作情况,应填写个人现在的工作岗位、岗位职责等。

现在的行为管理文档,填写个人现在的行为管理文档记录,可以加入一些注释。

现在目标行为计划,个人设计一个目标,同时列出和此目标有关的专业、经历等。此目标是有时限的,要考虑到成本、时间、质量和数量的记录。如果有什么问题,可以同自己的上司探讨解决。

(3) 未来的发展。

职业目标,在今后的 3~5 年里,个人准备在单位里做到什么位置。

所需要的能力、知识,为了达到目标,个人认为应该拥有的新的技术、技巧、能力和经验等。

发展行动计划,为了获得这些能力、知识等,个人准备采用哪些方法和实际行动。其中,哪一种是最好、最有效的,谁对执行这些行动负责。什么时间能完成。

发展行动日志,此处填写发展行动计划的具体活动安排、所选用的培训方法,如听课、自学、所需日期、开始时间、取得的成果等。

扩展阅读 5-2:职业生涯发展的 20 则建议

复习思考题

1. 试述组织人力资源开发与组织职业生涯管理的关系。组织职业生涯管理的现实意义和作用有哪些方面？

2. 随着信息技术的发展、知识经济以及经济全球化的进一步发展，组织的变迁和发展出现了哪些新特点和趋势？组织的职业生涯管理如何适应这些发展和变化？

3. 职业生涯管理实务操作有哪几个具体步骤？如何进行实际操作和应用？

阿莫科制造公司的组织职业生涯管理

即测即练

第6章 大学生的职业生涯规划

6.1 职业生涯规划从大一开始

6.1.1 学生时代的职业生涯阶段定位

从职业生涯阶段模型中可以知道,大学时代正处在职业生涯的探索阶段。萨帕对职业发展的研究认为探索阶段又可以分为3个时期:尝试期(15~17岁);过渡期(18~21岁);初步试验承诺期(22~24岁)。依据这一结论,大学时代应该横跨过渡期和初步试验承诺期两个时期。在这两个时期,大学生的个体能力迅速提高,职业兴趣趋于稳定,逐步形成对未来职业生涯的预期。事实上,在初步试验承诺期,许多学生往往需要就自己的未来职业生涯作出关键性的决策。因此,大学生就业指导的主要工作在于培养学生职业兴趣,并给予职业生涯教育,引导学生了解和尝试现实社会中的各种职业,积累一定的社会工作经验,帮助学生在未来较短时间内实现个体人力资本、兴趣和职业的匹配。

职业生涯规划的意义在于寻找适合自身发展需要的职业,实现个体与职业的匹配,体现个体价值的最大化。我们应该承认并正确地对待我国在职业兴趣培养和职业生涯教育方面的不足与差距。为了弥补这一差距,做好大学生就业的指导工作,可以从以下几个方面入手。

1. 个体的自我定位

每个大学生对自身都要有一个客观、全面的了解,摆正自己的位置,相信自己的实力,清楚自己的优势与特长、劣势与不足,知道自己适合做什么,只有这样才能赢得竞争优势。为此,我们首先要准确地评估自己掌握的知识和技能。另外,要善于剖析自己的个性特征,这是职业生涯规划的基础。我们可以借鉴美国职业指导专家霍兰德所创的职业性向测验,他把个性分为现实型、研究型、艺术型、社会型、企业型和常规型6种类型,而大多数人都可以归属于一种或几种类型的组合。通过类似的职业性向测验,我们可以更好地实现个性与职业之间的匹配。

2. 职业目标的确定

许多人在大学时代就已经形成了对未来职业的一种预期,然而他们往往忽视了对个体年龄和发展的考虑,就业目标定位过高,过于理想化。近几年来,不少毕业生在职业选择中一直强调大单位、大城市和高收入,甚至为了这些不惜放弃个人的专业特长,不顾个人的性格和职业兴趣。同样,"这山望着那山高"的心理,也是职业目标不确定的一种表现。盲目地攀高追求与选择,不仅影响个人目前的就业,而且会对个体以后的职业发展造成不利的影响。对于职业目标,需要根据不同时期的特点,以及自身的专业特点、工作能力、兴趣、爱好等分阶段制订。

3. 建立和发展职业咨询机构,开设有关职业生涯规划的课程

职业生涯规划和发展是一个复杂的、持续的过程,单凭个人的经验是很难实现目标的。职业生涯发展是一个不可逆转的过程,对于每一个人来说,生命都是有限的,职业选择的每一个步骤都与个人的年龄联系在一起。因此,在这一过程中,借助职业咨询的智力和经验优势,为个体职业生涯规划提供建设性的建议,可以起到事半功倍的作用,可以少走弯路。

高校在建立职业咨询机构时,应该注意这类机构必须是由一批具有广博的人力资源开发和管理理论、精通各种科学测评手段的专家和实际工作者组成。另外,学校应该在大学生涯开始之际就开设有关职业生涯规划和发展的课程,从理论上让每一个大学生都懂得自己适合做什么,并且懂得如何去规划和发展自身的职业生涯。

总之,科学合理的职业生涯规划是每一个大学生就业的必要工作,也是每一个大学生职业生涯发展过程中的客观要求。我们每一个人都应该知道自己适合做什么、应该做什么,以及怎样实现自己的职业生涯目标。

4. 做好实习组织安排,引导职业技能习得

实习作为很多大学生从学校迈向社会的第一步,是自身职业生涯的一个重要起点,大学生真正需要的实习是一份对自己的职业生涯发展更有帮助的实习,能够为以后的职业发展打下基础,保持职业生涯的连续性和可持续性。在实习过程中,大学生可以大概知道自己需要什么,以及公司的实际运作情况。由于职业生涯还没有正式开始,一些调整可以无成本地开始。在实习中,大学生必须取得的收获是:了解行业,认清自我,找到个人和职业的匹配点,制订合理的目标,有效调整职业生涯规划。

有些大学生虽然清楚地认识到了实习的重要性,但是,由于缺乏职业生涯规划设计,却容易忽略自己的特长、兴趣和能力,对于实习本身的技术含量缺乏关注,盲目参加多个实习,只顾积累实习次数,忽略了实习本身对个人能力的锻炼和培养。正确的实习安排组织要求大学生必须学习职业技能,只有在实习中才能顺理成章地学习到工作中必需的工作技能。

高校也需要高度重视实习教学工作,根据人才培养目标和教学计划安排,有实习计划的专业须制定教学大纲,根据实习教学大纲,与实习接受单位共同制订年度教学实习计划。

6.1.2 大学生的职业生涯设计

为了让大学生更好地进行自我分析、规划人生,这里介绍一下在职业咨询中常用的一种分析方法——个人SWOT分析。

SWOT分析是一种功能强大的分析工具,是检查个人技能、能力、职业、喜好和职业机会的有用工具。通过SWOT分析,个人会很容易知道自己的优点和弱点在哪里,并且会仔细地评估出自己所感兴趣的不同职业道路的机会和威胁所在。其中,S代表strength(优势),W代表weakness(弱势),O代表opportunity(机会),T代表threat(威胁),S、W 是内部因素,O、T 是外部因素(图 6-1)。一般来说,对自身的职业、职业发展问题进行 SWOT 分析时,应遵循以下 5 个步骤。

SWOT矩阵	strength 优势	weakness 弱势
opportunity机会	SO 发挥优势、利用机会	WO 弥补弱点、利用机会
threat威胁	ST 发挥优势、降低威胁	WT 克服弱点、降低威胁

图 6-1　SWOT 分析

1. 评估自己的长处和短处

我们每个人都有自己独特的技能、天赋和能力。在当今分工越来越细的市场经济社会里,每个人大多只擅长某一领域,而不是样样精通。请做一个表,列出自己喜欢做的事情和长处所在(如果自己觉得界定个人的长处比较困难,可以请专业的职业咨询师帮助分析)。同样,通过列表,个人可以找出自己不是很喜欢做的事情和弱势。

2. 找出职业机会和威胁

不同的行业(包括这些行业里不同的公司)都面临不同的外部机会和威胁,找出这些外界因素将有助于个人成功地找到一份适合自己的工作。如果公司处于一个常受到外界不利因素影响的行业,很自然能提供的职业机会将是很少的,而且没有职业升迁的机会。相反,充满了许多积极外界因素的行业将为求职者提供广阔的职业前景。请在表中列出个人感兴趣的一两个行业,然后认真地评估这些行业所面临的机会和威胁。

3. 提纲式地列出今后 3~5 年内的职业目标

个人认真对自己做一个 SWOT 分析评估,列出今后 3~5 年内最想实现的 4~5 个职业目标。这些目标可以包括想从事哪一种职业、管理多少人,或者个人希望自己拿到的薪水属于哪一级别。

4. 提纲式地列出一份今后 3~5 年的职业行动计划

请在表中拟出一份实现上述第三步列出的每一目标的行动计划,并且详细地说明为了实现每一目标,个人要做的每一件事,何时完成这些事。如果个人觉得需要一些外界帮助,请说明需要何种帮助和如何获取这种帮助。例如,为了实现理想中的职业目标,需要进修更多的管理课程,那么在职业行动计划中应说明要参加哪些课程、什么水平的课程以及何时进修这些课程,等等。

5. 寻求专业帮助

能分析出自己职业发展及行为习惯中的缺点并不难,但要以合适的方法改变它们却很难。要相信自己的父母、老师、朋友、上级主管、职业咨询专家都可以给自己一定的帮助,特别是很多时候借助专业的咨询力量会让自己走上捷径。

6.1.3 大学生职业生涯设计五大前提

1. 树立正确的职业理想和明确的职业目标

职业理想在人们职业生涯设计过程中起着调节和指南的作用。一个人选择什么样的职业,以及为什么选择某种职业,通常都是以其职业理想为出发点的。任何人的职业理想必然要受到社会环境、社会现实的制约。社会发展的需要是职业理想的客观依据,凡是符合社会发展需要和人民利益的职业理想都是高尚的、正确的,并具有现实的可行性。大学生的职业理想更应把个人志向与国家利益和社会需要有机结合起来。

2. 正确进行自我分析和职业分析

要通过科学认知的方法和手段,对自己的职业兴趣、气质、性格、能力等进行全面认识,清楚自己的优势与特长、劣势与不足。避免设计中的盲目性,使设计高度与自己的职业能力水平相适应。同时,现代职业具有自身的区域性、行业性、岗位性等特点。要对该职业所在的行业现状和发展前景有比较深入的了解,如人才供给情况、平均工资状况、行业的非正式团体规范等;另外,还要了解职业所需要的特殊能力。

3. 构建合理的知识结构

知识的积累是成才的基础和必要条件,但单纯的知识数量并不足以表明一个人真正的知识水平。人不仅要具有相当数量的知识,还必须形成合理的知识结构,没有合理的知识结构,就不能发挥其创造的功能。

合理的知识结构有宝塔形和网络形两种。

宝塔形知识结构形如宝塔,由基本理论、基础知识、专业基础知识、专业知识、学科知识、学科前沿知识构成。基本理论、基础知识为宝塔底部,学科前沿知识为塔顶。这种知识结构的特点是强调基本理论、基础知识的宽厚扎实、专业知识的精深,容易把所具备的知识集中于主攻目标上,有利于迅速接通学科前沿。现今中国学校大多是培养这类知识结构的人才。

网络形知识结构是以所学的专业知识为中心,与其他专业相近的、有较大相互作用的知识形成网状连接,形如蜘蛛网。这种知识结构能够形成一个适应面较广的、能够在较大范围内左右驰骋的知识网,其特点是知识广度与深度的统一,这种人才知识结构呈复合型状态。

4. 培养职业需要的实践能力

综合能力和知识面是用人单位选择人才的依据。一般来说,进入岗位的新人,应重点培养满足社会需要的决策能力、创造能力、社交能力、实际操作能力、组织管理能力和自我发展的终身学习能力、心理调适能力、随机应变能力等。

5. 参加有益的职业训练

职业训练包括职业技能的培训、对自我职业的适应性考核、职业意向的科学测定等。大学生可以通过"三下乡"活动、"青年志愿者"活动、毕业实习、校园创业及从事社会兼职、模拟性职业实践、职业意向测评等进行有益的职业训练。

6.1.4 大学 4 年的职业规划

1. 职业规划应从大一做起

大一时期在大学 4 年中的作用有两个,一个是确立下一步成长的计划,另一个是确定自己喜欢的专业。

初入大学时,我们就需要在一个新环境中确立下一步成长的计划。个人对大学生活的第一印象会在相当程度上影响你对大学的期望和安排。第一印象至少会在一段相当长的时间内影响你的生活方式和思维方式,甚而影响你整个大学阶段的生活方式,我们要多咨询师兄师姐,多和学校的老师及已经毕业的人交流,从他们的经历与经验中更进一步地了解大学。

大一时期还应尽可能地找到适合自己且自己喜欢的专业,这与毕业后的就业息息相关。一个解决就业的思路就是充分地有针对性地学习一个自己喜欢的细分领域,力争在此领域持续发展,那么毕业后就可以顺利步入职业发展快车道。

2. 大学生职业生涯规划步骤的内容

通常来说,职业生涯目标规划应从一生的发展写起,然后分别制订出十年计划、五年、三年、一年的计划,以及一月、一周、一日的计划。但是由于学生的特殊性,其职业生涯目标的确立较之已经参加工作的人更有难度。因为学生都是刚刚进入学校,知识结构尚不完善,观念变动较大,因此需要一个详尽而灵活的职业生涯目标规划方式。

大学生职业生涯规划应包括自我评估、确定短期目标和长期目标、周期性的总结和计划调整、制订行动方案、评估与反馈 5 个步骤。

第一,要进行自我评估。大学生可以根据家长、老师和同学的评价,借助职业兴趣测试和性格测试,分析自己是较为外向开朗的人还是内向稳重的人;对哪些问题较为感兴趣,如经济问题还是管理问题;擅长哪些技能,如分析能力强、对数字敏感、语言表达能力强等;也可分析自己的一些弱点,如抗压能力、合作能力欠缺。

第二,要确定短期目标和长期目标。

短期目标和计划,主要包括在校期间切实可行的学习计划。对于自己选定的目标,必须确定自己需要学习什么知识、熟悉哪方面的外部环境、接触哪个领域的人,然后制订初步的选课计划。若有可能,还应该制订自己的实习、实践计划。这里的短期计划主要指月、周、日的计划,而学年和学期计划则务必具体、切实可行,包括实现计划的步骤、方法与时间表等。

对于大学生来说,在校期间最好还要有一个职业生涯规划的长期计划,大致确定一下未来的发展目标。通俗地说,确定未来的发展目标就是要确定你的一生想干什么、想成为什么样的人、想在哪一个领域成为佼佼者,把这些问题确定之后,你的人生目标也就确定了。这一步对于很多大学生来说往往很难,但是这一步至关重要。因为无论中期计划还是短期计划都必须围绕长期目标进行,没有了长远的发展目标,其余的也就无从谈起。大学生应该在自我剖析、机会评估和自我定位的基础上,为自己确立一个确实适合自己的长远目标,树立职业理想,对自己未来发展有一个总体思路。

长期目标一般是指职业规划的顶点或较高点,要细化至具体工作,如毕业后进入国际知名管理顾问公司从事研究分析、咨询工作。短期目标一般是指素质能力的提高,可用有关证书或考试的获取和通过来实现。

大学4年制订行动计划时,采取的方式和途径不尽相同。个人不同的长期目标因人而异,但一般来讲,分为以下4个阶段。

1) 一年级为试探期

此阶段,大学生初步了解职业,特别是自己未来想从事的职业或与自己所学专业对口的职业,应注重提高人际沟通能力。

2) 二年级为定向期

此阶段,大学生要考虑清楚未来是否深造或就业,了解相关活动,以提高自身的基本素质为主,通过参加学生会或社团等组织,锻炼自己的各种能力,同时检验自己的知识技能;可以尝试兼职、社会实践活动;通过英语和计算机的相关证书考试,有选择地辅修其他专业以充实自己。

3) 三年级为冲刺期

此阶段,大学生目标应锁定在提高求职技能、收集公司信息,并确定自己是否要考研。在撰写专业学术文章时,可大胆提出自己的见解,锻炼自己独立解决问题的能力和创造性;参加和专业有关的暑期工作,和同学交流求职工作心得体会,学习写简历、求职信,了解收集工作信息的渠道并积极尝试;加入校友网络,和已经毕业的校友谈话了解往年的求职情况;希望出国留学的学生,可多接触留学顾问,参与留学系列活动。

4) 四年级为收获期

在求学的最后一年中,大学生既要完成学业,更要经历新鲜而紧张的求职"历险"。唯有合理规划、稳扎稳打,才能步步为营,使学业、工作双丰收。

每年的9月、10月是企业宣讲高潮期。企业为了在人才战中抢得先机,早早开始了校园招聘的宣传。一场场宣讲会紧锣密鼓地在学校的报告厅、礼堂召开,主要是宣传企业文化及招聘流程,开通网上申请。11月、12月及次年1月是企业招聘高峰期。高校校园招聘大幕拉开,普遍举办大规模校园招聘会,为毕业生提供与用人单位双向交流的平台。国家公务员考试历年都安排在11月进行,报考公务员的大学生需要提前报名,有针对性地复习。2月末,研究生考试结束,对于前期准备考研的大学生来说,应该马不停蹄地投入找工作中去。2月、3月虽然是假期,但是求职工作也应该有序展开。寒假期间,大学生也应把握回乡求职的机会。4月、5月及6月是毕业求职收尾期,大学生要珍惜离校前的签约机会,因为离校前就业属于常规就业,手续办理相对简单,毕业之后马上工作,也不会造成时间浪费。

一个有良好职业素养的大学生应该切实制订好大学期间每一步的细致计划,以确保自己的中长期计划能保质保量地完成。

第三,周期性的总结和计划调整。根据职业生涯理论,定期做总结评估和反馈调整是做好职业生涯规划不可或缺的一个环节。学生应该进行周期性的总结和计划调整,重点针对学期计划进行反馈调整。未来的长期计划是综合考虑各方面的因素作出的决定，具有一定的客观性和科学性，在确实没有发现自己的长期目标有重大偏差的时候，不应该三心二意，随意改变自己的决定，而导致本身就不多的学习时间流逝。

第四，制订行动方案。在确定职业生涯目标后，就要制订相应的行动方案来实现它们，把目标转化成具体的方案和措施。对大学生来说，这一过程最重要的是与职业选择相应的教育和培训计划的制订，主要解决的问题是：对于已经制订的计划，采用什么途径去实现它，如何能做得更好。举例来说，对某方面的专业知识，是选择系统地学习，抑或咨询专家、听讲座，还是参加社会实践。方案的制订因人而异、因专业而异、因环境而异，必须具体情况具体分析，切不可照搬教科书。同时，方案还需根据计划的变更和环境的变化适时地作出调整，以保证行动方案与计划相吻合，从而一步一步地实现自己的职业理想。

第五，评估与反馈。在人生的发展阶段，由于社会环境的巨大变化和一些不确定因素的存在，我们会发现原来制订的职业生涯目标与规划有所偏差，这时需要对职业生涯目标与规划进行评估并作出适当的调整，以更好地符合自身发展和社会发展的需要。职业生涯规划的评估与反馈是个人对自我不断认识的过程，也是对社会不断认识的过程，是使职业生涯规划更加有效的有力手段。

大学生在学习、实践的过程中，应该有意识地不断对自己进行评估和总结。这里分为两个方面：一方面是通过评估总结较长时间（通常指 1～2 年）的学习，检验自己的自我定位和职业生涯机会评估是否恰当，人生长期的目标设定是否合适；另一方面是检验自己的计划和行动方案是否得体。

综合评价的目的是达到进一步自我认识、自我了解，并且能较为准确地进行自我剖析，以明确自身优势，发现自身不足，调整职业发展目标。

大学生做职业生涯规划，最重要的就是要合理安排时间，在学习知识、处理人际关系、处理情感、锻炼身体、进行社会工作以及做课外兼职等多个方面有一个具体而科学的时间分配。

大学生职业生涯规划流程如图 6-2 所示。

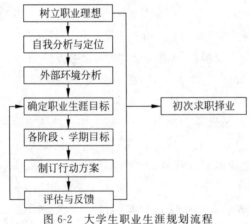

图 6-2　大学生职业生涯规划流程

6.2 大学生职业理想与充分就业的现实选择

6.2.1 大学生就业形势分析

随着各大高校连年扩招,毕业生人数也连年增长,国家虽然在不断增加就业机会,但面对不断增加的就业人群,大学生就业问题仍然不容乐观。

1. 就业岗位与毕业生人数差距过大

从经济学的角度来看,大学生就业问题是供过于求。每年毕业的大学生数量比社会上所需要的就业岗位数量多很多,而且这个差距还在逐年增大。有关资料表明,2001—2020年,全国高校毕业生从114万人增加到874余万人,是扩招前的7.7倍,用人岗位增加的比例却远远小于此(图6-3)。

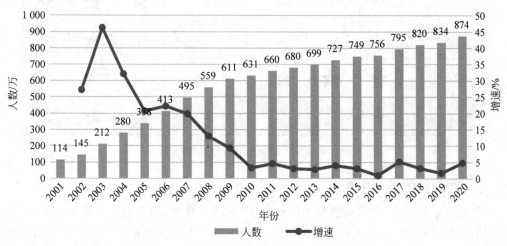

图6-3 2001—2020年高校毕业生人数和增速

2. 某些专业人才过剩

由第三方专业机构麦可思公司跟踪发布的《2020年中国大学生就业报告》(就业蓝皮书)披露,2019年本科应届毕业生平均月入5 440元,本科计算机类、电子信息类、自动化类领跑薪酬榜;教育类成为人才需求增长热门专业,而金融相关职业的社会需求量明显减少(表6-1)。

综合评估失业率、就业率、就业满意度以及薪资满意度4个维度,《2020年中国大学生就业报告》发布了最新"绿牌"专业和"红牌"专业。"绿牌"专业是指就业率、就业满意度、薪资满意度三项指数较高且失业率较小的需求增长型专业,"红牌"专

表6-1 2019年本科专业薪酬榜Top10　　元

本科专业类名称	平均月收入
计算机类	6 858
电子信息类	6 145
自动化类	5 899
仪器类	5 856
电子商务类	5 745
金融学类	5 638
交通运输类	5 630
管理科学与工程类	5 625
数学类	5 576
财政学类	5 543

业则与之相反。其中造成"红牌"的一个主要原因就是相关专业毕业生供需矛盾。从这份报告中也可以看出,未来社会就业,需求和发展潜力更大的是专业精通的技术型人才,而非随大流从而走进供大于求的激烈竞争圈的人(图6-4)。

本科"绿牌"专业	2020年	2019年	2018年
信息安全	★	★	★
软件工程	★	★	★
信息工程	★	★	
网络工程	★	★	★
计算机科学与技术	★		
数字媒体艺术	★	★	★
电气工程及其自动化	★		

本科"红牌"专业	2020年	2019年	2018年
绘画	★	★	★
音乐表演	★	★	★
法学	★	★	
应用心理学	★	★	★
化学	★	★	★

图6-4 最新"绿牌"专业和"红牌"专业

3. 薪水与期望值不符

很多大学毕业生,尤其是名校的毕业生,刚刚踏入社会,希望自己的薪水高出社会现实水准,对一些企业相对较低的薪水不屑一顾,这就是人们常说的"高不成,低不就"中的"低不就"。

4. 就业结构性矛盾日渐突出

近年来,全国普通高等学校毕业生人数不断攀升,2020年达到874万人,以后若干年内毕业生总数还将持续增加,每年都有数十万的增量;加之我国进入高质量发展阶段,经济结构调整、产业升级,使得大学生就业的结构性矛盾日益突出。其主要表现是:一方面大量毕业生找不到工作,另一方面却有许多用人单位找不到合适的毕业生,即"有人无活干,有活无人干"。国家花费大量的人力、物力和财力培养的人才被闲置,无疑是资源的极大浪费;就业岗位缺少需要的人才,也阻碍了经济社会进一步的发展。

社会就业岗位层次的分布是呈正三角形的,从顶端向下,各岗位层面对劳动力的知识能力要求逐渐下降,数量逐渐增多。而高等学校毕业生的就业期望值整体偏高,呈现出倒三角形,两者之间存在明显的结构性矛盾。人才培养的供给端和需求端错位,是导致当前大学生就业存在结构性矛盾的主要原因。

6.2.2 当代大学生的职业理想特征

职业理想是指人们在一定的世界观、人生观和价值观的指导下,对自己未来所从事的职业和发展目标作出的想象与设计。作为青年中的一个特殊群体,大学生是人才的后备军,是具有专业知识和技能的未来劳动者,他们的职业理想反映了青年群体价值观、人生观、世界观的趋势。当代大学生职业理想具有以下特征。

1. 强调职业的经济收益

随着社会的开放、市场经济的发展,人的观念发生了变化,社会职业的经济结构也发生了变化,工资收入在不同职业、单位之间的差距被越拉越大,这就促使大学生在职业选择时,将职业的经济收益作为一个重要的考虑因素。

另外,许多大学生将大公司、大企业作为首选单位,尤其是沿海地区的一些"三资"企业和公司,一方面这类单位能满足大学生创业、甘冒风险的愿望;另一方面又能给就职者带来可观的经济收入。

2. 职业选择集中于沿海地区与大中城市

调查表明,大学生对大中城市的选择比例,远远高于对小城镇与农村的选择比例,特别是大学生对经济特区或沿海地区的选择比例更高。沿海地区对大学生的诱惑力来源于改革开放后与内地之间逐渐拉开的经济差距,这种地区间的差距促成人才流动的单向性。当然,这种单纯的经济动机绝不是促成大学生热衷于沿海地区的唯一原因。创业的心理、对竞争环境的需求,也在相当程度上影响着大学生职业理想的确立。从总体状况来看,沿海地区实行的种种优越政策、风险机制以及较为富裕的生活环境,都对当今的大学生具有很强的诱惑力。

此外,大学生所处地区不同,对未来工作岗位的地区选择也不尽相同。西部、中部、沿海地区的大学生选择经济特区与沿海地区的百分数呈递增状态。

3. 不在乎单位所有制形式

越来越多的大学毕业生在择业时不在乎就业单位的所有制形式,甚至并不一定要为自己找一个有编制或户口指标的工作单位。他们认为,只要能够通过工作获取劳动报酬,有没有干部身份或编制并不重要。

4. 追求职业的稳定性和安全感

有关部门在对大学生择业的行业分布的调查中发现,想去科研、综合技术服务、文教、传播、金融等脑力劳动部门工作的人数,共占45.4%;想去国家机关、党政团体工作的人数占20.7%。由此可见,大学生对行业的选择主要集中于政府部门、商务、生产部门和科教、金融等风险小、稳定性高的单位和部门。

5. 创新创业热情高涨

2015年5月,国务院办公厅印发《国务院办公厅关于深化高等学校创新创业教育改革的实施意见》,大力支持高校学生创新创业,从此弹性学制、学分制改革等关键词频频出现在公众视野。在国家政策的激励下,大学生创新创业热情高涨,根据国家统计局《2015年国民经济和社会发展统计公报》发布的普通本专科毕业生人数680.9万估算,2015届大学生中约有20.4万人选择了创业,自主创业比例是3.0%,比2014届(2.9%)高出0.1个百分点,比文件发布之前的2009届(1.2%)高出1.8个百分点。2015届高职高专毕业生自主创业的比例(3.9%)高于本科毕业生(2.1%)。国家发改委在2020年全国大众创业万众创新活动周上公布的"双创"数据显示,大学生创业群体持续壮大,2019年创业的大学生达74.1万人,较2018年增长9%(图6-5)。中国人民大学发布的《中国大学生创业报告2020》通过大样本的数据调查发现,相较于往年数据,中国大学生的创业意愿持续攀升,2020年在校大学生表现出创业意愿的比重为历年新高。

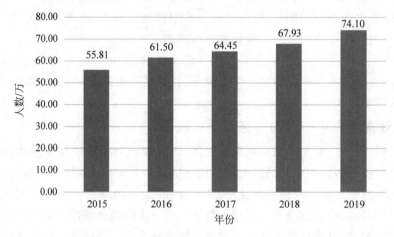

图6-5　2015—2019年大学生创业者数量

6.2.3　当代大学生职业理想存在的误区

当代大学生怀着对未来的憧憬、设想和追求而谋职求业时,由于心理价值取向的固有特点和社会环境等多种原因,时时感受到来自各方面重压,产生许多困惑,若不能准确把握自我与社会的和谐,容易步入择业的误区。当代大学生职业理想的误区主要体现在以下几个方面。

1. 观念陈旧

一些大学生看不到市场竞争的激烈与残酷,仍然抱着"皇帝的女儿不愁嫁"的思想,不在人才市场上主动出击,而是"稳坐钓鱼台",等待用人单位的敲门声。这一现象在某些所谓的"热门"专业颇为典型。

另外,一些大学生"非公不去"的陈旧观念也影响就业。有些大学生及其家长无视市场经济的现实,仍将就业对象局限在机关事业单位或国有企业单位,把到非公有制经济单位工作视为给别人打工,不算是正式工作。在我国经济体制转轨的今天,这种陈旧观念不破,便不可能拓宽就业门路。

2. 好高骛远,贪图享受

优越的待遇和条件往往对大学生极具诱惑力,这也是最容易导致大学生择业失败的误区之一。虽然昔日的户口观念在逐渐淡化,但大学生中存在的盲目就业观念仍是十分危险的。另有一些大学生则过分地追求"经济",将"经济部门""经商"作为自己求职的第一目标,其实对该行业并没有太多的了解,更谈不上是否有兴趣。他们忽略了在竞争激烈的大环境下,成功者只是少数,更多的是在盲目从众后独尝苦果。更有甚者,一味向"钱"看,宁可"高能低就"。

3. 迷恋大型企业、大单位

有相当一部分大学生认为,只有到大型企业去工作,才能发挥出自己的聪明才智。他们往往认为大型企业具备了实现人生价值的物质条件和精神条件,机遇好、福利好、工作稳定,而小企业只有几十或几百号人,资金不雄厚,更谈不上什么发展前途。其实,有些大型企业人才济济,竞争更为激烈。相比之下,一般中小企业对人才的需求如饥似渴。所以,不管在大企业还是在小企业,只要有真才实学,脚踏实地,同样能干出一番事业。

4. 追求热门职业

计算机、财政金融等是大学生追求的热门职业,但毕竟"僧多粥少",用人单位只能百里挑一,落选者非常多。一些冷门职业尽管急需大批人才,但问津者却寥寥无几。人才市场便出现了热门难进、冷门更冷的怪现象。

5. 害怕艰苦

害怕艰苦,不愿到艰苦的地方工作已成为大学生中的"传染病",一定程度上局限了大学生的就业之路。许多大学生虽然有远大的理想,但缺乏脚踏实地的工作精神,宁可在大城市东奔西走寻求落脚点,也不愿到农村,哪怕是在郊县找一份相对合适的工作。

6. 自我认知和期望值过高

不少自身条件好、素质较全面、工作能力强的大学生易自傲,表现为择业中的狂妄自大或自视过高。他们在择业时极容易出现"高不成、低不就"的现象,造成择业困难。

7. 缺乏主见,依赖他人

有的大学生在求职择业中缺乏主见,反复无常;有的大学生则把寻找接收单位的重任推给家长和学校,存在较强的依赖性;一些大学生在择业中不想凭自身的实力去竞争,而是把希望寄托在亲朋好友的关系网上。放弃选择权或选择意识不强,是不少大学生走向市场的一个致命伤。

8. 自卑胆怯

有的大学生缺乏自信心和竞争意识,对进入人才市场感到胆怯;有的大学生成绩一般,择业时不敢大胆自荐;有的大学生相貌平平,怕用人单位看轻自己。这种自信心不强、自卑胆怯的择业心态,是无法适应市场经济客观要求的。

9. 依赖证书

每当开学之际总会掀起一阵考证热,英语四六级证书、计算机等级证书、会计从业资格证、人力资源师证、注册会计师证⋯⋯这些证书有些可有可无,可是有些却似乎已经成为大学生的必备证书。但是,对于许多用人单位来说,求职者的工作经历和经验,以及在该行业的口碑是最为重要的。求职者的实际能力并非是一张证书就能说明的,如果在笔试、面试的过程中求职者并没有展示出他们的真才实学,那么,再高级的证书也不能打动面试官的心。即便有的求职者能顺利进入公司,如果工作能力达不到,早晚还是会被质疑,引起用人单位的不满。

10. 缺乏感恩

目前有部分大学生在求职过程中缺乏感恩之心，不懂得珍惜就业机会，珍惜学校、导师、单位提供的帮助和指导，也给大学生就业带来了负面影响。企业需要懂得感恩的员工，是因为会做事不如会做人，会做人不如会感恩，懂得感恩是一个员工优良品质的重要体现。这样的人才能成为优秀的员工，因为他知道感恩，知道如何去感谢一个组织，知道如何去感谢帮助过他的人，这是其做好工作一个起码的基础。

6.2.4 大学生职业选择的原则

人的一生或许要面对无数次的选择，许多关键性的选择大都集中在青年时代。对于大学生而言，职业的选择是人生一个重要的节点，虽然不一定决定一个人一生事业的成败，却影响着个人事业的方向和前进的步伐。

在职业选择中，不同人的职业价值观不同，所要达到的目标也不同，但是也有一些一般性原则和规律需要遵循。具体来说，在择业的过程中应该遵循以下基本原则。

1. 选择社会所需要的

符合社会需要，是指一个人在选择职业岗位时，要把社会需要作为出发点和归宿，以社会对自己的要求为准绳，去观察问题和认识问题，进而决定自己的职业岗位。职业岗位是随着社会历史的发展而产生的，社会上每一个职业岗位的出现也都是社会发展的需要。没有社会的需要，就没有职业和职业分工，也就没有职业岗位的选择。因此，在选择职业时，大学生要把社会需要作为出发点，把个人意愿和社会需要结合起来、统一起来，使自己所选择的职业岗位符合社会的需要。不能不顾社会需要，一味追求"自我设计"，当个人利益与国家利益、集体利益发生矛盾时，要自觉地服从社会需要，到祖国最需要的地方去建功立业。

2. 选择专业对口的

专业对口是指求职者具有的专业知识、技能、经验与所要从事的工作、职业有直接的联系。经过几年的大学生活，大学生都掌握了某一专业的知识和技能，在选择职业时，要考虑选择能发挥自己专业所长的职业。一般来说，在选择专业之初，就已经基本限定了一个人今后的发展方向和前进道路。为了珍惜自己已获得的专业知识，学以致用，并在此基础上充分施展才能，更多的人选择专业对口的职业。对用人单位而言，也希望能选择专业对口的人才，不用花费太多的时间和经费进行培训，可尽快上岗。当然，我们这里所说的专业对口，是指基本对口，因为在实际工作中，完全的专业对口是较少的。这也要求人们在职业岗位上发挥自己专业特长的同时，还要主动适应职业岗位的需要。

3. 选择自己所喜爱的

无数事实证明，兴趣和职业的良好结合，可以铸就一个人一生辉煌的职业生涯。从事一项自己喜欢的工作，本身就能获得一种满足感，其职业生涯也会从此变得妙趣横生。从心理学的角度来看，一个人只有对某项职业有兴趣，才会从内心激发起对该事物强烈的求知欲和探索欲，才能积极地总结经验，摸索规律，有所突破、有所创造。因此，选择职业时，应尽可能考虑自己的特点，珍惜自己的兴趣，选择自己喜欢的职业。

4. 选择最有发展前景的

人在基本生存要求得到满足之后,有所发展就成为较高层次的需要,而人们所从事的职业恰好可以提供发展的契机。所以,在选择职业时也应该考虑职业的适合性、对口性;考虑部门领导的管理风格和人事制度;考虑单位的实力和风气;考虑单位所提供的机会、前途等条件,这都是促进或阻碍人们职业发展的因素。部分大学生认为条件好的大单位、大学校才有利于今后事业的发展,其实这是一种误解。我们知道,人才的成长受很多因素的制约,工作、生活条件只是其中一个方面。

5. 选择自己所擅长的

特长是一个人区别于其他人的特殊才能。一个人的特长是实现自身价值的资本,也是为社会做贡献的基本条件。人和人之间的个性特点,特别是工作的能力倾向等,是存在很大差别的。每个人都各有所长,又各有所短。在选择职业时,对自己究竟想干什么、能干什么,要有清楚了解,才能扬其长而避其短,最大限度地发挥潜力,有所成就。

6. 选择自己所需要的

职业目前对绝大部分大学生而言,依然是一种谋生手段,是谋取人生幸福的途径。谋职的首要目标在于获得个人生活的幸福。谁都期望职业生涯能带给自己幸福,利益倾向支配着一个人的职业选择。将个人需要按先后次序可排列成5个层次:生理需求、安全需求、爱的需求、自尊需求以及自我实现的需求。个人预期收益在于使这些由低到高的基本需求得到最大的满足,而衡量其满足程度的指标表现为收入、社会地位、职业生涯的稳定感与挑战性等。不同的人有不同的偏好,每个人都会尽可能满足其所有的需求。

7. 选择较稳定的

"求稳拒变"是中国人的传统性格之一。虽然职业中的"安全港"和"铁饭碗"已绝无再有,但"安居乐业"仍不失为一些人所追求的生活模式。特别是在大学生就业形势严峻的今天,寻求职业的稳定性仍然成为一些人择业的策略。有关专家归纳指出,在我国择业时所要追求的职业生活稳定性主要表现在以下3个方面。

(1)工作所能给予的地位、待遇等较为稳定。不求一时热、过后冷,大起大落、大喜大悲,只希望平平稳稳地安身处世。

(2)工作性质的稳定。流动性强的职业需要经常东奔西走,工作性质稳定的职业可以免受奔波之苦,也可避免自身生活由此而产生的矛盾冲突。

(3)工作内容相对稳定。由于科学技术突飞猛进,有些职业领域的知识要求和素质水平也在相应地进行不断的调整,这些都给人们带来强烈的危机感和知识更新的紧迫感。为了避免这些冲击,有部分人乐意在相对稳定的传统型职业中寻求相对的轻松。

总之,大学生在选择职业时,不可能所有条件都得到满足,必须分析哪些是主要因素,哪些是次要因素;哪些是现实因素,哪些是幻想因素;哪些是合理要求,哪些是不合理要求。要抓住主要的、现实的、合理的要求,抛弃次要的、幻想的、过分的要求。事实上,择业也是一种竞争。在这个人才济济的社会,大学生必须做好充分的准备,强化竞争意识,抛弃就业依赖性,发扬自强、自主、自立的精神,发挥内在的潜能,充分利用各方面的优势,选择好求职的突破点,勇于竞争,抢先推销,力争选择到适合的职业。

6.2.5 与大学生职业生涯规划相关的热点问题

职业生涯规划是一件关乎大学生终身发展的大事。在不断变化的社会环境中,如何根据自身条件和理想,准确定位,重塑自我,让自己的人生价值得到最大化的发挥,值得大家探讨。这里就大学生常常困惑的几个热点问题,简单讨论一下。

1. 专业与职业

大多数学生在报考大学时,往往是选择时下热门的专业,或者为了能够上大学而报读一些偏门的专业。但在大学学习或者参加社会工作时,却发现自己对所学的专业并不感兴趣,是培养兴趣还是另寻专业呢?其实,除了技术类学科和基础知识外,大学阶段学习到的知识真正能用到实际工作中的非常之少。大学教育主要是锻炼我们的思维能力,拓展知识的深度。因此,如果你对所学专业没有兴趣,建议你在步入社会时选择新的职业从头开始。

2. 择业与就业

很多大学生在选择第一份工作时非常谨慎,一定要选个跟自己的未来职业发展相符的企业才肯就业。但是,大学生大多只拥有理论知识,要去与那些已经拥有理论知识和实践经验甚至层次比自己还要高的求职者站在同一起跑线上竞争,无疑具有相当的劣势。加之大部分企业都偏重于实用而不愿投入时间栽培,一些大学生自我感觉良好、面试的印象也不错,结果却没有被录用,大部分原因就在于此。所以,这里建议大部分大学生选择先就业再择业。

3. 就业与适业

由于社会阅历和生活磨炼少,大多数大学生的情绪控制能力都欠佳,往往经不起失败和挫折,不能笑对生活。另外,还表现为急功近利,进入一家公司才工作三四个月,就以为自己学到了该学的东西,马上想着换新工作,去实现自己的职业理想。有的大学生以为十年寒窗都在花钱,踏入社会就是赚钱的好时机,甚至用频繁转换工作作为加薪的跳板。这里建议大学生步入社会时先沉淀下来,深入实践学习和积累,即使想要去进修深造,也要等三四年后再考虑,或者不脱产学习。既然就业了,就要学会适业、守业,适应现在的职业,锻炼自己处理问题的综合能力,为将来的发展奠定基础。要完全学习到一个中层岗位的知识技能(具有独立操作能力),没有两年以上的沉淀是不可能的。

4. 就业与考研

一边是日益严峻的就业形势,一边是日趋激烈的考研竞争,是直接就业好,还是考研好呢?对于这个问题,相当一部分大四学生面临着两难选择。

1) 考研能否规避就业风险

一份初步意向统计表明:在即将毕业的大学生中,有86%的人表示曾经考虑过考研。虽然从2000年起,我国研究生招生规模不断扩大,数量也不断增加,但是仍无法满足更快增长速度的考研队伍。我国现有的研究生教育毕竟是高级别的精英教育,不可能成为一种大众化的高等教育。这就意味着必定会有一部分想考研的大学生最终无法考上,也错过了就业的机会。

即使有一部分人通过自己的努力考取研究生,两三年以后就业形势与现在又不一样。事物总在千变万化,这种变化谁也不可能很准确地预料。另外,研究生毕业后即使起点高了,但社会经验和实践经验也同样欠缺,从某种意义上来说,也不利于就业。

2) 考研需要具备的条件

考研前,一定要从实际出发,综合自己的优势,认识自己的劣势,充分评估自己勤奋、吃苦等各方面的情况。如果自己确实没有与别人竞争的优势和实力,那就不要错过现有的就业机会。

考研是一个艰难的过程,需要付出充沛的精力。如果没有良好的身体做保障,就等于在起跑线上输了别人一程。考研是一场旷日持久的战争,需要吃苦耐劳的精神和超出常人的毅力意志。如果不具备一定的精神素质,"三天打鱼,两天晒网",那就很难在竞争异常激烈的考研队伍中胜出。考研过程中,涉及的各种复习资料名目繁多,是一笔不能小视的开支。即使考上了研究生,其学费也可能比较高。这就要求必须以强大的经济实力做后盾。这一点对于那些经济尚有困难的学子来说,也是一个必须正视的问题。

3) 先就业再考研

"先就业再考研"不失为一种两全其美的方法。在有较好就业机会的条件下先就业,经过几年的职场历练后,了解了目前的市场所需,考研就有了明确的方向。此时个人已经有了一定的经济基础,不用太担心考研而带来的经济压力。

究竟是选择考研还是选择就业,这一点因人而异。不过有一点需要注意的是,不管是选择就业还是选择考研,都必须摆正自己的心态,认清自己的位置,只有这样才能得到有利于自身的结果。

5. 就业与创业

在职业生涯规划过程中,大学生面临着就业和创业选择。其中,就业主要是在某个已经存在的、相对稳定的组织内从事常规性工作,获取稳定收入,表现为常规性、稳定性。就业又可分为两种类型,一种是完全就业,长期保持就业的常规性、稳定性;另一种是不完全就业,即先就业、再创业,通过就业积累各种资源,培养企业家精神,就业的根本目的是更好地实现创业。创业主要是通过整合各种资源自主开展一项事业,获得风险收入,表现为挑战性和创新性。

相比较于就业,创业有以下价值和优点。

(1) 有利于大学生缓解就业压力。大学生创业有利于解决大学生就业难的问题。创业能力是一个人在创业实践活动中自我生存、自我发展的能力。一个创业能力很强的大学生不但不会成为社会的就业压力,相反还能通过自主创业增加就业岗位,以缓解社会的就业压力。为此,国家各级党政部门纷纷把"鼓励和支持高校毕业生自主创业"作为化解当前社会就业难的主要政策之一。

(2) 有利于大学生实现自我价值。大学生通过自主创业,可以把自己的兴趣与职业紧密结合,做自己最感兴趣、最愿意做和自己认为最值得做的事情。在五彩缤纷的社会舞台中大显身手,最大限度地发挥自己的才能,并获得合理的报酬。当前社会鼓励大学生创业,虽然是为了化解就业难的问题,但从大学生自身来说,其创业的主要原动力则在于谋求自我价值的实现。只有增加大学生创业的比例,整个社会才能形成创业的风气,才能建立"价值回报"的社会新秩序。

(3) 有利于大学生提高自身素质。我国高校扩招以后,伴随着就业压力,大学生素质与我国高等教育的水平一直为人所诟病。在提高大学教育管理水平与大学生素质的各类探索实践中,大学生创业无疑是最经济、最有效的办法之一。通过创业实践,大学生可以充分调动自己的主观能动性,改变自身就业心态,自主学习,独立思考,并学会自我调节与控制。只有这样,大学生创业才能成功。对于一个能自我学习,懂得如何管理自己的时间与事务,善于拓展人脉,并能够主动调适工作心态,积极适应社会的大学生,其就业将不存在任何问题。

(4) 有利于大学生培养创新精神。创新是一个民族的灵魂,也是一个国家兴旺发达的不竭动力。青年大学生作为中国最具活力的群体,如果失去了创造的冲动和欲望,那么中华民族最终将失去发展的不竭动力。大学生的创业活动,有利于培养勇于开拓创新的精神,把就业压力转化为创业动力,培养出越来越多的各行各业的创业者。美国作为世界最发达的国家之一,大学生的创业比率一直在20%以上。美国前总统里根曾说过:一个国家最珍贵的精神遗产就是创新,这是国家强大与繁荣的根源。中国的未来在于大学生,中华民族的精神永恒则在于大学生旺盛的创造力与创新追求。

然而,大学生创业也有一些劣势。

(1) 大学生社会经验不足,常常盲目乐观,没有充足的心理准备。对于创业中的挫折和失败,许多创业者感到十分痛苦茫然,甚至沮丧消沉。大家以前创业,看到的都是成功的例子,心态自然都是理想主义的。其实,成功的背后还有更多的失败。看到成功,也看到失败,才是真正的市场,也只有这样,才能使年轻的创业者变得更加理智。

(2) 急于求成,市场意识及商业管理经验缺乏,是影响大学生成功创业的重要因素。大学生虽然掌握了一定的书本知识,但终究缺乏必要的实践能力和经营管理经验。此外,大学生对市场营销等缺乏足够的认识,很难一下子胜任企业经理人的角色。

(3) 大学生对创业的理解还停留在仅有一个美妙想法与概念上。在大学生提交的相当一部分创业计划书中,许多人还试图用一个自认为很新奇的创意来吸引投资。这样的事以前在国外确实有过,但在今天几乎是不可能的了。现在的投资人看重的是你的创业计划真正的技术含量有多高,在多大程度上是不可复制的,以及市场盈利的潜力有多大。而对于这些,你必须有一整套细致周密的可行性论证与实施计划,绝不是仅凭三言两语的一个主意就能让人家掏钱的。

(4) 大学生的市场观念较为淡薄。不少大学生很乐于向投资人大谈自己的技术如何领先与独特,却很少涉及这些技术或产品究竟会有多大的市场空间。就算谈到市场的话题,他们也只会计划花钱做做广告而已,对于诸如目标市场定位与营销手段组合这些重要方面,则全然没有概念。其实,真正能引起投资人兴趣的并不一定是那些先进得不得了的东西,相反,那些技术含量一般却能切中市场需求的产品或服务,常常会得到投资人的青睐。同时,创业者应该有非常明确的市场营销计划,能强有力地证明盈利的可能性。

6.3 大学生求职择业需要提高的自身素质

6.3.1 思想道德素质

用人单位十分看重择业者的思想道德素质，有的甚至提出了"以德优先"，因为一个人才能的发挥跟他的品德有很大关系。因此，大学生应该注重自己思想道德素质的提高。要确立科学、求实的职业思想观，切忌"眼高手低"；要拓宽社会视野，增强竞争意识；一定要培养良好的敬业精神。

敬业精神是一个人对所从事职业的投入与热爱，包括工作态度、工作作风、工作方法等。其中，对社会负责、对人民负责、保证工作质量、技术精益求精、能团结协作、能公平竞争，是非常重要的内容。目前用人单位除重视能力外，越来越看重一个人的敬业精神。如果没有良好的敬业精神，即使有一定的才华，也谈不上有竞争力，也会因落后而被淘汰。

要树立面向基层、艰苦创业的思想。准备求职的大学生，必须有面向基层、艰苦创业的思想准备。基层工作尽管比较艰苦，工作、生活条件和环境相对较差，但由于缺乏人才，急需大学生去开拓、去创业，因而大有用武之地。没有艰苦的锻炼，没有工作经验和能力的逐渐累积，又怎能作出前所未有的成就和担当重要的责任？大学生只要真正深入基层当中，扎扎实实地工作，肯定会大有收获。

6.3.2 知识与能力素质

随着时代和社会的进步，人们对人力资源的开发越来越重视，用人单位在挑选人才时，对求职者的科学文化水平和知识结构要求越来越高。一个人科学文化水平的高低，知识结构是否合理，是否具备相应的实践能力，决定其在求职择业时的成功率和相应的职位层次。要想有所作为，大学生应该尽早确立就业目标，自觉地把大学学习同今后的就业紧密地联系起来，拓展自己的知识面，建立起合理的知识结构，培养科学的思维方式；锻炼培养择业需要的实践能力；提高人际交往能力、表达能力、开拓创新能力、动手能力、组织管理能力；要积极参与社会公认的能力训练实践，以适应职业岗位的要求。

6.3.3 健康的心理素质

心理素质对大学生就业成才有着重大影响。对于一名大学生来说，需要调整好择业心态，做好充分的心理准备，勇敢地迎接挑战。

1. 克服择业中的心理障碍

择业是大学生人生中的一次重大选择，因此给大学生带来很大的思想、心理压力，也使很多人背上沉重的精神负担，部分大学生产生了这样或那样的心理障碍。这些既不利于就业，也影响了大学生的学习和生活。

心理障碍是由心理压力与心理承受力相互作用而使人失去应有心理平衡的结果。大学生在择业中出现的心理障碍多属于适应过程中的轻度心理障碍。其需要调整的心理表现主要有以下几种。

1) 焦虑心理

焦虑是一种以发作性或持续性情绪焦虑、紧张、恐惧为基本特征的病态心理。许多大学生在毕业前夕，都会产生各种焦虑心理。例如，自己的理想能否实现，能否找到适合发挥特长、利于自己成长的单位和工作环境；是否会被用人单位拒之门外，无颜见江东父老；自己的选择是否正确等。特别是一些长线专业、性格内向或有生理缺陷、成绩不佳、能力一般而又不善于"包装"自己、就业单位迟迟无着落的大学生，表现得更为焦虑。大学生择业中焦虑心理的一种表现就是急躁，尤其在职业未最终确定之前，这种心理特征就表现得尤为明显。有时恨时间过得太慢，感觉度日如年；有时又恨时间过得太快，最后期限将至，单位仍无着落；有时埋怨用人单位优柔寡断；有时怨父母、亲朋办事不力。特别是那些在规定期限内尚未落实单位的学生，心里更是急躁。这种急躁心理，往往使他们缺乏自我控制，心里紧张、烦躁不安、无所适从，有时会导致事倍功半，甚至事与愿违。

2) 虚幻型期盼心理

虚幻型期盼心理更多表现为幻想心理，是由心理冲突或害怕挫折引起的。在择业时，有些大学生希望能找到理想的单位和职业，但由于害怕面对屡受挫折后严酷的结果，采取一种逃避态度。他们往往幻想不参与竞争，就能如愿以偿找到理想工作单位；更有甚者，陷入自我欣赏、自我陶醉的深渊，幻想用人单位能主动找上门来，单位录用自己是"慧眼识金"等。有这种心理的大学生，很容易脱离现实，以幻想代替现实，择业目标与现实有很大的反差，很难找到理想职业。

3) 自卑心理

自卑心理是指由于受到暂时性挫折而产生的一种心理障碍。大学生在择业前，往往跃跃欲试，很想一显身手，大展宏图。一旦受到挫折，容易产生自卑心理，自信心大大减弱，自尊心受损伤，从而对自己全盘否定，感到一种空前的失败和愧疚。在择业时，他们往往缺乏自信心和勇气，不敢面对竞争，这在性格内向或有生理缺陷的大学生身上表现得较为明显。自卑不仅使其悲观失望、不思进取、错失良机，而且也有碍自身才能的正常发挥。

4) 怯懦胆怯心理

怯懦胆怯心理在大学生面试中表现得特别明显。面试前，一些人如临大敌、紧张不安、手忙脚乱；面试时，面红耳赤、语无伦次、支支吾吾、答非所问、手足无措。还有的谨小慎微，生怕说错一句话或因一个问题答不好，影响面试单位对自己的"第一印象"，以致缩手缩脚，影响了正常水平的发挥。因此，大学生必须平时积极参加集体和社团活动，培养自己的应变能力和语言表达能力。

2. 树立正确的择业和就业心态

大学生在积极进行心理调适、排除种种心理障碍的同时，还应进行心理锻炼，努力提高自身素质，树立正确的择业心态。

1) 正视现实

正视现实是大学生保持健康的择业心态的重要标志。正视现实，就是要正确认识现实社会存在的地区差异、供需矛盾以及就业现实与自身期望之间的差距，从实际出发，处理好现实与理想之间的关系。

2) 正视自身

"知人为聪,知己为明;知人不易,知己更难。"正视自身,要对自身的现状有充分的认识,即弄清自己的主要特长、学习成绩、各种能力、性格特点等;要根据自身特点和社会要求对自己的未来发展方向作出清醒判断。

1. 为什么说职业规划应从大一做起?
2. 大学生职业生涯规划包括哪些内容?如何进行职业生涯规划?
3. 为什么说拥有健康的心理素质是成功的必要条件?请举例说明求职择业过程中的不良心理问题有哪些。

 案例探讨

某大学在校生的一份职业发展规划

即 测 即 练

第 7 章 研究生的职业生涯规划

7.1 研究生就业情况分析

研究生是高层次创新人才,是国家建立创新体系和占据知识经济制高点的重要人力资源。改革开放以来,我国研究生教育快速发展,主动服务国家战略需求,提升了对经济社会发展的支撑和引领能力,1990 年,我国普通高校专任教师中,具有研究生学历教师的比例仅为 19.6%。到 2020 年,这一比例已达 64.1%,大大提高了教师队伍的整体素质。学术学位、专业学位(professional degree)研究生分类培养模式愈加完善,更加突出科教融合和产教融合培养,为社会主义现代化建设各行各业输出了大批高层次人才。另外,还应该看到,相对于本科生而言,研究生具有数量少、层次高、供需比高的特点。但是,2003 年各学校研究生扩招后毕业人数急剧增加,而外企特别是跨国公司对人才的需求却缩水,整个就业市场呈现供大于求的状况,这给研究生就业带来很大冲击。此外,扩招后一些研究生的个人素质有所下滑,但就业期望值居高不下,在一定程度上也加大了就业难度。

7.1.1 研究生就业大环境和就业方向分析

1. 研究生就业大环境分析

1) 研究生进入供大于求时期

据教育部公开信息披露,我国 2020 年研究生在学人数突破 300 万。而 1949 年研究生在学人数仅 629 人。中国教育在线统计数字显示,研究生招生数由 2012 年的不到 59 万人增加到 2020 年的 110 余万人。随着连年扩招,在校研究生的人数迅速增加,从整体上讲,社会已经无法提供同等数量的符合研究生就业期望值的岗位了。严峻的就业形势已经给研究生带来了巨大的压力,同时也改变了研究生在招聘会上的地位,许多以前研究生根本不考虑的单位,也要求应聘人员的最低学历为硕士。而在不限制学历的单位面前,本科生更是趋之若鹜,研究生的优势也发挥不出来。研究生已经失去了曾经的光环和优势,和本科生站在了同一起跑线上,开始同等条件下的竞争。

2) 研究生身价进入"调整期"

有学生感叹:"当年读研究生时是为了研究生毕业好找工作,没想到,毕业了,用人单位的要求变成博士了。当了博士了,没想到用人单位还要考虑以前读本科和硕士的学校名气。想着当了研究生工资待遇应该优厚一些了吧,可是刚刚入职拿到的薪水跟自己以前的大学同学也差不了多少。没想到啊,上了三年研究生,出了校门找工作还是跟大学时一样原地踏步,甚至还不如当年的就业环境。"在严峻的市场竞争中,研究生们对薪水的期望已经逐步趋于理性。随着就业压力的增大,研究生在求职过程中的心态也在不断地发生变化,正进行自我调整,以适应社会的变化。

3) 社会对人才的认识趋于理性

"唯学历"时代逐渐远去,社会对研究生学历人才的认识趋于理性,对人才的能力要求更加现实。有媒体报道说,因为眼高手低和"高不成、低不就",用人单位对研究生的实际工作能力提出了更高、更现实的要求。

4) 硕士研究生在就业中存在学科与性别差异

在就业过程中,由于劳动力市场对不同专业人才的需求量是不同的,所以一些热门专业(如工商管理、企业管理、通信、管理科学与工程、建筑学、计算机科学与技术、土木工程等)与传统文科专业(如历史、中文、哲学、教育学等)在就业形势上存在显著差异,即理科毕业生的市场需求量高于文科毕业生,他们较容易找到合适的工作单位。研究表明,研究生就业除了存在学科差异外还存在性别差异,即女硕士研究生在就业上处于弱势地位。

2. 研究生的就业方向分析

从就业领域来看,相对本科生而言,由于种种原因,研究生的就业面比较窄,一般来说主要集中在以下三个方向。

1) 机关、事业单位

机关、事业单位往往是研究生的首选。一方面这些单位对高学历毕业生的需求量相对较大;另一方面则和研究生们求安稳的心态有关。机关、事业单位虽然薪水不算太高,但有较完善的福利待遇,且工作稳定。很多单位都有评定职称、住房补贴等方面的优厚待遇。

2) 高校和科研院所

近两年来,高校成为很多研究生的就业首选。其中,博士研究生进高校可直接任教,硕士研究生则主要担任行政工作或辅导员等。科研院所同样也是研究生毕业时比较心仪的去向,主要原因是科研岗位与研究生的专业对口度较高,工作也比较有挑战性,且常有经费资助。

3) 外企或大型国有企业等单位

理科研究生到企业工作的相对较多,一般主要在一些大型国企或知名外企的研发、高级分析研究性等岗位,这些岗位能发挥研究生的专业特长,同时也有较好的福利待遇。相对于理科毕业生来说,文科毕业生到媒体、出版社等文化单位工作的则相对较多。

7.1.2 研究生就业面临的现实问题分析

随着研究生不断扩招,其学历"含金量"有所下降。目前很多人考研,大部分是因为目前的就业难状况。可是,读研之后就业问题就解决了吗?这不过是把大学生的就业问题延后几年,变成了研究生的就业问题,不要以为考研拿证就万事大吉了。研究生就业面临着以下几个方面的现实问题。

1. 区域偏聚、行业不均、结构矛盾

研究生就业市场上始终存在供需结构矛盾、就业地域扎堆、培养机制不适应市场需求、研究生职业规划意识淡薄、就业竞争力参差不齐等问题。

2. 专业素养是否真正得到提升

专业是影响研究生就业最明显的因素。冷峻的现实告诉我们,如果专业竞争力不强,即使是名牌大学的毕业生,可能也找不到理想的工作,而如果是热门专业,即使是普通院校的毕业生,也是"香饽饽"。"谁是 IT(信息技术)人才,谁就拥有金钱。"这句话说明了 IT 业蓬勃发展的势头,也说明了"人才饥荒"使得 IT 人才极为受宠。连续几年,IT、通信人才供不应求。

与此同时,随着时代和社会的发展,如金融业、保险业、咨询业、会计审计业、法律服务业迅猛走红,环境科学类、土木建筑类、管理类、外语类、生命科学类专业毕业生也将大显身手。

复合型人才越来越受欢迎,许多高校也显然已经意识到这个问题,所以各大高校都竞相推出了很多新的招生专业,如微生物与生化制药、生物化学与分子生物学、环境工程、诉讼法、刑法、经济史、广播电视艺术学等。相比之下,一些纯文科如中文、历史、哲学等专业的研究生,就业就比较"尴尬",他们中的很多人不得不选择专业之外的工作。

3. 是否有职业资格证书

在现在的就业市场上,仅有学历是不够的,还要有其他硬件,职业资格证书就是最有力的硬件。据有关资料,用人单位对职业资格证书的重视,已连续呈上升趋势。未来一个时期内,学历和职业资格证书并重的局面会进一步得到巩固,"持证上岗"将成为一种趋势。

基于这种形势,很多在校生特别是自学能力较强的研究生,都走上了考证之路。律师证、注册会计师证、土地估价师证、计算机证、外语水平证书乃至导游证、驾驶证,都成了热门证书,有的研究生甚至几证在手,找起工作来也是游刃有余。

4. 毕业学校和学科背景

在就业市场中,学校和学科的招牌很重要。一方面,很多用人单位都有些"名校情结",在同等情况下甚至是有一定差别的情况下,也会优先考虑名校的毕业生,即使来自普通院校的学生更出色些。另一方面,名牌大学的信息也更灵通些,招聘会更多也更具规模。这是因为用人单位首先想到的往往是去名校设展、招人,而普通院校则常常成为"被机会遗忘的角落"。结果是,到了招聘季节,名校里常常挤满了"外乡人"。

学校的背景和影响力还体现在为研究生就业的服务上。一些学校对研究生就业就像"女儿出嫁"一样热心和细心,不但主动出击,还十分注意研究生就业心理的辅导。部分大学研究生院主动出击,提前与用人单位联系,举办了校内供需见面会,为研究生和单位都提供了最广的交流机会。

5. 户籍政策影响

户口决定了很多人的去留。在一些户籍政策仍然比较"严谨"的地方,研究生特别是外地研究生受到很大的局限。在就业市场上,很多职位是仅限于"本市户口"的,由于没有落户指标,很多用人单位也是望人才而兴叹。

一些不具备专业优势的外地毕业生苦不堪言,只能在夹缝中求得出路。很多人索性离开了他们本想勤奋耕耘的土地,去他乡或国外效力去了。可喜的是,越来越多的城市开始放开户籍政策。

6. 男生、女生不一样

虽然"妇女解放"已经很久了,但在就业过程中,很多女研究生还是遭遇到了一些不是滋味的事情。很多用人单位明里暗里地对性别提出了要求,有的索性就是不要女生,甚至有的招聘者本身就是女性,但却更加"不讲情面",还说什么"正因为我是女人,所以我知道女人就是不行,我坚决不要女生"。而事实上,许多女研究生都是非常优秀的,不仅才智过人,还不失女性固有的宽容、细致、体贴、亲和等优点,在一些岗位上,有着比男生更为出色的表现。

7. 年龄因素也必须考量

研究生队伍是最具梯队特征的群体,从二十几岁到三十几岁乃至四十几岁,应有尽有。不同的年龄、不同的背景,决定了不同的就业要求。年纪轻的,多希望去闯一闯,更适应紧张的生活节奏,想法中有很多模糊的成分,而年纪稍大的,多希望稳定中求发展,比较倾向自由的工作,想法更加明确而现实。

用人单位对年龄也各有所求。对体能、可塑性有要求的,多倾向聘用年轻人,而看重经验、从业背景的,则多倾向聘用年龄稍大、有一定工作经验的研究生。水就这样流向不同的方向。

8. 职业经历也很重要

在激烈的市场竞争中,用人单位也不得不现实起来,如果你没有相应的从业经历,就很难进入一些领域,如传媒业和财经界。这就要求学生在学习期间能进行一定深度的社会实践,对期望进入的行业有所了解。

研究生兼职和创业已不再是新鲜事,问题是实践的针对性和高度参差不齐。有的人在校期间就已经成了很优秀的记者、管理人员,有的还自己创业做了老板,而有的却还在做着兼职。不同的社会实践,也为日后的就业埋下了伏笔,许多研究生找到理想工作都得益于社会实践。

一些大学也意识到研究生社会实践的重要性,努力给他们联系和提供实践机会。部分大学就实施了弹性学制,允许研究生分段完成学业,鼓励研究生承担开发难度高、具有开创性、失败概率大的风险性课题,并建立了开放式培养体系,参与国际交流,允许研究生在学期间根据课题需要到国外大学进行合作研究。

9. 学历越高,可选择的就业范围越窄

在就业市场,适合硕士、博士毕业生的职位寥寥无几;在学历要求的信息栏,满眼望去多是要求"学历本科";根据每年的就业去向统计,研究生,特别是学历更高的博士,无非集中在高校、研究所、政府机关,远不如本科生有更多选择,遍地开花。学历越往上,难道就业之路真的越窄?一些岗位出现了学历高配现象,博士生到中小学当老师,研究生到幼儿园当老师已经不新鲜了。

10. 文科生就业不如理科生

长期以来的"重理轻文"思想,让大多数人认为,搞研究、做学问是理科的专长,因此,

拿一个理科的硕士、博士学位,能给就业找个高起点,而文科生恐怕会越读越难找工作。同济大学的相关就业信息表明,建筑、土木工程、环境科学、电子信息、机械、交通运输、汽车工程等专业的毕业生很"抢手"。这些现象似乎证明了理科研究生就业上的优势。

11. 某些博士毕业生的薪水不如硕士

一些机构的薪酬调查数据显示,硕士学历者的年薪中位数要高出博士的年薪中位数8 000元之多,博士生薪酬竟比不上硕士,这岂不让二十几年寒窗苦读,期待"高飞"的博士们心寒?

7.1.3 研究生独特的就业特征

从以上就业市场表现来看,研究生在毕业求职过程中,表现出独特的就业特征。归纳起来,优势有两条,劣势也是两条。

1. 两大优势

1)专业知识和技能较强

与大专生、本科生相比,硕士和博士研究生在知识的深度、广度和技能的熟练程度等方面优势明显,特别是博士毕业生。大多数研究生都有跟导师一起做课题的经验,理科研究生还有参与实际项目的经验,这些经验对求职有很大的帮助。很多大公司的技术研发岗位之所以青睐研究生,就是看中了这份经验。

2)求职目标更为明确,心态更成熟

与本科毕业时相比,在研究生阶段有了更多时间来考虑未来发展,思考自己的人生定位,对职业发展有了一个相对更加长远的计划。

2. 两大劣势

1)年龄较大,受家庭等牵绊的压力较大

按正常的入学年龄,本科毕业后直接考研的硕士研究生毕业时年龄差不多在25～26岁,而博士研究生则至少30岁,一些在职考研的研究生毕业时年龄更大。绝大多数研究生在就业问题上比本科生更需要考虑家庭、婚姻等生活上的现实问题,这也限制了他们在就业去向上的一些选择。

2)部分研究生眼高手低,就业期望值较高,心理落差大

研究生们在毕业时的就业期望值肯定比较高,主要表现在对单位性质、薪水待遇、工作岗位层次、专业的对口度、工作的稳定性等方面要求较高。期望值高了,要求自然就多,可供选择的岗位便少了。同时,对于那些从本科一路读上来的研究生和非应用型专业的学生来说,学历虽然高,但工作经验可能是零,这一劣势也使得这些人与中高层技术和管理岗位无缘。

研究生本来是就业优势群体,可随着人才高消费的降温,加上自身择业观、心态、就业信息不畅通等原因,如今的就业道路不再一帆风顺,甚至还会屡屡碰壁,心理落差大。

7.1.4 研究生职业生涯规划现状

1. 研究生就业信心不足

一项上海某高校的调查结果显示,55.6%的硕士研究生对就业抱有信心,但是43.2%

对就业没有信心。为什么就业信心不足？最为关键的原因,就是学生们在校学习期间没有对自己的将来做一个系统完整的规划。据调查,在就读的研究生中,只有24%的硕士研究生认为自己有非常明确的规划；76%没有进行规划,其中48.5%想过但是没有具体规划,13.7%认为自己是跟着感觉走,依然抱着等机会、看形势的想法。由此可见,现阶段在校的研究生对于职业生涯规划的意识还是十分模糊的。

2. 研究生职业规划教育薄弱,就业观念缺乏理性

国内大学生的职业规划教育起步较晚,针对研究生的职业规划教育更是严重滞后。相关职业规划教育开展非常少,至今鲜有高校专门开展针对研究生的职业规划教育。

此外,长期以来,研究生教育定位于高层次专业人才培养,从学校到课题组,从导师到研究生本人,对求职能力的提升都不够重视。遇到激烈的就业竞争环境时,研究生的求职技能往往捉襟见肘,造成了高层次专业人才的巨大浪费和研究生就业市场的不规范发展。

3. 半数以上的研究生没有明确的职业规划

调查显示,一部分研究生在大学期间接受过不同形式的职业辅导,如与职业相关的讲座(占12.4%)、企事业单位的实习机会(占9.2%)、公开发布的职业信息(占7.8%)、个别辅导(占4.6%)和活动训练(占4.4%)等,但是在接受调查的对象中,仅有38.0%的研究生了解职业生涯辅导,53.7%的研究生认为职业生涯规划对人生和事业的发展非常有作用或比较有作用,33.7%的研究生不清楚职业生涯规划的作用,11.9%的研究生认为不太有作用或完全没作用。调查结果还显示,女生比男生更加认可职业生涯规划的作用。

由此可见,现阶段在校的研究生对于职业生涯规划的意识还是十分模糊的,面对急剧变化的社会,研究生目前最苦恼的问题依次是就业压力大、学习压力大、经济压力大、所学专业没前途、干扰因素太多,很多研究生静不下心来,无所适从。另外,很多研究生没有进行规划,仍然跟着感觉走。读本科时,面对就业压力,选择考研,但是,考上之后怎么读,自己的兴趣在什么地方,目标在哪里,对这些问题部分硕士研究生并不是非常清楚,由此导致定位不准确。第一年上课,第二年做课题,第三年找工作,这一简单而又普遍的硕士生三年生活模式,并不能使研究生们从容地面对三年后的就业压力。虽然现在回避了本科时的就业高峰,可是在不久的将来,将会面临更为严峻的就业压力。

7.2 学术型研究生的职业生涯规划

我国研究生教育培养方向大体有两类。一类是普通硕士(学术型),另一类是专业硕士。专业学位是相对于学术型学位(academic degree)而言的学位类型,其目的是培养具有扎实理论基础,并适应特定行业或职业实际工作需要的应用型高层次专门人才。专业学位与学术型学位处于同一层次,培养方向各有侧重,在培养目标上有明显差异。学术型学位按学科设立,以学术研究为导向,偏重理论和研究,培养大学教师和科研机构的研究人员。

7.2.1 学术型研究生的职业发展方向

学术型研究生首选的职业发展方向，便是直接沿着学术研究的方向走下去。这适合于那些对学术研究有真心，对学术问题有兴趣，渴望探知现象背后未知规律的学生。当然，除此之外，在性格方面也有一定的要求，能静下心来做科研，甘于寂寞，尤其是在眼下这个科技不断发展、外界影响因素较多的时代里，这一点最为宝贵。我国的著名科学家钱学森、华罗庚、陈景润、袁隆平等，乃至享誉世界的爱因斯坦、霍金、牛顿等一代科学大家，无一不是经历孤独寂寞的洗礼，才有了重大的发现和惊世的贡献。

学术型研究生的学术研究之路，重在培养自己的创新能力。这是因为，无论是提升个人的科研实力和职业竞争力，还是社会的发展、国家的进步强盛，都离不开各方面的创新能力的提升，特别是科技创新能力。科研创新是科技创新的基础推动力，而如物理、化学、生物等基础学科的研究需要通过不断的创新，才能取得有价值的创新成果。若是真正下决心走此路，并且各方面条件都比较贴近符合，那么研究生三年的时间是匆忙而又充实的，因为学术型研究生要掌握做研究的基本技能；强化专业的基本知识；学会写可以对外发表的研究论文；能出席相关的中外论坛年会做报告，进行学术交流等。这些都是为自己以后做学术研究打基础。为了在以后的职业生涯里能得心应手地做科研，在研究生的三年内把基本功打扎实、建牢固是非常重要的一件事。有志从事科研工作的学生可以运用一些科学的管理方法，给自己划分阶段，制订目标，督促自己，积极地去练习科研的基本功，早日成为一名合格的科研工作者。

多数学术型研究生毕业后不是进入高校、研究所等科研单位从事学术研究，而是去企业，多是从事与产品研发设计有关的工作，因此，企业研究设计等技术岗位也非常需要有基础研究能力的学术型研究生。在校期间的研究能力培养和提升，对于胜任企业研究设计岗位同样重要。

7.2.2 学术型研究生的职业发展规划

作为一名学术型研究生，当然可以制订终身学习研究的职业规划，如继续进修、访问学者、考博、博士后、出国考察或访问等。把学术当作自己生命的一部分，成为自己生命的内在构成，积极以学术为依托进行社会服务，如培训、咨询等。另外，也可以毕业进入企业，跟其他类型的研究生一样进行社会工作，创造自身的价值，回报社会。

1. 充分认识自己的发展状况

了解自己可以说是研究生学术生涯规划的首要步骤，也是未来事业成功的保证。要通过自我反思和评估及环境分析，充分认识自己的发展状况。这是研究生进行学术生涯规划的基础。

1）自我反思和评估

自我反思和评估是研究生对自己的各方面情况所进行的一种回顾、分析、总结和评价。自我反思和评估是生涯设计的基础，是自我主动成长发展的基础。研究生必须对自己做全面分析，主要包括自己的兴趣、特长、性格、学识、技能、智商、情商、思维方法、道德水准以及学术组织管理、协调、活动能力等方面的内容。通过自我分析,认识自己、了解自己,选定适合自己发展的学术生涯路线,从而对自己的学术生涯目标作出最佳抉择。

2) 环境分析

研究生在制订个人的学术生涯规划时,要分析环境条件的特点、环境的发展变化情况、自己与环境的关系、自己在这个环境中的地位、环境对自己提出的要求以及环境对自己有利与不利的条件等。只有对这些环境因素充分了解了,才能在复杂的环境中避害趋利,使学术生涯规划具有实际意义。环境分析的内容主要包括组织环境、政治环境、社会环境和经济环境。

2. 确定学术生涯路线

在选定从事学术这一职业后,为实现职业目标和职业理想还须考虑向哪一路线发展。虽然同为学术这一职业,但也有不同的岗位、不同的发展方向。是走纯学术路线向业务方面发展,还是也向学术行政方面发展,抑或两条路线同时进行?学术研究方向如何确定?是与导师一致,还是选择其他导师,或是自己开创一个新的研究领域?

希望往哪条路线发展?主要根据个人的价值观、理想、成就动机和兴趣等主观因素,分析自己的人生目标,以便确定自己的目标取向。适合往哪条路线发展?则主要考虑自己的智能、技能、情商、性格、特长等客观因素,分析自己与他人的优劣势,确定自己的能力取向。可以往哪条路线发展?主要考虑自身所处的内外环境等,分析挑战与机会,确定自己的机会取向。3 个问题有确定答案后,进行综合分析,确定自己的学术生涯路线。

3. 设定学术生涯目标

学术生涯目标的设定,是学术生涯规划的核心。通常目标按时间可分为短期目标、中期目标和长期目标。短期目标一般为 1~2 年,又可分日目标、周目标、月目标、年目标。中期目标一般为 3~5 年。长期目标一般为 5~10 年。

研究生应以自己的最佳才能、最优性格、最大兴趣、最有利的环境等信息为依据,制订出切实可行、明确具体、与自己未来所在大学或研究所协调一致的个人学术生涯目标。职业生涯目标要制订得高低恰到好处、长短配合恰当,并且与生活目标结合考虑。

4. 制订行动计划和措施

在确定了职业生涯目标后,要使职业生涯设计变为现实,必须按照计划去行动。这里的行动,是指落实目标的具体措施,如采取什么措施开发自己的潜能,如何提高教学水平、科研能力等,都要有具体的计划与明确的措施,以便定时检查和落实。学术生涯设计能否实现,很大程度上取决于能否立即行动。

5. 评估与反馈

影响学术生涯设计的因素很多,有的可以预测,有的难以预测。要使学术生涯设计行之有效,还需要时时审视内外环境的变化,不断地对职业生涯设计进行评估与修订。修订的内容包括:生涯路线的选择;目标的修正;实施措施与计划的变更等。

7.3 专业学位研究生的职业生涯规划

7.3.1 专业学位研究生的培养方向

专业学位是舶来品,从世界范围内看,发展专业学位研究生教育已经成为世界主要发达国家迎接新科技革命挑战、发展知识经济的重大举措,尤其欧美发达国家,专业学位研究生教育占有更加重要的地位。30 多年来,国务院学位委员会先后批准设立了 40 种硕士专业学位、6 种博士专业学位,涉及国民经济和社会发展的主干领域。我国专业学位类别不断丰富,招生规模不断扩大,培养模式和管理方式不断创新,培养质量不断提高,社会影响力不断增强。在有关部门和社会各界的大力支持下,在培养院校和广大教师的积极努力探索下,中国特色专业学位研究生教育制度逐渐形成并不断完善,有力地适应了经济社会发展对高层次应用型专门人才的需要,见表 7-1。

表 7-1 各专业学位类别设置情况

专业学位类别	设置时间	专业学位类别	设置时间
工商管理硕士	1990 年	应用统计硕士	2010 年
建筑学学士、硕士	1992 年	税务硕士	2010 年
法律硕士	1995 年	国际商务硕士	2010 年
教育硕士、博士	1996、2008 年	保险硕士	2010 年
工程硕士、博士	1997、2011 年	资产评估硕士	2010 年
临床医学硕士、博士	1998 年	警务硕士	2010 年
兽医硕士、博士	1999 年	应用心理硕士	2010 年
农业硕士	1999 年	新闻与传播硕士	2010 年
公共管理硕士	1999 年	出版硕士	2010 年
口腔医学硕士、博士	1999 年	文物与博物馆硕士	2010 年
公共卫生硕士	2001 年	城市规划硕士	2010 年
军事硕士	2002 年	林业硕士	2010 年
会计硕士	2003 年	护理硕士	2010 年
体育硕士	2005 年	药学硕士	2010 年
艺术硕士	2005 年	中药学硕士	2010 年
风景园林硕士	2005 年	旅游管理硕士	2010 年
汉语国际教育硕士	2007 年	图书情报硕士	2010 年
翻译硕士	2007 年	工程管理硕士	2010 年
社会工作硕士	2008 年	审计硕士	2011 年
金融硕士	2010 年	中医硕士、博士	2014 年

专业学位作为具有职业背景的一种学位,是为了培养经济建设和社会发展所需要的高层次应用型专业人才,其与学术型学位相比,处于同一层次,只是类型不同、规格不同,各有侧重,在培养目标、招收对象、课程设置、培养方式以及知识结构、能力结构等方面有特定要求和质量标准,区别于教学、科研型人才的培养要求。专业学位研究生教育必须以职业需求为导向,以实践能力培养为重点,以产学结合为途径。随着我国社会主义市场经

济的发展和知识经济的来临,社会各行各业的从业标准和知识、技术含量日益提高,对于应用型高层次专门人才的需求在量上和质上都提出了迫切的、更高的要求。

教育部数据显示,2021年研究生报考人数达377万人,再创历史新高。随着学历贬值趋势日渐显现,本科生不考研已经很难顺利就业,尤其是一些冷门专业的本科生,不得不考研。在考研之前,学生需要弄清楚专业学位和学术型学位的区别,也就是专业硕士和学术硕士有什么区别,应该怎么选择。

1. 培养目标不一样

专业硕士培养专业技术上的人才,学术硕士是培养理论研究的人才。正是因为如此,每年绝大部分的考生都是选择专业学位,毕业后可以从事与所学专业相关的职业工作,如工程师、医师、教师、律师、会计师等。而学术型学位的硕士研究生侧重于理论研究和学术研究,主要的工作岗位就是学校教师、科研院校科研人员等。

2. 培养方式不一样

专业硕士以专业实践教育为主,学术硕士以理论研究教育为主。例如临床医学专业的专业硕士学位研究生除第一学期有部分课程以外,其余时间都是在临床一线跟随导师出诊,基本上不搞科研。而临床医学专业的学术型学位研究生则全程都是在学校进行学术研究,不上临床,也不跟诊学习。

3. 可选专业不一样

专业硕士可选专业少,学术硕士可选专业多。因为专业学位硕士主要以职业需求为导向,因此专业学位的硕士可以选择的专业只能是与实践息息相关的技术性专业,如兽医、风景园林、林业、临床医学、口腔医学、公共卫生、护理、药学、中药学、中医等。而学术硕士可以选择的专业则包括所有招生的专业,即哲学、经济学、法学、教育学、文学、历史学、理学、工学、农学、医学、军事学、管理学、艺术学13大学科,及其下设的一级学科、二级学科,涵盖所有的专业方向。

4. 导师制度不一样

专业硕士实行双导师制度,学术硕士执行单导师制度。因为专业硕士要进行一线实践学习,需要在职业实践中提高专业技术能力,因此既要求有校内导师,还必须有校外导师。而学术硕士则是全程在校内学习,只需要一个校内的导师即可。

此外,专业硕士与学术硕士在入学考试难度、调剂方式、学费、学制等方面还有一些区别。总体上来看,由于现在的经济社会发展需要职业技术人才,因此专业硕士比学术硕士更吃香。所以,在同等条件下,应该是优先选择专业硕士而不是学术硕士。

7.3.2 专业学位研究生的职业规划要注意的问题

伴随着科学技术的发展,新知识、新理论、新技术不断出现,社会对于专门人才的需求呈现出大批量、多样化、高层次的特点。世界各国都主动适应这种变化,积极进行专业人才培养,大力提高专业人才的培养层次和规格,大力发展专业学位研究生教育。

由于知识、学科、职业不断分化,越来越多的职业进入专业领域。职业的专业化水平越高,对职员的任职资格要求也就越高,所以教育、工程、医学、法律和管理这些职业对从业人员的知识和能力都提出了更高的要求。职业化和专业化是专业学位研究生进行学习和制订职业生涯规划的两大重要特点。

1. 专业学位研究生的培养和职业发展的目标定位

专业学位研究生教育人才培养目标主要是满足社会对特定职业领域专门人才的需要,培养具有较强的专业能力和职业素养、能够创造性地从事实际工作的高层次应用型专门人才。因此,专业学位研究生的培养和职业发展的目标定位主要体现在以下四个方面。

1) 满足社会对高层次专业人员的需求

随着经济的发展和产业结构的变化,社会对高层次人才的需求也日趋多样化,不仅需要从事基础理论研究的人才,而且需要大量高级管理人才和复合型高级专门人才。随着科学技术在工业中越来越广泛的应用及其与生产越来越紧密的联系,越来越多的企业设立独立于大学的研究机构,为此也需要雇用受过更高层次教育和训练的人员来从事复杂的研究与开发工作。满足社会的需要,尤其是劳动力市场对高层次、应用性专业人才的迫切需要,是专业学位研究生培养和职业发展的首要目标。

2) 按不同专业要求培养不同专业学位研究生

作为高等教育的组成部分,专业学位研究生教育的发展也离不开高等教育的发展,特别是大众高等教育的发展。在一定意义上可以说,正是高等教育的大众化带来了专业学位研究生教育的多样化。此外,高等教育大众化带来的文凭通胀(credential inflation)也是影响专业学位研究生教育的主要因素之一,原先要求学士学位的专业,现在要求具有硕士学位或博士学位。美国的职业型研究生教育不仅开设传统课程,还开设"第一职业学位课程",这类课程学制灵活,学生自主选择,学生毕业后可获得相关职业的专业硕士学位和博士学位。而英国和澳大利亚在20世纪90年代初期都进行了高等教育体制的改革,为以应用学科为主的专业学位研究生教育的实施创造了条件。我国目前批准设立了40种硕士专业学位、6种博士专业学位,涉及国民经济和社会发展的主干领域,已经基本满足广大在职人员继续专业深造学习的需要,也基本能够涵盖经济社会发展的需求。有一定的专业基础和实践经验,按照自己所从事的专业领域,审慎选择符合自己的专业和兴趣爱好的职业,避免过大的跨专业学习,或是各类专业研究生应该注意的问题。

3) 着力提升专业学位研究生的职业能力生成和发展

开设专业学位研究生教育,培养面向实际领域、直接参与社会发展的高层次应用型人才是大学的重要任务。与学术型学位研究生教育不同,专业学位研究生教育把学生的能力和职业发展视为教育的核心,这在一定程度上反映了大学理念的变化。由于一个成熟专业的科学知识体系往往已被系统、普遍地组合成大学的专业学位课程,修完这些课程的毕业生则是该领域的准专业人员,于是大学的专业学位研究生教育与职业的任职资格就产生了紧密的联系。在社会诸多职业走向专业化的背景下,许多国家已将获取专业学位作为从事某种职业的先决条件。未来,我国的专业学位研究生培养也将更加注重专业化和职业化发展,专业学位研究生在报名和选择专业时,就应该对未来的职业发展规划有一个清晰认识,尽可能避免专业路线不清晰、专业基础空白、赶时髦扎堆的专业研究生目标和方向的选择。

4）发挥工作和职场在知识创造中的作用

专业学位教育越来越重视教育的弹性，越来越强调与专业实践的整合，大学与职场之间的关系向着越来越强调伙伴合作的方向转变，对于新知识的产生也有着更加宽广和复杂化的理解。因此，专业学位研究生的学习过程，也是知识创新和创造过程，带着实践中的问题来学习，在学习中不断总结实践经验，从而深化某个领域的专业知识和规律性的认识，这是专业学位研究生在学习和实践中必须重视的问题。不是做一个知识的被动接受者，而是一个理论联系实际、善于发现实践中的问题、善于总结经验的知识创新和创造者，这是专业学位研究生培养和职业发展的最高境界。

2. 专业学位研究生培养和职业发展的实践探索要点

1）突出专业学位研究生教育的实践性，加大应用型人才的培养力度

学术型学位研究生教育主要是根据学科专业需要，培养教学和科研领域的专业人才，其重点在于培养学生的学术创新能力；专业学位研究生教育主要面向经济社会各产业部门的专业需求，培养从事特定职业的专业人才，如医生、工程师、律师、教师等，其重点在于培养学生的知识应用能力。目前，在具体实施过程中，专业学位研究生教育存在逐渐偏离实践性的定位，而滑向追求"学术标准"的现象，最终导致了它与学术型学位研究生教育的培养目标十分相像的结果，甚至一些学校把"纯学术"研究提高到与应用研究同等重要的地位。未来，专业学位研究生培养思想与实践，要更加重视研究与解决专业领域中的实际问题，重视个人实践能力和专业技能的培养，即培养具备实践能力、掌握高度专业性知识的人才，但各专业和领域都有其明确的就业指向性，社会效用明显。

2）加强督导和评估，为实现专业学位研究生教育发展目标提供保障

目前，尽管专业学位论文在字数要求上比传统学术型学位论文略少，但其论文的框架结构、学术水准、评审与答辩程序等方面存在与学术型学位论文雷同问题。未来，应该考虑采取一些变革措施，如用"小组合作研究"来取代传统的学位论文评论；用档案袋式的评价方式；工程专业学位包括工程硕士和工程博士的教育质量，可以考虑采用毕业生学习产出维度进行评估；也可以请第三方评价机构根据行业用人标准对专业学位进行专业认证，保证培养的专业学位人才更契合行业标准，避免学校人才培养与行业需求的脱节，促进学校与行业的交流，以提高教学资源利用率。

3）努力探索符合专业学位研究生特点的人才培养方式

开展专业学位研究生教育过程中，需考虑专业学位研究生的特点，突出专业情境和实际问题，实行分散学习与脱产学习相结合的办法。这样既方便了在职人员的工作，也有利于他们结合自己的专业情境和专业问题进行学习与研究。在学习方式方面，可以采用全日制和部分时间制模式，也可以采用线上与线下相结合的教学模式，还可以采用课堂教学与现场教学、实践场景和应用场景教学相结合的方式进行。

4）立足经济社会发展实际需求，提升专业学位研究生教育服务社会能力

在迅猛发展的社会需求和学校内部适应性变革的双重推动下，"象牙塔"在现实意义上已不复存在，直接面向区域的社会服务成为现代大学的主要职能之一，与地方社会经济联系紧密的专业学位研究生教育更是如此。美国丹佛大学丹尼尔商学院在培养专业学位研究生的过程中，坚持认为企业与个人都是社会的一部分，应承担一定的社会责任，因此

积极倡导服务学习。学生在一个学术季度(通常为10周)要参加8~10小时的社区服务,并在最后一节课上与同学们分享其经验与反思。美国的专业学位研究生服务学习具有目标不特定性、非功利性、内容非专业性、重视反思和经验交流、受政府等各界的重视和支持等特点。英国为改进专业学位研究生教育与工商界的联系和合作,政府和大学做了大量的工作,通过联合培养研究生、鼓励专业学位研究生教育与生产结合等措施,使专业学位研究生教育服务社会能力得到了很大的提升。

扩展阅读7-1:40岁以上报考研究生应谨慎 需提前做好规划

这些国际经验为我国专业学位研究生培养和职业发展提供了借鉴经验。

7.3.3 社会需要什么样的工商管理专业学位研究生

从以往MBA毕业生的状况来看,容易找到高薪、如意职位的是那些在某个行业中有5~10年工作经验、在不同的部门工作过、职位在不断提升、职业目标明确的学员。除了一些硬性的条件之外,领导能力、沟通能力、团队凝聚力、诚信度等软性的因素也起到重要作用。

一份来自上海市某高校的调查显示,职业规划和定位是企业招聘MBA时的评价标准之一,尤其是金融、咨询、加工制造行业的企业,将职业规划和定位视为最重要的标准。但是MBA学员中有职业规划和定位者少之又少,一项调查显示,国内70%左右的MBA在入学时,都对自己未来的职业定位和职业发展感到困惑,不知道将来到底应该从事什么职业,对企业更看重MBA什么素质不清晰。

企业在招聘MBA时看重他们哪些方面的素质?上海某高校曾对50家企业进行了此问题调查,得出来的结论是,总体来看,无论哪个行业的公司,都不是很看重MBA学生的学习成绩、学生工作(班干部等)、参加与公司业务有关的社团或俱乐部。此次调查再次印证,受访公司对于MBA学生的全职工作年限都很看重。

1. 一定年限工作经历是必需

米其林轮胎的招聘负责人表示,现在的MBA含金量应该说,与以往不能相比。很多企业都希望那些已有3~5年工作经验的MBA能再多些,进入企业后能直接上手管理工作,减少培训成本。而目前的状况是,不少读完本科的大学生直接去攻读MBA,不能充分理解企业对人才的需求,与一般硕士生没多大区别。

西门子移动通信招聘的商务经理要求便是有EMBA学历或MBA学历,但需有6年以上工作经验。招聘负责人表示,工作经验和实践能力仍然是企业关注的重点。他们不会也不放心将一个管理要职交给一个毫无经历的人,他的学历再高,也往往只是纸上谈兵,碰到实际问题仍然会束手无策。

2. 借MBA转行、转岗有局限

很多人读MBA是为了改变现状,有的是对目前的工作不满,有的则是对本科所学的专业不感兴趣,希望通过读MBA,转到管理者岗位,甚至转到另外一个行业。但是,实际上本科所学专业也是企业对求职者很重要的一个衡量标准。上海一家大型企业集团主要

招聘具有医学背景的 MBA。"管理人员本身必须懂技术，这样才能在下属遇到专业问题时及时给予帮助。没有专业背景的管理者永远只是一个'门外汉'，无法从根本上管理好自己的团队。"招聘负责人如是说。

大量的案例表明，企业通常希望录用的 MBA 具有同行业、同职能领域的工作经验，如果是转行的 MBA，最好有同一职能领域的经验，很少企业会接受彻底的转行、转岗者。

3．职业忠诚度

针对一些 MBA 为了高薪而频繁跳槽，许多企业把衡量 MBA 的职业稳定性和职业忠诚度作为一个重要考量指标，希望 MBA 学生能够爱岗敬业，持续在某一专业领域有所作为。很少企业会接受一年之内甚至是几年之内多次跳槽者，或者频繁转行、转岗者。

扩展阅读 7-2：企业对 MBA 学生最不满意的是什么？

7.3.4 MBA 学生应注意的问题

1．MBA 专业化的发展趋势

近十几年来，管理、战略规划类的高级管理人员一直是 MBA 招聘和求职的热点，所占比例均为七成左右。市场策划、推广、调研类招聘企业的比例大约在五成。

有发展空间的职位类别如采购、物流类等供应链的管理职位也成为 MBA 求职的热点。应聘行政类职位的 MBA 面临着非常严峻的局面，企业需求的比例连续多年下降，相比于其他职位竞争相当激烈。

MBA 学生在学习过程中要在专业上有所侧重，使自己的知识结构和职业素养更加专业，同时注意在毕业应聘时对自己进行专业化的包装，在大众化的 MBA 群体中更加具有自己专业化的鲜明特色和专业化的职业素养，才可以使自己在职场中更具竞争优势。

2．MBA 学习的 4 个境界

很多人对 MBA 学习存在误区，认为基本按照学校的课程安排走下来就行了，其实不然，MBA 的学习要有 4 个境界。

1) 听懂

在学校课堂上能听懂是 MBA 学习的第一步，是掌握基本概念的基础。有些 MBA 学生原来学习时偏科，如有人原来数学学得不好，就很怕财务课，这对以后工作非常不利。作为一个经理人员，如果不精通财务，就很难深入把握企业经营规律，在管理工作中难免碰壁。

2) 吃透

光听懂不行，还得吃透，这又是一个不同的境界。谈到任何一门课程，能不能用三五句话简要地概括出来，是衡量是否吃透的标准。如果这门课让你来讲，讲 3 天怎么讲？讲 3 小时怎么讲？讲 30 分钟怎么讲？讲 3 分钟怎么讲？如果是 30 秒呢？不但能讲，还得让人听得明白。所以，真正吃透的人，不是在课堂上给 MBA 讲明白，而是在工作中给从来没有学过管理的人讲明白。

第 7 章 研究生的职业生涯规划

3）打乱

吃透了还要能够打乱，因为 MBA 学习的是结构化的知识，单个概念明白，堆在一起可能又糊涂了。一个课程中的概念放到另一个课程中又是什么意思，需要很好地串在一起，这就像小孩子的拼图游戏，几百张零散的图片堆在一起，想拼成一张完整的图画，就需要先将局部的图画拆散。

4）重组

MBA 学习时所有的专业课程都是理论研究的思路，都是基于管理实践的总结和提炼，基本出发点是"管理理论"，但企业应用时一切出发点是"管理问题"。例如，企业现金流短缺、销售进度问题、销售政策问题、应收账款管理问题、产品质量问题、成本控制问题、采购付款问题、人员能力问题、人员态度问题等，不能按照财务单一的角度去分析和解决。

3. 学会"忘记"自己是 MBA

在大多数人的眼里，MBA 被誉为天之骄子、管理精英，在优秀的工商管理学院学习两年后，可以直接进入企业从事管理工作，收入至少上升一倍，因此很多人把 MBA 证书当作走向职业经理人的通行证，拥有 MBA 学历也成为一条通往成功的捷径。然而事实并非如此，MBA 们并没有成为中国企业的救命稻草，恰恰相反，败走麦城的消息却不绝于耳。同时，很多 MBA 也觉得在国内企业无用武之地。问题到底出在哪里？

众所周知，我国目前的 MBA 教育还存在一些弊病。首先是课程与市场需求脱节，在课程设置上更多考虑的是管理学的专业研究，偏重理论性；其次是教材缺乏，目前大多数 MBA 的教材都来自国外，与中国实际的情况有距离；最后是案例缺乏，特别是反映中国市场、中国企业的案例较少。因此，MBA 走出学校，走进企业，距离成为一名合格的职业经理人还存在着很大的差距。

管理理论是从过去无数的实践经验中提炼、总结出来的共性形成的学科。MBA 掌握了这些理论再去指导企业现在或者未来的经营，仅仅是利用了一些规律、法则，但每个企业又都是充满个性的。即使将管理理论吃透、学懂了，也只不过是了解过去，并不意味着在现实中就能一帆风顺。MBA 本身是一种职业选择，完成了 MBA 的学习仅仅是专业达到了标准，专业并不等于职业。对于 MBA 的学生来说，在书本上学到的是曾经发生过的经济事件，而面对的却是新形势下的新问题，书本上学到的解决方法并不一定适用。

MBA 不等于职业经理人，但 MBA 是孕育职业经理人的摇篮。MBA 学生只有在企业实践中锻炼处理各种问题的能力，才能成为合格的职业经理人——专业理论与实践管理能力兼具的人才。我国有 3 300 万家企业，如果每一家企业有一位 MBA，就需要 3 300 万，这样的现状也制约着 MBA 能量的发挥。管理者之间的交流需要共同的语言、共同的文化。MBA 是一种语言，一种语言只有一个人说是无用的，几十人在一个企业里说这种语言就好多了，就可以大大提高效率。因此，MBA 数量越多，价值就越大。目前 MBA 作为职业经理人队伍的后备力量的趋势表明，等中国的 MBA 队伍壮大到一定程度，孕育出真正中国职业经理人的土壤也就形成了。

当前社会上的期望值过高、关注性过重等问题往往使 MBA 在校学习期间无法保持平和的心态，但 MBA 必须正确认识自己。MBA 的学习仅仅是在理论上武装了自己，能不能真正将所学的知识运用到企业实际运作中还是未知数。只有忘掉自己身上的光环，拒绝五光十色的诱惑,摆脱高人一等的心理,甚至"忘记"自己是 MBA,才能有良好的心态,正确对待自己,正确对待工作,正确对待同事,珍惜每一次机会,把握好自己的职业发展方向。否则,会很容易陷入怀才不遇的状态,找不准自己的位置。

4. MBA 职业规划

MBA 职业规划具体的内容包括如下方面。

1) 领袖测评

职业方向选择首先是一个认知自己的过程,而对自己的了解可能比对应聘岗位的了解难得多。要想做好自我认知,一种科学性、系统化的自我认知测评工具对 MBA 来说,是非常必要的。

MBA 的职业兴趣、价值观、优势、劣势以及自己的经历,都会对职业选择产生影响,这是一个很复杂的过程。哈佛商学院职业发展测评工具——职业领袖(Career Leader)测评项目正式推出中文版后,清华大学经济管理学院和复旦大学管理学院等开始向学生提供职业领袖测评项目。整个系统通过"职业兴趣""工作回报价值观""职业能力"三个部分的测试提供了 33 种不同的职业发展道路,帮助学生更好地了解和分析自己,整合和使用关于自身的信息。它还可以为学生提供个性化的分析报告,使学生了解哪些职业适合自己、什么样的企业文化适合自己,同时明白这些职业发展道路所需的能力、各行业的信息及面试需要注意的事项等。管理学院结合测试的结果,为学生提供更为完善、更有针对性的个人职业发展指导。长江商学院采用了 career leader 测评体系,让 MBA 在求职前对自己有一个正确的认识。有了清晰的自我认知以后,MBA 才可以通过选择,聚焦自己的求职目标。

在美国,如何帮助学生做好职业生涯规划已经成为各商学院竞争的热点。因为就业压力非常大,职业生涯规划对学生非常有用,用人单位也希望他们招到的人才知道自己想要做什么,知道什么工作可以让自己发挥得更出色,让自己更有活力。当用人单位的规划设计与个人职业规划达到统一时,对二者来说都更有效率。哈佛商学院 MBA 职业发展部主任巴特勒博士表示,很多人把商学院教育作为一种投资回报率很高的项目,但实际上更应该把它当作一个人一生的投资。

2) 了解市场

如果说"领袖测评"是"知己",那么了解市场就是"知彼"。一位用人单位的代表在参加完 MBA 专场招聘会后说,企业的很多人才需求基本上都可以满足。

对 MBA 就业,有的学生仍然存在眼光高、期望值过高的现象,有的学生很理想化,眼睛总盯着平均年薪。虽然都拿着 MBA 学位,但毕业生在工作经历和能力上是有区别的,公司所提供的职位也有所不同,薪水自然会有差距。

3) 校友网络

在美国通过校友找工作,是很多 MBA 就业的重要途径。美国的商学院很看重校友网络,同一个学院毕业的学生很乐意为校友介绍工作,或为本校的毕业生提供实习的机会,或向本公司推荐自己的校友,或为校友提供就业信息。

在中国,很多商学院都开始重视建立自己的校友网络,各商学院的校友会成了 MBA 职业发展、寻找职位时的重要渠道。有的学校还开辟了网上平台,对所有 MBA 开放,让学生在网上搜索已经毕业的校友,向他们寻求帮助。

4) 猎头公司

对猎头公司来说,对各类专业人才的储备和推荐是其主要工作,有从业经验和 MBA 学历的人才正是猎头公司经营的"产品"。因此,MBA 要与一些猎头公司搞好关系,把自己的档案和个人职业意向在猎头公司备案,即使是自己近期没有跳槽意向,也应和一些猎头公司长期保持联系,以备紧急转岗时使用。

5. MBA 需要经常问自己的问题

在 MBA 的就业话题上,能否找到工作并非重点,重要的是如何找到适合 MBA 的职业发展道路。想做职业经理人,想有自己的企业,这是大多数 MBA 对自身职业规划的回答。但是,这并不是一个完美的回答,当你决心花掉很多积蓄跨进一所著名商学院的时候,MBA 应该问自己以下问题。

——你的职业目标是什么?

——你的人生目标是什么?

——你知道你目前的组织和将要去的组织或者你要创办的组织,其目标是什么?

——你为什么要跳槽?是单纯地提高收入水平还是追求职业发展?

你的职业目标是什么?很多人是迷惘的。你的人生目标是什么?或许是个人的事情,但很多人无法清楚地描绘出来。你在企业里每天工作,花掉了人生几乎一半的时间,却全然不知这个组织要干什么,你为什么要在这个组织。回答不了这 3 个问题,职业发展计划就无从谈起。

MBA 的职业规划与本科生、大专生并没有区别,根本在于两个问题:你想做什么?你最擅长做什么?回答这两个问题之后,才有可能确定进一步的人生目标。同时,MBA 需要将自己的职业目标与企业的组织目标结合起来。连组织的目标都不清楚的人,不可能是一个优秀的管理者。

最想做和最擅长做偶然会有矛盾。最擅长做什么和思维结构、知识结构、能力结构都有关,但是最想做的未必就是最擅长做的。如果最想做的和最擅长做的不一致,那就要看你是不是一如既往地追求最想做的事情。如果有这个激情和勇气,就应该一直走下去。

有的人频繁跳槽,目的只有一个,就是提高收入水平而不考虑个人专业是否对口、是否符合自己的兴趣、爱好,似乎频繁跳槽能够提高一个人的收入。这样的想法是非常片面的。个人收入乃至名和利,只是个人人格、知识、能力、贡献、绩效等的结果,只有把柱子立高一些,影子才会长一些。一些人往往忽略提升自己柱子的高度,而盲目地追求影子的长度,到头来只能是"竹篮打水一场空",在频繁跳槽中失去自我、失去职场需要的良好职业经历和个人品牌。

6. MBA 是消费品而非投资品

现在很多人仍然把 MBA 当作高投资、高回报率的职业发展"敲门砖",如果 MBA 教育的回报时间变成了 10 年甚至更长,MBA 是否接受?因此,可以把 MBA 形象地比喻为一个消费品,而且是一个高档消费品。

把 MBA 当作投资品,用数字评估 MBA 教育的投资回报率,比较读 MBA 前后的工资收入,都不是对待 MBA 职业发展的正确态度,会使自己在职业发展道路上心理失衡,斤斤计较,高不成、低不就。MBA 在自己的职业道路上,应该看到更远的地方,要有自己清楚的视野。

 复习思考题

1. 研究生就业的优劣势和就业方向有哪些?
2. 研究生为什么要进行职业生涯规划?
3. 学术型研究生和专业学位研究生的职业规划有什么区别?
4. 企业真正需要什么类型的 MBA?

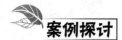

四位不同类型研究生的职业生涯规划分析

即 测 即 练

第 8 章　求职择业的路径与方法

求职择业是大学生人生道路上的一次重大选择,也是人生职业道路上必经的一个关口。在具有良好的思想品德素质、科学文化素质、身体素质、心理素质等综合素质的前提下,大学生求职择业还要掌握一些必要的方法与技巧,积极面对现实迎接挑战,努力实现自己的求职愿望。

8.1　选好第一份职业:职业生涯第一站

8.1.1　选择好第一份职业

选择确定第一份工作,对即将步入社会的毕业生而言,无疑是人生中的一次重大决策。在这种关键时刻,毕业生自然要征求亲朋好友的意见,有的干脆把决定权交给父母。实际上,别人的意见要听,但最终的决定还是得由自己作出。在了解个人的梦想、个性、能力和兴趣之后,要结合不同职业对从业人员的工作要求和生活习惯的影响,确定自己的职业发展方向。

1. 发现自己的内在需求

在选择第一份工作时,这里给大家一点建议。沉下心来,认真回顾自己过去的生活、学习经历,了解和分析自己的个性、兴趣和能力,然后思考一下自己的未来,聆听自己的心声,发现自己内在的需求。这样的沉思可以通过向自己提一些简单问题来进行,如下所述。

——我的梦想是什么?
——我对什么感兴趣?(将所有能够激发自己热情的东西列出来。)
——我做人和做事的价值观是什么?
——我具有什么样的天赋?

对于那些缺乏自省能力的人,可以找学校就业指导中心的辅导老师咨询或借助职业规划、性向测评等科学的方法来获得相应的指导意见。

2. 了解社会及企业的用人要求

预先了解社会及企业的用人要求,可以使大学生在择业时不盲目,做到心中有数。

1) 预先了解想应聘的单位

多方面预先了解想应聘的单位,可以让你从众多求职者中脱颖而出,你可以知道它们是否需要拥有你这种天赋、性格、技能和知识的人。另外,要看看你是否喜欢在那里工作。事先一无所知地从事一份工作,然后又马上辞职,这种做法是不可取的。

大致说来,从事新工作之前你可能希望了解以下内容。

——这家公司的真正目标是什么？是不是像它在年度报告上写的资料那样？

——这家公司的公司文化是什么？是冷漠无情，还是热情友善？

——这家公司的工作时间如何，灵活还是不灵活？

——这份工作实际要做什么？

——你最喜欢的技能是否能够施展？是否你有充足的人事技能，却不得不做一些浪费时间的简单工作？

——更多的是关于老板的事情，他喜欢为什么而工作？平时是怎样管理公司的？

——你未来的顶头上司是谁？性格如何？领导风格如何？优势是什么？

——这家公司或组织怎样解雇人？预算紧不紧？怎样要求你所在部门的运营？

所有这些都是进入一个新单位工作之前（如果你能够的话）应该研究的内容。当然，你不可能在面试之前了解全部信息。上面的问题是你的研究议程，同样也是你的面试议程——如果你能成功地进入面试阶段。

2）预先了解的渠道

大学生择业前预先了解的渠道有以下几个。

（1）朋友和邻居。

（2）互联网。

（3）公司印刷宣传材料。

公司本身可能会有关于其业务、目标等的书面材料，公司的总裁或领导发表的谈话，介绍公司的小册子或年度报表，等等。如何得到这些材料？在小公司里，接电话的人就是发放材料的人；在大一点的公司里，公关宣传部门或行政人事部门会发放这些材料。

公共图书馆也可能会有关于该公司的材料——剪报、文章等，还有一些书和目录，可以提供一些关于该公司的信息。

（4）从组织中的人员那里获得信息。你也可以直接去找感兴趣的公司，咨询一些问题，也就是信息面试。但是，要注意以下几个问题。

第一，要注意自己的角色。这时的你只是一个寻找者，尽力了解收集信息，看你和公司双方是否适合。

第二，必须确定你要接近的人是公司负责发布消息的人——接待员、公关人员、人事行政人员等，而且要在接近其他更高级人员以前接近他们。收集他们可以提供的所有印刷资料，然后离开。下次回来的时候，确保你已经消化了这些资料。

第三，必须仔细阅读关于公司的所有印刷资料。不要向公司中的任何人问那些在某处的书面材料中（或者网站）已有答案的问题。在你打扰他们之前，读完所有的资料。

第四，如果下属人员能够回答你保留的问题，就要与下属人员接近，而不是去接近他们的上级，除非老板是唯一知道答案的人。

如果来到一个你最感兴趣却难以进入的公司，可以首先走访一下类似的公司，通过这些公司了解这个领域的"行规"，有助于你进入这个你最感兴趣的公司。

（5）寻找临时性工作了解信息。

（6）通过志愿工作了解信息。

如果你不愿意广泛了解各个地方，一个直接有效的办法就是在那里无偿志愿服务

第8章 求职择业的路径与方法

2~3周,而且对方有权随时中断你的志愿服务。特别是你难以找到新工作以前,如果你极力想去一个新的领域,志愿工作最后能为你赢得一封很好的推荐信。

8.1.2 给第一次求职择业者的一些建议

对于即将步入职场的大学生来说,可以把找寻第一份工作当作一次考试。要想得到优秀成绩,必须立足现实,积极思考,根据自己的特点,找到一份对未来发展有积极作用的"优质股"工作。

为最大限度地避免"入错行"悲剧的发生,应该先分析清楚自己的优势、劣势,了解透彻自己的行为风格、工作方式,在此基础上确定自己将为之奋斗的行业。这也是你职业人生最关键的一步。行业确定后,再在这个行业寻找落脚点。具体来说,有如下建议。

——选择企业的大小,不如选择适才适所。
——选择气派的办公室,不如选择良好的企业文化。
——选择钱多钱少,不如选择一技之长。
——选择职业、选择公司,更要选择一位值得追随的老板。

除此之外,还需要明白以下几个道理。

(1) 你找到每份职业的乐趣和满足感都必须在于工作本身。如果你只能从收入或职位获得满足感,那你的美梦将逐渐变成噩梦。

(2) 把找到的每份工作都看作一次冒险。一次冒险意味着一系列不可预测的神秘事件,无人能事先预知的变故可能会展现在你的眼前。

(3) 把得到的每份工作看作临时性的。你的工作持续多长时间由老板决定。只要老板愿意,你的工作随时可能终止,而且事先可能没有任何预兆。因此,必须告诫自己:"这份工作只是临时的,能持续多长时间我并不知道。我得随时做好重新求职的思想准备。"

(4) 珍惜得到的工作机会。如果你现在的工作恰好是你梦想的工作,要带着感激的态度去珍惜它。也许不能持久,但拥有它的时候,必须好好品味它、享受它。

(5) 把找到的每份工作都看作一次学习机会。现在的社会、市场、技术变化很快,如果不学习新的知识、技能,迟早会被淘汰。

8.1.3 求职择业要注意的原则

求职指导时,重要的不是方法和技巧的灌输,而是要启发毕业生用不同以往的思维方式,在求职择业的过程中拥有辨别是非的能力,最终成功就业、顺利择业。这里介绍一下规范运用求职方法和技巧的五项原则。

1. 有所为,有所不为

职位万千,但并不是所有的职位都适合你。空有满腔热情,认为自己有能力胜任一切职位的想法是不切实际的。自认为"无所不能"也意味着你"一无所长"。"尺有所短,寸有所长",用人单位看重的正是你的"专长"。如果求职没有重点,或是试图证明自己是一个适合于所有职位的"万金油",就会输在求职竞争的起跑线上。

2. 意在笔先

求职的每一个步骤都应该包含明确的意图,在深刻领会用人单位职位要求的基础上结合自身特点,运用专业规范的求职行为有的放矢地求职。求职者较难把握的是用人单位真实的职位要求,只有尽量减少这种信息不对称的情况,才有可能求职成功。同时,还要多做换位思考,多方实践,从用人单位的角度出发,深入揣摩招聘人员的心理,有针对性地展开求职行为。

3. 用事实说话

要时刻牢记你需要做的是努力用事实证明自己的能力,而不是一厢情愿地把自己的主观评价强加给别人。

4. "屡败屡战"的精神

目前就业压力不断增大,求职周期不断延长,没有"屡败屡战"的精神,很容易自怨自艾、无所事事,最终浪费大好时机,与成功就业失之交臂。"天下没有免费的午餐",大学生也早已不再是社会的精英阶层,有些毕业生经历过一两次求职失败,就一蹶不振、无所作为。一味抱怨就业形势紧张是毫无益处的,不如做一些实质性的准备,提高自身的素质。求职过程本身就是不断学习、融入社会的过程,学会从失败中吸取经验教训,不断调整自己的求职行为,只有这样才能达到成功就业的目的。

5. 细节决定成败

在日益激烈的求职竞争中,任何一个细微的错误都有可能导致求职失败,所以在求职过程中一定要有严肃认真的态度。把握好求职过程中的每一个细节,处处体现出自己较高的综合素质和良好的职业能力,必会为你的求职加分不少。

8.2 有效利用人才市场

8.2.1 人才市场的基本知识

人才市场是指人才进行流动和交流的场所,也是人才流动和就业的中介机构,是劳动力市场的一个有机组成部分。它是人才开发、配置、利用、流动及其所有者、使用者经济利益实现的客观机制与环境的结合。人才市场是调节人才供求平衡的基础机制,同时又是实现人才与生产资料按比例结合的重要机制,是实现人才所有者、使用者经济利益要求的媒体,也是人才流动、人才储存和开发的场所。人才市场是社会与生产中主观生产要素市场,是市场组成中不可或缺的有机组成部分。

1. 人才市场的构成

人才市场的基本要素主要有人才需求、人才供销、人才供求信息、人才素质开发及评价、认证人才流动、人才价格、职业选择竞争、人才的开发和利用、保护人才的相关法律及人才服务机构等。

2. 人才市场的划分

根据我国高校的实际状况和发展趋势,高校人才市场系统宜划分为三级:中国高校人才市场、省级高校人才市场和校级人才市场。

根据人才市场的形式,人才市场可以划分为狭义的人才市场和广义的人才市场。我们通常所说的人才市场是指狭义的人才市场,是指学校和地方政府部门举办的有固定场所、具体的时间和地点、特定的参加对象的有形人才市场。具体来说,就是各种招聘会。广义的人才市场,也可以理解为无形的人才市场,主要是指毕业生联系工作不受特定的时间和空间限制,依据个人的意愿,自行选择,其外在表现是没有具体的时间、地点、没有固定场所的人才市场。只要符合人才市场构成基本要素都可称其为人才市场,如网络人才市场。

8.2.2 参加人才市场的方法与技巧

根据自己的爱好和特长、专业特点等实际情况,确定所要选择单位的性质、规模、地域等,参加人才市场的时候就可以有选择性地参加,不必"场场必到"。

1分钟的自我介绍,犹如商品广告,在短短60秒内,针对"客户"的需要,要将自己最美好的一面毫无保留地表现出来,不但要给对方留下深刻的印象,还要即时引起"购买欲"。

要认真制作一份真实全面的个人简历。求职者应详细介绍自己学过什么、做过什么和能做什么、愿意干什么,在实事求是的基础上,把自己的学历文凭、专业特长、取得业绩和获得荣誉一一展现出来。

找工作不可蜻蜓点水,没有耐心。许多时候坚持一下,用最诚恳的态度再介绍一下自己,既向用人单位表明了诚意,又多了自我推荐的机会。这种方式在冷门专业的优秀毕业生中更为适用,在众多的求职者中,只有自己的耐心和诚心才能引起用人单位的注意与兴趣。

注意收集招聘人员住宿地点,选择自己中意的职位,在合适时间可以登门拜访。参加招聘会的现场,求职者众多,用人单位只能将你的简历和推荐材料拿回到单位或住宿地点详细比较筛选。登门拜访这种方式能让招聘人员更多地了解你,也能让你更多地把握机会。

提前准备应聘时需要的英文资料。有时招聘单位的应聘表是需要用英文填写的,用准备好的英文自我介绍,与主考官交流一番,人气值会大大提升。尤其对瞄准外资企业的毕业生来说,这是必备的资料。

在招聘会上一定选择早场,在人流量少的情况下可以有机会到多家单位的招聘点了解情况,自我推荐。

另外,千万不要忘记网上求职。很多大公司、大企业只在网上求贤,制作一张精美的电子简历是十分必要的。

8.3 简历的写作方法与技巧

8.3.1 写好简历

应聘简历是求职过程中的敲门砖,是求职者的个人广告。内容充实而又富有个性的简历,将会脱颖而出,更早地吸引人事经理的眼球。一般说来,人事经理对应聘简历的重视程度,绝不会超过求职者对自己简历的重视程度。所以,即将毕业而走向求职道路的应届毕业生要珍惜自己的第一份求职简历。

为帮助应届毕业生写好简历,有关专家通过访问资深人事经理、阅读有关资料以及总结以往工作实践中所发现的应聘简历相关问题,编写了以下10个写好应聘简历的要领。

1. 个人基本信息

个人基本信息要简短而完整。姓名可以使用较大号文字(对难读的字最好注释汉语拼音)。性别是必要的。照片最好是标准证件照(除非与应聘职位有关,否则不要贴艺术照或生活照)。年龄要写明出生年月(日),并用括号写明"××岁"。户口与籍贯,最好写到省、(市)县。学历与专业,要列出所学专业名称。手机号码最好用"-"分隔开,E-mail地址可以用较大的文字标注且必须为常用地址,确保及时收到用人单位的通知。

2. 求职意向

求职意向是应聘简历的核心内容。求职意向应当尽可能明确和集中,并与自己的专长、兴趣等相一致。例如,计算机软件开发工程师、网络系统工程师;销售工程师或市场调研员;行政主管或办公室文员等。填写求职意向切忌空泛(例如,本人希望从事富有挑战性并能够发挥自己潜能和专长的工作,以实现自己的人生价值)和太多太杂。对自己意向中的求职目标,应事先多向几个有工作经验的人(最好是行家、就业指导老师或HR经理)咨询一下,并反思如何让求职意向和所学的专长结合起来。

整个简历的内容重点与经历素材的取舍,应以求职意向为中心展开书写。与求职意向无关的素材(知识技能、兴趣、爱好、培训内容等)尽量省略。

3. 经历叙述

经历叙述要做到顺序合理、衔接严谨,必要时可增加适当的备注。保持时间的一致性和连贯性是填写经历的基本要领。日期一般应当填写到月份。

实习经历应与工作经历区别开来。可能的话,对实习单位做一个简短背景资料介绍。例如,该分公司为××集团公司的下属单位,投资规模×××万元,职工××人,主要经销移动通信终端产品。

4. 技能、实习经历和社会活动的表述

要以可确认、衡量或公认的标准定义技能;以具体过程行动和结果说明经历;以收获和意义介绍社会活动。

对于技能,不要仅用"很好""一般""熟练""精通"表述,最好在这些词语后面解释或定义一下其含义。当然,最好用公认的证书、资格等级表述。没有证书和资格时,最好以做过的结果、事实描述。例如,精通韩语,在××届世界大学生运动会上为韩国网球队担任随队翻译;熟练的计算机能力,20××年暑期曾为××公司设计并铺设了公司内部网络(该公司有60名职工、40台计算机),等等。

表述实习经历切忌定位不准或夸大其词。例如,"出席了××论坛会",阅读简历者很难从中获得准确信息,不清楚求职者是作为一般听众、论坛服务人员还是论坛发言人出席的。又如"参与××小区中水处理系统的设计",究竟是总体设计还是局部设计?是计算、绘图还是组织协调?设计的结果如何、用户是如何评估的?这些都给人留下了很多疑问。

介绍社会活动时,很多人在简历中仅说明"担任学生会副主席",其他内容皆无。不知

其为学生组织做了哪些有益的活动、取得了哪些成果。重要的不是你是否担任学生会干部,而是你曾经为学生组织做过哪些有益的活动、承担了什么角色以及从中得到了什么收获、学会了什么本领、领悟了什么道理。

5. 兴趣、爱好、专长

介绍兴趣、爱好只需列出主要兴趣、爱好即可。爱好广泛,就等于什么都不专、不精。从兴趣、爱好中也可发现求职者的价值观、志向和个性特征等很多信息,有时可以从中发现该求职者的职务适应性。例如,好运动者,性格外向且单纯;爱下棋者,思维周密而好强;经常旅游者,见识广博而豪爽;喜欢读书者,志向专注且宏大。

泛泛地罗列很多兴趣、爱好,不如把一两项最擅长的爱好或兴趣表述得准确一些。例如,围棋业余2段;喜欢阅读经济管理类图书;爱好篮球,是校篮球队主力后卫之一等。

6. 自我评价

一般地讲,如果简历中的其他内容写得比较充实,"自我评价"可以省略,完全可以请阅读者去评价。若一定要写,建议把这部分写成对简历其他部分所陈述的事实的一个抽象性的概括,并且紧密结合求职意向(应聘职位),做一个最终的匹配和呼应。要注意的是,这里的每个概括(结论),最好可在简历中找到依据(必要时可增加简历内容项目),而不是干巴巴地使用概括词、形容词。

没有必要说什么"给我一个机会,我会还你一个惊喜;给我一缕阳光,我会还你一个灿烂",重要的是,你是否曾经创造过"惊喜"和"灿烂";也没有必要说什么"也许有人会在乎我所读的学校,但……",因为如果你自信,还怕别人不相信?另外,应届毕业生不要总强调自己没有工作经验。要知道,用人单位只要招收应届生,就已经考虑到了这一点。事实上,招聘单位需要的是求职者解决基本问题的能力、潜能和经验。因此,没有工作经验不等于没有解决问题的经验。

7. 自荐信

自荐信最好是专门针对特定的应聘单位、应聘职位而写。通用的自荐信有时还不如不写。认真地用手写方式书写一封自荐信,往往能给人很深的印象。写自荐信之前,应对应聘单位以及应聘职位有一定的了解。要了解应聘单位的基本信息,如注册资本、事业领域及方向、主要产品、企业文化、近来发生的大事等。关于应聘职位,最好仔细阅读招聘广告,可能的话,向行家(也可以向应聘单位的人事经理)咨询一下该职位的具体工作内容、任职条件等。

自荐信有话则长、无话则短,更没有必要把简历的内容重复一遍。

8. 简历的篇幅、字体、字号和"包装"

简历尽量控制在1页。必要证书复印件等附在后面,也可以在简历中注明在需要时或面试时提供。另外,为减少篇幅,简历没必要单制作封面。

简历所用字体不宜过多,字体多,则显得凌乱;字号不宜过小,字号小则使年龄大的人不戴眼镜阅读起来比较困难。

简历就是简历,重要的是在具体内容上下功夫。除此之外的任何过分的包装和修饰,在人事经理眼中都是一文不值的。

这里有一个小建议。用一张色彩鲜艳的小卡片——如小商品店出售的彩色报事贴或留言卡——打个回折拢住简历，用订书器钉好，写上自己的姓名和联系方式。这样可以使简历有别其他，又可为日后应聘单位与你联系提供方便。

简历用订书器装订一下很有必要。因为简历在投递之后，一旦被看重，将经过很多人手，传来传去很容易散落、丢失。

9. 用电子邮件发送简历的注意事项

邮件名称应单刀直入地点明主题"×××应聘××××职位"。邮件容量应控制在1.5MB以内。过大的邮件有可能给应聘单位带来麻烦。

尽量不要以附件的形式发送应聘简历。非要添加附件时，也应在邮件正文中简要地介绍一下自己的情况——写一封自荐信。切忌正文没有任何寒暄，强迫阅读者直接看附件。

对外发送应聘邮件时，注意也给自己"密送"一份，以确认邮件没有乱码。

为了谨慎起见，发送邮件后，给应聘单位的招聘主管打个电话，确认是否收到。当然，也可以在发送邮件时事先设定"请求阅读回执"。

10. 其他

薪酬要求中最好写一个范围，而不是一个数目。事先最好调查一下该职位的市场价位，不要提得太离谱。也可以写上"面谈"或不写。

所学专业及培训科目，仅列举应聘职位相关的主要科目，其余可省略。招聘单位一般要求提供学习成绩单。

开始工作时间，最好注明正式出勤工作的时间。学习之余打工的，不妨也写清楚可以工作的时间。因为有些单位有可能希望内定的应届生在可能的时间里打工，尽快熟悉工作环境。

如果不是应聘司机或者招聘单位的职位有特别要求，有无驾照无关紧要。

通常（外资企业）不要求填写父母、亲属等信息。

简历完成后，要仔细阅读几遍，也可以让别人帮助把把关。简历中一定要避免错字、别字。常见的问题是电脑打字时的词汇变换错误。不要因为自己检查上的疏忽，给应聘单位留下马虎、草率的印象。

8.3.2 一般性简历的写作基本要求

不同于大学生求职简历，工作以后求职的简历写法没必要千篇一律，都采用一样的格式。但不管如何布局安排，都要层次分明、简捷明了、突出重点。通常情况下，求职者多采用的是包括开始部分、中间部分和结尾部分的三段式写作方式。

1. 开始部分

开始部分包括标题、姓名、年龄、学历、婚姻状况、健康情况、联系地址、求职目标等。

求职目标要结合自己的实际情况填写，应该考虑的因素有专业所长、兴趣、待遇、能力、学历、年龄、性别、性格、爱好、社会习俗（其中兴趣与待遇最为重要）。例如，你一心想学好外语，并且打算在一两年内出国深造，那么就可以把旅行社、国际观光宾馆、贸易公司、外事机构、航空公司、进修学院作为优先考虑。对于特别热门、应聘人特别多的职业，要谨慎行事。简历中工作目标书写讲究简练清楚，最好不要超过40个字。

2. 中间部分

中间部分主要陈述个人的求职资格和所具备的能力。

（1）专业。其包括：自己所学的专业和业余所学的专业及特长；具体所学的课程等；自己所受教育的阶段；具体的证明材料、证书等。教育背景的陈述，要突出与招聘工作密切相关的论文、证书与培训课程等。

（2）工作经历和能力。要说明工作经历，尤其是与求职目标相关的工作经历，一定要说明最主要、最有说服力的资历、能力和工作经历。说明的语气要坚定、积极、有力，要有具体的工作、能力、关系等证明材料。写工作经历时，一般是先写近期的，然后按照年代的顺序依次写出。最近的工作经历是很重要的。在每一项工作经历中先写工作日期，接着写工作单位和职务。在这个部分需要注意的一点是，陈述了个人的资格和能力经历之后，不要太提及个人的需求、理想等。

3. 结尾部分

结尾部分多是提供证明自己资历、能力以及工作经历的材料，其中也包括自己的一些补充说明。例如，学历证明、学术论文、获奖证书、专业技术职业证书、专家教授推荐信等。这些材料可以列在另外的附页上，若有必要，可以附加证明人一项。但需要说明的是，在证明人栏目中要说明证明人的姓名、职务、工作单位与联系方式。若你同时对许多单位写个人简历，而难以提供许多对方熟悉且有说服力的证明人，也可以在简历结尾处注明"一经需要，即提供证明人"等。

8.3.3　写好简历要注意的问题

对于求职者来说，除了要具备和所应聘职位相当的实力，一份能充分展现求职者能力的简历也是非常重要的，因为对于招聘者来说，这是他们进行初选工作的依据。那么，如何才算是一份好简历呢？这里有一些建议，可供大家参考。

1. 简短

专家认为简历应尽量简短，如果你所应聘的是一个部门经理职位或专业技术职位，写上几页纸的简历也是正常的，因为应聘高级职位的人往往有过从事相关工作的经验，多写一些可以充分表现自己的经验。然而多数情况是，招聘人员根本无暇顾及那些超过两页纸的简历，简短的简历往往比冗长的简历难写。

简历是用来传递个人信息的，应该像公司的文稿一样非常简洁。不要有主语，最好是用电报式语言。简历中不要出现大段文字，每个段落不要超过3行。字体不必太大，小4号即可。不要用带有名头的纸。

雇主可能会扫视你的简历，然后花30秒来决定是否召见你，所以一张纸效果最好。如果你有很长的职业经历，一张纸写不下，试着写出最近5～7年的经历，删除那些无用的内容。

2. 内容突出

内容就是一切,简历一定要突出你的能力、成就以及经验。仅有漂亮的外表而无内容的简历是不会吸引人的。

简历要仔细分析你的能力并阐明你能够胜任这份工作。在强调以前的事件时,一定要写上结果。例如,组织了公司人员调整,削减了无用的员工,每年节约人民币55万元。

3. 消灭错误

很多求职者忽视了简历中的错误,如印刷错误、语法错误及标点符号错误。要记住简历是求职者的第二张面孔,雇主从简历上了解求职者的性格、做事的认真程度和个人文化素养等,所以不要低估雇主的眼力。

4. 强调成就

在简历中,千万不要简单列举你所担任的职务,应使用有分量的词,一定要强调你具备从事某项工作的技能以及你所取得的成就和证书。

5. 别过分谦虚

就和面试一样,你的简历不能太谦虚。你都说不清楚你能干什么,那谁又能说得清?

6. 自己动手

尽管有很多现成的简历样本,但最好还是自己动手写简历,因为你的简历代表你自己,而不是别人。

7. 为你的简历定位

雇主们都想知道你可以为他们做什么。含糊的、笼统的并毫无针对性的简历会使你失去很多机会,所以必须为你的简历定位。如果你有多个目标,最好写上多份不同的简历,在每一份上突出重点,这将使你的简历更有机会脱颖而出。

8. 强调成功经验

雇主们想要你用证据证明你的实力。记住要证明你以前的成就以及你的前雇主得到了什么益处,包括你为他节约了多少钱、多少时间等。

9. 力求精确

阐述技巧、能力、经验时要尽可能准确,不夸大也不误导。确信你所写的与你的实际能力及工作水平相当,还要写上你以前工作的时间和公司。

10. 写上简短小结

"小结"可以写上你最突出的几个优点。没有多少求职者愿意写这几句话,但雇主们却认为这是引起注意的好办法。

11. 花哨是祸

简历做得花哨,其用心良苦,可惜容易适得其反。例如,给简历设置封面,既浪费人事经理的时间,又浪费纸张。有的创意过于离谱和夸张,如有一份简历的第一页上赫然写着4个大字:通缉伯乐!还有的人在简历里面配上各种卡通图案;有的把简历搞得过于诗化,将长短诗句写进简历,让人不知所云。

12. 个人信息简洁

一些个人信息如婚姻状况、血型、身高等已不再是简历的必需，许多公司都乐意接受个人信息简洁的简历。

13. 最后检查

记住，你的简历应该回答以下问题：它是否清楚并能够让雇主尽快知道你的能力？有东西可删除吗？

扩展阅读 8-1：应聘败在简历上

8.3.4　网上简历如何突出自身优势

网上简历太长，审阅者未必有耐心看，所以必须简明扼要。简历中有几栏是用来给对方留下深刻印象的，也是决定对方是否给你面试机会的关键。写好这几部分的内容很重要，可以从以下几个方面着手。

1. 成绩

要以你的骄人业绩去打动未来的雇主，要注重对行动和结果的描述。要突出你的成绩，强化支持标题，集中对成绩进行细节描写，运用数字、百分比或时间等量化手段加以强化。

2. 能力

要对你的各方面能力加以归纳和汇总，扬长避短，以无可争议的工作能力和个人魅力征服未来的雇主。用词应简单明确、观点鲜明、引人入胜。

3. 工作经历

工作经历应当包括你所有的工作历史，无论是有偿的还是无偿的，全职的还是兼职的。在保证真实性的前提下，尽量扩充与丰富你的工作经历，但用词必须简练。从最近的工作经历开始，逐渐往前写，并保持每份记录的独立性。不要只针对工作本身，业绩和成果更为重要。要注意细节，用数字、百分比和时间等对描述加以量化，要避免使用人称代词。

4. 技能

要列出所有与求职有关的技能。可以回顾以往取得的成绩，对自己从中获得的体会与经验加以总结、归纳。可以附加一些成绩与经历的叙述，但必须牢记，经历本身不具说服力，关键是经历中体现出的能力。

5. 嘉奖

简历中的大部分内容是经历和成绩的主观记录，而荣誉和嘉奖将赋予它们实实在在的客观性。可用一些细节说明加以强调，避免使用意义不明的缩写，突出此嘉奖与你所求职务的相关性。

6. 职业生涯

职业生涯应着重强调你在相关行业中所获得的特殊专业技能和取得的成就。在提及技能与成就时越具体越好。可以按对所求职位的重要性，依次列出标题。对支持标题的能力和成就加以突出。用词应精练,宜少不宜多。

8.4 面试的方法与技巧

面试是通过当面交谈、问答对应试者进行考核的一种方式,不仅能考核一个人的专业水平,还可以面对面地观察应试者的体态、仪表、气质、口才和应变能力。与笔试相比,面试具有更大的灵活性与综合性,是用人单位常用的一种招聘方法。

如何顺利地通过面试,是大学生在求职择业过程中非常关心的问题,也是大学生能否成功就业的重要环节。以下就大学生关心的面试的种类、面试前的准备和面试的技巧、面试后的跟踪等问题进行较为详细的阐述。

8.4.1 面试的种类

1. 结构化面试

结构化面试即根据特定职位的胜任特征要求,遵循固定的程序,采用专门的题库、评价标准和评价方法,通过考官小组与应试者面对面的言语交流等方式,评价应试者是否符合招聘岗位要求的人才测评方法。结构化面试是指面试的内容、形式、程序、评分标准及结果的合成与分析等构成要素,按统一制定的标准和要求进行的面试。

2. 无领导小组讨论

无领导小组讨论指由一组应试者组成一个临时工作小组,讨论给定的问题,并作出决策。由于这个小组是临时拼凑的,并不指定谁是负责人,目的就在于考查应试者的表现,尤其是看谁会从中脱颖而出,但并不是一定要成为领导者,因为那需要真正的能力与信心,还需有十足的把握。

3. 半结构化面试

半结构化面试是指面试构成要素中有的内容做统一的要求,有的内容则不做统一的规定,也就是在预先设计好的试题(结构化面试)的基础上,面试中主考官向应试者提出一些随机性的试题;半结构化面试是介于非结构化面试和结构化面试之间的一种形式。

4. 情境面试

情境面试又称情境模拟面试或情境性面试等,是面试的一种类型,也是目前最流行的面试方法之一。在情境性面试中,面试题目主要是一些情境性的问题,即给定一个情境,看应试者在特定的情境中是如何反应的。情境模拟面试的理论依据是动机理论中的目标设置理论。

5. 问卷面试

问卷面试就是运用问卷形式,将所要考查的问题列举出来,由主考官根据应试者面试时的行为表现对其特征进行评定,并使其量化。它是面试中常用的一种方法,它的优点在于把定性考评与定量考评相结合,具有可操作性和准确性,避免了凭感觉的主观评价的缺陷与不足。

8.4.2 面试的内容

面试中，招聘者通过观察、提问、交谈、测试了解、判断求职者的修养、形象、气质、知识水平、表达能力、应变能力、心理素质、敬业精神等。其目的是加深对求职者的考察，看是否适合他们的需要。常见的面试内容包括以下几个方面。

1. 背景

背景主要考察毕业生的个人情况，如民族、性别、身高、视力等自身状况；家庭主要成员及社会关系；文化程度、毕业学校、所学专业、接受过哪些培训、从事过哪些工作、参加过哪些社会活动等。

2. 智商

智商主要考察毕业生的知识层次、所学专业课程、学习成绩、外语和计算机水平，等等。业务能力包括毕业论文、毕业设计、科研成果、专著以及实践能力、操作能力、组织领导能力、口才、文笔等。

3. 情商

情商主要考察毕业生的人生观、价值观、敬业精神、人际关系、适应能力、处理压力的能力和自我激励的能力等。

4. 形象

形象主要考察毕业生的相貌、言谈和仪表等。

8.4.3 面试前的准备

"机遇只垂青于有准备的人"，作为一名求职者，求职面试时应做好以下准备工作。

1. 资料准备

毕业生在面试时大多与用人单位是初次接触，彼此了解较少，况且在求职前尚未拿到毕业证书，这就需要毕业生通过具体的材料推荐自己，并向用人单位展示自己在校内外学习阶段的情况及其他情况。因此，在面试前要做好自荐材料的准备工作。自荐材料一般包括以下几个方面的内容。

（1）学习成绩材料，包括学习成绩单、英语和计算机等级证书等。

（2）荣誉证书。例如，三好学生、优秀学生干部、优秀团干部、优秀毕业生等，以及各种社会实践活动、各种竞赛活动的证书等。

（3）成果证明材料。例如，获得的发明专利证书和正在申请的专利材料，在报纸、杂志上发表的文章、论文，出版的专著和有一定价值的科研成果报告等。

（4）证明自己具备某方面素质或能力的其他材料。例如，汽车驾照、技能鉴定证书、大赛获奖证书等。

（5）个人简历、求职信、推荐书等。求职信是最重要的自荐材料，概括了求职者的全面情况，在一定程度上直接表现了求职者的个人素质，如文字的表达能力、书写水平等。

在做好自荐材料之后,必须将个人的有关情况,如个人简历、性格、能力、爱好、特长等反复阅读,以使自己在面对主试者时胸有成竹、信心十足。

在准备好个人资料的同时,还要掌握用人单位的有关资料。例如,单位性质、主要职能、人员结构、知识层次、规模和效益;用人单位对应聘人员的专业、能力、个性等专门要求。根据掌握的这些资料,结合自身的条件,有的放矢地采取策略,做好准备,面试的成功率就会提高。

2. 对面试可能谈论问题的准备

面试问题的准备,主要是对面试中可能提出的问题如何回答进行准备。不少大学生在面试前怯场、紧张,主要原因就是不知道面试中会提什么问题、怎样回答,心中无数,难免恐惧。因此,要在面试中轻松回答,就必须在面试前做适当的准备。尽管不同的用人单位所提的问题不同,但是大体上提出的问题是有一定规律可循的。

(1) 教育培训类的问题。例如,你从哪所学校毕业?什么系?简单介绍一下你的专业,你最喜欢的功课是什么?为什么?简要谈一下你的毕业论文或毕业设计,你的学习成绩怎样?在班上是第几名?等等。

(2) 求职动机类问题。例如,为什么来本单位应聘?你对应聘职位有哪些期望?你在工作中追求什么?等等。

(3) 相关经历类问题。例如,你参加过哪些社会活动?你在哪个单位实习过?时间多长?承担什么工作?你在工作中曾经遇到过什么困难?等等。

(4) 计划和目标类问题。例如,如果你被录用,准备怎样开展工作?有什么想法?有其他的工作机会,你怎样看待?你打算沿着这条职业道路走下去吗?进入我们单位你准备干几年?你是否确定在我们单位的奋斗目标?等等。

(5) 面试时可提出的问题。在准备时一定要注意,把问题限制在询问应聘单位职位的范围内;回避敏感性的问题,如工资、福利等个人要求;不要问简单或复杂的问题,简单的问题会显得你无知,复杂的提问又有故意为难主试者之嫌。

(6) 准备的方式。对可能提及的问题要先进行认真思考,考虑怎样回答和什么时机提出,然后将其要点写下来,反复说几遍,并模拟正式面试的情景,自问自答进行演练,甚至可与同学、朋友、家庭成员试谈一下。

3. 形象准备

在准备面试时,要事先整理思路,多花一些时间去思考如何"包装"自己,努力在面谈中从穿着打扮和精神面貌两方面入手,给对方留下良好的第一印象。

作为大学毕业生,千万不可在面试时大大咧咧、疏于准备、自以为是、不修边幅。文雅、得体的行为和谈吐,会给人们留下良好的第一印象。面试中个人的举手投足、一颦一笑,都可能影响面试的结果。

8.4.4 面试的技巧

1. 倾听

听是一种重要的交流信息的技巧。面试的实质就是主试者与应试者进行信息交流从而获得全面评价的过程,形式上充分体现在"说"和"听"上。应试者注意听,不仅显示对主试者的尊重,而且要回答主试者的问题就必须注意听,这样才能抓住问题的实质,否则就可能不得要领、答非所问。

因此,在面试中目光要专注,要有礼貌地注视主试者,并且要不时地与主试者进行眼神交流,视线范围大致在鼻以下、胸口以上,不要东张西望。要尽量微笑,适时爽朗的笑声可令气氛活跃,但绝不可开怀大笑。可以用点头对主试者的谈话作出反应,并适时说些简短而肯定对方的话语,如对、可以、是的、不错等。身体要稍稍向前倾斜,手脚不要有太多的姿势,如果漫不经心、表情木然,则必然伤害主试者的自尊心。

面试时,应试者除了注意倾听主试者的提问,同时要注意察言观色,做到有针对性地应付。要细心、敏锐,能捕捉到有价值的信息,能解读和"破译"这些体态语的真实含义。

2. 察言观色

要密切注意主试者的面部表情。例如,对方听了你的介绍,双眉上扬、双目上张,则是惊奇、惊讶的表情,可能表明你就是他们理想的人选,有相识恨晚的感觉。如果对方听了你的介绍后皱眉,则表示不高兴或遇到麻烦无能为力,等等;也可能表明你不是他们的"意中人",你则可以采取其他途径进一步努力。

要密切注意观察主试者的目光。对方听你自我介绍时,双目直视前方,旁若无人,则他的眼睛无声地告诉你,他是一个高傲的人、"了不起"的人。那么,你讲话时就要力争满足他的自尊心。如果对方的眼睛眨个不停,则在表示怀疑,你就力争把问题解释清楚。如果对方眯着眼看你,则表示他比较高兴,你的介绍可能打动对方,再继续下去,就可能成功。如果对方白了你一眼,则表示他对你或你的某句话反感,这时你就要特别注意。总之,只要认真观察,就会通过心灵的窗户——眼睛,把握对方的内心世界,力争主动权。

3. 语言表达技巧

准确、灵活、恰当的口语表达,是面试成功的关键。语言表达技巧有两个方面的要求,一是要做到表达清楚准确、通俗易懂;二是要做到动听,富有美感和吸引力。

面试中的交谈,受时间和内容的限制,不同于平时闲聊,绝不可漫无边际地"侃"。说话简明扼要,不完全是一个话语量多少的问题,即不能用说话的时间长短来判断。它包含了数量和质量的关系,就是用最少量的话语传递尽可能多的信息,通常要注意紧扣提问回答、克服啰唆重复的语病、戒掉口头禅。

通俗朴实是对应试者语言风格的要求,即指应试者的语言要通俗易懂、朴实无华。因此,应试者说话一定要注意突出口语的特点,努力做到上口入耳。在语言表达时,要通俗化、口语化,多用通俗词语,避免使用些文绉绉、酸溜溜或过于书面化的语言,既不亲切,又很难懂,往往事与愿违。要质朴无华,如果片面追求语言的新奇华丽、过分雕琢,就会给人以炫耀之嫌,必定会产生反感。

用形象和幽默风趣的语言有助于增强应试者的吸引力,融洽和活跃谈话气氛。在面试交谈中,应试者要注意避免使用枯燥、干瘪呆板的语言,尽量使语言生动、形象,富有情趣,给主试者以感染力,增强对你的好感和信任。

面试时谈话的节奏快慢,会影响语言表达的质量和效果。在面试中,语速最好是不快不慢。一般来说,面试中的问答是平铺直叙的,如介绍自己的一些基本情况、谈谈对公司前景的看法等。所以,在语速上不必像朗诵诗歌般抑扬顿挫,按照你平时回答教师提问时的语速说话即可。口齿要清楚,说话时注意句与句之间的间隔,使人感到你思路清晰、沉着冷静。

另外,在面谈时还应注意语气要平和、语调要恰当、音量要适中。语气是指说话的口气。语调则是指一句话的腔调,也就是语音的高低轻重配合。打招呼、问候时宜用上升语调,加重语气并带拖音,以引起对方注意,声音过小难以听清。音量的大小要根据面试现场情况而定。两人面谈且距离较近时声音不宜过大,集体面试而且场地开阔时声音不宜过小,以每个主试者都能听清你的讲话为原则。

4. 问答技巧

问答技巧包括应答技巧和提问技巧两个方面。面试中应试者主要是以回答主试者的提问来接受测评的,同时也应主动提出一些问题,来显示应试者的整体素质。

1) 应答技巧

(1) 先说论点后说论据。应试者在回答问题时,要考虑自己所说内容的结构,用尽可能短的时间组织好说话的顺序。一般来说,回答一个问题,首先提出你对问题的基本观点,然后再逐一用资料等论证、解释。这样既有利于应试者组织材料,又可以给主试者一个思路清晰的好印象。

(2) 扬长避短,显示潜力。如何在有限的时间内使你的优势充分体现、扬长避短、显示潜力,是一种艺术。这既不是瞒天过海,更不是弄虚作假,而是一种灵活性与掩饰性技巧的体现。例如,性格内向的人容易给人留下深沉有余、积极开放不足的印象。因此,性格内向的人在面试时衣着宜穿得明快些,发言时主动、大胆、热情,以弥补自己性格的不足。

(3) 遇到不便回答的问题可以拒绝回答。一般情况下,主试者在面试时不应提出有关应试者隐私或其他不便回答的问题。但是,有的主试者出于对某些工作的要求,或是出于其他原因,可能会对应试者提出一些棘手的问题。对于这样的问题,有过这种经历的应试者都不愿回答。即使回答,往往也是支支吾吾、含糊其词,给主试者留下不良印象。与其这样,不如直截了当地说:"对不起,我不愿回答这个问题。"

如果已经使用犹豫不决的态度说话,把气氛弄得很尴尬,就要及时警觉起来。此时,你也没有必要特别用心来缓和谈话的气氛,只要你对以后的问题用明朗的态度表明就行了。主试者知道你能坚持自己的意见,一般就不会再问了,坦然处之,反而会留下好的印象。

2) 提问技巧

(1) 提出的问题要视主试者的身份而定。不要不管主试者是什么人,什么问题都问,让主试者无法回答,引起主试者的反感。如果你想了解求职单位共有多少人、职称结构、主要业务方面的问题,就不要向一般工作人员提问,而要向单位负责人提问。

(2) 一般情况下,应试者可向主试者提出以下几个方面的问题。一是单位性质、上级部门、组织结构、人员结构、成立时间、产品和经营状况等;二是单位在同行业中的地位、发展前景、所需人员的专业及文化层次和素质要求;三是单位的用工方式、内部分配制度、管理状况、经济效益和社会效益等。

（3）要注意提问的时间。要把不同的问题安排在谈话进程的不同阶段提出。有的问题可以在谈话一开始提出，有的可以在谈话进程中提出，有的则要放在快结束时再提。不要毫无目的地乱提，更不可颠三倒四、反反复复提同样的问题。因此，在谈话之前，要将所要提的问题一一列出，按照谈话进程编出序号，以便在谈话时头脑清醒，知道提问的顺序。

（4）要注意提问的方式、语气。有些问题，可以直截了当地提出来，如贵单位人员结构、岗位设置等。有些问题，要婉转、含蓄一点。例如，了解求职单位职工收入情况和自己去了以后每天、每月有多少收入等问题，不可直接问，应该婉转地问："贵单位有什么奖惩条例、规定？""贵单位实行什么样的分配制度？"等。另外，在询问时，一定要注意语气，要给人一种诚挚谦逊的感觉。千万不可用质问的语气向对方提问，否则会引起反感。

（5）不提模棱两可、似是而非的问题。特别是提与职业、专业有关的问题，一定要确切，不要不懂装懂，提出幼稚可笑的问题，因为从提问中可以看出提问者的知识水平、思维方式、个人价值观等。

由于谈话的对象、时间、地点、目的不同，提问题应注意的事项不可能一一列举。总之，应试者要重视提问技巧的学习和运用，这对选择职业有很大影响。

3）摆脱面试困境的技巧

应试者在面试时，由于过度的紧张、长时间的沉默或一时讲错话会使自己陷入困境。遇到这种情况，若不能镇静应付，会影响自己整个面试的表现。因此，面试时应掌握以下几个方面技巧。

（1）克服紧张的技巧。应试者产生紧张情绪是正常的，适度紧张可以帮助应试者集中注意力，但若过分紧张，不仅会给主试者留下不良印象，还会使你无法正常地回答问题，使面试陷入困境。面试时要克服紧张的情绪，应以平静的心态参加面试，否则压力越大越紧张；面试前进行充分准备，不把一次面试的得失看得过重；深呼吸是缓解紧张的有效办法；不要急于回答提问者的问题，且回答问题时注意讲话的速度；如果的确非常紧张，最好的办法是坦白告诉主试者："对不起，刚才有点紧张，让我冷静一下，再回答您的问题。"通常主试者会同情你，而你也因为讲了出来，觉得舒服多了，紧张程度也大为减轻。

（2）打破沉默的技巧。有时主试者长时间保持沉默，故意来考验应试者的反应。遇到这种情况，许多求职者因没有思想准备，会不知所措，陷入困境。应付这种局面最好的办法是预先准备一些合适的话题或问题，乘机提出来，或是顺着先前谈话的内容，继续谈下去，来打破僵局，走出困境。

（3）讲错话的应对技巧。人在紧张的场合最容易说错话，如在称呼时把别人的职务甚至姓名张冠李戴。经验不足的应试者碰到这种情形，往往会懊悔万分、心慌意乱，越发紧张。最好的应付办法是保持冷静。若说错的话无关紧要，也没有得罪人，可以若无其事，专心继续面试交谈，切勿懊悔不已。通常主试者不会因为应试者一次小的失误，而放过合适的人才。若说错的话比较严重，为防止误会，应在合适的时间更正道歉。例如，"对不起，刚才我紧张了点，好像讲错了，我的意思是……请原谅。"出错之后，坦诚地纠正自己的错误，还有希望被录取。

（4）遇到不会回答问题时的应对技巧。在面试中，往往会出现紧张或是预料不到的情况,如有些问题不会回答等,这时请不要掩盖,应当坦诚说"这个问题我不会",千万不要支支吾吾、不懂装懂。不会就是不会,坦然地予以回答,反能给人留下诚实、坦率的好印象,进而反败为胜。

当遇到一时不易回答的问题,可设法延缓时间,边想边回答。或者直截了当地提出:"我想想,再回答您",然后在几分钟内,很快考虑怎么说、说什么,说不定会构思敏捷、思路清晰,能抓住要害。

(5) 做好碰壁的心理准备。对于涉世之初的大学毕业生,在面试时出现这样那样的失误是不足为奇的。关键是在你处于尴尬境地时,如何摆脱。其实,对于自己在面试中出现的小过失,不必太在意,结果不一定会那么糟。主试者不会因为一些小过失而不录用你,特别是女孩子,绝不能因自己说错话,就伸伸舌头、低头不语。最好的办法是不要把它放在心上,集中精力回答好后面的问题。假如为一开始出现的一点错误患得患失,把你的整个思路打乱,面试就很难成功。尤其是当主试者的提问触及你的弱点时,不要因此影响应试情绪,更不要出现愤怒和气馁的情况。只要保持良好心态,树立坚定的信心,就能顺利通过面试。

5. 应对主试者的技巧

面试是一项专业性很强的工作,主试者同样受这种职业的限制,他必须评价应试者,而且要做到含而不露。主试者在面试内容上大同小异,目的性也十分明确,但由于每个主试者的性格各异、兴趣不同,处世方式大相径庭,对问题的看法也不尽一致,就会使应试面对的问题格外复杂。因此,在面试时要根据不同类型的主试者采用相应的策略。

1) 文明礼貌,不卑不亢

在面试时,应懂得起码的社交礼仪,无论面对何种类型的主试者,都应注意礼貌,但也不能过分殷勤。任何单位都愿意挑选一些有作为、能为单位发展作出贡献的人,谁也不愿接收只会溜须拍马、卑躬屈膝、阿谀奉承的人。

有些大学生尽管毕业于名牌大学,成绩优秀,自身条件优越,笔试成绩良好,但在面试中却屡遭失败,究其主要原因是自恃条件优越,趾高气扬,盛气凌人,或者是自命清高,表情冷漠,缺乏热情。这一切都会引起用人单位的反感。虚荣心太强,也会导致你的面试失败。当自己被主试者发现了短处,自知找不到理由来解释,却强词夺理、牵强附会、拼命狡辩,会给人一种不虚心、不诚实之感。

2) 因人而异,区别对待

主试者的身份不同,用人观念和价值标准也不同。因此,面对不同的主试者,要采用不同方法。如果主试者是技术干部,就可能注重专业知识和技能;如果主试者是人事干部,就会注重应试者的社会意识和处世能力;如果主试者是领导干部,则注重应试者的合作精神、办事能力和应变能力。为取得面试成功,求职者可事先了解主试者的身份,再采取相应措施。若在面试前未能了解到他们的情况,可向面试完的同学咨询。

扩展阅读8-2:求职面试5类典型试题点评

8.4.5 面试后的跟踪

1. 总结经验，以利"再战"

面试结束，应试者不能认为万事大吉。要积极采取行动，设法让用人单位记住你，抓住时机，趁热打铁，真正把握成功的机会。面试结束后，适时总结面试表现。或向同去的同学询问，或向有经验的师长求教，你在面试中给对方留下的印象如何？回答提问时存在什么问题？有些重要的情况是否遗漏或未说清楚？回忆一下有哪些失误，找出弥补的办法，尽快争取主动。

扩展阅读8-3：经典面试题目解析

2. 保持联系，建立感情

面试结束后，应试者不能，静候佳音，一定要积极主动地与用人单位保持联系，建立感情。即使这次不录取，下次也可以给你机会。联系的方法很多，可打电话或登门造访，表示感谢、询问情况、加深印象。

3. 加深印象，强化优势

设法让自己"引人注目"，让对方在难以取舍时能关注你、重视你、记住你，把面试时准备的信息、资料、个人情况加以补充说明。向对方反复强调你的敬业精神，你对单位所具有价值的认识，要明确向对方表示，若你得到这份工作，会怎样加倍珍惜，努力干好。

4. 实地考察，争取试用

要利用多种渠道，想办法参观现场，调查研究，参加岗位实习。在实习中展示自我，不仅是了解用人单位、熟悉工作岗位的有利机会，而且有利于用人单位进一步了解你。

总之，在你参加完第一次面试后，不管成败，都可能有第二次面试的机会，一试定乾坤的用人单位很少。请记住，你的求职，下次有面试在等你。经过自我评估并不断改进，下次面试你一定会胸有成竹，令人刮目相看。

8.5 签约与报到

8.5.1 签约

通过双向选择，毕业生确定了用人单位，对方也明确表示同意录用后，毕业生就可以和用人单位签订由学校统一印制的协议书。该协议书明确规定了学校、用人单位及毕业生本人三方的责任、权利与义务。

实际上，学校发放协议书时，已加盖完公章，只要用人单位签字、盖章后即生效，具有法律效应。用人单位要求学院意见的必须由学院签署意见。

1. 签约的原则

1）主体合法

签订就业协议的当事人必须具备合法的主体资格。

对毕业生而言,就是必须取得毕业资格,如果学生在报到时未取得毕业资格,用人单位可以不予接收而无须承担违约责任。

对用人单位而言,必须具有从事各项经营或管理活动的能力,应有录用指标和录用自主权,否则毕业生可解除协议而无须承担违约责任。

对学校而言,各学院应根据用人单位的要求如实介绍毕业生的在校表现,也应如实将所掌握的用人单位的信息发布给毕业生。高等学校在毕业生签订就业协议书过程中应进行监督和指导。

2) 平等协商

就业协议的当事人在签订就业协议时的法律地位是平等的,一方不得将自己的意志强加给另一方。学校也不得采用行政手段要求毕业生到指定单位就业(不包括有特殊情况的毕业生),用人单位亦不应在签订协议时要求学生缴纳高数额的风险金、保证金。当事人的权利与义务应是一致的。除协议书规定内容外,当事人如有其他约定事项可在协议书"备注"内容中加以补充确定。

2. 签约时应注意的问题

毕业生就业协议明确三方的权利和义务,具有法律约束力,也涉及毕业生的切身利益,因而毕业生在就业签约时应注意以下几个问题,以切实维护自身在就业过程中的合法利益。

1) 查明用人单位的主体资格

签订就业协议的当事人必须具备合法的主体资格,一般而言用人单位必须具有从事各项经营或管理活动的能力,单位应有录用指标和录用自主权。由于就业市场招聘单位类型多样,不乏鱼目混珠的情况,因此毕业生在与用人单位签约时应慎重,要仔细了解用人单位的基本情况,才能作出正确的判断,以避免浪费其他的就业机会。

2) 按规定的程序签约

毕业生就业协议的签订应按照规定程序进行,毕业生领取的协议书是由学校统一印制并加盖学校和学院公章的,毕业生与用人单位一经签约即生效。

3) 有关条款的内容必须明确

毕业生就业协议一般由主管部门事先拟定,对毕业生与用人单位起示范作用。毕业生与用人单位经协商对有关条款可拟协商,还可以增加相关条款。因此,毕业生与用人单位在签约时,应尽量采用示范条款。如确有必要进行变更或增加,亦应在内容上明确,不要产生歧义;尤其是涉及福利待遇、工作期限、违约责任等应明确,否则一旦发生争议,由于事先约定不明确,不利于自身合法权益的保护。如无附加条款,应当将协议书中的空白部分划去,注明"以下空白"。

4) 注意与劳动合同的衔接

由于毕业生就业协议签订在先,为避免在日后订立劳动合同时产生纠纷,应尽可能将劳动合同的主要内容体现在就业协议的约定条款中,并明确表示在今后订立劳动合同时应予确认。否则,双方日后就劳动合同有关内容达不成一致意见,且事先无约定时,若毕业生表示不愿在该单位工作,用人单位反过来就会要毕业生承担违反就业协议的责任。另外,毕业生在就业过程中应就劳动报酬、试用期、服务期限等劳动合同的主要条款与用人单位事先协商,体现在就业协议中,并将协议结果书面化,而不应只做口头约定。

5) 对合同的解除条件做事先约定

毕业生就业协议一经订立,就对当事人具有约束力;一方不得随意解除,否则应承担违约责任。毕业生如对用人单位情况不是很了解或感到不完全如意,但又担心就业市场的变化,一旦放弃后落实就业单位可能更困难;或本人又在考研、准备出国。在这种情况下,毕业生可与用人单位在就业协议中就解除条件做约定。约定条件一旦成立,毕业生可依约解除协议,而无须承担违约责任,避免产生经济损失或其他争议。

8.5.2 派遣与报到

派遣内容、学校就业部门工作流程每个学校都应在其网站上公布。下面介绍一下毕业生到单位报到时应注意的常见问题。

(1) 准备好报到所需的材料,包括报到证、户口关系、身份证、党(团)关系、照片。报到证是毕业生到单位报到的唯一凭证,一定要妥善保管。

(2) 按规定时间报到。过早,单位可能在某些方面没安排好,如办公用品、住宿等;过晚,则影响培训。

(3) 报到受阻,要冷静,弄清原因。如果是个人言行引起单位不满,应主动承认错误,以求谅解。如果是单位出现问题,应和单位上级主管部门取得联系,解决问题,不要轻易返回学校。必要时与学校联系。

(4) 报到后不要挑剔工作,不要在生活方面提出过分要求。

(5) 要树立主人翁意识,不要有做客思想。从学生持报到证到工作单位报到的时刻起,角色转换也就正式发生了。大学生初到单位,对新的工作岗位还比较陌生,还存在着不能完全遵守新单位规范的可能,还未形成称职工作人员的行为模式。所以,毕业生要尽快熟悉单位工作制度,了解本职工作的业务程序,建立新的和谐的人际关系,积极主动地开展工作,不要有做客思想,让人感觉你是个"门外汉"。

8.6 如何迅速适应职业角色

离开校园,走向工作岗位的大学毕业生,最需要的莫过于尽快完成从学生角色到职业角色的转换,树立良好的职业形象。

8.6.1 学生角色与职业角色的差异

1. 学生角色

大学生大多处在18~24岁这一年龄阶段,是人生中增长知识、发展智力、求学成才的关键阶段。大学生的中心任务是努力学习以专业知识为主的多方面知识,培养以专业能力为主的各种能力。因此,这是一个接受教育、储备知识、培养能力的重要阶段。另外,由于大学生以学习为主,经济上主要依靠家庭,所以可以这样界定学生角色:在社会教育环境的保证和家庭经济的资助下,学习知识,培养能力,全面提高自身素质,努力使自己成长为社会的合格人才。

2. 职业角色

职业角色的个性表现得非常具体,但是千差万别的职业角色却有其共性的抽象。职业角色扮演者具有自己的社会职位和一定职权;相应的职业规范;一定的基础知识和业务能力;履行一定的义务;经济独立。因此,可以这样定义职业角色:在某一职位上,以特定的身份,依靠自身知识和能力并按照一定的规范具体地开展工作,在行使职权、履行义务为社会作出贡献的同时取得相应的报酬。

综上所述,学生角色与职业角色的不同在于,一个是受教育,掌握本领,接受经济供给和资助,逐步完善自己;一个是用自己掌握的本领,通过具体的工作为社会付出,以自己的行为承担责任,并取得相应的报酬。

8.6.2 学生角色向职业角色的转换

根据社会心理学的角色理论,大学毕业生从学生角色到职业角色的转换,必须伴随着角色冲突、角色学习和角色协调等一系列过程。因此,大学生充分把握好毕业前后的两个阶段进行角色调整,尤其必要。

1. 毕业前夕的角色转换

毕业前夕是择业的黄金季节。毕业生通过与用人单位"双向选择"的过程,可以加强对用人单位的了解,合理地考虑自己的职业定位,进而通过签订就业协议书来确定自己的职业角色。

毕业生在与用人单位接触的过程中,能够比较全面地了解用人单位的基本情况,切身体会到社会对自己的认可程度,并依据自身感受调整职业期望值,实事求是地定位自己的职业。这是从学生角色向职业角色转换的第一步,这为大学生的职业角色确定了一个基调,对角色的转换将产生深远的影响。

一般来说,在校学习期间的学习环境、学习条件、时间和精力、技能的训练都是最为理想的。因此,从就业协议书签订到毕业离校这段时间,是有针对性地学习知识、培养能力进而转换角色的最佳时期。在这段时间内,除了按照学校正常教学计划完成课程的学习、实习实践和毕业论文外,还应该进行以下学习和训练。

1) 学习与未来工作岗位有密切联系的专业知识和专业技能

大学的课程设置总体上偏重于基础知识的学习和基本技能的培养,而不一定涉及特定岗位上所需要的专业知识和技能。同时,通过学习和训练,还可以加深对未来职业岗位的认同,培养职业兴趣。

2) 进行非智力因素技能的训练

非智力方面的技能是影响毕业生择业、就业和创业的重要因素。毕业生要敢于表现自己,克服在公众面前"害羞"和"胆怯"等人格心理方面的不良现象;还要善于表现自己,主要是书面表达能力和口头表达能力的提高。

3) 进行必要的心理准备

在校期间要充分做好心理上的"受挫准备"。在事业顺利的时候不沾沾自喜,以平常心对待工作上的平淡、无为和不被重用;在屡试屡挫的境地中屡挫屡试,不懈追求;在似乎"一文不名"的地位上奋发向上,一鸣惊人。

2. 见习期内的角色转换

大学生参加工作后的一年或半年为见习期,之后转为正式人员。一般来说,大学生要在较短的时间内获得同事的认同和领导的肯定,应当从以下三个方面提高和锻炼自己。

1) 善于展现自己的知识

大学生在同事面前一定要表现得谦虚、随和,在尊重同事丰富经验的同时,适时适度地展现自己的知识。例如,可以利用工作机会,特别是当同事在工作中遇到麻烦时,以谦虚诚恳的态度从理论上提出自己的见解,共同商讨,共同解决问题。也可以利用业余娱乐机会,发挥自己的知识优势。在交流中让同事了解你的为人和性格,表明自己的世界观、人生观和价值观,缩短与同事间的距离,成为大家的朋友。要切忌以文凭自居自傲,否则只能使得同事对你产生反感,使得自己越来越脱离群众,变得孤立无援。

2) 树立工作的责任意识

大学生对未来都有美好的期望,都想在事业上大干一场,建功立业。但是多数人在走上工作岗位之初,一般不会被委以重任,而是先从最简单的辅助性工作做起,这也符合人才成长的基本规律。但是,有不少人凭着对工作的新鲜感和学识上的优越感,认为自己被大材小用了,对一些工作不愿意干,甚至开始闹情绪。其实,这是缺乏责任意识的表现。干任何一项工作,都要有足够的热情,更要有丰富的经验和随机应变的能力。这种经验和能力的获得并非一朝一夕之功,需要在平时的工作中积累和训练。因此,不管工作的大小、分工的高低,大学生都要以满腔的热情、高度的事业心和责任感认真对待,圆满完成。

3) 培养实事求是的工作作风

很多时候,工作中还是难免出现失误。工作失误并不可怕,可怕的是不能正确地认识失误,不能实事求是地承认失误。如果工作中出现了失误,就要认真地分析原因,总结经验教训,找准失误点;同时要敢于向领导和同事承认,开展批评和自我批评,并勇于承担责任,以获得领导和同事的理解。另外,要虚心学习、请教,总结经验教训,防止类似失误再次发生。

另外,大学生还要重视岗前培训这样的重要环节,因为岗前培训不仅仅是让新员工了解单位的基本情况,熟悉规章制度和工作程序,更重要的是通过岗前培训来树立集体主义观念,培养人际协调能力和奉献精神。从某种意义上讲,岗前培训可以直接反映新员工的素质高低,因此单位都非常重视,并依此择优录用、分配岗位。毕业生一定要以认真的态度把握好这样一次充实自己、表现自己和提升自己的良机。事实证明,很多毕业生就是因为在岗前培训期间显露才华、表现出色而被委以重任。

8.6.3 角色转换过程中的不适应

从业之初,从相对简单的学生角色转变为较为复杂的社会职业角色,会产生一些矛盾和不适应,这是在情理之中的,也是正常的。由于自身的阅历、素质、知识水平和适应能力的限制,加上社会对大学生的期望要高于一般的人。因此,难免会产生一些矛盾和不适应的因素,使得许多毕业生在工作上遇到种种困难和挑战。

1. 美好的愿望难以实现

所有的大学毕业生都希望在自己第一份职业岗位上有所作为,立志以满腔的热情换取优异的工作成绩。但对毕业生的跟踪调查表明,大学生工作后大多对现实不满意,有的毕业生表示"特别失望"。面对一些工作单位的实际情况,如生活环境艰苦、人际关系复杂、经济收入微薄、工作程序单调、管理方式落后和生产试验设备陈旧等,不少的毕业生由满腔热血转为大失所望,工作的积极性荡然无存,原本美好的愿望也化为泡影。

2. 自身素质难以应对社会职业的需要

一些大学生毕业面对社会职业的实际需要,深感自己的综合素质远远不能胜任从事的工作,现有的知识智能结构不够充分和合理;书本知识和实际问题相差太远,而且很难有机地结合起来。

3. 理想与现实的冲突

大学生在学校所接受的几乎全是正面的、健康的教育,其世界观、人生观和价值观的形成与发展都是比较顺利的。由于他们的社会阅历比较浅,对社会、对人生价值的认识往往较理想化。因此,在现实社会中,尤其是面对社会不良现象,他们既看不惯,又无能为力,经常感到困惑和迷茫,很难使自己理想化的观念与现实社会达成一致,表现出理想与现实的冲突,以及理想化的行为习惯与职业角色要求之间的矛盾。

扩展阅读 8-4:试用期后,该走的是谁

8.6.4 积极适应职业角色

角色转换是一个艰苦而长期的过程,需要坚持不懈的努力,以积极的姿态来应对这种不适应。事实证明,不同的态度会有不同的结果,积极的态度就会取得良好的效果。

刚刚毕业的大学生在走上工作岗位之前往往对角色转换的认识模糊,对即将从事的职业缺乏全面准确的了解。因此,应当树立以下几方面的意识,形成职业观念。

1. 独立意识

学生角色的经济不独立性及社会责任的不完全性,决定了大学生的依恋性。走上工作岗位后,大学生已经成为社会认可的具有独立资格的真正的社会人,在生活上要自理,尤其是在工作上要独当一面,承担一定的社会责任。

2. 主人翁意识

大学毕业生多数要参与生产、管理和决策等实践活动,对所在的单位和部门承担更多的社会责任与义务。一个人工作成绩的好坏,不仅和自己的前途有着密切的关系,而且与单位和部门的兴衰荣辱休戚相关。因此,大学生要牢固树立主人翁意识,以国家兴旺、民族强盛和单位发展为己任,立足本职,做好工作。

3. 学习意识

社会角色的适应过程是一个自我不断学习、不断完善的循序渐进的过程。初到工作岗位,自身的知识量不一定足够大,知识结构并不一定合理,工作起来难免有些左支右绌。因此,大学生要根据职业的特点、性质、工作程序及其相互关系,虚心向有经验的技术人员、领导、师傅和同事学习,学习他们观察问题、分析问题和解决问题的方法,不断丰富自己的专业知识,提高自己的专业技能,最终达到自我完善。研究数据显示,大学期间所掌握的知识,30%左右是在工作中能用得上的,70%左右属于备用的知识。因此,大学生在工作岗位上所用的知识大部分需要随时学习和充实。知识经济时代,知识更新和产生的步伐加快,大学生必须不断地更新知识,开阔视野,以适应新的形势。

4. 责任意识

具有工作责任心是一个人愿意做事和做好事情的根本,其核心是忠于职守、爱岗敬业。要想事业成功,遵守职业道德,强调自己的责任永远是第一步的。一些企业家就认为,一个人的技能差、水平低并不严重,可以通过加强培训来提高;社会如果形成一种浮躁氛围,对任何企业和工作都缺少必要的忠诚,这种情况就值得忧虑了。

一个人的学历、资质是可以一眼就看出来的,一个人的知识和技能也可以在很短的时间内看出。这些就像浮在水上的冰山,是显性素质。而职业道德和责任意识则是隐性的,需要在工作中不断修炼。

管理上有一个很经典的观点,那就是,你可以不忠于某一个企业,但是你必须忠于你所做的工作。要么选择不干,既然选择了这份工作就要把它做好。

复习思考题

1. 选择确定第一份工作应注意些什么?
2. 写好简历要注意哪些问题?
3. 面试过程中应注意哪些细节?
4. 大学毕业生如何顺利实现从学生角色到职业角色的转换?

两个大学生择业的困惑

即 测 即 练

第9章 身心健康与生涯发展

9.1 身心健康是职业发展的条件和目的

随着社会的快速发展变化和职业竞争日趋激烈,职业生涯规划的实现与身心之间的关系越来越紧密。中国人民大学的俞国良教授比较早地研究了心理健康视野下的生涯规划,提出心理健康视野下的职业生涯规划研究的根本任务是建构完整的人格,有效地适应社会,有效地进行自我管理,终极目标是自我实现。因此,心理健康视野下的职业生涯规划,对于个体的发展具有深远的意义。

9.1.1 身心健康对于生涯发展的重要意义

职业生涯规划作为一种体现人的主动性、创造性的动态过程,已成为实现心理健康的计划、蓝图和行动方针。心理健康作为一种相对稳定的心理状态,是个体进行适宜的生涯规划的基础和保证。个体在生涯规划的过程中实现着心理健康,心理健康继而影响着生涯规划的整个过程,两者在个体身上构成一种循环和整合,相互依存、相互促进。一方面,没有好的身体,长期带病坚持工作,职业生涯规划再好也难以实现;另一方面,心理不健康,每天处于忧郁、焦虑和悲观厌世的情绪中,也干不好工作,处理不好人际关系,很难有好的生涯发展。由此可见,身心健康是职业生涯发展的基础条件,而职业生涯发展的重要目标就是实现身心健康。也可以这样说,一个伤害身心健康的职业生涯规划不是好的规划,一个不以身心健康为基础、为条件的职业生涯规划是不可持续的。

1. 身心健康是保证生涯角色顺利转换和演进的基础条件

个体的发展要经历不同的人生阶段,而个体在每个阶段都会面临一些来自社会环境的要求或任务,如入学问题、就业问题、婚恋问题等。这些要求或任务与个体身心特征的交互作用推动着个体的发展。美国职业心理学家舒伯基于发展心理学的基本理论,提出了生涯发展论。他认为,生涯就是终其一生,不同时期不同角色的组合;个体生涯的发展是由生命广度和生活空间交织而成的一个复杂过程;生涯规划就是在这个纵横交织的生涯发展框架中展开的,目的在于帮助个体成功地应对各阶段的发展任务;在应对过程中形成必备的身体、情感和认知特征,为下一阶段更高一级的生涯规划做好准备,推动生涯的发展。

所谓生命广度,就是指跨越一生的发展历程。个体从一个人生阶段过渡到另一个人生阶段,会经历成长、探索、建立、维持和衰退5个周期。换句话说,个体的一生要经历从成长到衰退这一大的周期,同时个体在不同的人生时段,尤其是面临过渡和转型的时候,也会经历从成长到衰退这一小周期。因此,一个18岁的少年和一个80岁的老年人都有可能经历成长、探索、建立、维持和衰退这样的过程。这说明个体生涯的发展是一个诸多反复的非线性过程。另外,随着社会变迁的加快、工作稳定性的降低、选择机会的增多,个体在进行生涯规划时可能经常需要经历这样的生涯小周期,以适应环境、追求成长。因此,生涯规划作为一个积极能动的过程,是在"适应—不适应—适应、平衡—不平衡—平衡"的循环中不断进行内外的调整,以实现与环境动态的协调,进而追求成长与发展的过程。这一特点与心理健康观的要义是不谋而合的。

所谓生活空间,是指发展历程中各个阶段个人所扮演的各种角色,如儿女、学生、公民、休闲者、工作者、配偶、父母和退休者等。个体在不同的生涯阶段需承担不同的社会角色。成长阶段和探索阶段的主要角色是儿女和学生;建立阶段和维持阶段的主要角色是工作者、家长和公民;衰退阶段的主要角色是家长、公民和休闲者。当然,角色也会随着社会环境和个体需求的变化而变化,一个处于维持阶段的个体为了追求更高的工作成就和自我实现,可能会中断当前的工作角色,回到学校"充电",这样学生角色就会再次出现。

尽管个体在其生活空间中要扮演多样化的角色,但是这些角色并不是彼此分离、毫无关系的。个体在生涯规划过程中会根据内在的自我概念系统,对承载着不同要求和期望的角色进行协调与整合,使各个层面的生涯角色成为一个有机的整体,从而避免因角色冲突和角色过度负荷影响心理健康。同时,生涯规划要力图保持生涯角色系统与自我概念系统的一致性。个体所接纳和追求的角色往往有利于发展自己所期望的品质,有利于实现自己的目标。个体认为自己所要追求的角色无法获得时,会主动地进行自我调节,以解决自我概念与环境中现有的机会之间的冲突,使两者重获和谐的关系。个体在生涯规划过程中能否成功调整自我概念与生涯角色之间的关系,也就是能否有效地适应生活、适应社会,这是生涯满意度和心理健康水平的重要预测指标。

2. 身心健康强调完整人格和心智健全,这是生涯发展顺利的基础

个体的心理是一个完整而开放的系统,而生涯就是个体在毕生发展过程中心理系统与环境中其他系统之间的相互作用。在个体毕生生涯发展过程中,个体的心理系统与外部环境系统不断进行物质、能量、信息和知识的交流,并在这个交流过程中重组内部的心理结构,这个过程是平衡与波动、有序与无序的对立统一,是适应与障碍、成长与危机的交替。在这个过程中的关键机制是心理系统的重组。

所谓系统重组,显然不是单独几个成分的改变,而是力求系统的整体优化和内部各成分之间的均衡与协调。这种系统重组的观点在生涯规划中,表现为人们对人格的完整和均衡发展的重视。可以说,生涯规划的根本任务即建构完整的人格。因此,教育者在进行生涯规划指导时,教育目标是使个体充分而完整地发挥自身的潜能,不仅要实现个体在智力和职业能力方面的发展,而且要实现个体在生理、社会、道德、精神、伦理、创造性各方面的发展。在教育原则方面,必须充分尊重受教育者对健康人格的追求;在教育内容方面,个体的学习内容必须加以整合,兼顾认知与情意、人文与科技、专业与基础;在教育方法方面,教育者必须提供学生充分探究身心潜能的机会,兼重思考与操作、观念与实践、分工与合作、欣赏与创作。

这种生涯规划的系统观,完全符合当今人们对心理健康者人格特征的理解。心理健康也强调完整的人格,认为个体的心理是统一的整体,整体并不等于部分的机械之和,某个部分有所欠缺并不意味着整体功能的失调,一些心智方面存在一定缺憾的个体,如果得到成熟平稳的情感意志过程的控制,也是可以保持心理健康状态的。

3. 自我实现是心理健康所追求的最高目标

生涯规划所追求的最高目标是人本主义心理学家马斯洛所说的自我实现,也就是充分利用和开发天资、能力、潜能等,让个体都能达到自己力所能及的高度,最大限度地发掘人性所蕴含的潜能,展现出人性的美好与丰富色彩。尽管个体由于天赋、兴趣、能力以及成长经历、家庭环境的不同,其接受能力、探索能力等也会有所不同,但只要教育者认识到每一位学习者的独特性,给予宽容、尊重和欣赏,并以正确的方法引导其充分发挥自我的潜能,即使学习者某方面所取得的成就不如他人,但对其自身而言,也是成功的经历。自我实现不可能是尽善尽美的,它强调个体竭尽所能,最大限度地实现自我价值,并全面展现自己的才能。因此,自我实现是不完善的个体努力追求完善的动态过程。

自我实现是心理健康所追求的理想状态。尽管通常把平衡和适应作为心理健康者的特征,但心理健康本质上绝不推崇满足现状、没有追求、不思进取,不推崇无挫折、无冲突的"平衡",以及逢人说人话、逢鬼说鬼话、上下讨好、左右逢源的"适应"。消除过度的紧张不安而达到内部平衡状态,以及对环境的顺从是"消极的"或"低层次的"心理健康,"积极的"或"高层次的"心理健康,意味着不仅追求内部的平衡,更重要的是追求不断成长与自我实现,即追求崇高的目标,学会有效学习,发展建设性的人际关系,从事具有社会价值的创造,渴望生活的挑战,提升生活质量和人生的价值。

9.1.2 生涯智慧与生涯规划

生涯智慧是近年来颇受关注的一个概念,是指个体能够认识到生涯的复杂性和动态性,理解生涯是平衡与波动、有序与无序、稳定与变化、可预测与不可预测的对立统一过程,并能接受和把握生涯发展的这种矛盾性,在生活、学习和工作中既能意识到自身所受的限制,又能充分利用内外资源,发挥潜能,建构有价值、有意义的人生。

生涯智慧是形成健康人格的基础,是个体自我调节机制的核心,是心理健康的重要保证。一般而言,个人的生涯智慧无法通过灌输式的传统教育获得,必须通过身体力行的亲身体验和不断的反思、领悟才能获得。因此,心理健康教育把活动探索和体验学习作为维护和促进学生心理健康的主要途径,强调通过形式多样的活动探索、各种可利用的方式开展体验学习。例如,通过引导学生参与课堂活动、学生工作、课外活动和实地实习进行体验学习,在活动、体验、反思和领悟的过程中获得真正属于自己的生涯智慧,进而发展出自我生长的调节机制。

1. 心理健康的生涯规划教育有助于个体身心健康的全面发展

生涯规划是在个体毕生生涯发展的框架中展开的,是个体一生中不间断追求健康人格和自我实现的过程,对于个体的终身发展与全面发展具有重要意义。在我国,生涯规划的理念和实践模式,对于儿童青少年的成长和教育而言体现出更加特殊的价值。我国广大家长和教育者非常重视生涯规划,父母甚至在孩子还未出生时就开始"规划"他们将来的生活。然而,这种"生涯规划"的实质与这里所探讨的生涯规划是背道而驰的。这种"生涯规划"本质上是围绕升学活动而展开的"升学规划"。用"升学规划"代替生涯规划会直接导致只注重智力和知识的考核,忽视价值观、情感意志品质以及人文素养的考核。因此,家庭、学校以及学生自己自然在提高智力和增长知识方面投入过多的资源,致使其他方面未能获得正常的发展。长此以往,这种在潜能开发上存在的严重偏差会导致其人格逐渐失衡、分裂,变得残缺不全,从而变成一个"单面人",而不是"健康人"。

由此可见,被短期利益所束缚的"升学规划"是无益于个体的终身发展和全面发展的,只有着眼于完整人生的生涯规划,才能使个体在成长历程中逐渐发展为"健康人",并获得自我实现。

2. 心理健康的生涯规划教育有助于健全个体发展自我成长的调节机制

注重心理健康的生涯规划所强调的活动和体验学习,是个体对未来生活的一种主动的准备过程,其根本目的是在活动、体验、思考和领悟中获得生涯智慧,进而发展出自我成长的调节机制。这种机制为个体获得终身学习和自我成长的能力奠定了基础,使个体能够有预见地应对未来的发展任务,以及来自环境的挑战和危机,并在现实的应对过程中合理地发挥主观能动性,在有限的条件下挖掘、利用自身的潜能以实现个人的目标,同时保持自身与环境的协调,逐渐趋近"随心所欲不逾矩"的心理健康状态。

3. 自我成长调节机制的核心是生涯智慧

生涯智慧的关键是对生涯矛盾本质的认识和把握。具有生涯智慧的个体对整个生涯的认识与生涯复杂而动态的真实面貌保持一致,体现出辩证性和开放性。例如,他们能清醒地认识到生涯规划既包含个人控制的成分,如计划、策略和积极的行动等;也包含不确定性的成分,如不完善的知识、非线性的变化和无法预测的结果等。然而,我们应该看到,生涯决策不是完全的控制或完全的不确定,生涯乃至所有的人类经验都是有序和无序、稳定与波动、成长与危机的辩证统一。生涯智慧使个体在面临生涯中的种种不确定性时,可以避免产生自我经验与现实世界的强烈冲突,以及由此引发的消极应对和各种心理行为问题,同时使个体有可能运用辩证、开放的思维将现实生涯中的不确定性转化为"积极的不确定",还能利用不确定性所伴随的自由度的提高和选择空间的扩大,充分发挥自身的潜能和创造力,追求富有创意的、自我实现的生涯。

在当今时代背景下,生涯智慧和自我成长的调节机制对于个体的成长与发展具有极其重要的意义。随着经济全球化的发展、社会的迅速变迁,环境中的不确定性因素增多,生活和职场中往往充满了变化,工作稳定性降低。例如,人们的工作变动性越来越强,生涯发展路径更加难以界定和预测;工作环境更复杂,影响因素更加多样化,意外事件的作用越来越明显;等等。

在全球化和信息化的时代背景下,生涯智慧自我成长的调节机制对于学生身心健康发展也是必不可少的。如何通过教育帮助下一代从生命的早期开始就进行有效、有序、有力的生涯规划,逐渐通过体验学习获得生涯智慧,发展自我成长的调节机制,学会在充满机遇、挑战、选择和变化的社会中把握方向、发挥潜能并实现自我,是教育理论工作者、教育实践工作者的共同使命和历史责任。

9.1.3 工作需要与身心健康

个人事业发展不仅是谋求生计、获得归属感的需要,也是实现自我价值、寻求他人与社会尊重的重要活动。在社会转型期生活的人们常常叹息"太累了""压力太大了",说明他们终日奔波劳顿、心力疲惫。然而我们可以设想一下,假如我们每天醒来,无事可做,终日在床榻之间辗转反侧,尽管寸步未行,但仍然会心倦体乏,不会感到轻松。所以,个人职业生涯和个人生活质量密切相关,处理好工作场所的生活事件和人际关系,完成职业角色规定的任务,就会产生胜任、愉快的感觉。

许多心理健康的人热爱自己的职业,创造性地应对自己面临的挑战,出色地完成工作任务。在他们看来,工作不仅不会让他们厌烦,反而成为他们生活乐趣的来源。同时,我们也必须清醒地看到,职业生涯中充满了紧张性的刺激因素,应当采取积极的应对措施以保持稳定的情绪和健康的心理状态。

1. 认识工作中的紧张因素

现代社会充满竞争和挑战,职业生涯让每个人应对挑战、抓住机遇、走向成功。人们通常把职业性质和职业环境看作社会生活中最重要的部分,因为它决定着自己的安宁、幸福和前途。同时,人们也意识到自己从事的工作往往是挫折和困扰的来源,职业特点和工作环境往往会产生各种紧张性应激反应。研究表明,有两大类与工作相关的应激因素:一类是职业内在的因素,包括劳动条件、劳动范围、工作负荷等;另一类是职业人际关系及管理因素,包括组织结构和团体气氛、职业人际关系、个体的职业角色、个人职业经历等。工作场所的工作环境、工作安排、人际关系会直接影响工作人员的身心健康。在工矿企业中,由于工作疲劳和精神紧张,工人容易产生各种心理障碍。据调查,大约85%的工伤等灾难性事故是由人为因素造成的。人为因素可能来自两个方面:一方面是身体不适、疲劳和疾病致使精神状态和工作效能发生变异;另一方面是不良生活事件导致情绪波动,出现紧张、焦虑、抑郁的现象。这两个方面的因素都使人们不能将注意力集中于工作,最终酿成灾祸。在职业群体中,个体对自己、对同事、对工作内容是否满意,上下级关系是否融洽,能否与他人协调合作,都会影响个人的心理状态和劳动效率。工作要求高于个人能力、与个人愿望不符,工作性质突然发生变化,责任的突然增加或减少,都会使人产生各种心理问题。

劳动的性质和状态也是一个影响心理健康的重要因素。有些劳动是简单重复性的操作,很容易引起疲劳和烦躁。如有学者报道,有些职业操作不到 1 分钟就要重复进行,另一些职业操作间隔 3~30 分钟才要重复一次。两者比较,前者比后者更易导致失眠、胃肠病和抑郁症。海员、飞行员、矿工等特殊职业从业人员都有其独特的心理问题,需要针对性地制订心理卫生措施。

变动频繁、无章可循的工作易使生活节律紊乱,引起生理和心理的不适,如出租车司机这类工作往往破坏饮食起居的规律性,没有好的应对措施就容易出现生理、心理障碍。劳动环境污染、过量噪声、粉尘、高温、冷冻、潮湿、振动、拥挤、放射线等不良环境因素都会对人的身心健康造成损害,引起情绪和行为的变化。如长期在过量噪声环境中工作,会使中枢神经系统受到损害,出现植物性神经功能紊乱,可能诱发血压升高、心律不齐、消化功能减弱、听力下降等,严重的会导致行为异常。

此外,工作负担过重、领导方式简单粗暴也会成为职业性心理应激的来源,影响职工的心理健康。企事业单位的领导者应当努力提高职业满意度、促进人际关系和谐、实现工作环境优化和劳动管理科学化,从而提高职工的心理健康水平。

2. 认识工作中的快乐和健康因素

1) 心理健康,工作才能快乐

弗洛伊德说人有两大功能,一个是工作,一个是快乐和幸福。如果我们能够把快乐和生活结合在一起,那么我们就有快乐的生活,也有快乐的工作。

具体来说,心理健康有以下5条标准。

(1) 心理社会的和谐统一。人生来都是要享受的,如吃、喝、性的要求。但享乐需求同时要跟社会现实相一致,因为有很多制约我们的条件,如道德、法律等。如果我们这些享乐需求和现实原则相符合,我们就是正常的。比如,人刚出生时是赤裸的,赤裸着身体很舒服,3岁以下的孩子裸着身体上街,大家会觉得很可爱,但成人裸着身体上街,就不正常了。

(2) 稳定的心理素质。一个人必须有良好的心理素质,心理素质的典型表现就是情绪素质。喜怒哀乐是人的基本表现,但喜怒哀乐在可控范围内就是正常的,在失控范围内就是不正常的。

(3) 健全的人格。人格包括性格和气质两部分,性格是可以变动的,气质则是天生的。气质不分好坏,就像林黛玉是抑郁质,那肯定不适合八面玲珑的工作。如果我们没有办法去做适合的事情,就要随环境改变性格,以此来维持一个健全的人格状态。

(4) 良好的挫折耐受力。不要遇到挫折就一蹶不振、不能自拔。我们达不到预期的目标,不能气馁,要有坚强的意志,不断努力。同时还要有柔韧性,当有些事情超过我们的能力范围,要学会放弃。

(5) 良好的社会交往能力。以前说"科学是第一生产力",现在说"公共关系是第一生产力"。现在的社会,情商比智商更重要,情商里面包括人际关系和社会适应能力。如果社会适应能力很强,人际关系处理得好,就算是一个本科生,也会比博士生、研究生创造的价值要高。

工作在社会、经济和道德行为上的意义是十分明显的,除此之外,在心理方面也是保持及增进心理健康的重要因素,有人称之为心理方面的"维生素"。健康的人往往都有工作,而没有工作的人,颇难维持其身心健康。塞尔尼(Hans Selye)医师毕生致力于心理紧张和压力的研究,指出工作是达到长寿而健康的必经之路。

2) 工作可以增进心理健康

工作对于增进心理健康的作用主要表现在以下6个方面。

(1) 工作可以增进个体的发展。工作和运动,从运用身体器官的观点来看,并没有区别。我们工作的时候,也是在运用身体的器官,运用的部分则依工作性质而异。在某些工作中感觉器官负担较重,有些工作中运动器官较为辛苦。事实说明,身体各部分需要经常运用,才能充分发展;工作正是给身体器官被运用的机会。身体器官的健康状况和年龄有关系。有一个与此关系密切的现象是经常存在的,当缺少适当的运用时,身体器官将呈现萎缩的现象。

(2) 工作可以令人获得满足感。研究行为动机的人都知道,"追求成就"是人类行为极重要的动机。每个人都有过很多这样的经验,上课时计算出一道难题、旅行时爬到了山顶、在家里修好电灯开关、帮助一个小孩或老年人走过一座小桥……大家也一定能记得,在做完那些事以后的愉快和满足之感。

为了满足这方面的需要,人们去做各样的工作。完成所做的工作时,最大的报酬就是他们内心满足的感受,工作中所经历的辛苦,也完全消失了。随之而来的,乃是对自己的信心。做成了一件事,可以让自己确切知道本身具有某项工作的能力。很多时候,一份工作可能看上去十分繁复,当事者没有把握能将其完成,不能确定自己是否胜任。只有在实际做的时候,一步一步地完成,信心随之增加;有了较强的自信心时,本身的能力更能获得充分的发挥,取得更大的成就。对工作者来说,这就是极宝贵的经验。

(3) 工作给予个体"自我表现"的机会。严格说来,自我表现不仅是人类共有的动机,也是做人的基本责任。从整个文化发展的观点来看,每个人其实都负有承先启后的责任,把过去累积的知识接受过来,和本身的智慧、经验融合在一起,再以各种不同的方式表现出来,传递到后一代去。这中间有的只是保存了以往的成就,有的或是将其改进了、扩展了;有的或是新的发明和创造性的成果。这些若不表现出来,则文化的传递工作就将受到影响,而这种传递的过程显然是通过各种工作的形式进行的。

(4) 工作可以排除不必要的忧惧。不必要的忧惧,是指那些没有实际危险的情况,或是虽有危险而我们无法做到有效控制的事件。用工作去排除不必要的忧惧,"不必要"3个字颇为重要。因为正常的忧愁和恐惧,是表示当事者遇到真正困难或危险的情境,而必须采取适当措施去应付。有些人把自己的生活安排得十分忙碌,对于一些应当处理的问题,也无暇顾及。这只是一种变相的逃避方式,而不是正确的处理方法。

(5) 工作可以保持和现实环境的接触。健康的人应当生活在现实的世界里,和现实相对的是幻想的世界。这并不是说健康的人就完全没有幻想,每个人都偶尔会有些幻想。心理不健康的人却往往生活在幻想中。

消除幻想最好的方法,就是工作。在工作时,每个人总是在接触一些实际的事物,在一个实际的环境中活动,和另一些人发生交往,这些经验都是很实际的。同时,为了增进工作的效果,必须努力去认识其所在的环境,了解其所进行工作的性质,就易于留在现实里。有时甚至可以利用幻想中的蓝图,逐步改善其实际的情况,幻想就成为理想或计划,成为工作的动力,不再具有消极性的作用了。

(6) 工作可以使人不过于注意自己。过于注意自己的一个毛病,就是常会将原来正常的现象看成不正常或病态,给自己添加若干不必要的烦恼。内科医师经常听到病人诉说一些病状,如"我听到自己的心跳""我摸不到自己的脉搏""我的小便颜色太黄了"……事实上这些现象都是正常的。心脏是无时不在跳动的,夜深人静时,若未曾睡着,就常能听到,倘若误以为是病象,有点紧张,心跳就将加速,于是会听得更清楚。

根据以上的分析，我们应该认识到工作的重要性。工作不仅具有经济上的意义，同时还关系着身体和心理的健康。所以，每个人都应该有一份适合自己的工作。职业辅导的原则是使每个人都能找到最适合他的工作位置，同时使每一项工作或职位都找到最适合的人员。这是对个人和社会都有益处的事情。

9.2 身心健康的自我调适

9.2.1 职场病态心理面面观

良好的心理素质，是人们进行广泛社交活动的必要条件，也是语言技巧、交际才能得以充分发挥的前提。相反，心理状态不佳，会形成某些隔膜和屏障，在一定程度上阻碍人们交朋结友和适应社会。因此，我们在工作生活中应该注重自身修养，努力克服以下人际交往中的病态心理。

1. 自卑心理

有些人容易产生自卑感，甚至瞧不起自己，只知其短不知其长，甘居人下，缺乏应有的自信心，无法发挥自己的优势和特长。有自卑感的人，在社会交往中办事无胆量，习惯于随声附和，没有自己的主见。这种心态若不改变，久而久之，有可能逐渐磨损人的胆识、魄力和独特个性。

2. 怯懦心理

怯懦心理主要见于涉世不深、阅历较浅、性格内向、不善辞令的人。怯懦会阻碍计划与设想的实现，是束缚思想行为的绳索，理应断之、弃之。

3. 猜忌心理

有猜忌心理的人，往往爱用不信任的眼光去审视对方和看待外界事物，看到别人议论什么，就认为人家是在讲自己的坏话。猜忌成癖的人，往往捕风捉影、节外生枝，其结果只能是自寻烦恼、害人害己。

4. 逆反心理

有些人总爱与别人抬杠，以此表明自己标新立异，不管是非曲直。逆反心理容易模糊是非曲直的严格界限，常使人产生反感和厌恶。

5. 排他心理

人类已有的知识、经验以及思维方式等，需要不断更新，否则就会失去活力，甚至产生负效应。排他心理恰好忽视了这一点，表现为抱残守缺，拒绝拓展思维，让人们只在自我封闭的狭小空间内兜圈子。

6. 做戏心理

有的人把交朋友当作逢场作戏，往往朝秦暮楚，且喜欢吹牛。这种人与他人之间的交往只是在做表面文章，因此常常得不到真正的友谊和朋友。

7. 贪财心理

有的人认为交朋友的目的就是"互相利用",只结交对自己有用、能给自己带来好处的人,常常是"过河拆桥"。这种人际交往中的占便宜心理,会使自己的人格受到损害。

8. 冷漠心理

有些人对与自己无关的人和事一概冷漠对待,甚至错误地认为言语尖刻、态度孤傲、高视阔步,就是自己的"个性",导致别人不敢接近自己,从而失去更多的朋友。

9.2.2 学习积极心理学

幸福的奥秘是什么？现代人为什么经常不快乐？怎样保持生命的最佳状态？怎样走进一个充满积极的精神、乐观的希望、散发着春天般活力的心灵世界？美国著名心理学家塞利格曼为我们揭示了与传统心理学完全不一样的心灵世界——积极心理学。

现代人的一个心理疾病是抑郁症,与反社会型人格不同,其攻击能量指向自身,不去"杀人"却"自杀"。抑郁症是幸福的杀手,使一个人虽然活着,却在精神上枯萎。统计表明,90%以上的自杀者都伴随着抑郁情绪。有关研究表明,越是年轻的一代,抑郁的人越多。

随着我国改革的深化、社会转型的加剧、社会各阶层贫富差距的扩大和利益分配的不平衡,人们似乎越来越多地出现消极心理。若竞争成为生活终极目标,人类将会被这一自身创造出来的增加财富的手段所毁灭。积极心理学则告诉我们,快乐是怎样产生的,尤其是心灵的快乐。

1. 宽恕的心

正如《真实的幸福》的作者塞利格曼所说,快乐的人很少感到孤单。他们追求个人成长和与别人建立亲密关系;以自己的标准来衡量自己,从来不管别人做什么或拥有什么。美国伊利诺伊州大学的心理学家爱德·迪恩纳说:"对于快乐来说,物质主义是一种毒品。"即使是那些富有的物质主义者也不及那些不关心挣了多少、花了多少的人高兴。快乐的人以家人、朋友为中心,而那些不快乐的人在生活中,时不时地忽略了这些。

迪恩纳还认为,如果经常与炫富的邻居做比较,这会是不高兴的开始。密歇根州大学的心理学家克里斯托弗·皮特森认为,宽恕与快乐紧紧相连,"宽恕是所有美德之中的王后,也是最难拥有的"。

2. 顺其自然

人类不善于预测快乐,因为快乐是乞求不到的。当你追求快乐时,它无影无踪;而你忽视它时,它却不期而至。其实,感到快乐是因为你做了快乐的事情,当你把某一件事情做好了,你对自己的行为感到满意,你就会快乐。许多人重视快乐的感受,却不重视去做快乐的事情,不去行动,只去思考和感受是不会快乐的。

好的感觉并不存在于头脑中,一定会表现在行为上。通常当人们去参加一些非常有趣的活动、达到忘我的程度时,生活满足感就会出现,因为此时他们已经忘记了时间,也忘记了一切忧愁。心理学家彻斯把这一现象称为"顺其自然"。彻斯认为,在生命的进程中,人们也许正在处理棘手的事件,也许正在做脑部手术、玩乐器或者是和孩子一起解决难题,而其中的影响都是一样的。生命中许多活动的进程就是为了获得生命中的满足。你不必加快脚步到达终点,顺其自然就可以。

3. 感激生活

感激的心情与生活满足也有很大关系。心理学研究显示,把自己感激的事物说出来和写出来,能够扩大一个成年人的快乐。感激自己健康地活着,感激自己是自由的,感激自己还有一个美好的未来,感激过去他人赠予你的一切。

美国华裔经济学家奚恺元教授1998年发表的冰激凌实验,再次阐明了金钱与幸福无关。有两杯哈根达斯冰激凌,冰激凌A有7盎司,装在5盎司的杯子里面,看上去快要溢出来了;冰激凌B有8盎司,但是装在10盎司的杯子里,看上去还没装满。你愿意为哪一份冰激凌付更多的钱?如果人们喜欢冰激凌,那么8盎司的冰激凌比7盎司多;如果人们喜欢杯子,那么10盎司的杯子也要比5盎司的大。可是实验结果表明,在不把这两杯冰激凌放在一起比较的情况下,人们反而愿意为分量少的冰激凌付更多的钱。实验数据表明,平均来讲,人们愿意花2.26美元买7盎司的冰激凌,却不愿意用1.66美元买8盎司的冰激凌。

这一实验也契合了卡尼曼等心理学家所描述的状况,人的理性是有限的。人们在做决策时,并不是去计算一个物品的真正价值,而是用某种比较容易评价的线索来判断。例如,在冰激凌实验中,人们其实是根据冰激凌到底满不满来决定给不同的冰激凌支付多少钱的。人们总是非常相信自己的眼睛,实际上目测最靠不住了。

卡尼曼教授的理论还揭示,从心理学意义上来说,钱和钱是不一样的。同样是100元,是工资挣来的,还是彩票赢来的,或者路上捡来的,对于消费来说,应该是一样的。可是事实上却不尽如此。一般来说,你会把辛辛苦苦挣来的钱存起来舍不得花;如果是一笔意外之财,可能很快就花掉了。这证明了人在金钱面前是非理性的,是很主观的,钱并不具备完全的替代性。同样是100元,但在消费者的意识里,分别为不同来路的钱建立了两个不同的账户,挣来的钱和意外之财是不一样的。这就是芝加哥大学萨勒教授所提出的"心理账户"的概念。

奚恺元教授认为,财富仅仅是能够带来幸福的很小的因素之一。在过去的40多年中,我国的人均GDP(国内生产总值)翻了几番,但是许多研究发现,人们的幸福程度并没有太大的变化,压力反而增加了。这是因为,人们到底是不是幸福,取决于许多和财富无关的因素。

在我们这个社会,资源是有限的,机会也是不平等的,所以财富不可能会被每个人所拥有。但是,幸福的感受和快乐的心情却是我们每个人都能拥有的。珍惜你的幸福感受,只有它才是你触手可及的宝藏。

扩展阅读9-1:解放你我的积极心理学

9.2.3 提高适应能力

伴随着生产的发展和社会进步,劳动就业中的紧张因素与日俱增。求职、面试、应聘、下岗、工作压力过大、人际竞争激烈、劳资矛盾纷呈,都会造成心理紧张。当然,社会一天天在发展,各种问题正在逐步得到解决。然而对于个体来说,改变环境的力量是有限的,主要的任务是提高自己对社会环境的适应能力,个体可以通过各种途径改善适应状态。

1. 主动适应环境

被动适应是对环境无可奈何、被迫顺应的心理反应,是一种消极的适应,常常会伴有压抑、紧张、焦虑、痛苦等心理感受。如下岗职工在家里郁郁寡欢,生活在贫困地区的人产生的自卑自怜,这些都属于被动适应。主动适应是面对现实环境积极地寻求适应,是充分调动主观能动性、努力克服困难和走向成功的过程。主动适应往往伴有因为积极向上、最终获得成功而产生的喜悦和兴奋的心理体验。如下岗职工不安于现状,摆正自己的位置,他们努力挖掘潜能、重谋职业、寻求新的发展;在贫困中生活的人自强不息,变压力为动力,集思广益、勤劳致富。这些行为都是主动适应的行为。主动适应有利于人的才能和潜能的充分发展,是人们心理健康的重要标志。

因此,当我们遇到困难和挫折时,要善于积极主动地去适应社会和自然环境,以维护和提升心理健康水平。

2. 适当回避挫折

在实际生活中,有些环境我们难以适应。在这种情况下,我们也可以采用回避的方法来减少或消除环境对个体的不良刺激。如心理承受能力低的人就不宜炒股票、做期货生意。下岗再就业职工就不宜从事投资过多的事业,避免造成新的严重的挫折,而应当循序渐进、从小到大地逐步发展。回避法虽然缺乏积极意义,但是在一定情况下运用得当也可以解除或避免心理困扰。

3. 寻求社会支持

社会支持是指个体在遭受挫折时所得到的他人关心、帮助。医学心理学研究表明,社会支持可以起到削弱生活事件造成的紧张性、促进适应社会环境的作用。朋友、家庭、群众团体、党团组织、行政机构都能够为个体提供社会支持。

社会支持不仅是物质上、经济上的有形支持,更重要的是心理支持。如有的生活困难者获取社会经济资助,当然这会使他们缓解生活困难,但是难以消除其自卑心理。社会的心理支持可以帮助他们树立自强向上的精神,使其消除自卑感,挖掘潜力、发展能力,赢得人生的成功。

4. 调整工作,转换环境

一个人长期在一个环境下从事简单重复的工作,如果出现了自身难以克服的心理健康问题,可以尝试通过调整工作、转换环境来实现心理健康。俗话说:"人挪活,树挪死""人不能在一棵树上吊死",这些简单的生活哲理告诉我们,调整工作,转换职业生涯赛道,或许是维护心理健康的常规办法。当然了,每一个职业、每一项工作都有其特点,都有不同的工作紧张关系和工作压力因素,天下没有不承担责任、没有压力和要求的、轻轻松松、随随便便的工作,只有深刻认识到"工作是责任,是本分",认真对待工作,辩证看待工作带给每个人的压力、紧张、快乐和收获,提升自身的心理素质、工作能力和适应能力,才能从根本上维护身心健康。

现实生活中,把自身的心理素质差、工作能力和适应能力差的问题统统归咎于外部环境和工作本身,不断抱怨社会环境、抱怨工作、抱怨父母无能,试图通过不断的跳槽转换环境,找到一份轻轻松松、随随便便,不承担责任和压力的工作,大有人在。对此,我们要高度警惕,充分认识到,从我做起,不断完善自我,提升自身的心理素质、工作能力和适应能力,才是维护身心健康的根本。

9.3 战胜职场压力,维护身心健康

9.3.1 正确认识与管理各种压力

现代社会生活中的压力症,是人们身心疾患发生的根源。职场压力大是每个上班族都会面临的问题,长期地处于这种状态对身体是非常有害的,因此,正确认识和管理压力,是维护身心健康的必修课和常规课程。

1. 正确认识压力

压力不是来自某件事情本身,而是来自个人对某件事情的看法。从不同角度看,人们对压力的认识也有所不同。例如,从古典的角度来看,压力是指有机体为了维持本身的正常状态,在具有伤害能力的媒介中所进行的"接二连三"的挣扎;压力是一种刺激,是一种足以引起紧张心理感受的威胁;压力是一种历程,是个人与环境之间沟通、调适的互动过程;压力表现为缺乏人际支持、想法不切实际、身体紧张、情绪压抑、忽略自己的需要和感官刺激过度;压力与压力源的大小成正比,与个人身心承受压力的强弱程度成反比。

综上所述,压力既是一种刺激或消极的感受,也是一种人与环境的互动历程。压力大小既取决于压力源的大小,也取决于个人身心承受压力的强弱程度。压力过大会造成许多负面的影响,但压力太小也不行。俗话说得好:没有压力就没有动力。适当的压力会激发一个人工作和学习的动力,因此,我们要辩证认知压力,学会寻找属于自己的平衡点。

2. 压力的来源

1) 超负荷工作

如果长期工作12小时以上,就对人体产生压力。

2) 情绪失落

由失落感所衍生的情绪反应,会使人产生悲观、失望、没有信心,甚至愤世嫉俗的心态。事业的压力对职场人士危害最大,如经受不住这种压力,往往会有失落感,也就是人们常说的"灰色"心理。

3) 高压力环境

长期处在白热化竞争的气氛中,单位同事竞争和业绩考核压力,工作屡败屡战后的挫折压力、失业和淘汰的压力、不被领导和同事认可等,会使职场人士心理极度紧张、苦闷和失望,致使情绪跌宕。当不堪忍受这种超负荷的精神压力时,往往就不能把握自己而失去自控力,使许多职场人士终日郁郁寡欢、闷闷不乐,有时又心情焦躁、心烦意乱。

4) 个人欲望过高

如果对金钱、财富之类心存过高欲望,那就是贪心,会使你轻松的大脑神经长期紧张,

正常的心脑运动加快,产生一种与正常生理机能不协调的节拍,就会伤脑、伤心神、伤体。有些人追求完美的个性导致其很难有满足感。

5) 都市化造成的副作用

都市化造成人口稠密、噪声、空气污染等,使人们的生存环境日益恶劣。从性别角色上说,都市女性在工作中与男性承受着同样的压力,但在家庭中却仍承担着传统女性角色的主要职责,职业与持家经常发生矛盾冲突。

6) 公司的不断发展变化

公司在不断发展变化,我们比以往任何时候都谙熟这些术语：兼并、重组、扁平化、全球化等,这一切都源于市场竞争的加剧,需求迅速而持续的变化,以及市场份额、时间、人才等稀有资源的严重匮乏,迫使员工通过不断学习改变以往的工作方式。

虽然员工具备适应性,但其承受力是有限的。如果企业的技术、策略、组织结构、运作方式、核心价值观等方面的变化长期处于员工极限,甚至超越这些极限,则会使员工难以承受。例如,1992年IBM首次实施紧缩、裁员计划时,大半生都在为IBM工作的资深员工根本无法面对机构调整带来的压力,不少员工一蹶不振。

7) 人际关系不协调

人际关系不协调也会产生压力。近年来,全球经济一体化导致公司组织全球化,不同国家、地区、文化背景的人合作共事,摩擦愈加频繁,压力也日趋沉重。公司结构扁平化会使工作资历相仿的员工竞争更趋激烈,势必给员工造成压力。同时,同事间工作联系更为紧密,也更容易产生冲突。

8) 家庭方面的原因

压力也可能来自家庭方面,个人身体、家庭和工作矛盾难以协调,如婚姻生活不和谐、家庭成员的疾病或意外受伤、子女的抚养和教育、家庭搬迁、异地工作等。研究表明,丧失伴侣使人感到压力的程度是100%,婚姻和抚育子女的压力约为52%。

9) "压力炸弹"无处不在

我们经常遇到的"压力炸弹"可以分为"大型炸弹"和"小型炸弹"两种。其中,"大型炸弹"包括失业、提拔、离婚、结婚、生子、搬家、怀孕、生大病、家庭成员死亡等；"小型炸弹"包括挨批评、小摩擦、不顺心、冲突、加班、小病、疲劳等。

10) 经理人常见压力源

在企业管理过程中,经理人常见的压力源主要有以下几点：人际关系处理得不好、工作业绩不被认可、对职业未来的迷茫、超长时间负荷工作、家庭事业无法平衡、财务困难、孩子教育问题和健康问题等。

3. 压力过大的弊端

1) 影响身心发展

一个人若长期处于压力过大的状态,就会影响身心的健康发展,产生严重后果。医学上存在"心因性疾病",像肿瘤、结石、乳腺增生、青光眼、高血压等。这些疾病大多是由精神或心理因素引起的,患者自己能感觉到这些病症,但医生却难以通过机器检测出来,最后症状加重才会发现。

2) 影响人际关系

个人压力处理得不好,也会影响其人际关系,在与他人的沟通交往中产生人际冲突,最终可能影响到整个团队的工作效率。

3) 坏情绪躯体化

情绪能够影响植物神经系统,植物神经系统控制体内各部分的运转(胃壁蠕动、心脏跳动),因此,坏情绪可以破坏人体内各部分的正常运转(肠胃不适、内分泌失调),日积月累,导致身体发生疾病。

4) 长期紧张、焦虑、恐惧

承受的压力过大,长期紧张,处于焦虑、恐惧状态的人,免疫力容易下降。免疫力下降,则容易导致猝死。

4. 压力管理策略

1) 消除压力源

一个人感到有压力,往往是由于某个人的改变、某件事情的发生或某个环境的改变导致的,如果能够消除压力源,压力的反应也就自然而然地没有了。因此,要设法消除压力源或改变对压力源的回应。

消除压力的"4D"模式如下。

(1) 发现(discover)。发现压力源、压力表现和影响。

(2) 区别(difference)。对压力源进行区别,看是否需要优先解决,首先处理高优先级的压力源,随后再处理低优先级的压力源。需优先解决的压力源,是指严重影响健康、严重影响职业发展,或者对生活、工作产生极大的干扰的压力。其次需要区分压力源的可控性,即是否有可改变的因素。

(3) 决定(decide)。对压力源进行区分之后,就需要决定应对的策略,即用什么方式处理不同区间的压力源。

(4) 行动(do)。处理压力源的最后一步就是采取行动,改变承受压力的现状。

2) 增强自我抗压力和自控力

一个人的核心能力越强,他的抗压能力就越强,其满意度也会慢慢提高。我们应不断提升自身能力,特别是辩证思维能力、正面思维的能力、任务管理的能力、自我心理调节能力和健康生活的能力等。

3) 对压力采取一种完全无反应、无视的态度

当人们遇上压力时,最初的反应便是迎击或者逃避。这是由人们的精神能量及体内对压力免疫强度所决定的,即精神能量高、免疫系统机能强的人采取迎击的方法;反之,则采取逃避的战术,以免损害身体中的健康防卫系统。

一般来说,正确认知职场压力源,有两种结果,一种是对自己不构成威胁,那就不必去管它;另一种是构成威胁,那就需要去适应它。精神科学研究发现,对于压力采取一种完全无反应、无视的态度,有助于维持身心的健康。欧美的体育、企业方面的心理专家提出"压力管理学说",主张通过幽默,控制情绪、动机、态度,放松神经训练,食物疗法,呼吸训练,想象,视觉化训练等方法,来有效地对付"压力症"。

5. 如何应对职场压力

1）面对社会竞争务必量力而行

"人到中年万事休"显得消极悲观，"人到中年万事忙"亦似有不妥，忙要有个度。人的欲望是无止境的，社会竞争是无穷尽的，对人的时间、精力及综合素质必须有正确的认识和估计。

凡事要尽力而为，保持一定的弹性，否则超负荷的工作肯定会导致你疲于奔命，结果将会出现积劳成疾，甚至是壮志未酬身先衰的现象。

2）处理好事业与家庭的关系

事业与家庭并非不相容，很多名人就处理得很好。如英国前首相撒切尔夫人可谓是日理万机，可家庭还是井井有条。

故不可认为自己事业有成就可以少承担家庭义务和责任。应该了解，无论在外是多么重要的社会角色，在家庭中仍是普通一员，有责任担负起家庭成员的义务。

3）注意调整心态

人活在世上就不可避免地会遇到各种紧张刺激或矛盾冲突，面对这些刺激或矛盾冲突，除努力使自己保持豁达、宽容之心外，还要将内心的失衡加以调整。

调整的方式，一是通过努力工作、积极地生活来促进心理的平衡；二是通过暂时地远离不良环境（如外出学习或旅游），开展一些体育活动来转移自己的注意力，从而达到缓解内心矛盾冲突的目的。

4）经常保持积极愉快的情绪

当然，如果碰到不顺心的事，不要闷在心里，要善于把心中的痛苦和烦恼倾吐出来，把消极情绪释放出来。

社会的前进，要求职场人士具备更强的心理承受能力，具有坚强的毅力和个性，才能经受住各种挫折与磨难。

5）能睡就睡，今天的大事，明天就会是小事

有人建议，强迫自己讨论问题会限制自控能力和思考能力，不如暂时休战，先睡一觉，明天再"谈判"。

6）上网玩玩游戏，分散注意力

美国某大学研究发现，在网上玩游戏可减轻压力、改善情绪。因为游戏能让人把注意力从忧虑中分散出来。所以当你感到压力山大的时候，不妨先甩开工作，在网上玩一会儿游戏。

7）帮助别人

当工作压力大的时候，帮助别人是一种有利于减压的方法。即使是下班捎同事一程或者在公交车上给老人让个座等小善事，都可以让自己远离烦恼。

9.3.2 缓解压力的十大对策

人类社会进入 21 世纪，很多人的工作、生活理念正在悄然发生变化，人们渴望在工作之余找到一片能使身心放松、压力缓解的"绿洲"。其实，工作的同时你也可以享受到快乐，可以让自己过得轻松愉快。以下是缓解心理压力十大对策。

1. 精神超越——价值观和人生观的重新定位和提升

俗话说人生有"八苦",即生苦、老苦、病苦、死苦、爱别离苦、怨憎会苦、求不得苦、五阴炽盛苦。求不得苦是指想获得某一件东西,经济力量达不到;想谋求某一个位置,僧多粥少谋不到。例如,甲男爱上了乙女,乙女却属意丙男。自己的志趣是做计算机行业精英,但为了生活却不得不委曲在网吧工作。莫说求不得,即使第一个愿望求得,第二个愿望又会立即生出来。山谷易满,人欲难平,谁会感觉到自己一切都满足了呢?不满足,即有所求,求而不得,岂不苦恼?

而解决"求不得苦"或"屡败屡战"最直接、最有效的办法就是改变"求"的欲望、方向和目标,也就是个人的人生观和价值观。这是因为,自我的人生价值和角色定位、人生主要目标的设定等,简单地说就是:你准备做一个什么样的人,你的人生准备达成哪些目标,这些看似与具体压力无关的东西其实对我们的影响却总是十分巨大,对很多压力的反思最后往往都要归结到这个方面。卡耐基说:"我非常相信,这是获得心理平静的最大秘密之一——要有正确的价值观念。而我也相信,只要我们能定出一种个人的标准来——就是和我们的生活比起来,什么样的事情才值得的标准,我们的忧虑有 50% 可以立刻消除。"

要摆脱"求不得苦"的思想束缚,最好是把"自我"的价值实现放到为整个社会和国家的大局中去思考,将个人目标与国家和社会发展目标紧密结合起来,在为国家、为社会作出贡献的同时,实现自我的价值,使"小我"升华为"大我",对个人价值观和人生观重新定位和提升,从而实现精神超越,这是缓解压力的最根本、最直接、最有效的途径。

2. 心态调整——以积极乐观的心态拥抱压力

一个人常保持正向乐观的心,处理问题时,他就会比一般人多出 20% 的机会得到满意的结果。

要对工作保持良好的心态,努力去营造一个轻松愉快、友好和谐的工作环境。试想,我们对工作的态度、对同事的态度是否都曾经或正在困扰着我们呢?这种困扰是否曾经使我们与同事之间产生矛盾甚至怨恨呢?这种困扰是否使我们的心情烦闷,从而使工作迟滞不前呢?事实上,要避免这样的困扰并不是什么困难的事,只要我们稍稍改变一下看待事物的角度,情况就会有很大的不同。下一次去上班却不知如何度过时,先别担忧,下定决心,采用一种全新的方式去处事待人:

就试这么一天,积极乐观一点,你也许会使自己的所作所为有所改观。

就试这么一天,对同事尽量友善,把他们当作恩人来看待。

就试这么一天,不再吹毛求疵、挑剔别人。设法找出每一件事物的优点,并且找出每一个跟你一起工作的人值得称赞的优点。

就试这么一天,如果要纠正别人,就尽量以幽默示之,不要出言伤人;设身处地,就像被纠正的人是自己。

就试这么一天,不要求自己所做的事都尽善尽美,也不再尝试打破纪录。称职地做好眼前的工作,不强自己所难。

就试这么一天,如果自己对工作胜任有余,那就无须不停地反躬自问:我的表现跟职位和酬薪是否相称?

就试这么一天,心存感激,庆幸自己活在这个社会和时代,无须在恶劣环境下做劳累讨厌的工作,为能在自由国度里工作而感恩不尽,"在这个国家里没有人强迫我工作"。

就试这么一天,为自己有工作做、活得好而满心欣喜,庆幸自己不是在战壕里躲避枪弹,或是在医院里等待动手术。

就试这么一天,不去预期别人会如何对待你,不拿自己的酬薪、地位跟别人比较——就因为你是你,所以你很高兴。

就试这么一天,不计较事情"对我有什么好处",只想到在每件事情上你帮得了什么忙。

就试这么一天,下班后不再想今天做了什么,还有什么没有做;相反,盼望傍晚到来,不管完成了什么都感到欣慰。

这些想法都不复杂,更非天方夜谭,好处却是可以令你活得更有意义、更快乐。最重要的是,它们能使你心境平静,而这是你最珍贵的东西。

3. 理性反思——学会说"不""算了""不要紧""会过去的"

理性反思,积极进行自我对话和反省。对于一个积极进取的人而言,面对压力时可以自问,"如果没做成又如何?"这样的想法并非找借口,而是一种有效疏解压力的方式。

但如果本身个性较容易趋向于逃避,则应该要求自己以较积极的态度面对压力,告诉自己,适度的压力能够帮助自我成长。

学会说"不""算了""不要紧""会过去的",这几句话是缓解心理压力的窍门之一。①学会说"不"。当人们请求你帮他们做事情而给你造成压力时,你通常很难说"不"。考虑一下,你是否能够做或者愿意做他们要求你做的事情。如果你不能够或不想做,学会有效地拒绝他人的请求。②学会说"算了",即对于一个无法改变的事实的最好办法就是接受这个事实。③学会说"不要紧",即不管发生什么事情,哪怕是天大的事情,也要对自己说"不要紧"!记住,积极乐观的态度是解决任何问题和战胜任何困难的第一步。④学会说"会过去的",即不管雨下得多么大,连续下了多少天也不停,你都要对天会放晴充满信心,因为天不会总是阴的。自然界是这样,生活也是这样。

4. 改变生活方式——学会让自己放松

工作中的我们有时候忙起来就会忘记吃饭,甚至是一天就坐在电脑前面,这样工作早晚有一天身体会吃不消的,尤其是脑力劳动的人,大脑在高强度的工作中会全神贯注地集中在一个东西上,很容易疲劳,所以工作一段时间后就要停下来休息一下,如跟同事喝杯咖啡聊聊天,或听听音乐放松一下。

我们常抱怨压力大没时间,其实忙中偷闲并不难。中午打个盹,晚饭后步行半小时,入睡前十来分钟读读杂志,都能调节情绪。心情愉快了,肌体免疫力就能增强。我们要懂得在紧张的工作状态中调节自己、放松自己。要保持良好的生活习惯、起居规律,保证充足的睡眠。早上的交通时间,放松一下自己,不要去考虑工作。可以看看手机、听听音乐,找一件让自己高兴的事,打发掉路上的无聊时间。午餐时间,走出写字楼,接触一下外面的空气与环境。

可以美化你的周围环境,办公环境是一个影响你心情的要素,将桌上的那堆废纸清理掉,给办公桌一点装饰,如放上爱人的相片或一张美丽的风景照片——最重要的是,让办公桌变成你愿意待的地方。

5. 时间管理——关键是不要让你的安排左右你,你要自己安排你的事

要学会合理安排工作,给任务分级,确定你做完了最重要的工作后,再接着干别的。学习一个时间只做一件事情的艺术,更好地管理自己的时间。例如,不要打断手上的工作去看 E-mail,确定你一天只看 3 次:早上、午餐后、下班前。

此外,试一试"慢生活"的哲学。匆忙让身体分泌更多的肾上腺素,导致身体感觉到压力。为什么要跑着去复印资料?为什么要一手电话,另一手还在操作计算机?这些只能给你带来更多的压力。

6. 加强沟通——分担和消除压力

平时要积极改善人际关系,特别是要加强与上级、同事及下属的沟通,不要试图一个人就把所有压力承担下来。同时在压力到来时,还可采取主动寻求心理援助,如与家人朋友倾诉交流、进行心理咨询等方式来积极应对。

1) 勇敢说出你的想法

诚实地表达你的意见,这一点很重要,虽然这有可能会惹恼别人或引起争论。如果确信别人的某个请求是不合理的,你就得说出来。当愤怒和挫折无法宣泄时,人就会郁闷、沉默、唠叨、指责或背后诽谤,不能表达自己的意见会导致"消极""挑衅"的行为,这种行为对健康有害,因为被压抑的挫折或愤怒会对免疫系统造成伤害。

2) 提出建设性的批评

说出你的感受,解释别人的行为为什么伤害了你,或给你带来的不便,告诉别人你是多么希望他们能够改变。

3) 理性处理冲突

(1) 避免争执。每个人都遇到过与朋友、家人或同事在某个问题上产生冲突的情况。争执会造成压力,但冷静、克制、自信以及据理力争会缓解这种压力。

(2) 处理冲突时要谨慎地选择你的语言,要诚实、自信、得体。

(3) 保持中性。处理冲突的一个技巧叫"保持中性",即把话中的"刺"剔掉,重新组织会话的内容。例如,如果有人说"我无法和老板相处",你可以回答:"你想讨论改善你和老板的关系吗?"

7. 提升能力——疏解压力最直接有效的方法是设法提升自身的能力

既然压力的来源是自身对事物的不熟悉、不确定感,或是对于目标的达成感到力不从心,那么,疏解压力最直接有效的方法,便是去了解、掌握状况,并且设法提升自身的能力。通过自学、参加培训等途径,一旦"会了""熟了""清楚了",压力自然就会减低、消除,可见压力并不是一件可怕的事。逃避之所以不能疏解压力,则是因为本身的能力并未提升,既有的压力依旧存在,强度也未减弱。

8. 活在今天——集中你所有的智慧、热忱,把今天的工作做得尽善尽美

压力,其实都有一个相同的特质,就是突出表现为对明天和将来的焦虑与担心。而要应对压力,我们首要做的事情不是去观望遥远的将来,而是去做手边的清晰之事,因为为明日做好准备的最佳办法就是集中你所有的智慧、热忱,把今天的工作做得尽善尽美。活在今天要学做3件事。

1) 学会关门

学会关紧昨天和明天这两扇门,过好每一个今天。每一个今天过得好,就是一辈子过得好。

2) 学会计算

学会计算自己的幸福和自己做对的事情。计算幸福会使自己越计算越幸福,计算做对的事情会使自己越计算对自己越有信心。

3) 学会放弃

世界上的事情总是有"舍"才有"得",或者说是"舍"了一定会"得",而"一点都不肯舍"或"样样都想得到"必将事与愿违或一事无成。记住,是"舍"在先,"得"在后。

有些人总想能得到一切,而怕失去一点儿,不愿作出任何放弃,这种心理常会使其患得患失,背着沉重的包袱熬过每一天。此时也往往会放大这些困难形成压力。关键是放弃无意义的固执追求,抓住主业大事不放。

9. 生理调节——保持健康,学会放松

通过保持你的健康,你可以增强精力和耐力,有助于消除压力引起的疲劳。如逐步放松肌肉、深呼吸、加强锻炼、充足完整的睡眠、保持健康和营养等。

10. 日常减压——常做常新的具体方法

以下是帮助你在日常生活中减轻压力的几种具体方法,简单方便,经常运用可以起到很好的效果。

(1) 早睡早起。在你的家人醒来前一小时起床,做好一天的准备工作。
(2) 同你的家人和同事分享工作的快乐。
(3) 一天中要多休息,从而使头脑清醒、呼吸通畅。
(4) 利用空闲时间锻炼身体。
(5) 不要急切地、过多地表现自己。
(6) 确定一个"放松时段"融入日常生活,试着养成放松的习惯。
(7) 尽可能多做令你感到愉快的事情。
(8) 不要让压力累积起来。
(9) 做到劳逸结合,避免劳累过度或接受太多的工作任务。
(10) 坚持在家里和工作中应有的权利。
(11) 不要躲避令你感到害怕的事情。
(12) 要学会记住自己的成绩和进步,并会表扬自己。

9.3.3 培养抗压力的七大技能

1. 摆脱消极情绪的恶性怪圈

"行为回避"消极态度的生成机制是"失败—消极情绪—不愉快体验—回避会引起不

愉快体验的动作行为"。

首先要认识到这是消极情绪,然后采取一些让自己心情开朗的方法,以防止消极情绪的反刍。那么有怎样的方法呢?

一是运动,因为运动会使人体分泌出号称"天然灵药"的脑内荷尔蒙β-内啡肽,研究表明,它有利于改善抑郁症的症状。容易焦躁的人适合离开生气现场进行户外"绿色快走"运动。身体才是工作和生活的本钱,有一些人拼命工作挣钱最后累死了,这样的例子太多了,但是依然得不到人们的重视,运动可以使自己身体抵抗力增加,每天抽出一定时间锻炼,这样才能保证自己有个强大的后盾。

二是音乐,聆听音乐时,身体会分泌出快感荷尔蒙"多巴胺",多巴胺可以将消极情绪转换成积极情绪,在治疗疲惫心理方面,莫扎克的古典音乐很合适,当然最好是能享受一些让人可以愉快地沉浸其中的音乐。

三是深呼吸,也就是所谓的腹式呼吸,值得我们参考的是乌龟的呼吸方式,乌龟就是用鼻子做深呼吸的,呼吸非常平稳。当人呼吸舒缓、精神安稳时,大脑会分泌出被称为"抗压秘药"的血清素。

四是写作,这是推荐给爱好写作的朋友的,当我们专心致志地沉浸某件事时,我们就不会感到喜悦或痛苦,这种心理状态被称为"神驰",通俗地讲就是忘我。

2. 驯服无用的"思维定式犬"

有人用这样的亲身例子来说明什么是"思维定式犬"。有次他受伤了,需要住院一晚,邻床的小孩很吵闹,电视的声音很大,当时的"思维定式犬"是,都怪不安生的邻人,这时候我们的反应一般是生气、焦躁、失眠。后来他问了一下护士才知道,旁边住院的孩子有听力障碍,而且即将做大手术,家人和亲戚来探病,鼓励焦躁的孩子,电视声音很大,其实是父母想转移孩子的注意力。"都怪不安生的邻人"的思维定式消失了,他的焦躁感立刻消失了,相反很同情那个小小年纪却要住院做手术的孩子。

我们生活中随处可见的思维定式,主要类型有:"批评犬","都怪他们";"正义犬","这不公平";"投降犬","我没有";"放弃犬","做不好";"忧虑犬","我不会";"内疚犬","是我不好";"冷漠犬","无所谓"等。这些思维定式是怎么来的呢?多数都是因惨痛的体验而变得根深蒂固。驯服无用的"思维定式犬"的选项有3个关键词:"驱逐""接纳""训练"。我们要记住,"思维定式犬"不代表本来的你。日常生活中,可以将"思维定式犬"的内容记录成卡片,摆在工作桌上,当我们感到压力大或者心情不好时,便推测是那只"思维定式犬"在吠叫。

3. 科学培养"我能行"的自我效能感和自信心

"自我效能感"是指对自己实施某一目标和行为的成功率的信任度。它对于从困难中重新站起是非常必要的。美国心理学家阿尔伯特·班杜拉教授是这么定义自我效能感的:"人们对自身能否利用所拥有的能力去完成某项目标或成果的自信程度。"简单地说,自我效能感就是对于某项目标或某个行为,"自己一定能做到"的自我感觉程度。自我效能感反映了一种强烈的信念——为了达成某项目标必须付出行动,即便有困难,只要努力就能做到。

1) 测试一下自我效能感

下面列举了用来测试自我效能感的 10 个问题。你可以测试一下,下列描述中"非常符合"或"比较符合"自身情况的答案越多,你的自我效能感就越强。

(1) 只要拼命努力,我一定能解决难题。
(2) 即使有人反对,我也一定能找到方法去获得自己想要的东西。
(3) 不会搞不清目标,达成目标对我来说不是什么困难的事情。
(4) 即使遭遇意外变故,我也有信心能高效地处理。
(5) 我就是智多星,即使有意想不到的状况,我也有办法应对。
(6) 只要不吝惜必要的努力,我就能解决大部分的问题。
(7) 我相信自己对状况的处理能力,所以面对困难时我不会慌乱无助。
(8) 出现问题时,我总是能够找到两个以上的解决方案。
(9) 陷入困境时,我总是能够想到对策。
(10) 无论出现什么问题,我都能够有效应对。

2) 自我效能感形成的 4 个方面

(1) 有实际成功的体验(直接成就感)——"实际体验"。
(2) 观察他人顺利处理问题的行为(代理体验)——"范本"。
(3) 接受他人有说服力的提示(言语劝说)——"鼓励"。
(4) 体验兴奋感(生理和精神的苏醒)——"氛围"。

成功体验越多,自我效能感越强。

3) 培养自我效能感的 4 种主要方法

(1) 从实际体验当中直接获得成就感,从一个小成功走向下一个小成功。
(2) 相信榜样的力量、范本的力量,观察他人顺利处理问题的行为。
(3) 接受他人有说服力的提示和鼓励。
(4) 营造氛围,体验兴奋感。

4) 培养自我效能感最重要的方法是科学地培养自信心

拥有充分的自信心,相信自己的能力不仅是抗压法的重要一环,而且是所有从事商务工作的人所必不可少的素质。十分自信的商务人士相信自己有足够的能力去完成他人期待的目标和成绩。即使面对困难,他们也相信自己能够冷静解决、从容处理。他们认为自己掌握了所有解决问题的必备知识。拥有这种自信的人一般对未来都很乐观。

但是,自信是一个模糊的概念。有些人天生就自信满满,但有些人很难在别人面前展示自信心。有人也认为自信是先天特质,是无法改变的。事实上,自信心是可以培养的,在自己擅长的领域增强自信心,有利于增强自我效能感。

有些人看上去没什么自信,但是却能在工作上做出成果。有些人自信满满,却在工作上劳心费神。例如,有些人一旦站在人群面前就没什么自信,不敢说话,但是如果让他们写商业文书,他们就可以挥洒自如。也就是说在书写商务文书达成工作目标上,他们是自我效能感很强的人。这种人在律师、注册会计师等技能专家中较多。

还有一些人,各项运动的能力都很平均,但是他们对于要求耐力的马拉松或长距离游泳的自我效能感很强。虽然他们会谦虚地说自己不擅长体育,但是却有惊人的耐力。有很多女选手看起来娇小瘦弱,一点儿也不像能跑完马拉松全程的人,但是她们却能比男选手更快到达终点线。由此我们可以知道,在马拉松比赛所必备的耐力上,她们的自我效能感很强。

自我效能感在学习领域也有所影响。如果自我效能感强,那么即使在有压力的考试中也能充分发挥自己的实力。在数学上自我效能感的人非常相信自己的计算能力和问题解决能力,他们觉得无论出什么考题,自己都答得上来,即使有紧张感,也不会因为考试压力而精神无法集中。

自我效能感和一般的自信不同,它是对某特定领域的目标发挥积极作用的心理能力。无论峭壁有多高,只要拼命努力就能跨过困难。这种对自我的信任正是自我效能感的反映。

4. 发挥自我优势,正确处理自身弱点

抗压力强的人的特征是:把握自己的优势,坚持强化自己的优势,关键时刻能够发挥自己的优势。管理学家德鲁克有一句关于优势的名言:"能不能成功取决于自我优势,弱点不能促进自我成长。"

在这繁杂多变的世界,要善于发挥自己的优势,巧夺天工才能使得自己有立足之地。成功者从来都是那些清楚自己天赋的人,他们去除天性中的糟粕并将其发展为有用的技能,他们利用这些技能来实现自己的目标。每个人都不是万能的,但总有自己的喜好。好好把握自己擅长的东西,这是成功的关键。

现实生活中苦难与压力存在的原因之一是自己最擅长的东西并没有很好地发挥出来。只有清楚自己的优势,才能更好地了解自己的行为。如果目标与优势一致,你就会发现阻力不断减少,事情也变得随人意。

在工作或创业过程中,你独特的优势是什么?你最与众不同的地方有哪些?你做得最好的方面有哪些?你最突出的职业成就有哪些?什么让你感觉非常强大?这些问题的答案就是自己的最大潜能和优势。

为什么有时候努力奋斗还不如别人呢?一个重要原因就是自己所做的事情不是自己所擅长的。要善于强化自己的强项,才有可能获得成功。做自己喜欢的事情,就会轻车熟路、一路高歌,做自己不擅长的事情,即便是很努力也很难取得理想的成就!

那么,如何对待和正确处理自身弱点呢?

没有哪一个人会是十全十美的,丑陋的不是弱点或缺点,而是没有面对弱点或缺点的勇气。

(1)不要逃避自己的弱点或缺点,勇于面对弱点或缺点,并战胜它们,虽然艰难,虽然不易,但当我们真正克服之后,就会发现,原来我们是可以做到的。

(2)尽可能克服缺点、消除弱点。如果觉得现在的自己还有这样那样的问题,那么为什么不去改变自己呢?下定决心去做一些事情,努力去尝试一些新鲜的东西,说不定一个崭新的自己就会出现在众人面前。以前有很多缺点的自己也将一去不复返!如果自己的弱点是一些不良习惯,如不好的饮食习惯、作息时间等。这都不是很大的弱点或缺点,但却不容忽视,一个小小的坏习惯都有可能变成大缺点。

(3)甘于接受无法改变的缺陷和弱点。有时一些缺点是与生俱来的,如身体或性格上的缺陷,这就需要我们一方面改正缺点、改进不足;另一方面还要勇敢地接受自己,用自己的方法和才能扬长避短,化不利为有利,这就是辩证法,这就是智慧。

(4) 通过"外包"克服弱点。也就是说,自己不擅长的事情就拜托其他人或公司来做。

(5) 与可以弥补自己弱点的搭档合作,取长补短。

(6) 大胆一些,做一些自己没有做过的事情,或者是不敢去做的事情。有些人的缺点就是胆子小,或者是不敢去面对。例如不敢在众人面前演讲,不敢表演节目,有时候会表现得手足无措。这就是一个缺点,想要改变,只有多去练习,到人多的地方去说,去交谈,消除自己心中的"恐惧",那这个缺点也就不攻自破。

(7) 多看到自己的优点,不要死抓住缺点不放。不能正确认识到自己的缺点很严重,但是认为自己一点优势都没有也不行。多发现自己的优势和长处,可以增强自己的信心。有了自信,在别人面前也容易放松,更能得到别人的认可。

5. 学会"三乐"和"三不要"

"三乐",即助人为乐、知足常乐、自得其乐。进一步说,就是在自己过得好的时候要多助人为乐;在自己过得一般的时候要知足常乐;当自己处于逆境中时则要学会自得其乐。

"三不要",则是指面临以下3种情况时要采取的态度。

(1) 不要拿别人的错误来惩罚自己。现实生活中有许多人"一不怕苦,二不怕死",再重的担子压不垮,再大的困难也吓不倒,但是受不起委屈、冤枉。其实,委屈和冤枉,就是别人犯错误,你没犯错误;而受不起委屈和冤枉就是拿别人的错误来惩罚自己。懂了这个道理,再遇到这种情况,对付它的最好办法就是一笑了之,不把它当一回事。

(2) 不要拿自己的错误来惩罚别人。当自己受到冤枉或不公正待遇后,不要冤枉别人或不公正地对待别人。事实上当你伤害别人时,自己会再次受到伤害。

(3) 不要拿自己的错误来惩罚自己。何谓好人?如果交给他做10件事,他能做对七八件,就是好人。显然,这句话潜藏的另外一层含义就是好人也会做错事,好人也会犯错误。所以,好人做错了事,一点都不要紧,犯了再大的错误也不要紧,只要认真地找出原因,认真地吸取教训,改了就可以。

6. 面对它、接受它、处理它、放下它

人世无常,不如意十之八九,没有人能够随随便便成功,也没有人不经历困难和挫折。如何面对和处理人生中遇到的各种问题、困难和挫折:面对它,接受它,处理它,放下它。非常朴素的12字,蕴含着乐观豁达、向上奋进、"拿得起、放得下"的人生哲理。一个人的事业与人生如此,一个国家也一样,中国经历了那么多的坎坷和磨难,但我们总是能够面对它、接受它、处理它、放下它。没有什么东西能够挡住中国走向共同繁荣、实现民族复兴的步伐。

每个人生活中难免出现逆境,处理棘手的问题时,应该坦然地面对它、接受它、处理它、放下它;也就是说,遇到任何困难、艰辛、不平的情况,都不逃避,因为逃避不能解决问题,只有用智慧把责任担负起来,才能真正从困扰的问题中获得解脱。如何面对问题?即告诉自己:任何事物、现象的发生,都有它一定的原因。我们不须追究原因,也无暇追究

原因，唯有面对它、改善它，才是最直接、最要紧的。

放下自己也放下别人。放不下自己是没有智慧，放不下别人是没有慈悲。能如此想，对一切人都会生起同情心与尊敬心。同情人家也是具缚的凡夫，尊敬人家也有独立的人格。

如果我们每个人都记住并在生活中践行这句有用的话：面对它，接受它，处理它，放下它，还有什么样的压力不能缓解和战胜呢？

7. 从痛苦中汲取智慧

从精神上的痛苦体验中汲取智慧，从而获得个人成长，也就是将逆境体验转换成经验教训。在抗压训练中，一般采用将本人逆境体验"叙事化"的方法。叙事心理学的研究认为，人会将自己的人生经历以"叙事"的手法进行构建。对同一件事情，不同的人有不同的叙事方法，不同的叙事方法会带来对人生经历的不同解释。

当我们体验到痛苦时，感受到的痛苦程度并不一定完全和现实吻合。这是因为我们深层心理的思维定式会扭曲我们对现实状况的认知。

而抗压并不是让我们扭曲地认识事实，而是采取灵活的角度，科学合理并正确地把握事实。因为本人叙述自我体验的方式会影响本身对体验的解释。如果能够将逆境体验设置成"抗压叙事"，那么你主观的"解释"就有可能变成现实。

设置"抗压叙事"时需要注意3个关键点。

（1）站在重振者而非受害者的角度进行叙事。

（2）回想自己摆脱精神低落状态的契机是什么。

（3）着眼于自己是如何从"零"攀爬至现在的水平的。

首先要注意的是，不能站在受害者的角度去看过去的失败或困境体验。否则很容易就会把自己定位成失败者，认为自己什么事情也做不好，将来一定会失败，让自我形成悲观的看法，对自我体验进行悲观叙事。

在这个训练中，最重要的是站在克服困难重新振作的立场而不是失败受害的立场上，用积极的"抗压叙事"来构建自己的体验。

在叙事中，无疑会有遭遇危机和逆境时精神低落的内容，但是第二个关键点就是要回顾自己是如何从情绪低落的趋势中挣脱出来的。人们在无意识中会安于不幸，因为他们认为这样轻松无负担，但是，如果想得到幸福，就必须有意识地去斩断这种恶性循环。而斩断的关键就需要我们努力回想自己当时是如何行动的、受到过谁的帮助、在紧急的状况下是如何改变的。

进行出色的"抗压叙事"的第三个关键点是回想自己利用了什么样的"弹性肌肉"，从低落的状态重新振作回到积极正向的状态。

倾诉逆境体验可以使你明白逆境的意义。例如自己是如何利用自我优势去跨越逆境的，在遭遇困境、灰心丧气时受到了谁的支持和帮助，或是受到恩师或上司的鼓励后如何形成了自我效能感，或者自己感觉到应该向他人表达谢意等。这个过程也是经历过苦痛之后锻炼"弹性肌肉"、培养毅力挑战困难的过程。

还有一种方法就是"俯瞰"。这是一种被称为"元视角"的训练方式，也就是把自己的过去写在纸上，用"抗压叙事法"讲述，并从高处观察，探索曾经体验的意义和其中隐藏的信息。

遭遇痛苦时,人们通常会变成"近视眼",不安、恐惧、愤怒等消极情绪使人们的视野变得狭隘,使人们忽略了整体,忘记了将来,被眼前的问题蒙蔽了双眼。虽然有可能帮助人们解决目前的问题,但是"近视眼"的事物观察方式并不能帮助人们汲取经验,用在以后的问题上。因此有必要掌握"俯瞰"的事物观察方式。回忆过去的困扰,纵观自己的历史,并同时像高空翱翔的老鹰一样俯瞰自己过去的体验全景时,你就会看到这些困境体验的全新意义。

不过,一个人进行这项作业有点儿困难。可以和其他人合作,进行协同作业。合作者相互熟悉、相互了解并分享过困难体验,具备相互信赖的关系。这样有利于彼此进行"抗压叙事"和相互评价激励。

为了引出痛苦体验的教训,倾听者需要进行几个提问。
(1)你从这些经验中学习到了什么?
(2)这些经验对后来的人生起到了什么作用?
(3)俯瞰自己的经历时有没有发现一些共同点或大趋势?

当他人向你提出有效的问题时,那些在深层心理中休眠的记忆就会在脑中浮现。在他人的协助下,我们就会思考那些从未在意识层面上思考过的问题。接着,当他人问"那个痛苦的经历对以后的工作有什么影响"时,我们有可能会想起自己已经遗忘的重要问题。

我们之所以会痛苦,可能正是因为学到了这种智慧,发现了这个真相。意识到这些,就意味着我们成长了,意味着当再度遇到困难时我们有勇气去跨越逆境。

9.3.4 正确认知和处理失败

失败,指没有达到预期的目的,亦指被对方打败,输给对方。失败仅仅是自己的一种感觉,一种绝望的感觉。失败常常给人以挫折感和压力,某些失败的人在经过几次挫折后,在自己的心中为自己设置了界限,他们不再试图努力去超越这个界限了。而有的人则认为"失败乃成功之母",一个人失败了,才知道成功的可贵,才会在不断的失败中,找到成功的方法!"这个世界上没有失败,只有暂时停止成功。"

1. 遭遇失败时,学会将其分类识别

美国哈佛商学院的埃德蒙森教授将失败分为以下3种。

第一种失败是可以预知的失败。这是不留心、不用功造成的失败,在工作中由于没有按照固定步骤或惯例执行而出现的失败也属于这种情况。这些失败可以通过适当的培训、对工作必备技术的训练来避免。

第二种失败是不可避免的失败。有些工作上的失败看似"可预知",但其实是工作流程上的问题或者任务本身难度太大造成的,这种类型的失败称为"不可避免的失败",当你遇到这种情况的时候,就不要过度自责,因为背负内疚感并不能让你灵活理性并踏实地做事。

第三种失败是"智慧型失败"。这是美国杜克大学的希特金教授所创的词条,意思是在"在小实验的失败不断叠加中产生的大学问",就像互联网的产品迭代一样,我们可以亲切地把它叫作"智慧迭代"。

2. 不必过度地自责

如果说第一种失败和自我有关,那么第二种失败和第三种失败却是个人难以避免的。对第二种失败和第三种失败的自责毫无意义,只能使自己陷入无尽的压力之中难以自拔,对第一种失败也不必过度自责,这也是一个人成长过程中必须经历和付出的。爱迪生曾说,失败也是我需要的,它和成功对我一样有价值。失败并不可怕,而不能正确地从失败中走出来才可怕,真正有能力的人不会纠结于失败的种种,而是从中学习、升华,为了将来努力地生活。

不断进行适当的自我安慰,承认自己能从错误中吸取教训,下一次进行更正。告诉自己:"我已经做得最好,对我来说已经足够好了""金无足赤,人无完人""即使我不时地失败,人们仍会喜欢我""犯错误并不意味着做人的失败"。这些必要的自我安慰,将适度减少失败的挫折感和压力。

3. 面对失败,妥当应对,积极吸取教训

对待失败的态度,决定了你未来的高度,真正厉害的人,是这样对待失败的:

1) 对待失败的心态:失败可以帮我们认清真相

如果你害怕失败,你就会失败。爱迪生的一生是伟大的,他为人类科学的进步奠定了不俗的基础。然而,即使聪明如爱迪生,在科研的路上也经历了无数次失败,才做出了令世人瞩目的成就。

爱迪生发明电灯泡之前已经尝试过上千种灯泡材料都没有成功,当人们问他,你都失败了那么多次,还要继续吗?爱迪生则说道,我不是失败,我只是发现它不适合做灯泡材料,但是这意味着我离成功更近一步,因为我又淘汰了一种不合适的材料。

可以说,真正的勇者敢于面对失败,认为这是探索真相必然经历的过程。生活中的我们,需要用好的心态来面对失败。我们不需要过分苛责自己,挫折与失败是我们认清社会与人生的必然经历过程,本就在所难免,这些经历并不重要,重要的是你是否能真正地面对它们。

不要认为失败了就已经是结局了,它很有可能只是开始,从失败中吸取教训,从失败中总结经验,再不济也能从失败中锻炼意志。失败并不可怕,可怕的是人心,我们躲避着,怕丢脸,实际上是对自己的不负责,只有直面失败,不选择逃避,才能成长。

2) 善于总结:举一反三,从失败中升华

很多人都很容易认为自己失败了就是不聪明了、不厉害了。其实不是,失败与聪明及智商没有关系。失败是每个人成长中必然伴随的过程。我们最需要的是去总结,当我们失败了,我们应思考如何做得更好。要知道,同一件事,有些人不能看到解决的办法,有些人能较好地处理,还有些人能举一反三从此不再犯,我们要做的不是一直回顾过去,而是看向未来,想着心中的梦想,想着自己能够成功,要不断地告诉自己:一切终将过去。

总结失败的能力,也能帮助我们作出更好的决策。如果是因为不够努力造成失败,我们要重整旗鼓更加努力,如果是目前难以做到而失败的,索性降低一下标准或暂时搁置。

如果实在无法解决,我们可以明智地选择放弃,没必要钻牛角尖。没有人想要一直意志消沉、浑浑噩噩,也没有人想要一直生活得不快乐,所以选择从失败中升华自己,必然能够拥抱很好的明天。

失败是人生中的必然经历,经历时我们一定认真对待,分析因果,去看待失败带给我们的内在感受与价值。我们要知道,对于人生中每种经历,我们最需要的是去体会生命的过程,用过程去历练自己,让自己从失败中采摘最美丽丰富的果实。

9.4 树立身心健康的正确理念

健康的心理不可能天生具有,也不可能总靠别人诱导,其根本就是要树立正确的世界观、人生观。正确的理念是一个人心理健康的基础。这里介绍的理念虽不能涵盖所有与心理健康有关的理念,但只要真正树立这些理念,幸福快乐就会常在你身边。

9.4.1 心理和谐之源:自我和谐

1. 自我和谐的含义与影响因素

什么是自我和谐?人的自我和谐,就是个人从生活到工作、学习,从身体到心理,从个人到家庭与社会,都是和谐的。每个人的自身和谐,是全社会和谐的个体人格化保证。例如,每个人都要对自己负责,对家庭负责,对社会负责,在工作和学习中尽心尽力,注意身体和心理健康等。每个成员在各个方面跟他人相比,尽管存在某些差异,但可以自我和谐相处、跟他人和谐相处,心态健康,心理平衡。同时,自我和谐又是动态的,自己、社会发生变化,周围的生活环境、自然环境、物理环境都会发生变化,这是一个时空的动态的和谐状态。

心理健康是自我和谐的重要标志之一。影响自我和谐的个人因素很多,包括精神追求、需要层次、思维方式、个性特点和行为方式等。一个人要达到自我和谐,要身体健康,还要满足基本的生理需求和安全需求。

从个人发展的角度来看,影响自我和谐的个人因素还包括能够感知到下一个目标正在实现中,或者是能够实现的。一个人的现实自我与最终要达到的目标之间一定会有差距,自我和谐的人就是能够在这种情况下保持良好的心理状态,这也是自我和谐的本来含义。能够看到和别人的差距,并保持和谐,这既是自我和谐的标志,也是影响自我和谐的因素。

从社会方面来讲,社会要为个人提供基本的保障,尊重个人价值选择,各个阶层相互开放、平等进入。社会公正及资源配置应该有法制保障。这些都是外部对自我和谐有影响的因素,另外,还包括尊重个人价值选择。人本主义心理学认为,人们之所以会出现心理障碍,出现个人不和谐,是因为他们感觉到内心的需求没有办法得到实现,或这些需求即使得到了实现,也得不到社会的赞许。因此,对每个人的选择的尊重程度越低,要达到自我和谐的可能性也就越小。

2. 自我和谐的实现

人的全面发展首先取决于人自身的和谐关系。自我和谐是可以通过自我的努力来实现的,主要体现在以下3个方面。

1) 讲究修养

讲究修养,主要是指自我修养,从道德的角度提高自己的素质,使自己有力量、有目的地不断进行自我克制与心理调适。中国古代哲学家强调人的"内美";西方哲学家如康德,赞美每个人心中的道德律,这些都是自我修养。人自身和谐的最高境界就是克己爱人,将对物的欲望限制在有限的范围内,用有限的生命去追求无限的精神享受。自我和谐的人,有一个基本特点,就是心理平衡,不抱怨、不攀高,积极对待人生,对名利、地位旷达以待、泰然处之。

2) 讲究学养

学养和修养有联系,但又是不同的概念。学养强调的是不仅从道德而且从能力的角度,提高自己的素质,强调在学术上的创新精神,包括学问、阅历和在某一领域的专业造诣,同时包括学德、学术良心。学养要通过教育,更需要个人的奋斗和努力。学养强调"学",要有较多的学识,还要强调"养"。"养"按朱熹的解释是"涵育熏陶,俟其自化也",要学以致用。

人自我身心的和谐,是人与人的和谐,人与自然的和谐,人与社会的和谐的基础,自我身心和谐了,就会通过正心、诚意、修身来规范自我的行为,就会创造一个宽厚处世、协和人我的人际环境。

3) 讲究涵养

涵养主要是指做人的道理,强调的是处理好人际关系。人的性格、爱好、志趣各不相同,彼此之间和谐融洽相处,需要有涵养。涵养强调的是包容,对他人要大度,理解人、尊重人、赞美人。每个人的社会地位、社会角色各不相同,每个人又都有一个期望,那就是自己在这个社会上生活得好一些。为了改善自己的生存状况和生存环境,采取的方式只要是正当的,通过自己的智力、体力的努力去达到的,都应给予理解和支持。排斥、歧视、看不惯、不顺眼,是人与人之间相互沟通理解的顽固障碍。

每个人都有自己的人格尊严,都应受到尊重。人格侮辱是对人的极大伤害。无论社会地位、社会角色的差异如何,人格都是互相平等的。以自己的优长而傲视他人,是没有涵养、内心不和谐的表现。社会地位高的能自觉地平易近人,社会地位低的能不卑不亢,都值得赞美和尊敬。

如何做到有涵养?孔子说要断绝4种毛病:毋意、毋必、毋固、毋我(《论语·子罕》),即不要瞎猜疑、不要独断、不要固执、不要自以为是。曾经担任过国家副主席的荣毅仁先生有一副座右铭:"发上等愿,结中等缘,享下等福;择高处立,就平处坐,向宽处行。"这24个字蕴含了丰富的人生哲理,折射出优秀的个人修养、学养和涵养。

9.4.2 学会感恩

感恩是一个人与生俱来的本性,是一个人不可磨灭的良知,也是现代社会成功人士健康性格的表现。感恩不仅仅是为了报恩,因为有些恩泽是我们无法回报的,有些恩情更不是等量回报就能一笔还清的,唯有用纯真的心灵去感动、去铭记、去永记,才能真正对得起给你恩惠的人。感恩是一种处世哲学,是生活中的大智慧。英国作家萨克雷说:"生活就是一面镜子,你笑,它也笑;你哭,它也哭。"感恩不纯粹是一种心理安慰,也不是对现实的逃避,更不是阿Q的精神胜利法。

  人的一生中,小而言之,从小时候起,就领受父母的养育之恩;等到上学,有老师的教育之恩;工作以后,有领导、同事的关怀、帮助之恩;年纪大了之后,又免不了要接受晚辈的赡养、照顾之恩。大而言之,作为个体的社会成员,我们都生活在一个多层次的社会大环境之中,都首先从这个大环境里获得了一定的生存条件和发展机会,也就是说,社会这个大环境是有恩于我们每个人的。感恩,说明一个人对自己与他人和社会的关系有着正确的认识;报恩则是在这种正确认识之下产生的一种责任感。

  感恩是一种认同,是从我们心灵里的一种认同。感恩是一种回报,感恩是一种钦佩。

  感恩是一种处世哲学,是生活中的大智慧,可以消解内心积怨,涤荡世间尘埃。感恩是一种生活态度,是一种品德。

  感恩是尊重的基础。在道德价值的坐标体系中,坐标的原点是"我",我与他人,我与社会,我与自然,一切的关系都是由主体"我"发出。尊重是以自尊为起点,尊重他人、社会、自然、知识,在自己与他人、社会相互尊重以及对自然和谐共处中追求生命的意义,展现、发展自己独立的人格。

  常怀感恩之心。受到他人帮助、处于良好状态时,心中会产生感恩之情,这种感恩之情可以提高幸福度,也可以抑制压力,减少不安。正因为如此,感恩之情也能有效地帮助人从困境和痛苦体验中重新站立、再次崛起。

  我们每天都可以做这5件小事情,滋养我们的感激之情。

  (1)明智选择朋友。如果你想学会感恩,就多与心存感恩的人在一起。与积极的人为伍会让你更积极;与快乐的人结伴会让你更快乐;挑剔的人只会让你更挑剔;爱生气的人让你更上火。

  如果你要想做到精神上强大、乐善好施、勇于助人、聪明、精力充沛、积极向上,那就在其他人身上挖掘那些品质。

  通过自身培养这些积极的品质,帮助你的朋友养成更积极向上的品质。了解什么样的朋友会帮助你培育自己的心灵,并结交一些这样的朋友。

  (2)帮助你的朋友培养感激之情。在你谈论某个朋友的情况前,请记住,每个人的情况是独一无二的。作者曾看到自己和朋友都出现过这种情况。他们会非常快乐,直到他们得知自己正遭受不公。突然之间,他们就会很生气。

  一日复一日,一时又一时,设立目标,停止抱怨自己的生活。与朋友达成协议,谈话中尽量少抱怨。

  (3)将感恩当成礼物送给自己的孩子。我们能够为自己孩子所做的最持久贡献之一是帮助他们理解,不能仅仅因为我们活着,有生命,我们就理所当然享受一切东西。

  帮助你的孩子满足于简单的事情,同时也给予他们与生俱来的力量和能力,以实现任何他们自己想要的生活……关键是你也必须以这种方式生活。

（4）说"谢谢你"。你生活中最感激谁？让他们知道，无论是你的妈妈、你的孩子、你的朋友、你的伴侣、你孩子的日托提供者乃至化妆品柜台后面那个乐于助人的女店员。

你不必说那些陈词滥调，一句发自内心的"谢谢你"通常就足以温暖人心。只要养成一个习惯，你总会下意识注意到人们为你做的所有事情。

还有一个主意：花15分钟给你的孩子写一封信。在信中，告诉他们你是多么感谢他们，感谢他们让你生活充满快乐的方方面面。这封信你可以现在给他们或在他们长大之后给他们。

（5）注意小事情。

今天，努力弄清楚在你个人、专业和家庭生活中你心存感激的各个方面。

今天，花几分钟时间欣赏大自然。散散步，只注意那些美丽的东西。无论你专注于天上的星星、遥远的山脉，或你家后院的棉白杨树，尽量注意到细节。向我们身边的美致谢。

每天花一些时间专注于你生活中的小事，让每一天都那么特殊。写感恩日记，睡前想想今天的好事情，把好事情记在笔记本里，尽可能思考为什么会出现这种好事情。

每天想3件好事，列出"值得感恩""让人感到幸运"的事情，思考事情进行顺利的理由。

让我们一起努力，珍惜我们所拥有的东西，而不是追逐我们还没有的东西，尽其所能，互相帮助，对生活之馈赠表达更多的感激之情。

9.4.3 学会宽容

宽容是一种美德，能够宽容他人的人，可以和各种人相处，同时也可以反映出自身的人格修养和广阔胸襟。宽容是一种人类精神，是一种善，是一种美，是一种人性，是一种胸怀和气度，更是一种境界。

宽容作为一种境界，是一种水平的体现，是一种深度与才能，是一种睿智和明达。

宽容是一种修养，一种成熟，这种修养表现出来的不是软弱，而是过人的目光与胸怀、对于人性的深度理解、对于利益的整体把握，是对于个性的充分尊重，是对于共存原则的贯彻与实施，它犹如生活中的阳光，能消除矛盾的阴暗面。

理解和体谅是宽容的基础，而理解和体谅要以设身处地的思维方式做前提去进行。当然，我们不是要大家做一个绝对的无原则的宽容主义者。当你面对不能宽容的事情和人物时就绝不能也绝不要宽容。这里说的宽容是有条件宽容和不完全的宽容。宽容是人类生存与相处的最佳方式之一。但当有一些人不容许你选择最佳和最好的方式与他相处时，你只有退而求其次，被迫拿起斗争的武器。

1. 宽容的关键在于理解他人、包容他人、关心他人

每个人都会面临各种压力，需要发泄，但不能将其无限倾倒。宽容是一种胸襟和气度，对人对事都多些包容、礼让，生活才会更和谐。

生活在这样一个复杂的社会中，彼此之间需要更多的理解和宽容，因为只有宽容才会发现别人的长处,才能够更好地与人合作。

世界上有许多悲剧、许多恐怖,都是因为人与人之间不能容忍所造成的。然而,忍让和宽容说起来容易,做起来却是非常难。当我们受到无辜的伤害时,总是会有一颗报复心。一个人若是总存报复之心,自己所受的伤害就会比对方更大。一个心中充满怨恨的人是永远都无法快乐的。"相由心生",如果一个人不消除心中的怨和恨,全世界任何美容院都无法美化他的容貌。

其实,在日常生活中,人与人之间的矛盾没有大到"不共戴天"的地步,只是一些细枝末节的不同罢了。我们每一个人都既是魔鬼又是天使,优点与缺点共存,美丽与丑陋俱在。与人相处时,要尽量看好的方面,至于一些不同之处、一些不必要的摩擦,忍一忍也就过去了。

学会宽容,学会大度,是我们每个人生活中的一件大事,整天被不满、怨恨心理所控制的人是最痛苦的人。学会宽容,也就是学会了爱自己。

生活中有许多事当忍则忍、能让则让。忍让和宽容不是怯懦胆小,而是宽容和体谅。忍让和宽容是给予、是奉献,也是人生的一种智慧。

海纳百川,有容乃大。我们的胸怀如果能够像大海一样宽广,与他人交往不斤斤计较,并且能够宽容别人的无心之过与冒犯,的确能够让我们保持心情舒畅,令我们的生活轻松快乐。所以我们要有一颗宽容之心,自己的世界才会更加多彩。

2. 宽容之心不仅能够宽容别人,也要能够宽容自己

对有些人来说,有一颗宽容他人之心可能很容易,但是这颗心里却没有自己的位置。品德高洁的君子对自己身上的任何缺陷都难以忍受;志向高远的精英,对待自己要求极其严格,不允许自己出现过错和失误。可是,在我们这个社会中,更多的是我们这些普通人。普通人为了生存,时刻紧绷着自己,不能,也不敢对自己有丝毫的宽容,生怕自己被社会、被时代淘汰。

我们经常会看到、听到,甚至自己就在亲身经历,因为一味地苛求自己,从而引起心理的紧张,进而诱发一系列的心理疾病和机体的不良反应,如血压升高、心律不齐、消化不良、胃肠功能紊乱、失眠多梦、身体乏力、记忆力衰退等症状,甚至发生脑卒中、冠心病,更严重的乃至猝死。所以,我们要学会宽容,首先是学会宽容自己。宽容是一种积极的心理情绪,是一种良好的素质修养,更是一种洒脱的人生境界。宽容自己,适当原谅自己的过错,才能够为自己创造一个清新而安宁的心境,维持自己的身心健康。宽容自己,我们才能够解放自己,抛开束缚心灵的枷锁。

宽容自己,首先要认清自己。我们没有音乐的天赋,却一直渴望成为伟大的音乐家,不管我们多么努力都是徒劳的,那有必要为这样的烦恼而折磨自己吗?我们出身于普通家庭,既没有经营的头脑,也没有合适的机遇,更没有宽广的人脉资源,却梦想成为大企业家,尽管我们非常努力,却换来的是一事无成,我们有必要自责吗?宽容是调节心理情绪的润滑剂,宽容是走出心理困境的阶梯。如果我们能够在人生前途和红尘物欲中对自己多一些宽容,我们就能够让困境和窘迫转化为轻松和自然,让精神得到充分的放松,就会摆脱那些无尽的烦恼,赢得心灵的平静。

宽容自己,还要有海阔天空的心境和虚怀若谷的情怀。生活中我们难免会碰到一些不如意的事情,情感失意、事业受挫、家庭变故、经济拮据等问题,都会给我们带来忧愁或沮丧等不良情绪。特别是现代社会节奏快、竞争激烈,更令人感到身心俱疲。这个时候我们就需要学会宽容自己。将自己心中的忧愁和焦虑化作和风细雨,自信达观地面对生活中种种困难和逆境,把千般烦恼和万般忧愁当作过眼云烟,学会微笑,微笑面对挫折,微笑面对自己,让轻松惬意时常飘在脸上,更要植根在心里。当我们给予自己这样的宽容,快乐温馨就会随之而来,我们就会感到人生路上少了荆棘,多了绚丽;我们的生活也就会多一分快乐,少一分烦恼;多一分幸福,少一分郁闷。

宽容自己,不要被虚名功利所束缚,不要为荣辱得失所连累,这样就能将自己从思想的牢笼中解脱出来。我们遇事要拿得起,更要放得下,这样才能成为一个心理健康的人。懂得宽容自己,才能收获属于自己的快乐。只要学会爱自己,就会发现周围的一切看起来都是顺心的。种种不良的心理情绪也会烟消云散。宽容是幸福的保障,如果我们为一些虚无的名利所困扰,为一些暂时的利益得失而耿耿于怀,那我们必然被束缚在焦虑忧郁的情绪中。如果我们能够坦然面对这些,那我们心中就会充满阳光,我们的心理就会更健康。

所以我们要对自己宽容一点,不拿别人的长处来苛求自己,不让失意来消磨自己,不让名利来缠绕自己,宽容自己,善待自己,过属于自己的生活,我们的心灵才不会为外物所累,得到真正的快乐。

复习思考题

1. 为什么说心理健康与生涯规划是相互依存、相互促进的关系?
2. 为什么说工作有益于心理健康?如何才能快乐地工作?
3. 职场中对付、处理"压力症"的心理策略和方法有哪些?
4. 个人如何才能实现自我心理和谐?

职场心理压力的压力源来自哪里?

即 测 即 练

第10章

生涯发展中的自我管理与毅力培养

10.1 自我管理的多个维度

自我管理(self-management),可以视为个人对自己的管理,就是指个体对自己本身,对自己的目标、思想、心理和行为等表现进行的管理,自己把自己有限的时间、精力和资源组织起来,自己管理好自己,自己约束自己,自己激励自己,自己管理自己的事务,最终实现自我奋斗目标的一个过程。

自我管理又称自我控制,是指利用个人内在力量改变行为的策略,普遍运用在减少不良行为与增加好的行为的出现。

自我管理注重的是一个人的自我教导及约束的力量,亦即行为的制约是透过内控的力量(自己),而非传统的外控力量(教师、家长)。

自我管理的内容主要包含如下方面。

10.1.1 管理好自己的健康、时间和学习

1. 管理好自己的健康

我们应该明白这样的道理:健康是1,所有的名和利都是1后面的0,没有1,有多少个0都是无意义的。因此,从心理、生活、营养、锻炼和养生等各方面保持自己身心健康是自我管理的第一要义。没有健康,一切都是枉然。身体健康是一切事业成功的基础。在激烈的竞争环境中,必须重视自己的身体健康、心理健康和家庭健康管理。用饱满的精神、昂扬的斗志和充沛的精力去迎接职业调整,创造职业辉煌。

人不能与自然规律抗衡,违背规律就会受到惩罚。健康管理,就是要平衡生活规律,我们的日常饮食、作息、运动、锻炼等要遵循自我内在的阴阳平衡,一般不要轻易改变,如果改变了这种平衡,就会使内部的器官发生紊乱,产生不适,甚至是影响健康。但人性的贪婪与自然人生命体的天性是矛盾的,健康管理就是人的人性与天性作战,只要人性与天性的博弈取得了动态平衡,也就回到了生命的和谐中。

2. 管理好自己的时间

人生的时间有限,如何在有限的时间做有意义和更重要的事情,这是时间管理的目标和要求,相比目标的自上而下的系统,时间管理更像一个自下而上的执行程序。在时间管理上有个最重要的着力点,就是一定要把重要且不紧急的事有序做好,未雨绸缪,这样你就没有那么多重要且紧急的事情了。

要学会分析记录自己的时间,把手里的事情进行简单的过滤,知道哪些事情是最重要而且紧急的,哪些事情是可以暂时缓一下的,通过合理的时间规划,将任务按重要性和急切性进行排序,切实提高办事效率,做时间的主人。

时间管理遵循帕累托法则,即"80/20"效率,就是80%的结果都来自你20%的时间付出! 同样也指多达80%的时间付出只会产生20%的结果。既然如此,我们无论在人生管理中还是在思考学习中都应该注意到,哪些事情属于20%中的重要的事情,哪些事情属于80%中的次要的事情。分清主次,我们才能有的放矢。

一般来说,每天事情可以按照是否重要、是否紧急分为4类(图10-1)。

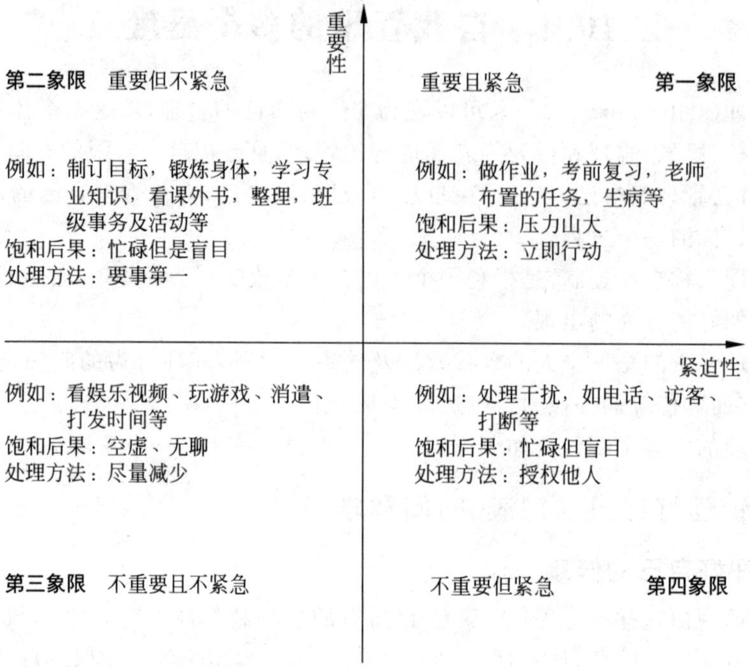

	重要性 ↑	
第二象限　重要但不紧急		**重要且紧急　　第一象限**
例如:制订目标,锻炼身体,学习专业知识,看课外书,整理,班级事务及活动等 饱和后果:忙碌但是盲目 处理方法:要事第一		例如:做作业,考前复习,老师布置的任务,生病等 饱和后果:压力山大 处理方法:立即行动
		→ 紧迫性
例如:看娱乐视频、玩游戏、消遣、打发时间等 饱和后果:空虚、无聊 处理方法:尽量减少		例如:处理干扰,如电话、访客、打断等 饱和后果:忙碌但盲目 处理方法:授权他人
第三象限　不重要且不紧急		**不重要但紧急　　第四象限**

图10-1　时间管理分类图

第一类是重要但不紧急的事情,就是提高认知和解决问题能力,如读书、学习、思考和有效社交。这是每天坚持,必须长期进行的,做好了这些重要但不紧急的事,能让自己产生质的变化,突破当下的层次和环境,让自己变得更有价值。

第二类是重要且紧急的事情,一旦出现,必须马上亲自处理,力求最快圆满解决。但要思考这样的事是例外,还是有规律重复出现的。如果这样的事情不断重复出现,就要思考一下问题发生的原因,如何避免,要把它纳入常规事项中,考虑优化。如果这件事在当天看起来很重要,而放到一个月、一年后就变成了无足轻重的小事,那它就不是真正重要的事,就要考虑精简。

第三类是不重要但紧急的事情,委托他人去做,或服务外包。这是我们大多数人管理时间的盲区。

第四类是不重要且不紧急的事情,尽量不做或拖延去做。生活中这些事是真正偷走我们时间的元凶。

3. 管理好自己的学习

学习对我们每一个人来说是一辈子的事情。小时候父母和老师管理我们的学习;进入大学,要管理好自己的学习,包括时间安排、学习科目和学习计划;走向社会,在管理好自己学习的同时,更重要的是如何从实践中学习。

未来的文盲不再是没有知识的人,而是不知道怎样获取知识的人。获取知识的唯一途径就是学习。人并非生而知之,而是学而知之。知识和能力都是从学习与实践中得来的。学习能力是优秀竞争力的表现,也是人类灵性的表现。

未来属于那些热爱生活、乐于创造和通过向他人学习来增加自己聪明才智的人。人的一生都需要不断学习,提升自己的学习力是管理好自己学习的关键。学习力是一个人学习态度、学习能力和终身学习的总和。这也是动态衡量人才质量高低的真正尺度。

以下是 6 种终身学习的实践方法。

一是自觉学习:反省检讨自己的心结在哪里,盲点是什么、有哪些瓶颈需要突破,是自我精进的关键途径。

二是交流学习:与人分享越多,自己将会拥有越多。

三是快乐学习:终身学习就要快乐学习,开放心胸并建立正确的思维模式,通过学习让自己完成心理准备,应对各种挑战及挫折。

四是改造学习:自我改造,通过学习向创造价值和降低成本努力,这种改造的效果往往是巨大的。

五是国际学习:面对全球化时代,不论是商品、技术、金钱或资讯、人才等,皆跨越国界流通。因此,学习的空间也应向国际化扩展,开创全球化学习生涯。

六是自主学习:每个人都要有自己的生活规划,更要自主地选择学习项目,安排自主学习计划,以迎接各种挑战。

10.1.2 管理好自己的情绪、习惯和生活

1. 管理好自己的情绪

美国专家 Daniel Goleman 写了《情商管理》一书,他对 121 家企业中 181 个不同职位的能力标准进行研究时,发现其中 67%(即 2/3)的工作必备能力是"情商能力",如个人的自控能力、专注力、值得信任、为他人着想以及处事能力等。他的研究确定了沟通能力、团队合作能力及生活管理能力的重要性。

情商管理主要包括以下内容:认识自身的情绪、善于管理情绪、自我激励、正确认知他人的情绪、处理复杂人际关系等。

情商自我管理好的人,具体地表现为:拥有正面阳光健康的人格魅力;喜欢自己;相信自己能成功,相信有属于自己的天空;能让自己愉快地成长;能有效控制生活;有克己自律的习惯等。

在成功的路上,最大的敌人其实并不是缺少机会或是资历浅薄,而是缺乏对自己情绪的控制。现实生活中的许多人遇事不如意或遭遇突发事件时,往往会表现出情绪不稳定,或者是大喜大悲,或者是做事不顾后果,不冷静,容易冲动,导致一些不可挽回的后果。

管理好自己的情绪需要提升情绪管理能力,需要一个良好的心态,一是要把姿态放低,二是要有高瞻远瞩的心态,遇事要控制好自己的情绪,学会沉住气,凡事换一个角度去

看，设身处地为别人多考虑。管理控制自己的情绪，才能减少或避免给他人、给自己都带来不可挽回的伤害。

2. 管理好自己的习惯

习惯是一种恒常而无意识的行为倾向，反复地在某种行为上产生，是心理或个性中的一种固定倾向。

成功与失败，都源于你所养成的习惯。我们每个人都受到习惯的束缚，习惯是由一再重复的思想和行为形成的，因此，只要能够掌握思想，养成正确的习惯，我们就可以掌握自己的命运，而且每个人都可以做到。

一般来说，随着年龄的增长，人的自制力也在增强，但有些人成年以后，自制力仍然很差，如赌博上瘾的人就属于这一类。无法想象，一个缺乏自制力的人在职业生涯中能够取得成功。因此，要想获得成功，必须控制好自己的行为，该做的事坚持做好，不该做的事坚决不做，这需要忍耐、决心、毅力和个人强大的自制力。

3. 管理好自己的生活

能不能在生活中管好自己，这是自我管理能力中最重要的。一个人如果无法管理自己的生活起居和家庭生活，我们很难想象他能够管好其他事情。一个人管理好个人的生活最重要的就是避免无聊，也就是很多人在独处的时候并不知道该做什么，那么就要学会自己打理独处的时间。

管理好自己的生活，最难的恐怕是处理好事业和爱情婚姻家庭之间的关系，简言之就是事业和家庭之间的关系。事业实际还包括学业，家庭则包括小家和大家。小家是由爱情到婚姻，再而至有小孩；大家则是小家两个主要成员内外亲的组合。人生的这两大问题，没有一个是省心。一旦小家庭出现问题，后院起火，事业必然受到牵连影响。同样地，事业出现问题，不可避免地要影响到小家庭和大家庭。

现实生活中，有人为了追求事业的成功，丢弃了家庭；有人为了追求金钱，抛弃了家庭；有人为了追求权力，远离了家庭；更有人为了更好地生活，牺牲了家庭。

我们要经常问自己，我们来到这个世界，究竟为了什么？钱？权？名？还是其他的东西？都不是，我们来到这个世界，就是为了做自己喜欢的事情，经营好自己的家庭，家庭幸福，人生才叫成功。家，是温暖的方向，是亲人的盼望，是心灵的港湾，是事业的加油站。

列夫·托尔斯泰说："幸福的家庭都是相似的；不幸的家庭各有各的不幸。"一个好的家庭，莫过于大事商量、小事原谅、不争对错、不翻旧账。一个家庭，如果不和睦，整天吵闹不休，那么不管是家里的谁，都会有一种离家找个安静地方的想法，而且家里每个人的精神压力也很重，久而久之要么憋出病来，要么每天闷闷不乐。若这样的家庭里有孩子，那么最终伤害最深的将是孩子。孩子会变得忧郁，也会变得叛逆，更会出现小小年纪离家出走的冲动，学习上更是一塌糊涂。所以一个家庭和睦与否将关系着家里的每一个人是否快乐。因此，管理好自己的生活，把爱倾注于家庭，造就一个幸福美丽的人生港湾，每天都有温暖和谐的家庭生活，这是人生快乐、事业有成的关键。

10.1.3 管理好自己的人际关系、生命安全和财产

1. 管理好自己的人际关系

良好的人际关系既是个人成功的基础,也是个人健康快乐的来源。人是社会动物,我们的工作、生活,需要与形形色色的人打交道。与人打交道和维护关系又是不容易的,因为人是多样的、善变的。随着年龄增长,人和人建立、维护关系的成本也会增加。所以管理好自己的人际关系需要用心。

管理好自己的人际关系,做人要有温度,要有仁义礼智信。我们的社会,是一个人情的社会,是感情的世界。因此,要懂得感恩,要知道礼尚往来,要学会经常交流与参与社交活动。说话让人感到很温暖,做事让人感到很放心,做人让人感到赞叹。俗话说,朋友多了好办事,但交友太多应酬不过来,交友不慎的例子不少。因此,在提倡广交朋友的同时,也要注意交友适度,要有所选择,重点维护、相互关心、互相帮助。

管理人际关系的第一个原则是对等。人和人由于社会、经济等地位差异,客观上无法平等。但人和人的关系,如果不平等,意味着维护成本极高。要学会善待自己,不要做持续的、无回报的投入。对他人的善意给予积极回应,对他人的冷淡也要及时止损。

管理人际关系的第二个原则是持续提升自己的价值。俗话说:"桃李不言,下自成蹊",人的社会性意味着,每个人需要具备"对别人有用"的特质。这种利他的能力,就是人的价值。你可以有钱有势,也可以有一技之长。吸附别人而非依附别人,才是关系管理的核心要义。

管理人际关系的第三个原则是坦然。俗话说:"天下没有不散的宴席",再好的朋友也有说再见的时候,在人生旅途中,每个人只能陪你走一段路。学会建立关系,也学会放弃关系,本质上,只有你自己才能陪自己走过一生。

2. 管理好自己的生命安全

管理保护好自己和家人的人身安全是自我管理的重要内容。一般来说,生活中难免会遇到水灾、火灾、地震、触电、溺水、车祸、迷路等特殊事件,个人要有处理各种突发事件的知识和本领,要熟悉紧急情况下的求救信息和基本方法。

3. 管理好自己的财产

管理好自己的财产,一要保证财产的安全;二要做好投资理财,使自己的财产能够保值、增值。

扩展阅读10-1:自我时间管理技巧

10.2 管理好自己的人品

一个人真正的资本,不是美貌,也不是金钱,而是人品。管理好自己的人品就是要不断地修身养性,形成好人品,这是生涯发展和自我管理的关键。

10.2.1 人品是什么

人品主要是指人的品性道德,概括为"责任、利他"的行为,是指个体依据一定的社会

道德准则和规范行动时,对社会、对他人、对周围事物所表现出来的稳定的心理特征或倾向。例如:严于律己,对人要慷慨大方,宽以待人;对国家要忠诚热爱,对工作要爱岗敬业。又如:这个人心地善良、品德高尚、助人为乐、为社会传递正能量等,说明这个人的人品就好;否则反之。

人品属于道德范畴的问题,主要指个人的行为、处事的准则。人与人之间,人品真的有天壤之别。有些人,堂堂正正,表里如一;有些人,狡猾阴险,口是心非。有些人,舍己为人,深明大义;有些人,患得患失,见利忘义。有些人,忍辱负重,严于律己;有些人,投机取巧,表里不一。有些人,两袖清风,淡泊名利;有些人,利令智昏,贪图便宜。有些人,乐于助人,善解人意;有些人,我行我素,自私自利。有些人知恩图报,有情有义;有些人恩将仇报,忘恩负义。

从思想层面上评价,人品包括思想、道德、修养3个主要方面。评判一个人的人品如何,不仅要看他说什么,更要看他做什么,直观的评价和判断是评价其行为、处事的方式和言论,以及由此产生的结果。从客观的角度评价他的行为和做法是否符合社会主流价值观,是否符合社会公认的道德标准。

由于人品的评价标准涉及范围广,往往是凭个人感觉,而每个人对人品的评价和认知都有自己的标准。但无论个人对人品的认知和评价标准的差异有多大,社会道德、社会常识、社会价值共识和行为规范都是每一个社会成员必须认可与接受的人品标准,如爱国爱家、勤劳敬业、尊重他人、与人为善、诚实守信、乐善好施等。

"富强、民主、文明、和谐,自由、平等、公正、法治,爱国、敬业、诚信、友善",这24字的社会主义核心价值观中,爱国、敬业、诚信、友善是公民个人层面的价值准则,是社会主义社会公民的基本道德规范,其涵盖了社会主义公民道德行为各个环节,贯穿了社会公德、职业道德、家庭美德、个人品德各方面,是每一位社会主义国家的公民都应当树立的基本价值追求。

"爱国、敬业、诚信、友善"是人品的基本价值内涵和评价标准。一个不爱自己祖国、不敬业勤奋、不诚实守信、不与人为善的人,不会有什么好的人品,不会有什么好的生涯,不会有什么好的前程。从这个意义上说,社会主义中国的好人品就是完全认同"爱国、敬业、诚信、友善"核心价值观,并以此价值取向来指导自己的生涯规划发展目标,约束自己的言行,修养自己的习性,管理和规范自己的生活、工作、事业和家庭生活的方方面面。

10.2.2 为什么说好人品就是好"风水"

世人皆知好"风水"养人,却不知人也养"风水"。古人讲求天人合一,认为人体就是一个天然的风水场。

《陋室铭》中的开篇句为:"山不在高,有仙则名。水不在深,有龙则灵。斯是陋室,惟吾德馨。"这段话告诉我们,与其求神拜佛,不如行善积德。与其钻研风水,不如积攒人品。好"风水"从来不是求得的,而是依靠人品的浸润、善行的积累,逐渐养成的。商人希望日进斗金,在商铺中供奉财神、摆放金蟾,殊不知诚信经营才是生财正道;学子渴望金榜题名,去孔庙里烧香祈福、许愿叩拜,殊不知刻苦用功方能学有所成。即便是破屋陋室,也遮挡不了人品的光辉;而人品低劣的人,就算霸占着风水宝地也枉然。

《易经》中有一句话:"积善之家必有余庆,积不善之家必有余殃。"这告诉我们,福人居福地,福地福人居。人品好、有德行的人居住的地方,就是福地、福城。这是因为"风水"的好坏,会随着主人家人品的优劣而不断转换,也就是所谓的"境随心转"。

你的人品,就是你的"风水"!哪怕是福地洞天,由一个品行不端、胡作非为的人去住上三个月,"风水"也会变得不善。可如果一个人的人品好了,德行就变了;德行变了,气场也就跟着变了;气场变了,"风水"自然好起来了。喜欢付出,福报就越多;喜欢感恩,贵人就越多;喜欢施财,富贵就越多。最好的"风水"就在我们身上,若想改变"风水",先从改变自身开始!

好人品大多伴随着好性格。人品好的人往往积极向上,这种乐观积极的态度影响着人的思维方式和处世态度。

好人品大多伴随着好人缘。俗话说"得人心者得天下",一个人品好又有人缘的人,不管做什么都会如鱼得水。

好人品还能带来好心情。人品好的人每天无愧于心、无愧于行,吃得香、睡得好,心宽万事足,心情自然好。

因此人品好的人身上自带光芒,无论走到哪里总会熠熠生辉。所以别总是抱怨自家"风水"不好,你的人品就是最好的"风水"。人品攒够了,"风水"自然来。

做人,永远记得要把人品放在第一位!人品好,才会在逆境中扶摇直上,才会在困难中有人帮助,才会在误解中得人信任!

好人品,是一个人最好的通行证。好人品可以弥补能力的不足,能力却永远无法补上人品的缺漏。一个人心术不正,净走些歪门邪道,没有人愿意信任他,终究不会有什么出息。做人,贫穷并不是最可怕的,没有好人品才是最可怕的。人与人之间的缘分,无论开始于什么,到最后,都只会终于人品,人品好的人有广阔的人缘和善缘,有人缘人脉和人气的人,就会有贵人相助,人生的路就会越走越宽广,成功的概率就大些。

好人品,是一个人最好的护身符。它让小人对你无计可施,让君子对你欣赏有加。无论遇到什么样的困难,都会有人在背后默默地支持和帮助。

好人品是一个人最宝贵的财富,人有品德,遇事处世,无论坎坷,无论坦途,终究会以良好的信誉走到目的地。

好人品是人生的桂冠和荣耀,它是一个人宝贵的财富,它构成了人的地位和身份,它是一个人信誉方面的全部财产。

人的一生,拼的就是人品,人品不好,永远无法立足于社会。好人品决定着人一生的品德和德行,拥有好人品胜于黄金,高于地位和学历以及所有的一切。人丑与美,不看外表。人品比任何事情都重要!做人别缺德,多积德行善,必定会安稳一辈子!

10.2.3 管理好自己的人品,重在提高修养

人品不是天生的,而是后天养成的,包括家庭、学校和社会教育培养,更主要的是个人的修养。修身、修心,是每个人一辈子的必修课。莫再说"金无足赤,人无完人",请相信,"人品极处,方近完人!"

个人修养的提高,主要包括以下几方面的素养提高。

第 10 章 生涯发展中的自我管理与毅力培养

1. 厚道

古人云：厚德载物，就是说人只要有好德行，就没有承载不了的事；相反，人无大德便无法成就大事。这些名言忠告，告诫我们要乐于吃亏，多为别人着想，才能成就事业。同时，厚德是福，做人厚道，方能得到别人的尊重。

厚德方能载物，一个人的品德是万物的载体。《道德经》有言："大丈夫处其厚，不居其薄；处其实，不居其华。"待人之道，精明不如厚道。一个人精明强干只能得意一时，厚道靠谱才能屹立不倒。有些人很聪明，但是不厚道，这样的人千万不能深交。

人厚道，天不欺。一个人宽仁厚道，才能承载身上的责任和福报。上天不会无视这样的人，更不会亏待这样的人。厚道，就是最大的聪明。一两重的厚道，大于一吨重的小聪明。人算不如天算。算计的越多，失去的越多；计较的越少，失去的越少。古人说：重剑无锋，大巧不工。斤斤计较的人一事无成，厚道大方的人才能得偿所愿。吃亏是福，不计较的人才能收获信任，保持厚道，才是最大的聪明。

人品好，为人厚道，待人真诚，即便身处窘境，也不会阻挡你的福气。因为好人品，本身就能得到别人的认可和支持，这些都会化作前进的动力！大家都愿意和厚道的人交往，因为这样的人靠得住、信得过，因为他们踏实、诚信；和厚道的人交往不累，所以说厚道是福，是做人最大的底气。世界上最聪明的人就是那些厚道的人；而那些偷奸耍滑、处处计较的人才是最愚笨的人；一个人用怎样的方式对待别人，别人会用同样的方式对待他。厚道的人免不了吃亏，但是吃的这些亏都是福气，"福报"迟早还会找回来的；人们都愿意和让人不累的人交往、合作，而厚道的人恰恰是让人不累的人；如果身边有这样厚道的朋友，一定要珍惜。一个人最好的"风水"是他厚道的人品，好人品就是与人交往的最好名片。

2. 正直

正直是一种做人的高贵品格，其含义是做人做事，要公正无私，刚直坦率，襟怀坦荡，直白，正面，表里如一；不偏斜，不弯曲；不奸诈、不狡猾，不人前一套、背后一套。正直就是要不畏强势，维护社会公平正义，要敢说敢为，勇于同不良现象做斗争，勇于坚持真理，承认错误，改正错误。

生而为人，就要做一个正直、真诚、坦荡的人，就要做一个品行端正的人。这样，做事才会更加有底气，而一个正直、真诚、坦荡的人最终会使人折服。一个人不一定能成为一个伟大的人，但完全可以成为一个正直的人。正直之人，首先要做到凭良心办事。清人王永彬有云："求个良心管我，留些余地处人"，说的就是这个道理。

做人做事都能从良心出发，就是一个高尚的人、正直的人。正直的人有正确的是非观念，遇到问题有自己的见解，绝不能你好、我好、大家都好。正直的人坚持真理，不能因为关系好把错说成对，也不能因关系不好，而把对说成错，不要总是想着一些歪门邪道的事情。那么，如何做一个正直的人？

（1）做到表里如一。身正不怕影子斜，脚正不怕鞋歪，做一个品行端正的人，这样做事才会更加有底气，所谓心底无私天地宽。

（2）做到襟怀坦荡。做人应该做到光明磊落，不要总是想做一些偷偷摸摸的事情，而要坦坦荡荡，这样才能赢得他人的信赖和尊敬。

（3）不要贪图私利。正人先正己，做一个正直的人，就不要谋私利，更不要贪图一时的利益，要做到不阿谀奉承、阳奉阴违。

（4）不说无稽之谈。应该做到言之有据，说话有根有据，不要总是说一些无稽之谈，有一说一，有二说二，说的都应该是真话。

（5）不要口是心非。做人应该正派一些，不要口是心非，更不要总是用心计、耍手腕，而是应该伸张正义、堂堂正正。

（6）要守良知底线。有人说，在当今繁杂的社会中做一个正直的人很难，但不能因为环境的复杂与多变，就没有了做人的原则、底线。越是这样，越是在这种时候，越要坚持自己的原则，越要坚守自己的信念，用一种积极的心态来面对现实，做一个不违背良心的正直的人。

3. 善良

善良是发自内心的美好，是做人的行为准则，善良的人心思单纯，不会算计别人，本分做人，脚踏实地，乐于助人，懂得换位思考。善良是好人品的关键要素。善良之人心地纯洁，纯真温厚，没有恶意，和善，心地好。

善良有4个层次。

第一层次，利己，但不损人。把自己的事情做好，不给别人添麻烦，也是一种善良，是低层次的善良。

第二层次，利人，但不以损己为代价。利人以不损己为条件，如果损己就不利人，这是有条件的善良。

第三层次，实现利人与利己的高度统一。这是善良的最佳匹配状态，照顾好自己的同时，在能力范围之内，再照顾别人。

第四层次，毫不利己，专门利人。这是高层次的善良，一般人很难做到，即使偶尔能够做到"毫不利己，专门利人"的善良，也难以持续。但我们不能因此而否认"毫不利己，专门利人"的善良，认为是违背人性、违背常识的，是幻想和虚伪。人世间确有许多高尚的人，如为中国人民解放而牺牲的成千上万的革命烈士，瞿秋白、陈延年、董存瑞、白求恩、雷锋等无数个"毫不利己，专门利人"的英雄模范人物都是我们学习的榜样。

1）善良的本质是同理心

有些人理解善良是在"非善即恶"的绝对的片面的语境下，但世界不能用非黑即白的眼光来看待。

善良如果脱离了具体语境、自我，或是其他美好品质，就会变成道德的标尺。一个富豪为贫困地区捐了1 000万元，一个普通人尽自己的力量捐了几百元，这两者都是善良的。

如果忽视了自我，善良就变成了伪善。这是因为善良作为一种主观的态度，是建立在自我的前提下，忽视自我，意味着无我，既然"我"都没有了，谁来作出"善良"的选择呢？

我们之所以无法接受生活中很多过于善良的人的行为，如以德报怨，是因为他们的善良既没有考虑他们自己，也不是真正为对方着想。真正的善良是一种同理心，更是一种自我力量，是一个人因为感受到自身的不容易，进而推己及人，感受到他人也同样不容易，值得被善良对待。它只是一种选择。

2）真正的善良是一种大智慧

真正的善良是需要大智慧的,这样才能真正帮助他人,走入他人的内心世界,否则在行善的过程中会伤害别人,俗称"好心办了坏事",或者善良被人利用。与真善相对的则是伪善,我们生活中有许多人喜欢以善良的名义干涉他人,而真正善良的人都具有以下三大特征。

(1) 引领他人,激发他的自觉。真正的善良是引领他人,是激发对方的自觉。

有这样一则故事。

有个善人,每天都会给自家门外的乞丐10块钱。虽然没听到过对方的一句"谢谢",还是默默地坚持了整整两年。后来,善人结了婚,开销变大了,就开始只给乞丐5块钱。这一次,乞丐说话了:"以前给10块,怎么现在给5块?"善人回答说:"我结婚了。"乞丐闻言,一巴掌打在了善人的脸上,怒骂道:"你竟拿我的钱去养女人?"

这是个笑话,却又不仅仅是个笑话。贫穷本身并不可怕,可怕的是有一个惰性的思想在作祟,精神贫困是"慢性病",精神上的贫穷比物质的贫困更可怕,更难治愈。如果行善没有达到引领他人、激发对方自觉的目的,这样的善良就是无意义的"伪善"。

(2) 不求回报。明末清初理学家朱柏庐说:"善欲人见,不是真善;恶恐人知,便是大恶。"真正善良的人是不求回报的,因为他们是内心慈悲的涌现,更是人性善良光辉的彰显。有些人在帮助他人的时候,其实就是怀有求回报的意识,这种求回报最后会变成一种计较与对比,也是许多关系的失衡原因所在。一念天堂,一念地狱,当你行善的时候,没有求回报的意识,你的内心是至纯至善的,这种至纯至善本身就是一种最大的诚意,也是最大的心安。而求回报的善良之所以伪善,打了折扣,是因为内在动机不纯,善良也会变性。人与人之间很多关系之所以后来没有办法走下去,其实都是因为在得与失的计较中,最后失去了亲密,也失去了过去最美好的回忆。

(3) 呵护他人的自尊。真正的善良是发自内心地尊重他人,呵护他人的自尊。假如在饭桌上有一个人喝汤的时候,不小心洒到桌子上,你最好的做法不是擦桌子,而是假装没看见,这就是最高级的善良,呵护他人自尊比强调爱干净更重要。

现实生活中,许多人都喜欢以爱的名义干预他人,这才是最令人不舒服的,如快要过年了,七大姑八大姨都跑来关心单身人士是否有了对象,其实这从某种角度上来说就是一种过度的关心。最好的方式,是尊重他人选择的自由,对他人的事情不过度评论与参与,才是最高级的善良。

这就是真善的3个特征:懂得呵护他人的自尊;在帮助他人的时候,不求回报,做了就做了,只求心安;不会以道德的名义对他人进行审判,而是激发他人的自觉心。这3个善良标准,你能否做到?希望我们每个人都朝着这个方向努力。

3）善良有尺,忍让有度

心存善念不错,与人为善也对,善心与善行当然值得肯定。

然而,善良若是失去了尺度,往往会给自己带来不必要的伤害,反倒偏离了行善的本意。我们须记住的是:人不但要善良,而且还要智慧;否则善良会被坏人利用。不是所有人,都值得你以善相待;不是所有事,都值得你一再退让。

俗话说："人善被人欺,马善被人骑。"善良的人,会经常替别人考虑,也会为了别人来为难自己,他们遇事不计较,即使自己吃点亏,也愿意息事宁人。

做善事,行善行,扬善德,得善果!善良是一种美好的品德,可越是善良的人就越容易心软,就越容易被人欺负,甚至被人利用。

古语说得好:"惩恶即是扬善!"对于好人心存善良,择善而行是必需的,但对于坏人还心存善念、心慈手软,那就是在姑息养奸,要懂得把善良用对人和事,这也是在保护自己。千万不要让你的善良成为别人攻击你、欺负你的弱点。所以,你的善良要带点锋芒,该狠的还得狠,忍让有度。

(1) 对过度自私自利、只以自己利益为准的人,要狠。有些人,万事只考虑到自己的利益,为了私利,可以利用各种感情,他们和善良的人做朋友,也仅仅是因为善良的人容易掏心掏肺去对别人好,方便利用罢了。

老话说得好:"害人之心不可有,防人之心不可无。"把这种人放在自己的身边,自己又不具备足够的警惕意识,无疑是给自己埋下一颗定时炸弹。

所以与其给自己留下后患,不如彻底斩断根源,即使对方真的让你动了恻隐之心,也要狠心远离,拒绝帮忙。

(2) 对喜欢剑走偏锋、大胆犯罪的人,要狠。有些人,天资聪慧,但却将这聪明用错地方,喜欢剑走偏锋,专干和法律作对的事。善良的人,一旦和这种人成为朋友,对他的要求就很难拒绝了。

但是,无论出于什么善意,和法律作对的事情绝对不正确,所以遇到这样的人求助,即使你再善良、再心软也要拒绝,甚至还要大义灭亲。

(3) 对喜欢自我堕落、自暴自弃的人,要狠。有一种人,因为生活得不如意就开始自我放弃,还将这种悲观情绪传递给他人,整天无所事事还怨天尤人。对于这种人,也最好远离。

如果你身边存在这样的人,即使不能远离,也不要帮忙,因为这是助纣为虐,加速他的消极,如果不能帮助其振作起来,还是不要因为过度善良而鞍前马后,最后讨不到半分好。

你永远叫不醒一个装睡的人,也永远喂不饱一个不知感恩的灵魂。要懂得,人心不足蛇吞象,善意给错自损伤。一个不理解你的善良、不懂感恩的人,即使你付出再多,他都以为你的帮助是理所应当的;同样,一个专门跟法律作对的人,你的善良可能将自己也拖入深渊。

善待好人,就等同于善待自己;善待坏人,就像把自己放在深渊边缘,随时会坠入谷底。是好人,善待;是恶人,惩恶。盲目的善良并不是真正的善良,只是给懦弱加上一个好听的名称罢了,人因为善良而更显美好,只是你的善良,必须带点锋芒,带点辨别力,否则,就成了纵容。

(4) 忍让要有度。古人说:"忍让能消除无尽的灾难和后悔。"此语告诉我们:凡事需要懂得忍让,忍让是解决问题最省事、最有效的办法。善于忍让的人,往往比直脾气的人更容易左右逢源。俗话说得好:"忍一时风平浪静,退一步海阔天空。"但需谨记:忍让要有度。不触及底线和原则的琐事,大可忍让成全。然而面对大是大非的原则问题或是伤天害理的暴行,忍让就是放纵,沉默就是姑息。你越是让步,对方就越得寸进尺,直到最后

第10章 生涯发展中的自我管理与毅力培养

把你逼到无路可走的地步。当你退无可退时，千万不要忘记自己的"底线"。

从小到大，我们都曾经被教导：要懂得妥协。然而，电影《教父》中有句台词说得好："没有边界的心软，只会让对方得寸进尺；毫无原则的仁慈，只会让对方为所欲为。"

适时的妥协，是一种进退有度、能屈能伸的表现。可面对有些人，你的一再忍让，只会滋长对方的肆无忌惮。忍一时，不是风平浪静，而是变本加厉；退一步，不是海阔天空，而是深渊在侧。与人为善，本是好事，但若是被别人"绑架"了你的善良，就该懂得及时拒绝；懂得退让，本是智慧，但若是被一再逼迫，就该知道及时说"不"。正如孔子在《论语》中所言："以直报怨，以德报德。"投我以桃，便报之以李；待我以怨，便报之以直。

爱默生说过："你的善良，必须有点锋芒，否则就等于零。"一颗良善之心，能够让我们的人生变得更加光明。但除此之外，也要懂得给这颗心武装上"铠甲"，免受无妄的伤害。把握好善良的尺度，掌控好分寸，温暖他人，也保护自己。

4）勿以恶小而为之，勿以善小而不为

古人云："所谓善人，人皆敬之，天道佑之，福禄随之，众邪远之，神灵卫之"；"心起于善，善虽未为，而吉神已随之；心起于恶，恶虽未为，而凶神已随之"。行善之人，如春园之草，不见其长，日有所增；行恶之人，如磨刀之石，不见其损，日有所亏。损人利己，切宜戒之。一毫之善，与人方便；一毫之恶，劝人莫做。因此，要多存善心，多行善举。只有这样，才能坦坦然然做人，达到"平日不做亏心事，半夜不怕鬼敲门"的境界。

人生在世，要守好自己的底线，知道哪些事情可以做、哪些事情不能做，勿以恶小而为之，勿以善小而不为。很多人总是以为自己做的坏事是小事，无伤大雅，却不知道所有的大恶都是从小事开始，越陷越深。

所以不管面对多大的利益诱惑，都要守好自己的底线，一旦突破了自己的底线，将没有回头路。一旦背叛了信任你的人，失去的不是一个人的信任，而是所有人的信任，别人不是傻子，都有眼睛看着你的所作所为。

播种善良，才能收获希望。一个人可以没有让旁人惊羡的容貌，也可以忍受"缺金少银"的日子，但离开了善良，却足以让人生搁浅和褪色——因为善良是生命的黄金。生活中，如果一个人想要真正掌控自己的人生，首先要让自己保持善良的本心；一个人想要到达远方，就要永远踩在善良的踏板上；一个人想要拥有至高的人品，就要让这颗善良的心始终经得起考验。

4. 诚信

古人云："人而无信，不知其可也。"一个人如果没有信用，什么事也干不好。人与人之间的交往，关键是要讲信用。古人把守信看作做人非常重要的品行之一，讲究"言必信，行必果"。人在社会上如果不讲信用，肯定没有人愿意与其交往，更不会赢得别人的信任。

诚信包含两方面含义。

一是诚实，就是忠诚老实，忠于事物的本来面貌，不隐瞒自己的真实思想，不掩饰自己的真实感情，不说谎，不作假，不为不可告人的目的而欺瞒别人，就是说老实话、办老实事，不弄虚作假，不隐瞒欺骗，不自欺欺人，表里如一。诚实是立身之本，诚实是一种美德。人之无诚，不可为交。"欲当大任，须是笃实。"做人只有实实在在、老老实实，才能赢得别人的尊重，才能在社会上站稳脚跟。我们对待工作也一样，不管是汇报工作还是反映问题，都要实事求是,绝不可弄虚作假,失信于人。

二是守信,就是要讲信用,讲信誉,信守承诺,也就是要"言而有信""诚实不欺"等。忠实于自己承担的义务,答应了别人的事一定要去做。忠诚地履行自己承担的义务是每一个现代公民应有的职业品质。对人以诚信,人不欺我;对事以诚信,事无不成。

诚信是人和人之间正常交往、社会生活能够稳定、经济秩序得以保持和发展的重要力量。一个人、一个家庭、一个组织、一个集体、一个企业、一个国家,在任何时候,都应该诚实守信。对一个人来说,"诚实守信"既是一种道德品质和道德信念,也是每个公民的道德责任,更是一种崇高的"人格力量"。对一个企业和团体来说,它是一种"形象"、一种"品牌"、一种信誉,一个使企业兴旺发达的基础。对一个国家和政府来说,它是国格的体现,对国内,它是人民拥护政府、支持政府、赞成政府的一个重要的支撑;对国际,它是显示国家地位和国家尊严的象征,是国家自立自强于世界民族之林的重要力量,也是良好"国际形象"和"国际信誉"的标志。从经济生活来看,"诚实守信"是经济秩序的基石,是企业的"立身之本"和一种"无形的资产";从政治道德来看,"诚实守信"是一种极其重要的"品性",是"政治意识"和"责任意识"的体现,是一个从政者必须具有的"道德品性"和"政治素质";从人际关系来看,"诚实守信"是人和人在社会交往中最根本的道德规范,也是一个人最主要的道德品质,人们在交往中,相互信任是相处的基础,其关键就在于"诚实守信"。

诚信是一切职业道德的立足点。在公民道德建设中,把诚实守信融入职业道德的各个领域和各个方面,使各行各业的从业人员都能在各自的职业中,培养诚实守信的观念,忠诚于自己从事的职业,信守自己的承诺。职业道德总的要求是"爱岗敬业、诚实守信、办事公道、服务群众、奉献社会",而诚实守信是其中的立足点。不论从事任何职业,我们都要把诚实守信融入职业道德的具体要求之中,使其成为一切职业道德的立足点,提高从业人员的思想素质和道德素质。

5. 宽容

常言道:"有容乃大。"人要有一颗宽容之心,要能容天下难容之事。我们要学会宽容与自己看法不同的人,特别是与自己有矛盾的人。宽容别人实际上是给自己的心灵松绑,否则,只会给自己的心灵加压,受累的还是自己。要承认人与人之间的差别,多看别人的优点和长处,宽容别人不足之处,一分为二地看待别人。凡事争则两败,让则两利。正所谓"退一步海阔天空"。清代礼部尚书张英在自己家亲来信诉说与邻居的界墙之争时,回了这样一封信:"千里修书只为墙,让他三尺又何妨。万里长城今犹在,不见当年秦始皇。"这是何等宽容的境界,人生在世,难得糊涂。

6. 谦虚

谦虚是好人品的一个重要组成部分。毛主席说过,"虚心使人进步,骄傲使人落后"。无论什么时候把自己看低一些,总是好事,一方面有利于自己的进步,另一方面有利于与人相处。古人云,"满招损,谦受益"。做任何事情,不要总认为自己贤能,这样不好,容易让人讨厌。谦恭之人,人皆爱之。

7. 仁义

仁义乃儒家推崇的人生五德"仁义礼智信"之首,是儒家的重要伦理范畴,其本意为仁爱与正义。

仁者,人二也,指在与另一个人相处时,能做到融洽和谐。凡事不能光想着自己,多设身处地为别人着想,为别人考虑,做事为人为己,即为仁。儒家重仁,仁者,爱人也。简言之,能爱人即为仁。

义者,人字出头,加一点;在别人有难时出手出头,帮助别人,即为义。

人不一定要大富大贵,但要拥有内心的平静安详。心安,人则安,心善,人则顺。做人只讲仁义道德,做事只求问心无愧。做人要仁义,不要刻薄。

1) 君子如玉

越是优秀的人,越是仁义。无论遇到什么事情,他都能把问题很好地解决,而且态度非常好,让人舒服。一个仁义的人,懂得体谅别人,极具同理心。己所不欲,绝不施于人。这种人内敛、温情,由内而外散发出一种善良,就像一块温润的美玉。他们有很好的教养:不卑不亢,懂得给别人留点面子,懂得给别人留点优越感,自己甘于处下。他们懂得让人是福,利人是利己的根基。他们懂得尊重别人,绝没有以势压人的想法。他们也绝不会处处体现自己的高人一等。与这种人相处,你会感觉到他们的温暖,领略到他们的大气。和他们在一起,你感觉到非常舒服,很自在,很快乐,很有安全感。

2) 想及他人

这个世界上,有一种人心里只有自己,自己怎么舒服就怎么活,自己怎么快乐就怎么做,从来不想自己这样做会不会影响到别人。他们推崇的口号是:"追求自我,不负此生。"不错,你追求自我,是不负此生了。可是你的行为影响到了别人,这就是自私自利了。如果不影响别人,怎么样都可以,那是个人自由。影响到了别人,没有一点公德心,没有一点愧疚感,就不仁义了。一个仁义的人,不会自私到只顾及自己,在为人处世方面,他会顾及别人感受,绝不会自我膨胀,给别人造成压力和不良影响。这样的人也许不是位高权重,也许貌不惊人,很平常,但却很有亲和力,让人自觉不自觉地就会和他走近。因为和他在一起,感觉到放心,没有压力,没有负担。

3) 心怀慈悲

一个仁义的人,必定是一个心怀大爱的人。他的心里充满了慈悲、仁爱,懂得与人为善,追求以和为贵。仁者爱人,爱自己的同时,也爱别人,这就叫作仁。义者,宜也,办事适宜,为人有礼。这些看似平常,却不是每个人都能做到。一个人如果颜值高,但没有好的修养,再高的颜值也会显得丑陋。一个人心怀慈悲,懂得关爱别人,相貌平常也会满脸福相。做人做事,慈悲为怀就好,如一朵花开,美丽自己,芳香别人。能做到这样,就是最大的仁义。做人不必有多伟大,在日常生活中,做个好人就是仁义。

8. 执着

人贵有恒。做任何事情都要有决心、恒心和耐心,要有执着追求的精神,这是成就事业的关键。否则,将一事无成。所谓"滴水穿石,铁棒磨针",讲的就是这个道理。爱国将领冯玉祥说过:"世上成大事者都是傻子",因为这些人一旦认准目标,只管朝前走,所以才会取得成功。相反,有些所谓聪明之人,因为脑子转速太高,干事业左顾右盼,思东想西,结果还是成不了事。我们不妨做个傻子,把自己看得渺小一点,有什么不可呢?在日常的工作中,只要是认准的事,就应该千方百计把它完成,把它做好,奋力追求成功的乐趣。这种恒心和勇气,就是执着追求的具体体现。

9. 真诚

在《中庸》中,有这样一段话,"自诚明,谓之性;自明诚,谓之教。诚则明矣,明则诚矣",所谓"诚"是真诚,而所谓"明"就是理解事物。这段话告诉我们的是:真诚和理智的心被称为自然,理解事物而真诚是教育的结果。当一个人真诚地对待世界时,他会理解事物;当他能够理解事物时,他会真诚地对待世界。真诚在内心就是纯净无染,表现于外就是真实不虚、率真自然;如此则自然心怀坦荡、正直无私。因此,真诚的心就像阳光雨露般,能温暖人心、净化心灵。

诚是立身处世的不二法门,任何对立与冲突,都能在真诚的言行中化解;任何怨恨不满,都能在真诚的关怀中消融;任何困顿厌倦,都能在真诚的互爱中消逝;任何猜忌误会,都能在真诚的交流中圆解。故真诚是人立身处世的关键,其含义深远,是我们须臾皆不可离开的。

人,生于世,长于世,行于世,最宝贵而有价值的财富,最珍贵而高雅的品质,最响亮而耀眼的招牌,就是真诚。真诚,源于一个人心底的善念。真诚最简单也最珍贵,是人性最崇高的美德,是人与人心灵唯一靠得住的依赖。真诚,是心灵的开放、胸怀的坦荡,其语言、表情、情感和行为都体现一个人灵魂的高贵、品格的高尚和境界的优雅。

人生中,最难求的就是真诚,最难遇的就是坦荡。不做作,不敷衍,不世故,就是一个人的真。懂感恩,懂尊重,懂宽容,就是一个人的诚。具备了柔软的心灵和宽阔的胸怀,才能到达真正的真诚。

真诚地对待自己是获得心灵平静和避免灾难的最好方法。孔子在《论语》中说,"人之生也直,罔之生也幸而免。"这句话通俗地说就是:人性是真诚纯洁的,不与尔虞我诈混为一谈,一旦掺杂了虚伪和欺骗,就会带来灾难,即使暂时避免,也只是因为运气。事实上,怀着真诚之心,善待每一个生命,不要做坏事,心是平静的,不管外面的世界有多嘈杂,生命都可以免于灾难,这是最大的福报。

如果你用真诚对待自己,你可以自我适应,但如果你用虚伪对待别人,你就会伤害自己。对于一个真诚的人来说,因为他总是坚持用真诚对待整个世界,他最终可以得到世界对自己的仁慈。虚伪狡猾的人,由于内心的危险和贪婪,会不自觉地积攒太多的债务,最终害人害己。

用真诚的心去对待世界可以化解生活中的痛苦和悲伤,也可以让人更富有同情心。我们要以诚待人,放松,平和内心,在待人中少一些复杂的思维,多一些真诚,这样才能平静和舒服。

人生中最推崇的真善美,首要的就是真,是真实诚恳。真诚是尊重别人,也尊重自己,亦尊重生活。真诚虽不是智慧,却常常比智慧更诱人,也不是能力,却往往比能力更有力。真诚不是做作表演,而是赤心给予;真诚没有卑劣阴险,只有坦荡胸怀;真诚无须甜言蜜语,全是恳切实情。

真诚,体现做人的尊严,彰显生命的品格。一个人可以卑微若尘土,但不可出卖真诚,扭曲如蛆虫;一个人可以忧愁若乱麻,但不能遗失灵魂,空虚如气球。

真诚永远是善意的,永远是纯粹的,永远是简单的,永远是温暖的,也永远是最高贵的。唯有真诚,才能拉近人与人之间的距离;唯有真诚,才能走进陌生人的心里;唯有真诚,才能化解一切恩怨情仇;唯有真诚,才能温暖所有冰冷薄凉;唯有真诚,才能酿造持久的甜蜜幸福。

任何虚伪、圆滑,都抵不过时间的考验,只有真实、真诚、真情,才经得起岁月的提炼。真诚的眼睛最清澈,不会有一丝的躲闪模糊;真诚的笑脸最美丽,不会有一毫的皮肉堆扯;真诚的语言最动人,不会有一缕的欺瞒敷衍;真诚的心灵最干净,不会有任何的藏污纳垢;真诚的感情最可贵,不会有半点的出卖糊弄。

生活中我们都想和真诚的人交往,但同时,不要忘记,首先,我们自己应该是一个真诚的人。真诚是人与人交往的永恒共识。任何时候,真诚都是令人快乐和信任的天使。如果想让别人喜欢你,并愿意多了解你,真诚是最可靠而简单的方式。真诚的交换是他人或对方对我们的信任和帮助,而给别人的同样是我们对别人的信任和帮助。正如人际关系学大师卡耐基所说:"输出真诚就如同输出微笑一般简单,如果你做了,你很快就能相信自己,而后由衷的真诚感觉将随之而至。"对每个人来说,给人留下深刻印象的最好方式就是真诚,真诚也是一个人无形的财富。

10. 勤奋

勤奋的意思是认认真真,努力干好一件事情,不怕吃苦,踏实工作或学习,勤奋是懒惰的反义词。

勤奋是成功的基础之一,是中华民族传统的美德。文学家说勤奋是打开文学殿堂之门的一把钥匙,科学家说勤奋能使人聪明,而政治家说勤奋是实现理想的基石。世界上最宝贵的除了良好的心理素质,还有一个东西,就是勤奋。最宝贵的勤奋,不光是身体上的勤奋,还有精神上的勤奋,勤奋靠的是毅力,是永恒。学业的精深造诣来源于勤奋。勤,就是要珍惜时间,勤学习,勤思考,勤探究,勤实践。勤奋是成功的唯一途径。没有它,天才也会变成呆子。勤奋是指坚持不懈地、高频率地做自己认为有意义的事。

华罗庚说:"勤能补拙是良训,一分辛劳一分才""聪明出于勤奋,天才在于积累";韩愈说:"业精于勤,荒于嬉;行成于思,毁于随""书山有路勤为径,学海无涯苦作舟";张衡说:"人生在勤,不索何获";达·芬奇说:"勤劳一日,可得一夜安眠;勤劳一生,可得幸福长眠";爱因斯坦说:"人们把我的成功,归因于我的天才;其实我的天才只是刻苦罢了";歌德说:"天才就是勤奋";爱迪生说:"天才就是百分之一的灵感加百分之九十九的汗水。"

勤奋,是前进的基石,是点燃智慧的火花,是开启胜利之门的钥匙,是实现理想的阶梯。勤奋,是利剑,可以劈开困难的荆棘;是清泉,可以浇灌智慧的鲜花;是钻头,可以开掘才华的宝藏。勤奋是春天不误农时的耕播,为秋天的果实埋下希望的种子;是夏天顶着烈日的灌溉,为秋天的丰收付出无数的汗水;是花丛里纷飞忙碌着的蜜蜂,为着梦想的甜蜜不辞辛劳;勤奋是科学家那九十九次的失败,为着第一百次的成功。

越是用心做事的人离成功就越近,越是勤奋的人越懂得尊重别人的劳动成果!好人品是修养出来的，人生在世，不管是做人还是做事，都应修养好以上这 10 个素养，只有不断提高自己的修养，才能达到人生的最高境界。

10.3　自我管理的策略和原则

为什么有的人目标性强、办事效率高、成功率大？除了一般性的时间管理外，更重要的是懂得自我管理的策略和原则。

10.3.1　自我管理的首要原则是自律

假如一个人不能很好地自律，他就无法在工作中充分实行自我管理，也就不能把工作做好。

自律是指行为主体的自我约束、自我管理，是以事业心、使命感、社会责任感、人生理想和价值观作为基础。自律是一种不可或缺的人格力量，没有它，一切纪律都会变得形同虚设。真正的自律是一种信仰、一种自省、一种自警、一种素质、一种自爱、一种觉悟，它会让你发觉健康之美，感到幸福快乐、淡定从容、内心强大，永远充满积极向上的力量。

纪律和规则是我们平时工作、学习和生活中不可缺少的。很多事实都能说明这个道理，比如买票要排队，走在马路上要遵守交通规则，甚至我们平时的一举一动都受到一定的约束，否则任何事情都毫无秩序可言。而我们作为在校的学生，处在向社会过渡的时期，更是有数不清的纪律和规则来要求我们，告诉我们该怎么做、不该怎么做。

但是，如果我们总在一种被要求的环境下学习和生活，是很难进步的，我们应该学会自己约束自己，自己要求自己，变被动为主动，自觉地遵守学生日常行为规范，拿它来约束自己的一言一行。不能约束自己的人不能称为自由的人。我们的自律并不是让一大堆规章制度来层层地束缚自己，而是用自律的行动创造一种井然的秩序来为我们的学习、生活争取更大的自由。

要自律，就要提高自身素质，树立自尊、自爱、自强的自律意识，对学校、班级和个人都要有强烈的责任感，并且能够正确处理日常学习生活中的人际关系和矛盾冲突。在学习方面，我们一是要独立思考、独立解题、独立完成作业；二是要自觉做好自己该做的事情，包括做好预习复习工作、上课专心听讲和按时完成作业。在行为上，我们应该以学生日常行为守则来规范自己的言行举止，做到文明礼貌、爱护公物。在外表上，我们应该以简单大方、干净整洁的衣着表现出学生朴素的本质。

如果大家都能够加入自律者这个行列中来，就会发现身边的事物、环境都有大大的不同。自律不仅对我们今天的学习有益，在未来，对于我们在社会上工作和生活也有很大的帮助，因为当我们还是年轻学生时，犯了错误还有再来一次、从头开始的机会，可是在社会上就必须为自己的每一次失误或者错误负责，承担后果，这使得自律的作用更加明显。因此，我们应该在学生时代就互相监督，做到自觉自律，为学习创造更好的环境，也为在今后的工作和生活中养成良好的习惯打下基础,应积极开展以下自律行动。

1. 把自律的生活方式当成目标

向高度自律的成功人士学习,你会发现自律不能只是偶尔为之,它必须成为你的生活方式。培养自律最佳的方式是为自己制订系统、常规的目标或计划,特别是在你视为重要的、需要经过长期的努力才能实现的指标项目上。

2. 向你的各种借口挑战

如果想培养自律的生活方式,首要的功课之一就是破除找借口的倾向。如果你有几个令你无法自律的理由,那么,你要认清它们只不过是一堆借口罢了。如果你想成为更有成效的自我管理者,就必须向你的借口提出挑战。

3. 把目光注视在结果上

无论任何时候,只要你把注意力放到工作的难度本身上,而不考虑结果和奖赏,就很容易灰心丧气;如果沉浸于其中太久,就会养成自怜的毛病。因此,下次当你再面对一件不得不做的任务,心中开始企图抄捷径而不按规矩踏踏实实去完成时,切记要打消自己这样的盘算,把目光转回到目标上。认真权衡按部就班的好处,花工夫彻底做好它。

10.3.2 实行生涯发展的目标管理

对自己的生涯实行目标管理,因为目标是自我管理的动力。同时,要想在工作中取得成就,也要为自己预先设立目标。

目标管理是一种自上而下的管理机制,可以看作把人生的总规划作为一个整体模块拆分和碎化到生命各个阶段的刻度里,按标准和节奏组装。人生最大的悲剧不在于目标没有达成,而在于根本没有目标。我们每天的生活与工作,其实都可以理解为一个不断地提出目标,不断追求目标并实现目标的过程。有了清晰的目标,还要对总体目标进行长期、中期、短期分解管理。

我们很熟悉企业的目标管理,当下,人本管理是企业最主要的管理内核,我们常讲企业管理就是不忘初心,这个初心是什么?就是企业的愿景、使命和价值观。像经营企业一样,经营人生何尝不是这样的初心——生命的意义和目标。目标是前进的动力和方向,为人生赋予价值,这个世界上,所有的激情都离不开"价值需求"这四个字,因为价值产生感觉,感觉产生动力,动力驱动我们远离惰性与庸俗,最后推向结果的实现。

有一位高级行政职员在介绍其经验时说:"我能游刃有余地面对非常烦琐的行政工作,秘诀就是给自己确立目标。每天工作前,我都要把一天该完成的事务列个清单,这些就是我当天的目标,然后只要一个个实现这些目标就可以了。"事实上,很多人给自己制订了目标,但目标过高过大而无法完成,那就要学会制订长远目标和近期目标。长远目标就是自己日后整个人生或在一个长期内努力的方向,也就是梦想。近期目标就是每年、每月、每周甚至每天自己要达到的目标。

也可以在设定大目标的时候,把目标分割成很多小目标,专心地一次完成一个小目标,最终完成大目标。一般来说,设立的近期目标和小目标都要切合实际,是通过努力能够实现和达到的,以满足自己的成就感,并以此不断激励自己朝更大的目标和梦想前进。

10.3.3 不断改进自我管理的方式方法

1. 只去做自己最擅长的事,能有效促进自我管理

管理学家德鲁克建议,一个人的精力一定要用在自己擅长的事物上。对于自己无能为力的领域,就不必徒耗心血。

一个人如果不能按照自己最擅长的方式去做自己最擅长的事情,就注定了此生业绩平庸。这很容易理解,从毫无能力到"还说得过去"所需要耗费的精力和时间,远多于从一流水平到卓越层次所需的努力。因此,在工作中弄明白什么事情是必须做的,更有利于人们辨清该把精力放在何处。

培根说,世界上不是没有美,只是缺少发现。同理,个体的存在不是没有优势,只是没有发现进而利用自己实际上早就存在的优势。

凡成功人士必定是充分发挥和利用了自己的优势,虽然其中可能大部分是无意识的,有时可能是偶然的,但其作用肯定是决定性的。管理策略的作用在于变无意识为有意识、变被动为主动、变偶然为必然,从而掌握自己人生发展的轨迹,真正做到自己的命运自己掌握。

为了便于发现和利用自己的优势,可以从自我"三问"开始:你的优势是什么?在哪里发挥你的优势?你如何发挥优势?

至此,我们可以说,发现并利用自己的优势→关注极其重要的问题和决策→做正确的事→成为极其重要的少数,这也是通过自我管理策略获得成功的途径。

2. 寻找最适合自己的工作方法

有效的自我管理还有赖于合适的方法。每个人的个性特质和行为方式都存在不同,我们必须尊重这些差异。

有个成语是"殊途同归",处理同一件事并非只能使用同一种方法。找出哪种方式是最适合自己的,就非常重要了。只有极少数的优秀员工才懂得他们应该如何完成一项任务,大多数人都在用不适合自己的方法工作。这就提醒大家,一定要找出最适合自己的方法。通常可以花一段时间观察和总结自己的工作情况,判断出哪种方式是最好的,刻意加以运用,必然能够形成自己独特的工作风格。在这种理念的指引下,假如你的同事创造出一套更为快捷高效的方法,你也不能全盘照搬,而是要加以合理的吸收和应用,使之融入自己的风格。虽然每个人的工作方法和生活方式不同,但以下三个方面是同样重要的。

1) 做正确的事与把事做正确

管理学中有一个理论:"要做正确的事,而不是把事情做正确。"倘若一个人仅仅是把事情做正确,那么尽管他做正确了许多事,但是对他而言或许都不是重要的,对他的一生也不产生什么影响。

2）极其重要的少数与无关紧要的多数

这种策略也被称为帕累托原理，其适用于各个领域。例如，政治上极其重要的少数国家主宰了无关紧要的多数国家的命运；经济上极其重要的少数人的财富超过了无关紧要的多数人的财富；文化上极其重要的少数作品流传下来而淘汰了无关紧要的绝大多数作品；等等。

对一个人而言，他的一生中可以有许多问题或决策，但是极其重要的几个问题或决策是决定他一生的。也可以这样讲，一个人的一生路途漫漫，但关键的却只有几步而已。

3）仰望星空的想象力与脚踏实地的执行力

人生规划既需要仰望星空的理想主义，更需要脚踏实地的现实主义。无论我们有多么美好的想法或者眼光，没有行动，一切都是空的，与其坐而论道，不如付诸行动。不要害怕失败，害怕困难，不要顾虑重重，推诿拖延，蹉跎岁月。失败了就从头再来。

10.3.4　要有进取心，也要有平常心

每个人都要有进取心，这是我们人生奋进的动力和取得美好人生的前提。每个人也要有平常心，这是我们拥有健康的心态的基础和保证。

进取心与平常心，是辩证的、对立统一的矛盾关系。对工作要有进取心，对关系要有平常心。工作中的进取心，是前进的动力、进步的保证。只有不断超越自己，坚持每天进步一点点，才能保证自己不断前进和成长。在对待人们关系的问题上，要保持一颗平常心。对比你生活好的人，包括你的上司，要羡慕，不要忌妒。对比你生活差一些的人，要帮助，不要嫌弃。

1. 对今天要有进取心，对昨天要有平常心

对于已过去的昨天，有很多不尽如人意的地方，有很多做得不如别人的地方，有很多差距的存在。要用一颗平常心看待昨天存在的差距，那是由个人的优势与特长、客观环境的情况及机遇的出现等多种情况造成的，要承认差距，正视差距，理解差距的存在。但要相信自己，变差距为动力，通过每一个今天的不断进取，一定会缩小现有的差距，逐步地迎头赶上来。

2. 对挣钱要有进取心，对花钱要有平常心

对挣钱，一定要有进取心。在遵纪守法的前提下，靠自己每天的拼搏进取和聪明才智，在为社会贡献的同时，尽可能多创造出自己的财富，体现出自己人生的存在价值。但是，在花钱时要有一颗平常心。

3. 善于自我解压减压，让身心及时得到休息

人都是血肉之躯，不要把自己当成"神"看待。当我们感受到疲劳和压力时，要学会说"不"，要学会自我减压，自我放松。的确，谁都不可能一直保持精力旺盛，人们感到自己的身体或心理无法继续承担时，要及时让身心得到休息，做到有张有弛，才能重新焕发生机。

10.4 毅力与毅商

10.4.1 什么是毅力

毅力也叫意志力,是人们为达到预定的目标而自觉克服困难、努力实现的一种意志品质,也可以称作人的一种"心理忍耐力",是一个人完成学习、工作、事业的"持久力"。当它与人的期望、目标结合起来后,它会发挥巨大的作用。

挫折人人都经历过,但顽强的毅力未必都有,人与人之间的差距往往在于有没有战胜挫折的顽强毅力。毅力是人的一种好品质,谁都想具有这种品质。但是毅力不是生来就有的品质,不是所有的人都会具有。

(1) 心不专者,不会有毅力。现实生活中有的人不专一,目标太多,期望有无数个,好高骛远,一个目标还没有达到,就想到了另一个,这山望着那山高,做什么事情都是三心二意,虽很努力,却是竹篮打水一场空,因为缺乏专一的恒心,结果什么事情都办不了、办不好。

(2) 不自信者,不会有毅力。对自己缺乏信心,不相信自己的力量,事情还没有做,考虑最多的是失败了怎么办,如何向领导交代。往往是进一步,退两步,患得患失。因为没有自信,夸大了自己的弱势,让弱势遮住了自己的强势,不自信而不敢作为,也就谈不到毅力了。

(3) 办事不果断者,不会有毅力。独立性差,没有主见,干工作缺乏办法,没有气派,优柔寡断,前怕狼、后怕虎,总有说不清的顾虑,总是担心这个或那个,容易受他人暗示和影响,因而经常改变自己的初衷,将事情做得不伦不类。

(4) 不能自制者,不会有毅力。不能压抑欲望,随心所欲,想怎么干就怎么干,好情绪化,好冲动,不能顺从理性,不知道如何克制自己,因而一些本是可敬可赞的雄心壮志,常被那些卑小的欲望所干扰,将事情搞得一败涂地。

(5) 不能忍受挫折者,不会有毅力。有的人大起大落之后能东山再起,就在于他忍受得住挫折,忍受得住失败,忍受得住考验,忍受得住痛苦,坚持信念,还是不停顿地前进,不停顿地拼搏、奋斗,因而能屡败屡战,终于成为伟人。

当然,毅力不等于蛮干,它是善始善终地将工作做好;毅力不等于执拗,也不等于顽固或喜欢钻牛角尖。顽固是消极的意志品质,它不实事求是,不考虑客观情况,不考虑完成任务的可能性,一意孤行,不听劝告,知错不改,一条道走到黑。而毅力则是积极的意志品质,它是人们理智的选择,能及时地总结经验和教训,从错误和失败中去寻找到理性的行动,因而能将失败变为成功,能使小胜利变为大成功。

毅力对成功有决定性意义。在所有的成功者中,毅力和坚强起着决定性的作用;而对失败者来说,缺乏毅力几乎是他们共同的毛病。毅力品质,极其重要,也很可贵。毅力能帮助你克服恐惧、沮丧和冷漠;能不断地增加你应付、解决各种困难问题的能力;能将偶然来的机遇转变为成功;能帮助你实现自己的理想。因此,古今中外的先人、哲人、伟人、名人，都对它做了高度的评价。马克思说："在科学上没有平坦的大道，只有不畏劳苦沿着陡峭山路攀登的人，才有希望达到光辉的顶点。"孙中山说："最后的成功，归于最后的努力者。"苏轼说："古之立大事者，不惟有超世之才，亦必有坚忍不拔之志。"达·芬奇说："顽强的毅力可以克服任何障碍。"

总之，有没有毅力要看一个人是不是自信、会不会专注、是不是果断、能不能自制和有没有忍受挫折的意志品质。毅力是实现理想的桥梁，是驶往成才的渡船，是攀上成功的阶梯。

10.4.2　什么是毅商

毅商，即毅力商数，或称逆境商数。这是近年我国教育界提出的关于磨砺人的意志的一个新概念，其英文是"adversity quotient"，简写 AQ。毅力商数是人努力克服困难以达到预定目标的意志力量的评价指标，尤其是人面对逆境时的反应和表现方式，是人面对困难、挫折等困境时的心理承受能力和引导自己摆脱困境、超越困境的能力。

毅商具体是对于一个人的意志力、持续能力、勇气、心理承受力、抗压能力和坚韧度的综合评价。其本质是意志和思维品质的整合，对于一个人事业的成功，可能比智商、情商更具有重要意义。实践证明，毅商水平高的人，是不屈不挠地努力追求成功的有志者、攀登者。

毅商的内涵如下。

(1) 持之以恒的能力。这不仅仅是"体力"的问题，而是对于所从事的事业的执着程度。在人生和事业竞赛的长跑中，"耐力"往往是取胜的关键。

(2) 遇强更强的争胜的自信和勇气。我们永远不会在真空和静态的环境中测试我们的能力。竞争和优胜劣汰是不可回避的话题，勇气和自信会把我们的能力最大限度发挥出来。

(3) 抵御逆境的承受力和表现力。人生和事业的征程并非坦途，越过"障碍"的信心和能力必然极大影响到最终的成绩和"名次"。

(4) 处变不惊的心理承受力和应对能力。在巨大的变故和变革面前，我们是否能够经受住考验，是否能够把我们应对和处理危机的能力与特质展示出来，在人生和事业决胜的关口屹立不倒，是人生和事业能否"登顶"的关键。

(5) 百折不挠的意志力和坚韧不拔的精神。它是毅商的最高层次，也是最"可遇不可求"的境界。

在毅商内涵的 5 个层次中，一个比一个要求高、难度大，所起到的作用也一个比一个更为关键。一个人要胜任本职工作，最主要靠的是智商，即专业知识、经验和基本能力；一个人要在组织中得到发展，除了在与智商相关的方面需要进一步的提升之外，最重要的是要靠情商方面的素质积累和能力提高；如果一个人想在未来的事业和组织中有所建树，取得一定的突破，达到前人未曾达到的高度，一定要具有较高的毅商。毅商和智商、情商一样不可或缺，没有毅力的人，往往半途而废，一事无成，因此，注重培养个人毅力品质的毅商管理也是自我管理的重要内容。

10.5 如何培养毅力

10.5.1 顽强毅力取决于什么

毅力是一个心理因素,顽强的毅力取决于以下几个方面。

1. 坚定的信心

一个人对自己的事业充满信心,就会努力奋斗,不顾暂时遇到的困难、挫折和失败。他会积极地克服困难,战胜失败。这是信心在其中所起的作用。因此要有毅力,一定要培养信心,若信心不足,遇到困难、挫折和失败,就很容易退缩。

2. 强烈的愿望

愿望是人们行动的出发点,一切活动都发源于愿望。愿望有强有弱,弱小的愿望很容易为生活的风浪所熄灭,行动没有毅力。因此,顽强的毅力是与强烈的愿望联系在一起的。要成功,必须有强烈的成功愿望;要赚钱,必须有强烈的财富愿望,这样行动才会产生极大的毅力。

3. 明确的目标

目标明确,人们的行动才会有方向,目标才会产生强大而又稳定的吸引力。

4. 有计划、有安排

只有对目标制订出实施计划,人们才能按照计划行动,否则,对于目标,人们仍然是茫然的,是老虎吃天——无处下爪。有了计划,人们就会按照计划,知道先干什么、后干什么、在什么时间干什么事情。一切经过精心的计划,就会心中有数、有条不紊,工作才会有效率,人们才会对所干的事情有信心、有毅力。

5. 积极行动

有了计划,人们就要积极行动,这就犹如登山,不要站着不动,不要为眼前的高山所吓倒,唯一应该做的事情是在选择登山路径之后,就立即行动,只有行动才能缩短攀登者与山顶的距离。多走一步,就会多一分信心,就会多一分毅力。对待行动,要持这样一种心态,多走一步,就多一分成功的机会。因此,行动,不停地行动,这是最佳的选择。终日所思,不如一时所做。

毅力是习惯的结果。总之,毅力是许多心理因素共同作用的结果,这些因素包括愿望、信心、明确的目标、有组织的计划、行动、习惯、人生观等,任何一个环节做不好,都会影响毅力。

10.5.2 如何培养顽强毅力

毅力,不是天生的,是个人后天修养成的习惯和品质,是个人在实践活动中逐渐培养、发展起来的。

1. 强化正确的动机

人们的行动都是受动机支配的,而动机的萌发则起源于需要的满足。什么也不需要或者说什么也不追求的人,不需要也没有毅力。人,都有各自的需要,也有各自的追求,只是由于人生观的不同,不同的人总是把不同的追求作为自己最大的满足。斯大林曾经说过,伟大的目的产生伟大的毅力。从奥斯特洛夫斯基和张海迪身上,我们可以深刻体会到,崇高的人生目的能够有力地激发出坚韧的毅力。

2. 不怕困难

不论做什么事情,学习或是弹琴、绘画,要想有所成就,就必须刻苦钻研,不怕困难。困难就好比纸老虎,你弱它就强,你强它就弱。克服困难、战胜困难是坚强意志的重要表现。生活一再昭示,人人皆可以有毅力,人人皆可以锻炼毅力,毅力与克服困难伴生。克服困难的过程,也就是培养、增强毅力的过程。毅力不很强的人,往往能克服小困难,而不能克服大困难;但是,积克服小困难之小胜,也能使人增强克服大困难之毅力。

3. 持之以恒

毅力的大小还表现在做任何事情都要有始有终,不半途而废。三天打鱼、两天晒网、蜻蜓点水、见异思迁是做不成大事的。一个优秀的运动员,即使被人抛在后面,或者中途出了意外,只要他还能跑,就一定会坚持跑到终点,就是这个道理。

4. 不怕失败

失败是成功之母。有的人遭到失败后,垂头丧气,一败涂地,再也没有了奋斗的勇气,而有的人虽遭失败,却不气馁,从失败中吸取教训,继续奋战。爱迪生发明电灯泡时,历经了无数的失败,最后终于换来了全球的光明。失败可以把人的毅力锻炼得更加坚韧。

5. 排除干扰

我们身边总有其他的人、其他的事,有可能会干扰我们的学习。不受干扰,就说明你的毅力比较强了。

6. 克服惰性

培养毅力最重要的是从小事做起,克服惰性。比如,每天的晨练,遇到刮风下雨、大雪纷飞的日子,就想"今天算了吧,明天再跑";学习上碰到不懂的问题,就想"明天再说吧"。结果就是这些一天天对自己的迁就,助长了自己的惰性,毅力的培养当然也就成了一句空话。

7. 从小事做起

李四光一向以工作坚韧、一丝不苟著称,这与他年轻时就锻炼自己每步走0.8米这类小事情不无关系。高尔基说:"哪怕是对自己的一点小小的克制,也会使人变得强而有力。"今天,你或许挑不起100斤的担子,但你可以挑30斤,这就行。只要你天天挑、月月练,总有一天,100斤担子压在你肩上,你也能健步如飞。

小事情很多,从小事情做起,哪怕那是微不足道的,如可以试着从按时起床、按时睡觉开始。有的人好睡懒觉,那不妨来个睁眼就起;有的人"今日事,靠明天",那就把"今日事,今日毕"作为座右铭;有的人碰到书就想打瞌睡,那就每天强迫自己读一小时的书,不读完就不睡觉,只要天天强迫自己坐在书本面前,习惯总会形成,毅力也就油然而生。人是需要与自己作对的,因为人有惰性。任何惰性都是相通的,任何意志性的行动也是共生的。事物从来都是相辅相成、此长彼消。做小事情就可以培养大毅力,其道理就在其中。

8. 培养兴趣

有人说兴趣是毅力的门槛,这话是有道理的。诺贝尔物理学奖获得者丁肇中说,我经常不分日夜地把自己关在实验室里,有人以为我很苦,其实这只是我兴趣所在,我感到"其乐无穷"的事情,自然有毅力干下去了。一个人一旦对某种事物、某项工作发生内在的、稳定的兴趣,那么,令人向往的毅力不知不觉来到他身边,也就成为十分自然的事情。

9. 先易后难

有些人很想把某件事情善始善终地做完,但往往因为事情的难度太大而难以为继。对毅力不太强的人来说,在确定自己的奋斗目标、选择实现的理想时,要先易后难,循序渐进,先把容易的事情做好做精,一方面锻炼了自己的毅力,另一方面也可增强自信心。可以把锻炼自己的毅力分阶段,在每个阶段给自己确定新的计划,不断地超越自己。增强毅力是个循序渐进的过程,需要的是坚持,也许会很累、很辛苦,但只要咬牙坚持,假以时日,也会有意想不到的收获。

10. 不要抱怨

追求成功的过程,同时也是培养毅力的过程,肯定会遇到许多的困难和挫折,如果总是抱怨社会、抱怨环境、抱怨他人,总是抱怨生活给你的太少,不仅不利于事业和工作进展,而且无助于毅力的养成。抱怨的最大受害者是自己。在我们身边有些人,虽然受过很好的教育,并且才华横溢,但总是怀疑环境、批评环境,而这种态度就使他的进步和成长打了一个很大的折扣。人生不如意事十常八九,谁不是这样呢?最重要的是,抱怨不但于事无补,而且让自己看不到光明,让毅力的养成在无休止的抱怨中归于零。

复习思考题

1. 为什么说优秀的人都是自我管理出来的?
2. 为什么说好人品是自己的好"风水"?
3. 好人品的主要素养体现在哪些方面?
4. 毅力和毅商为什么重要?
5. 如何培养顽强毅力?

自我安全管理是大学生的一门"必修课"

即测即练

第11章 情商与处理人际关系能力

11.1 情　　商

11.1.1 什么是情商

1. 情商的概念和内涵

EQ 是"情绪商数"的英文简称,代表的是一个人的情绪智力(emotional intelligence)的能力。简单来说,EQ 是一个人自我情绪管理以及管理他人情绪的能力指数。

哈佛大学的高曼教授(Daniel Goleman)1995 年出版的《EQ》(*Emotional Intelligence*)一书,登上了世界各国的畅销书排行榜,在全世界掀起了一股 EQ 热潮。高曼发现一个人的 EQ 对他在职场的表现有着非常重要的影响。例如,一份针对全美国前 500 大企业员工所做的调查发现,不论产业类别如何,一个人的 IQ 和 EQ 对他在工作上成功的贡献比例都为 1∶2。也就是说,对于工作成就而言,EQ 的影响是 IQ 的两倍,而且职位越高,EQ 对工作表现的影响就越大。

高曼针对职场的工作表现,提出工作 EQ 架构。经过不断的测试和修正,目前高曼的工作 EQ 内容共有 4 个大项以及 18 个小项。

1) 自我情绪觉察能力
(1) 意识到自己情绪的变化,解读自己的情绪,体会到情绪的影响。
(2) 精确的自我评估,了解自己的优点以及不足之处。
(3) 自信,掌控自身的价值及能力。

2) 自我情绪管理能力
(1) 情绪自制力,能够克制冲动及矛盾的情绪。
(2) 坦诚,展现出诚实及正直,值得信赖。
(3) 适应力,弹性强,可以适应变动的环境或克服障碍。
(4) 成就动机,具备提升能力的强烈动机,追求卓越的表现。
(5) 冲劲,随时准备采取行动,抓住机会。

3) 人际关系觉察能力
(1) 同理心,感受到其他人的情绪,了解别人的观点,积极关心他人。
(2) 团体意识,解读团体中的趋势、决策网络及政治运作。
(3) 服务,体会到客户及其他服务对象的需求,并有能力加以满足。

4) 人际关系管理能力
(1) 领导能力,以独到的愿景来引导及激励他人。
(2) 影响力,能说服他人接受自己的想法。
(3) 发展其他人的能力,通过回馈及教导来提升别人的能力。

(4) 引发改变,激发新的做法。

(5) 冲突管理,减少意见相左,协调出共识之能力。

(6) 建立联系,培养及维持人脉。

(7) 团队能力,与他人合作的能力,懂得团队运作模式。

这 18 项能力有谁能完全具备？答案是不可能有人完全具备。事实上一个人只要能在这 18 项 EQ 能力中,有五六项 EQ 能力特别突出,而且是平均分布在四大项能力中的话,那他在职场上的表现就会非常亮眼。

目前广为使用的测量工作 EQ 的量表是情绪能力问卷（emotional competence inventory,ECI）,总共有 110 道题目,使用 360 度全方位的资料收集方法,不只是问当事人,也会问其上司、属下和同事来了解当事人的工作 EQ,得出来的结果比较客观而准确。

2. 5 个方面的情商能力训练

我们可以通过如下 5 个方面的情商能力训练,提升自己的情商。

1) 自我认知能力——自我觉察

认识情绪的本质是 EQ 的基石,这种随时认知感觉的能力,对了解自己非常重要。不了解自身真实感受的人必然会沦为感觉的奴隶;相反,掌握感觉才能成为生活的主宰。

2) 自我控制能力——情绪控制

情绪控制必须建立在自我认知的基础上。如何自我安慰,摆脱焦虑、灰暗或不安的心理,这方面能力较匮乏的人常需与低落的情绪交战,能够控制情绪的人则很快能走出生命的低潮,重新出发。

3) 自我激励能力——自我发展

无论是集中注意力,自我激励或发挥创造力,将情绪专注于某一目标都是绝对必要的。成就任何事情都要有情感的自制力——克制冲动与延迟满足。保持高度热忱是一切成就的动力。一般而言,能自我激励的人做任何事效率都比较高。

4) 认知他人的能力——同理心

同理心是站在对方立场思考问题的一种方式,也是基本的人际技巧,同样建立在自我认知的基础上。具有同理心的人较能从细微的信息觉察他人的需求,这种人特别适合从事医护、教学、销售与管理的工作。

5) 人际关系管理的能力——领导与影响力

人际关系管理就是管理他人情绪的艺术。一个人的人缘、领导能力、人际和谐程度都与这项能力有关,充分掌握这项能力者常是社会上的佼佼者。

扩展阅读 11-1：测测你的 EQ

11.1.2 情商对人生和事业的作用

1. 情商与人生

大量研究显示,一个人在校成绩优异并不能保证他一生事业的成功,也不能保证他能攀升到企业领导地位或专业领域的巅峰。虽然我们并不否定在校的学习能力,但在今天这个竞争日益激烈的社会中这绝不是成功的唯一条件。换句话说,在现代社会中情商的重要性绝不亚于智商,值得研究的是如何在理性与情感之间求得平衡,否则徒有智慧而心灵贫乏,在这个复杂多变时代极易迷失方向。轰动全国的女研究生被拐卖案,向我们证实了我国情商教育的空白和匮乏。

如今情商在国外已被纳入正式教育。在美国,人们流行一句话:"智商决定录用,情商决定提升。"诸多事实证明,情商较高的人在人生各个领域占有较多优势,无论是谈恋爱、人际关系或是理解办公室政治中不成文的游戏规则,成功的概率都比较大。此外,情感能力较佳的人通常对生活较满意,较能维持积极的人生态度。相反,情感生活失控的人必须花加倍的心力与内心交战,从而削弱了他的实际理解力与清晰的思考力。

一个智商高的人和一个智商低的人谁更幸福?答案肯定是智商低的人。一个智商低的人往往无忧无虑,一个智商高的人往往在做事情时会瞻前顾后。那么,一个情商高的人和一个情商低的人谁更幸福?答案也很明显是情商高的人。情商低的人很容易患抑郁症,因为他们在受到挫折时,会很容易拿别人的错误来惩罚自己。高情商能让我们明白外面的世界很现实、很复杂,也很精彩。

2. 情商与领导者

在生活中,我们常常看到这样一种现象:一些智商很高的人并不见得会一定成功,但情商很高的人则必定会成功。为什么呢?因为智商高的人一般都是专家,而情商高的人却具备一种综合与平衡的能力。如果以我们的中华古训来解释一下,那就是一个成功的人应是一个人情练达的人。

美国哈佛大学心理学博士、组织情商研究联合会主席丹尼尔·戈尔曼的研究认为,无论你从事何种工作,你的精神状态都将对你的工作效率产生影响。如果你被焦虑、恐惧、不满和敌意所包围,或者被不确定性和疑虑弄得不知所措,那么你的工作效率将极其低下。相反,如果你能得到应有的激励、启发和指导,能够有好的引导,那么你的工作效率和自我管理的效率都将大大提高。因此,领导者对员工的自我管理状况具有最终的影响力。

领导者是借助他人来高效地完成工作任务的人,领导力则是一种借助他人完成工作任务的艺术。如果想圆满完成工作任务,就必须对员工进行激励、启发、引导和指导,必须虚心倾听他们的建议。领导者还必须及时了解员工对自己言行的反应,做到让员工释放全部能量,而不仅仅是恪尽职守。

人们通常将领导者对某事的情感反应作为最有效的反应,并进而自动调整自身的反应。这就意味着在某种程度上领导者设定了情感标准。因此,即使在大公司里,CEO(首席执行官)的情绪或者态度也会感染和影响整个公司的情感氛围。情商能够转化为利润、收入和成长性。公司情商运用能力的差异能够使公司运营利润产生20%~30%的差异,这一数据是百事可乐和欧莱雅公司这些世界级企业进行内部研究得出的结论。

11.2 提高认知他人的能力

情商的一项重要内涵就是认知他人的能力。提升认知他人的能力是提高情商的重要内容和途经,只有正确认知他人,才能与他人和谐相处,才能处理复杂的人际关系。俗话说"知人知面不知心"。每个人似乎都非常复杂,"人心难测",但是,在生活中,每个人都免不了和人打交道，认识了别人，我们在相处的时候才会觉得自在、游刃有余，也容易交到一些好的朋友。

11.2.1 认知他人的范围

1. 对他人感情的认知

感情包括情感和情绪。其中，人的表情包括面部表情、身段表情和语调表情，认知他人感情是直接获得交往信息的方法。例如，一个人眉飞色舞、喜笑颜开，一定是人逢喜事精神爽；一个人垂头丧气、萎靡不振，一定是遇到了不顺心的事。

2. 对他人情绪的认知

对人的情绪认知包括对心境、激情和应激3种心理行为的认知，通常主要是对人的心境进行认知。例如，日常交往中，出色的领导要关心同事与部下；亲密的伙伴要互相关心；慈爱的家长要关心自己的孩子。

人的双重性格并非无法认识，如强装笑脸、虚情假意等可隐藏一时，难以掩盖永久，往往会在激情状态下，即在狂喜、暴怒、强悲、极愤、急躁等短促爆发式情感支配下表露出来。

3. 对他人能力的认知

能力指人适应社会的本领或本事。人的能力有多种内容，如思维能力、学习能力、工作能力、组织能力、生活能力、交际能力、创造能力、应变能力等。一般来说，生活中一个能够吸引或团结他人的人，就是个有能力的人，如领导吸引群众、作家吸引读者、歌唱家吸引观众、科学家吸引同行等。能力有高下、宽窄之分，最佳的"能者"，能够发挥自己的能力，吸收和借鉴别人的能力，组织和借用别人的能力，调动一切积极因素，用集体的智慧丰富自己的智慧。

4. 对他人倾向的认识

对他人倾向的认识包括对人需要、动机、兴趣、理想、信念与价值观的认知。社会交往中需要对个人倾向作出积极认知的内容是很多的，未必能兼顾到各个方面，大多只是其中的一部分。例如，自我实现或社会化使人产生交往欲望，交往是有一定动机的，这种动机是真诚的、友善的，还是虚假的、权宜的？是来求助的，还是来交流的？

5. 对个性特征的认知

个性特征包括气质、性格和能力等。其中，能力包含智力，智力在一定程度上反映人的认识能力。能力也影响人的气质和性格，有能力的人常充满自信，气质安静，性格理智，办事有条不紊、举重若轻。人的性格代表了人对社会的态度，并以习惯化的行为方式表现出来。

11.2.2 认知他人的5个层次

对他人的认知，一般来讲可以由表及里的5个层次来做观察和判断。

第一层，感知层。感知层即通过对别人外部特征的知觉，进而取得对他们的动机、情感和意图的认知。通常所说的"听其言，观其行，而知其人"就是这个道理。这些感知都是外在表现出来的、肉眼直观能看到的表面现象。例如仪表风度、着装打扮、言谈举止。一个人相貌端正、举止端庄大方、谈吐优雅文明，在初次见面的时候就会给我们留下良好的印象，并为以后的交往打下基础。要全面深入了解一个人，除观察他的言谈举止等行为本身的内容外，还要体会他的表情。表情既包括面部表情，也包括姿势、语言、表情和目光接触等。其实一个人的外部特征，有一部分是天生的，有一部分是角色化的产物。因此，通过这一层可粗略推导出这个人的"角色框架层"和"资源结构层"的一些特点。

第二层，角色框架层。角色框架层即被生活、家庭、社会、工作和周边环境影响后的角色痕迹或是表现出来的东西。一些具有典型职业特征的人，如军人、警察、教师、医生、领导干部、银行职员等角色痕迹、行为习惯等所呈现出来的外在角色特点比较明显。

第三层，资源结构层。资源结构层即一个人所具备的外在资源和内在资源。外在资源很广泛，包含籍贯、家庭等出生背景、社会关系等；内在资源也称精神资源，包括情商、智商、毅商、学识、修养、教育、思想、文化、理念和信仰等。精神资源的差异化是后天形成的，认知他人的精神资源有一个长期过程。

第四层，能力圈。能力圈即一个人身上所具备的能力，抑或是未来可能会产生的能力（潜力），包括个人学习能力、生活能力、工作能力、处理复杂人际关系能力等，也包括一个人所能运用和调动为自己所用的社会资源能力。一个人会为了生涯目标需要不断扩充自己的能力圈，直至达成最终目的。

第五层，内核。内核即一个人的人生追求和生涯目标，包括个人的人生观、价值观和世界观，有人也把内核称为个人对自己存在感的定义。存在感之于人就好像生存之于动物一样，是触发情绪和推动行动的开关。人对于自己存在感的定义决定了喜怒哀乐、动力驶向。例如，一段稳定的感情会使很多女孩有清晰的存在感，但很多男孩的存在感的来源比较多元化，他们需要在职场、社会中寻找存在感。

在认知他人时，需要透过感知层，层层深入，直至内核。从他的外在深入他的内在，了解他对于自己存在感的认知。在认知自己时，需要先思考自己对内核的定义是什么，也就是自己想要成为什么样的人。明确了这一点，对于他人的认知、解读和人际关系的维护便会明晰很多。

11.2.3 认知他人的方法

怎样认识他人，众说纷纭，不一而同。有人说"相由心生"，但是以貌取人、察言观色，容易使人产生刻板认识；"人不可貌相，海水不可斗量""天下没有两片一样的树叶"等又夸大了认知他人的难度。本着科学的态度，可以从以下几个方面来认知他人。

1. 敞开心扉，积极主动地接触和交流

要想知道梨子的滋味，就要亲口尝一下。要想知道他人的品格怎样，必须亲自去接触和交流，才能对该人有真正的了解。所谓"日久见人心"，说的是交往的时间长了，人心就显出来了。不怕隐瞒和伪装，就怕不去接触、不去交往。积极主动地接触和交流，是掌握"治心权"的主要战术。

人与人之间的认识和了解主要是通过相互之间的接触与交流而获得的。如果自命清高、高高挂起、孤芳自赏，或沉默寡言、离群索居，就得不到别人的了解，也不可能了解别人。因此,要正确地认识别人,就要勇于并善于与别人交往,向别人敞开心扉,用真诚激起他人情感的火花,从而获得彼此心灵上的沟通和交流,加深彼此的了解。如果"逢人只说三分话,未可全抛一片心",就可能使彼此之间产生猜疑、误判和隔阂,也无法认识他人。

2. 努力消除成见,避免推论错误

虽然一个人的家庭、职业、经历可以作为认识他人的参考,但绝不可作为判断的依据。人的思想是不断变化的,因此,了解别人要看实际、重实感、看变化。要消除容易引发认识偏颇和判断错误的先入为主的成见。尤其是对"第一印象"不要过分相信,而要冷静分析,继续观察。同时,还要消除那些容易引发认识偏差的心理因素影响,避免推论错误。

1) 摆脱刻板效应的消极影响

刻板效应也称刻板印象,是指对某个群体产生一种固定的看法和评价,并对属于该群的个人也给予这一看法和评价。刻板印象虽然可以在一定范围内进行判断,不用再寻找其他信息,迅速判断概况,节省时间和精力,但是,往往容易形成偏见,忽略个体的差异性。人们往往把某个人或事看作某一类人或事的典型代表,把对某类人或事的评价看作对某个人或事的评价。人不仅会对已接触过的人产生刻板印象,还会根据一些间接信息对未接触过的人产生刻板印象。例如,农民是忠厚善良的,商人是精细狡诈的,老年人是保守的,青年人是冲动的,北方人是豪爽的,南方人是精细的,等等,这其实是一种心理定式。

社会上流传的刻板印象很多,人人都有刻板印象,用它来认识人大多是错误的,用它来对待人容易产生歧视。例如《三国演义》中的人物庞统与诸葛亮的才华相当,分别拜见孙权和刘备,而孙权和刘备都认为相貌丑陋之人不会有大才华,因而不愿重用庞统,这是典型的刻板印象作怪。所以,我们不要偏信刻板印象。要明白,刻板印象是对某一类人的心态的简单粗糙的概括,任何人都是独立的个体,都有独特的气质、家庭、习惯等,不可能具有一样的品性。对于具体的个人,要具体地了解,具体地观察和分析。"耳听为虚,眼见为实",只有深入那个人的生活中,才能真正了解和认识那个人。

2) 摆脱首因效应的消极影响

首因效应也称首次效应、优先效应、第一印象效应,是指交往双方第一次交往给对方留下的印象,也即使用"先入为主"的交往方法而产生的交往效果。虽然这第一印象不一定准确,但却很鲜明、很牢固,能对以后的交往产生重要影响,甚或决定以后的交往进程。如果第一次交往给对方留下良好印象,那么,对方就乐意与之交往,很快就能互相了解,并且还会促进以后的交往。如果初次交往引发对方的反感,那么,接下来的交往就会产生困难,甚或发展到抵触和对抗。由于第一印象的特殊作用,其被广泛用来交友、推销、应聘、面试等活动。第一印象若用来认识人、判断人是不可取的。因第一印象所依据的信息是肤浅的、表面的、不全的,容易以貌取人。对仪表堂堂、风度翩翩的人容易给出好的评价,其缺点容易被忽略;对其貌不扬、不拘小节的人容易给出坏的评价,其优点容易被忽略。第一印象容易以言取人。对那些满口华丽辞藻、句句称心如意的人容易产生好的判断,而忽略对其内心世界的探索;对那些拙口笨舌、不会逢迎的人容易产生不好的评价,而忽略其优点。所以,以第一印象判断人,容易导致不可挽回的错误。要摆脱第一印象的限制,沉着冷静、深入地持续交往。另外,通过不断的学习,不断地积累社会阅历和经验,也能摆脱第一印象的影响。

3）摆脱"光环效应"的消极影响

"光环效应"又称"晕轮效应""成见效应""光圈效应""日晕效应""以点概面效应"，是指当认识者对一个人的某种特征形成好或坏的印象后，他还倾向于据此推论该人其他方面的特征。"爱屋及乌""厌恶和尚，恨及袈裟"就是"光环效应"弥散的典型代表。我们都有这样的经历：某人某方面优秀，被人认为其他方面也优秀；某人某方面不好，被认为其他方面也不好。这种意识，理论上是站不住脚的，"金无足赤，人无完人"，一个人不可能什么都好，也不可能什么都坏。这种以点概面、以偏概全的"光环效应"与辩证法是格格不入的。任何人都有两面性，既有优点，也有缺点。不可能只有优点没有缺点，也不可能只有缺点没有优点。"光环效应"既可能被人用来看待自己，也可能被自己用来看待别人。

要摆脱"光环效应"的影响，首先自己就得明确"光环效应"的特点、表现、危害，检讨自己对他人的评价是否全面，有没有"全身"都好、"全身"都坏的人。对新认识的人不要过早地下结论，要深入地、多方面地与之交往，深入地互相了解。不要在意他怎样评价自己，要认真地做好自己的每一件事情，要大胆地展示自己的优点和长处，毫不掩饰自己的缺点和短处。自己的事情做好了，就不会被别人"光环"，也不会"光环"别人。

3. 推己及人地认知他人，但要摆脱"投射效应"的消极影响

一般来说，人们对自己认识更清楚了，才容易认识别人，因为认识别人一个很重要的方式是推己及人。有一句话说的也是这个意思：自己丰富才能感知世界的丰富，自己好奇才能感知世界的新奇，自己善良才能感知世界的美好。马克思也说过类似的话："如果你想得到艺术的享受，你本身就必须是一个有艺术修养的人。如果你想感化别人，你本身就必须是一个能实际上鼓舞和推动别人的人。"化学里的"相似相溶"原理，就是化学结构相似，那么两种液体就容易相溶。比如油和水，结构上完全不相似，那么就是完全不相容。但是对于酒精来说，它和油、水都有相似性，因此，能够溶解在水里或者油里。

对于人也是类似的。一个人和别人在出生、成长环境、学习、工作、兴趣爱好、观念、审美情趣、性格、思维方式等方面，相似的地方越多，那么也就越容易理解和沟通。如果相似的地方非常少，那么往往理解和沟通也就比较困难了。

这就是人和人的"同一性"，也就是相同的东西，让人觉得有认识沟通的基础，正所谓"物以类聚，人以群分"，如果一点共同的东西都找不到，那么就"不是一路人"，"话不投机半句多"，"鸡同鸭讲"，没有共同语言，也就聊不到一起，很难认识理解了。

在心理学里，如果要认识一种深刻的情绪，达到"共情"，那么，很重要的一点就是当事人必须经历过这种情绪。如果自己没有经历过这种情绪，那么，也就无法理解别人的情绪。所以说："只有曾坠入深渊的人，才能理解他人的痛苦！"在看电影的时候，对于一些悲伤的情节，有些人会感同身受，原因在于这些情节戳到了那些人的"痛点"，他们曾经经历过类似的事情，感受了相同的痛苦。当这熟悉的一幕在银屏上再现时，就会情不自禁、泪如泉涌。而有些人可能无动于衷，因为没有相似经历的人，是不会理解和感受到那种切肤之痛、心如刀绞的感觉的。

人在青少年时期，对很多复杂的情感是无法理解的，因为人生经历有限。人生也是一个体验各种经历和情感的过程，"要想感受深刻，必须感受一切。"感受爱与恨，希望与失望，脆弱与坚强，成功与失败，痛苦与幸福等，也许，这才是完整的人生。也许每个人都希望一帆风顺,希望人生幸福快乐,如果真的天遂人愿,当然是幸福的,如果造物弄人,不幸在痛苦中前行,那么,也许这些经历,也会让自己对幸福的理解更加深刻,更加懂得珍惜当下的小小幸福,对别人承受的痛苦也会有更多的理解和同情。在某种意义上,这也是另一种收获吧!

因此,学习更多的知识,拥有更多的爱好,体验更多的人生经历,自己和别人就会更加容易找到共同点,推己及人,就能更好地认识一个人了。

同时,我们也要避免推己及人的"投射效应"心理倾向,即将自己的特性推及他人身上。在认识和对他人形成印象时,以为他人也具有与自己一样的特性,把自己的感情、意志、特性投射到他人身上,并强加于人。例如,自己心地善良,认为别人也心地善良;自己会算计人,认为别人也会算计人;自己喜欢听戏,认为别人也喜欢听戏;自己喜欢吃红烧肉,认为别人也喜欢吃红烧肉……

投射使人们按照自己是什么样子的人,来感知他人,而不是按照被观察者的真实情况去感知。当观察者与被观察对象十分相像时,其评判较正确,但这并不意味着其评判方法正确,而是因为观察者与被观察者相似。"投射效应"是以己度人,不是按照被观察者的真实情况去感知,岂能不错。每个人都是具体的、独特的人。"天下没有一样的树叶"。只有按照被观察的实际情况去认识,才是正确的途径。

4. 防止以貌取人

每个人的性格都是过去经历的人和事情造成的。往往面对一个陌生的人,由于不知道,有时候也是不想知道别人过去经历的事情,所以,对一个人的认识会浮于表面,甚至会被其戴的"面具"蒙蔽。

各种各样的文艺作品常常向我们展示这样的观念:好人的相貌都是美而优的,坏人的相貌都是丑而劣的。这就给人们以貌取人提供了依据和表率。其实,人的相貌的好坏,与人的内在品质是没有必然联系的。大圣人孔子满脸是毛,形同恶鬼;周公又瘦又小,形同一段干枯的树桩,但他们都才华横溢、功业卓著、名垂千古,令后人仰慕。桀与纣,长得英俊高大,堪称当时天下美男,但却身死国亡、遗臭万年。

"人不可貌相,海水不可斗量。"以貌取人,含有很大的偏见。因此,在认识他人时,不要满足于表象,要立足于注重了解人的内心、行为等深层结构。透过表象,发掘出内心世界。

5. 全面地观察和分析,用发展变化的眼光认知他人

在与他人交往时,要做个有心人,要注意观察他怎样为人处世、待人接物;要注意他的兴趣爱好、性格、能力、修养及言行变化;不但要听其言,还要观其行;不但要看他如何对待自己和家人,还要看他如何对待别人。然后,对获得的材料进行科学辩证的分析,去伪存真,由现象把握本质,由外表把握内心。

人性是不断发展变化的。通过一个人做的事情和他接触的人,就可以知道这个人的性格、爱好、三观、思维方式、优点和不足等。然而,每个人都是非常复杂的,也是不断发展变化的。很多时候,不可能了解一个人很多的情况,只能获知很少的一部分经历,而且,也许只是"道听途说",真实性大打折扣。这是生活中的事实。现实生活中接触的人太多了,

没有时间和精力去了解每一个人。那么,对于一个人的判断,只是基于所了解的情况,如果了解的情况增加或者改变了,认识也会随之改变。

这是大部分的情况:对于别人,只知道一部分的事实。了解是不全面的,因此,认识也是不全面的。如果需要深入地了解,那么,就需要一定的时间考验,才能"吹尽狂沙始到金",让两个人的信赖关系更加深入。

还有一点,也是无法阻挡的:人是在改变的。随着外界环境的变化、时间的推移、身边的朋友圈的变化,每个人都在改变中。有的改变是潜移默化中悄悄进行的,有的改变是被环境逼迫的,有的改变则是自己主动要求的。这样的结果就是:小时的玩伴,现在可能玩不到一起了;高中、大学的同学,现在可能交流的东西也不多了;那些曾经要好的同事和朋友,由于工作的变化,可能也很少联系了,关系也慢慢淡化了。人们的三观、兴趣、品位、个性都在改变中,有些人变得快,有些人变得慢,有些人方向偏离了,有些人变得更好,有些人似乎变"坏"了,变得陌生了,不再是从前认识的那个人了。三国的吕蒙说:"士别三日,即更刮目相待。"那么,对于不断改变的人性,也许需要擦亮自己的眼睛,重新认识有哪些新的变化。

6. 转换角度思维

有句老话说:"看人挑担不吃力。"这里说的是从外在表现上看好像"不吃力",但是,如果你进入"角色",知道了他的担子有多重、走了多少路、体质怎样、现在感觉如何……或者亲自挑着担子尝试一下,这时,你就能知道他人挑着担子吃力还是不吃力了。这句话启示我们,要真正地认知别人,就要转换角度、设身处地,站在对方的角度思考问题,体会他的感觉、情绪、意识、毅力、性格……以达到全面、深刻认知他人的目的。

人和人之间的同一性是人们认识理解的基础,但是,大千世界,人和人之间千差万别,每个人都有自己的特色,这就是人和人之间的"差异性"。每个人都是有自己经历的人和事情,没有人经历的人和事情是完全一样的,人们的成长环境、教育背景、工作经历、情感经历等都不一样,所以人的性格、气质、思维方式也都有很大的差异。那么,如何认识这种差异性呢?

认识人和人的差异性,需要换位思考。每个人的立场、三观不同,想法、行动、情绪反应也自然不同。

比如父母一般希望孩子学习成绩好,把时间放到学习上;孩子则希望父母别给太多的压力,多给一些自由的时间。企业老板一般希望员工好好干活,少提要求;员工则希望老板提高待遇,少给脸色。西方国家的政党希望民众投票多支持,少抗议示威;民众则希望政策对自己有利,满足自己的诉求。国与国之间,则为了贸易政策争论不休,倾销与提高关税,补贴与贸易壁垒等,归根到底,都是为了获取对自己更有利的贸易地位。

这些立场的不同,从根本上来说,是因为利益的诉求不同,每个人的利益不一样,导致观点也不同。站在自己的立场上,"与虎谋皮",伤害别人的根本利益,肯定是行不通的。

除了利益这个根本的差异,还有意识形态、文化、宗教等的差异,如果只是了解一种文化,那么,对于不同文化的人,也是难以认识和理解的。要想理解,最好有在不同文化背景生活、受教育或者工作的经历,所以,很多父母会把孩子送到国外接受不同的教育,接受不同文化的熏陶,那么,孩子往往眼光也会开阔很多,对于不同文化的人,也就容易认识和理解了。

人的性格、气质、思维方式存在差异,最本质的原因是每个人的人生经历不一样,所以造就的观念和思维方式不一样。因而,需要了解一个人的经历、成长背景等,才能真正理解他的价值观、思维方式,那么,通过这种换位的思考,就能在一定程度上理解别人的想法和感受了。

同样地,换位思考的能力也和自己的经历有关。一个人经历的事情多了,见过的人多了,也就是"阅人无数"了,感受丰富和深刻了,那么,就容易洞察人性,虽然没有经历别人经历的那些事情,但是对于别人的感受,却比较能够做到换位思考,因而,也会更加宽容和善解人意了。

11.3 提高自我激励能力

所谓自我激励,就是通过激发人的行为动机的心理,使人处于一种兴奋状态。这种状态不仅能够使我们充满激情地面对工作、迎接挑战,而且可以让我们在平凡的工作中做出不平凡的业绩,因为成功总是属于不懈努力和不断自我激励的人。

11.3.1 为什么需要自我激励

自我激励是增强意志的一种有效方式,即自己激发自己,自己鼓励自己,自己激发自己的动机,充实动力源,使自己的精神振作起来。

有没有自我激励,人朝目标前进的动力是很不一样的。一项研究结果表明,一个没有受到自我激励的人,仅能发挥其能力的20%~30%,而当他受到自我激励时,其能力可以发挥80%~90%,相当于前者的3~4倍。

当今社会,学会自励是非常重要的。因为这个剧变的时代既为人们创造了太多的发展机会,也为人们设置了种种的"陷阱"。人们处于顺境时,一般会兴高采烈,甚至还会忘乎所以;而当人们陷于逆境时,往往不知所措、意志消沉,此时,应该用自励这一手段,重振精神。

在剧变的时代,想干一点事业、干出一点成绩来,会有许多想象不到的事情发生。挫折、打击会突然降临到你的头上,流言蜚语、造谣诽谤接踵而至,如果你的意志不够坚忍就会消沉。在这时,尤其需要自励,使自己保持斗志。具体来说,需要自我激励的时候主要有以下几方面。

1. 情绪低谷时

情绪低谷像过境蝗虫,瞬间就会冲击你的理智,让平时温文尔雅的你在刹那间失去控制,掉入情绪黑洞。老板会因这3秒的失控给你打一个"不职业"的低分数;在同事心里,你经营了许多年的"专业"口碑也被打破。事实上,绝大多数的情绪低落,都是在为日后的崩溃蓄积力量,若不做及时的排遣调节,总会有一天,会做出令自己后悔的事情。

例如,你投入最大精力去做的一个项目,被老板否决掉,此时的挫折感是否会导致你在午饭中暴饮暴食？你的对手春风得意地升作你的上司,你是不是请了一个下午的假,出去疯狂购物,买了一大堆又贵又难看的东西,第二天睡醒后想起信用卡刷爆,后悔得想吐血？

这些事都会令你在事后痛恨自己愚蠢,但事实上,在当时你别无选择,因为你需要激励自己,帮助自己从坏情绪中走出来,你的出发点没有错,只是没有找到更好的方法而已。

2. 挫折失败时

每次失败都是一块成功的垫脚石。在我们工作和生活中各种各样的困难和挫折,会如尘土一般落到我们的头上,要想从这苦难的枯井里脱身逃出来,走向人生的成功与辉煌,办法只有一个,那就是,将它们统统都抖落在地,重重地踩在脚下。有这样一个经典的励志故事,经常被大家引用。

有一天,一个农民的驴子掉到了枯井里。可怜的驴子在井里凄惨地叫了好几个钟头,农民在井口急得团团转,就是没办法把它救出来。最后,他断然认定,驴子已经老了,这口枯井也该填起来了,不值得花这么大的精力去救驴子。农民把所有的邻居都请来帮他填井。大家抓起铁锹,开始往井里填土。

驴子很快就意识到发生了什么事。起初,它只是在井里恐慌地大声哭叫。不一会儿,令大家都很不解的是,它居然安静下来。几锹土过后,农民终于忍不住朝井下看,眼前的情景让他惊呆了。

每一铲砸到驴子背上的土,它都做了出人意料的处理,迅速地抖落下来,然后狠狠地用脚踩紧。就这样,没过多久,驴子竟把自己升到了井口,纵身跳了出来,快步跑开了。在场的每个人都惊诧不已。

3. 信心不足时

自我肯定可以默不作声地进行,也可以大声说出来,还可以在纸上写下来,甚至可以歌唱或吟诵。每天坚持进行有效的肯定练习,就能逐步抵消许多年的思想习惯。可以这样说,"在我所从事的领域,我是出类拔萃的";"我有足够的时间、能力、智慧来实现自己的美好愿望";"谁说我比别人差,既然我们考入同一所学校,就证明我不比别人差";"每天我都激励自己去实现人生目标";"我建立了积极、健康的自我形象";"我找到了自信、热情的自我"等。

当然,在肯定自我的时候,也不要忘了对自己过失的否定,要始终保持实事求是的态度。运用自我肯定时,应该遵循以下原则。

(1) 始终要以现在时态而不是将来时态进行肯定。例如,应该说"我现在很幸福",而不能说"我将来会很幸福"。

(2) 始终要以最积极的方式进行肯定。肯定自己所需要的,而不是不需要的。不能说"我再也不偷懒了",而是要说"我越来越勤奋,越来越能干了"。

(3) 一般来说,肯定词越简短,也就越有效。自我肯定应该传达出带有强烈情感的清晰陈述,情感传达得越多,给人的印象越深,如"我真棒!"

(4) 在进行自我肯定时,尽可能努力创造出一种相信的感觉,一种已经真实存在的感觉。

4. 自卑时

心理学认为,自卑是一种过多地自我否定而产生的自惭形秽的情绪体验。其主要表现为:对自己的能力、学识、品质等自身因素评价过低;心理承受能力脆弱,经不起较强的刺激;谨小慎微,多愁善感,常产生猜疑心理;行为畏缩、瞻前顾后等。

自卑的对立面是自信。自信就是自己信得过自己,自己看得起自己。别人看得起自己,不如自己看得起自己。美国作家爱默生说"自信是成功的第一秘诀",又说"自信是英雄主义的本质"。确立自信心,就要正确地评价自己,发现自己的长处,肯定自己的能力。

人们常说人贵有自知之明,这个"明",既表现为如实看到自己的短处,也表现为如实分析自己的长处。如果只看到自己的短处,似乎是谦虚,实际上是自卑心理在作怪。如果我们能客观地估价自己,在认识缺点和短处的基础上,找出自己的长处和优势,并以己之长比人之短,就能激发自信心。

5. 关键时刻

关键时刻或危急关头,采用积极的自我暗示的激励方法很有效。暗示是用含蓄、间接的方式对人的心理和行为产生影响,从而使人按一定的方式去行动或接受一定的意见,使他的思想、行为与自己的意愿相符合。暗示分为他人暗示、自我暗示、行为暗示、环境暗示、言语暗示等;从作用上讲,有积极暗示与消极暗示之分。例如,孩子上床睡觉前,母亲关照他:"玩了一天,当心尿床。"果然被母亲说中了。这属于消极的言语暗示。有个人特别怕下水井的盖子,生怕掉下去。心理指导者让他在接近井盖时用"男子汉,区区井盖何以害怕"的话语鼓励自己,然后站在井盖上讲10遍、跳10次,结果这种紧张感消失了。这就是积极的自我暗示。

自我暗示对人的心理作用很大,有时甚至会创造奇迹。在自我暗示的作用下,一个人可以突然变得眼盲。这种视力的丧失不是因为视神经受损,而仅仅是由于大脑管理视觉的那个区域的机能受到扰乱。例如,医生也可以用暗示的方法治疗病人的疾病。

当我们要参加某种活动前或面临竞争之时,注意不要受到消极的环境暗示、言语暗示和他人的行为暗示,而应适当用积极的自我暗示方法使自己产生勇气、产生自信,争取意想不到的效果。

11.3.2 如何进行有效的自我激励

我们很容易遭遇逆境,也很容易被一次次的失败打垮。但是人生不容许我们停留在失败的阴影中,需要通过自我激励自我调整,迅速摆脱失败的影响,重新出发。以下是总结归纳的20个自我激励的方法,供参考。

1. 正确认识自己

古语云:"君子不患人之不己知,患不自知也。"认识自己就是认识自己的长处和短处,不将长处当短处,不将短处当长处,绝不护短,绝不自己原谅自己。只有知道自己遭到失败、挫折的原因在哪儿,才会有的放矢,才能东山再起。

2. 要看得起自己

生活中很多人有这样一个毛病：平时无事时，自贵、自爱得不得了，一遇到"风吹草动"，便会妄自菲薄起来，自暴自弃，消极颓废，从此一蹶不振，有时甚至还会用一些矛盾激化的方式进行对抗。产生这样心理的根源是在于不爱惜自己，过于自卑，过于自馁，认为自己这也不行、那也不行，什么都不如别人。因此一定要自己看得起自己。

3. 树立远景目标

目标是人生走向成功的第一步，但塑造自我却不仅限于规划目标。要有一个你每天早晨醒来为之奋斗的目标，它应是你人生的目标。远景必须即刻着手建立，而不要往后拖。你随时可以按自己的想法做些改变，但不能一刻没有远景。

4. 离开舒适区

不断寻求挑战激励自己。提防自己，不要躺倒在舒适区。舒适区只是避风港，不是安乐窝。它只是你心中准备迎接下次挑战之前刻意放松自己和恢复元气的地方。

5. 调整好情绪

人开心的时候，体内就会发生奇妙的变化，从而获得新的动力和力量。但是，不要总想在自身之外寻开心。令你开心的事不在别处，就在你身上。因此，找出自身的情绪高涨期用来不断激励自己。

6. 调整目标，采取切实方法自己帮助自己

许多人惊奇地发现，他们之所以达不到自己孜孜以求的目标，是因为他们的主要目标太小，而且太模糊不清，使自己失去动力。如果你的主要目标不能激发你的想象力，目标的实现就会遥遥无期。因此，真正能激励你奋发向上的是，确立一个既宏伟又具体的远大目标。

在遭遇挫折、失败之后，在认真吸取教训的基础上，重新设定奋斗目标，采取一些切实可行的措施，拟定可行的计划。在此过程中用一点一点的成功来激励自己，磨炼自己的意志，脚踏实地一步一步地提高自己。

7. 加强紧迫感

自以为长命百岁，无益于你享受人生。然而，大多数人对此视而不见，假装自己的生命会绵延无绝。唯有心血来潮的那天，才会筹划大事业，将目标和梦想寄托在遥远的未来。其实，直面死亡未必要等到生命耗尽的临终一刻。如果能把每一天当作人生的最后一天过，会产生一种再生的感觉，就会激励自己抓紧做、抓紧塑造自我。

大多数人希望自己的生活富有意义，但是生活不在未来。我们越是认为自己有充分的时间去做自己想做的事，就越会在这种沉醉中让人生中的绝妙机会悄然流逝。只有重视今天，自我激励的力量才能汨汨不绝。

8. 撇开消极悲观的朋友

对于那些不支持你目标的"朋友"，要敬而远之。你所交往的人会改变你的生活。与愤世嫉俗的人为伍，他们就会拉你沉沦。结交那些希望你快乐和成功的人，你就在追求快乐和成功的路上迈出最重要的一步。对生活的热情具有感染力。因此同乐观的人为伴能

让我们看到更多的人生希望。

9. 直面恐惧

世上最秘而不宣的秘密是,战胜恐惧后迎来的是某种安全有益的东西。哪怕克服的是小小的恐惧,也会增强你对创造自己生活的信心。如果一味想避开恐惧,它们会像疯狗一样对你穷追不舍。此时,最可怕的莫过于双眼一闭假装它们不存在。

10. 做好调整计划

实现目标的道路绝不是坦途,它总是呈现出一条波浪线,有起也有落,但你可以安排自己的休整点。事先看看你的时间表,框出你放松、调整、恢复元气的时间。即使你现在感觉不错,也要做好调整计划。这才是明智之举。在自己的事业波峰时,要给自己安排休整点。安排出一大段时间让自己隐退一下,即使是离开自己挚爱的工作也要如此。只有这样,在你重新投入工作时才能更富激情。

11. 不怕困难

困难对于奋斗者来说,不过是一场场艰辛的比赛。真正的奋斗者总是盼望比赛。如果把困难看作对自己的诅咒,就很难在生活中找到动力。如果学会了把握困难带来的机遇,你自然会动力陡生。

12. 加强演练

先"排演"一场比你要面对的更加复杂的战斗。如果手上有棘手活,而自己又犹豫不决,不妨挑件更难的事先做。生活挑战你的事情,你定可以用来挑战自己。这样,你就可以开辟一条成功之路。成功的真谛是:对自己越苛刻,生活对你越宽容;对自己越宽容,生活对你越苛刻。

13. 锻炼自己即刻行动的能力

充分利用对现时的认知力。不要沉浸在过去,也不要耽溺于未来,要着眼于今天。当然要有梦想、筹划和制订创造目标的时间。不过,这一切就绪后,一定要学会脚踏实地、注重眼前的行动。莎士比亚说得好:"行动胜过雄辩。"要真正塑造自我和自己想要的生活,我们必须奋起行动。

14. 敢于竞争

竞争给了我们宝贵的经验,无论你多么出色,总会人外有人。所以你需要学会谦虚。努力胜过别人,能使自己更深地认识自己;努力胜过别人,便在生活中加入竞争"游戏"。不管在哪里,都要参与竞争,而且总要满怀快乐的心情。要明白超越别人远没有超越自己重要。

15. 经常进行反思和内省

大多数人通过别人对自己的印象和看法来看自己。获得别人对自己的评价很不错,便沾沾自喜。但是,仅凭别人的一面之词,把自己的个人形象建立在别人身上,就会面临严重束缚自己的危险。因此,只能把这些溢美之词当作自己生活中的点缀。人生的棋局该由自己来摆。不要从别人身上找寻自己,应该经常自省并塑造自我。

16. 勇于挑战自我

危机能激发我们竭尽全力。无视这种现象,我们往往会愚蠢地创造一种追求舒适的生活,努力设计各种越来越轻松的生活方式,使自己生活得风平浪静。当然,我们不必坐等危机或悲剧的到来,从内心挑战自我是我们生命力量的源泉。圣女贞德(Joan of Arc)说过:"所有战斗的胜负首先在自我的心里见分晓。"

17. 从小事做起

创造自我,如绘巨幅画一样,不要怕精工细笔。如果把自己当作一幅正在描绘中的杰作,你就会乐于从细微处做改变。一件小事做得与众不同,也会令你兴奋不已。总之,无论你有多么小的变化,每一点点进步对于你都很重要。

18. 不要怕犯错

有时候我们不做一件事,是因为我们没有把握做好。我们感到自己"状态不佳"或精力不足时,往往会把必须做的事放在一边,或静等灵感的降临。你可不要这样。如果有些事你知道需要做却又提不起劲,尽管去做,不要怕犯错。给自己一点自嘲式幽默。抱一种打趣的心情来对待自己做不好的事情,一旦做起来了就会乐在其中。

19. 不要害怕拒绝

不要消极接受别人的拒绝,而要积极面对。你的要求被拒绝时,把这种拒绝当作一个问题:"自己能不能更多一点创意呢?"不要听见"不"字就打退堂鼓,应该让这种拒绝激励你更强的创造力。

20. 要经常"表扬"自己

准备一张小卡片,每天至少写下 3 件让你感到骄傲、有收获或有进步的事情。在家里准备一个"奖状"公布栏,把所有能够展现自我价值或取得成绩的"奖状"都贴在上面。例如,辛苦设计的提案报告封面,被老板称赞的一封 E-mail,或是生日时同事合送你的鲜花。每天经过看一眼,你就能吸收它带给你的正面能量。

总之,只要你认真地抱着希望:"我相信自己能成功",或是"我相信自己能成为首屈一指的人",那么你就一定能找到好方法。

11.4 提高自我情绪管理能力

11.4.1 情绪的特点和本质

1. 情绪的表现

情商的一项重要内涵就是情绪的自我控制和调节能力。情绪是一种内部的主观体验,但在情绪发生时,又总是伴随着某种外部表现。这种外部表现也就是可以观察到的某些行为特征。这些与情绪有关的外部表现,叫表情。

1) 面部表情

面部表情是指通过眼部、颜面和口部肌肉的变化来表现各种情绪状态。人的眼睛是最善于传情的,不同的眼神可以表达人的各种不同的情绪和情感。例如,高兴和兴奋时

"眉开眼笑",气愤时"怒目而视",恐惧时"目瞪口呆",悲伤时"两眼无光",惊奇时"双目凝视"等。口部肌肉的变化也是表现情绪的重要线索。例如,憎恨时"咬牙切齿",紧张时"张口结舌"等,都是通过口部肌肉的变化来表现某种情绪的。

2）姿态表情

姿态表情可分成身体表情和手势表情两种。人在不同的情绪状态下,身体姿态会发生变化,如高兴时"捧腹大笑"、恐惧时"紧缩双肩"、紧张时"坐立不安"等。手势通常和言语一起使用,表达赞成还是反对、接纳还是拒绝、喜欢还是厌恶等态度和思想。手势也可以单独用来表达情感、思想或做出指示。在无法用言语沟通的条件下,单凭手势就可表达开始或停止、前进或后退、同意或反对等思想感情。"振臂高呼""双手一摊""手舞足蹈"等手势,分别表达了个人的激愤、无可奈何、高兴等情绪。

3）语调表情

除面部表情、姿态表情以外,语音、语调表情也是表达情绪的重要形式。朗朗笑声表达了愉快的情绪,而呻吟则表达了痛苦的情绪。言语是人们沟通思想的工具,同时语音的高低、强弱、抑扬顿挫等,也是表达说话者情绪的手段。

在许多场合下,人们无须使用语言,只要看看脸色、手势、动作,听听语调,就能知道对方的意图和情绪。

2. 情绪状态

情绪状态是指在某种事件或情境的影响下,在一定时间内所产生的某种情绪,其中较典型的情绪状态有心境、激情和应激3种。

1）心境

心境是指人比较平静而持久的情绪状态。心境具有弥漫性,它不是关于某一事物的特定体验,而是以同样的态度体验对待一切事物。

心境持续时间有很大差别。某些心境可能持续几小时,另一些心境可能持续几周、几个月或更长的时间。一种心境的持续时间依赖于引起心境的客观刺激的性质,如失去亲人往往使人产生较长时间的郁闷心境。一个人取得了重大的成就(如高考被录取、实验获得成功、作品初次问世等),在一段时期内会处于积极、愉快的心境中。人格特征也能影响心境的持续时间,同一事件对某些人的心境影响较小,而对另一些人的影响则较大。性格开朗的人往往事过境迁不再考虑,而性格内向的人则容易耿耿于怀。

心境产生的原因是多方面的。生活中的顺境和逆境、工作中的成功与失败、人际关系是否融洽、个人健康状况、自然环境的变化等,都可能成为产生某种心境的原因。

心境对人的生活、工作、学习、健康有很大的影响。积极向上、乐观的心境,可以提高人的活动效率,增强信心,使之对未来充满希望,有益于健康;消极悲观的心境,会降低认知活动效率,使人丧失信心和希望。经常处于焦虑状态,有损于健康。人的世界观、理想和信念决定着心境的基本倾向,对心境有着重要的调节作用。

2）激情

激情是一种强烈的、爆发性的、为时短促的情绪状态。这种情绪状态通常是由对个人有重大意义的事件引起的。重大成功之后的狂喜、惨遭失败后的绝望、亲人突然死亡引起的极度悲哀、突如其来的危险所带来的异常恐惧等,都是激情状态。

激情往往伴随着生理变化和明显的外部行为表现,例如,盛怒时全身肌肉紧张、双目怒视、怒发冲冠、咬牙切齿、紧握双拳等；狂喜时眉开眼笑、手舞足蹈；极度恐惧、悲痛和愤怒后,可能导致精神衰竭、晕倒、发呆,甚至出现所谓的激情休克现象,有时表现为过度兴奋、言语紊乱、动作失调。

激情状态下,人往往会出现"意识狭窄"现象,即认识活动的范围缩小,理智分析能力受到抑制,自我控制能力减弱,进而行为失去控制,甚至做出一些鲁莽的动作或行为。有人用激情爆发来原谅自己的错误,认为"激情时完全失去理智,自己无法控制",这是有争议的说法,一般认为人能够意识到自己的激情状态,也能够有意识地调节和控制它。因此,个人对在激情状态下的失控行为所造成的不良后果都是要负责任的。

3) 应激

应激是指人对某种意外的环境刺激所作出的适应性反应。人们遇到某种意外危险或面临某种突然事变时,必须运用自己的智慧和经验,动员自己的全部力量,迅速作出选择,采取有效行动,此时人的身心处于高度紧张状态,就是应激状态。例如,飞机在飞行中,发动机突然发生故障,飞行员紧急与地面联系着陆；正常行驶的汽车意外地遇到故障时,司机紧急刹车；战士排除定时炸弹时的紧张而又小心的行为；等等。应激状态的产生与人面临的情境及人对自己能力的估计有关。当情境对一个人提出了要求,而他意识到自己无力应付当前情境的过高要求时,就会体验到紧张而处于应激状态。

人在应激状态下,会引起机体的一系列生物性反应,如肌肉紧张度、血压、心率、呼吸以及腺体活动都会出现明显的变化。这些变化有助于适应急剧变化的环境刺激,维护机体功能的完整性。

3. 情绪的特点

情绪的特点是指情绪所固有的某些特征,如情绪的动力性、激动性、强度和紧张度等。这些特征的变化幅度具有两极性,即存在两种对立的状态。

情绪的动力性有增力和减力两极。一般地讲,需要得到满足时产生的积极情绪是增力的,可提高人的活动能力；需要得不到满足时产生的消极情绪是减力的,会降低人的活动能力。

情绪的激动性有激动与平静两极。激动是一种强烈的、外显的情绪状态,如激怒、狂喜、极度恐惧等,它是由一些重要的事件引起的,如突如其来的地震会引起人们极度的恐惧。平静是指一种平稳安静的情绪状态,它是人们正常生活、学习和工作时的基本情绪状态,也是基本的工作条件。

情绪的强度有强、弱两极,如从愉快到狂喜,从微愠到狂怒。在情绪的强弱之间还有各种不同的强度,如在微愠到狂怒之间还有愤怒、大怒和暴怒等。情绪强度的大小取决于情绪事件对于个体意义的大小。

情绪还有紧张和轻松两极。情绪的紧张程度取决于面对情境的紧迫性、个体心理的准备状态以及应变能力。如果情境比较复杂,个体心理准备不足,而且应变能力比较差,往往容易紧张,甚至不知所措。如果情境不太紧急,个体心理准备比较充分,应变能力比较强,不紧张,因而会觉得比较轻松。

4. 情绪的本质

情绪是以主体的需要、愿望等倾向为中介的一种心理现象。情绪具有独特的生理唤醒、主观体验和外部表现 3 种成分。符合主体的需要和愿望，会引起积极的、肯定的情绪，相反则会引起消极的、否定的情绪。

生理唤醒是指情绪产生的生理反应。它涉及广泛的神经结构，如中枢神经系统的脑干、中央灰质、丘脑、杏仁核、下丘脑、蓝斑、松果体、前额皮层，以及外周神经系统和内、外分泌腺等。生理唤醒是一种生理的激活水平。不同情绪的生理反应模式是不一样的，如满意、愉快时心跳节律正常；恐惧或暴怒时，心跳加速、血压升高、呼吸频率增加，甚至出现间歇或停顿；痛苦时血管容积缩小等。

主观体验是个体对不同情绪状态的自我感受。每种情绪有不同的主观体验，它们代表了人的不同感受，如快乐还是痛苦等，构成了情绪的心理内容。情绪体验是一种主观感受，很难确定产生情绪体验的客观刺激是什么，而且不同人对同一刺激也可能产生不同的情绪。因此，情绪体验的研究一般采用自我报告的方法。

情绪的外部表现，通常称为表情。它是在情绪状态发生时身体各部分的动作量化形式，包括面部表情、姿态表情和语调表情等。

5. 情绪的影响

美国密歇根大学心理学家南迪·内森的一项研究发现，一般人的一生平均有 3/10 的时间处于情绪不佳的状态。因此，人们常常需要与那些消极的情绪做斗争。情绪变化往往会在我们的一些神经生理活动中表现出来。比如：当你听到自己失去了一次本该到手的晋升机会时，你的大脑神经就会立刻刺激身体产生大量起兴奋作用的"正肾上腺素"，其结果是使你怒气冲冲、坐卧不安，随时准备找人评评理，或者"讨个说法"。

当然，这并不意味着你应该压抑这些情绪反应。事实上，情绪的影响有两种：消极的和积极的。我们的生活离不开情绪，它是我们对外面世界正常的心理反应，我们所要做的是不能让我们成为情绪的奴隶，不能让那些消极的心境左右我们的生活。

（1）积极的情绪可以提高人体的机能，促进人的活动，形成一种动力，可以充实人的体力和精力，提高个人的活动效率和能力，激励人去努力，而且在活动中能够起到促进的作用，促使我们健康成长。

（2）消极的情绪会使人感到难受，会抑制人的活动能力，活动起来动作缓慢、反应迟钝、效率低下；消极的情绪会减弱人的体力与精力，使人在活动中易感到劳累、精力不足、没兴趣；消极的情绪还会降低人的自控能力和活动效率，做出一些令自己后悔甚至违法的事。

（3）消极的情绪对我们的健康十分有害，科学家们已经发现，经常发怒和充满敌意的人很可能患有心脏病。哈佛大学曾调查了 1 600 名心脏病患者，发现他们中经常焦虑、抑郁和脾气暴躁者比普通人高 3 倍。因此，可以毫不夸张地说，学会控制你的情绪不仅是你职业和事业的需要，也是你生活中一件生死攸关的大事。

（4）情绪对智力的影响。积极的情绪有助于智力的发展，消极的情绪会抑制智力水平的提高。科学研究表明，情绪积极、乐观的儿童的智力水平要比情绪悲观、忧郁的儿童的智力水平高。智力水平不只体现在智商上,而且体现在记忆、思维、创造、想象等众多方面。在学习中,应该保持一种积极的情绪,做到"乐学",这样会提升学习效果。因为,消极的情绪不仅对提高学习成绩没有帮助,而且会影响学习的效果。积极良好的情绪有利于人的智力的发展,有助于人取得好成绩。

11.4.2 提升情绪管理能力

情绪管理是人性中最难的一个问题,这个还真不是简单地讲一番道理就能推翻的行为模式,在大多数行为决策时,留给人理性思考的空间较少,大部分的抉择还是由潜意识的惯性决定的,这种启动机制就涉及了我们常讲的"心智模式"。心智模式在我们成长的早期形成,到12岁时基本定型,这种心智模式是儿童心理成长阶段与周围环境、主要是与父母交往的未竟事宜,比如,曾经受到的伤害,渴望强大的心理底层,讨厌现实中自己的弱小和自卑,娇生惯养形成的过度认知,盲目自信导致的傲慢和自我优势感等。这些都是启动应激反馈的诱因。

1. 提升情绪管理能力的主要方面

情绪管理的基础,首先是要提升个人的情绪管理能力,主要包括以下几方面。

1) 情绪的自我觉察能力

情绪的自我觉察能力是指了解自己内心的一些想法和心理倾向,以及自己所具有的直觉能力。自我觉察,即当自己某种情绪刚一出现时便能够察觉,它是情绪智力的核心能力。一个人所具备的、能够监控自己的情绪以及对经常变化的情绪状态的直觉,是自我理解和心理领悟力的基础。如果一个人不具有这种对情绪的自我觉察能力,或者说不认识自己的真实的情绪感受的话,就容易被自己的情绪任意摆布,以至于做出许多遗憾的事情来。哲学家苏格拉底的一句"认识你自己",其实道出了情绪智力的核心与实质。但是,在实际生活中,可以发现,人们在处理自己的情绪与行为表现时风格各异,你可以对照一下,看看自己是哪种风格的人。

2) 情绪的自我调控能力

情绪的自我调控能力是指控制自己的情绪活动以及抑制情绪冲动的能力。情绪的调控能力是建立在对情绪状态的自我觉知的基础上的,是指一个人如何有效地摆脱焦虑、沮丧、激动、愤怒或烦恼等因为失败或不顺利而产生的消极情绪的能力。这种能力的强弱,会影响一个人的工作、学习与生活。当情绪的自我调控能力低下时,我们会总是处于痛苦的情绪旋涡中;反之,则可以从情感的挫折或失败中迅速调整、控制并且摆脱而重整旗鼓。

3) 情绪的自我管理能力

情绪管理总归是一种违背心理惯性的克制过程,这必须有修养的积累,不是几句"心灵鸡汤"就可以唾手可得的能力,这是一个不断精进的过程,包括寻找一位为人处世优秀的标杆、多读正能量的书籍等,并在刻意练习当中大量重复,直至一个新铭印取代了大脑中的旧铭印,让新的习惯注入心智模式,这样你才真正获得了管理情绪的方法。

4) 影响情绪的人际沟通能力

人是一种社会性动物,一生中大量的时间都花在了人际交往和沟通中,关于沟通的技巧,美国著名心理学家艾佰特·赫拉别思提出了一个公式,信息交流的效果=7%的语言文字+38%的语音语速+55%的表情和动作。沟通就是一种彼此交换信息与互相说服,实际上,我们大部分说服工作不是失败在沟通的技巧上,而是失败在自我情绪的管控中,如果情绪激动,就算是我们事先预设了天衣无缝的逻辑语言、精心组织的证据案例,那你也只是做好了7%的准备,那93%的语音语速,表情和动作都会在情绪的失控中变形,使沟通功亏一篑。

2. 情绪管理的主要内涵

(1) 回到最初心智成因,先冷静一下,自己和自己对话,直面那个曾经失败的自己,接受自己的不完美并和它共处,只有对当下自己的真实状态有一个客观评估,才能在沟通中选择正确的方式。情绪管理实质就是矛盾的争执,先处理情绪再处理问题,不要在情绪不佳状态下作出决策、处理问题。

(2) 袒露最真实的我,这样就能站在更客观的角度排除来自心智背景和情绪噪声的影响,获得更可靠、公正和有价值的信息,也就是内观的同时,把情绪这只恶魔拘回到可控的层面。

(3) 试图理解对方,就是换位思考的同理心,好处就是以对方为中心去感受对方的诉求,这样就能找到彼此都能接受的平衡点。但同理心并不等于同情心,换位思考也不等于无条件妥协,只是让自己的情绪回归到正常的流动渠道,让情绪以一种适度的方式进行疏解,同时也便于让对方清晰地厘清自己的真实感受。

(4) 将不良情绪的能量发泄出去。比如当你要发怒时,不如赶快跑到其他地方,或是用拳头打墙壁,或是找个体力活干一干,或是跑一圈,这样就能把因盛怒激发出来的能量释放出来,从而使心情平静下来,或者在你过度痛苦时,不妨大哭一场。哭,也是释放积聚能量、调整机体平衡的一种方式。

(5) 理智地消解不良情绪。首先必须承认不良情绪的存在。其次,承认了不良情绪的存在后,就要分析产生这一情绪的原因,并弄清楚究竟为什么会苦恼、忧愁或愤怒,这样可以帮助我们弄清自己所苦恼、忧愁、愤怒的事物,是否确实可恼、可忧、可怒,有时实际上并不是这样,那么不良情绪就会得到消解。最后,有时确实有可恼、可忧、可怒的理由,那么,就要寻求适当的方法和途径来解决它。比如,你如果因为考试前把握不大,对能不能考好感到焦虑不安,你就要积极把精力转移到加强学习上来,集中精力做好复习,减轻自己的忧虑。

11.4.3 如何控制好自己的情绪

不善于控制和调节自己的情绪,大喜大怒、大悲、急躁、做事不分青红皂白,不顾及结果,不仅影响身心健康,也会导致学习、工作效率下降。在日常生活中,情绪好像是一种很难控制的东西,很可能因为一件小事被激起,也可能在我们不知不觉中销声匿迹。

1. 情绪控制过程的 5 个阶段

为了有一个良好的身心状态去迎接更多的挑战,你必须控制自己的情绪。斯坦福大学的 James J. Gross 将情绪控制过程细分为以下 5 个阶段。

1) 情境选择阶段

在这个阶段,可以通过选择有利情境来控制情绪。例如,在客户拜访的头一天晚上你可以选择去跟朋友们愉快聊天,而不是挑灯夜战去背一些专业技术名词。

2) 情境修补阶段

当你所选择的情境并不是十分理想时,可以在这个阶段再做些修补。例如,在第一个阶段你选择了与朋友聊天,可他们聊到了你第二天的客户拜访,你可能会要求他们换一个更轻松的话题。

3) 注意力分配阶段

你可以将你的注意力转到其他的事情上来控制情绪。例如,你个性较内向,当朋友们聊起你的客户拜访时,你不大好意思让他们换个话题,那么你可以把注意力转到其他事情上,如朋友的新发型、新衣服等。

4) 认知改变阶段

认知改变阶段,情境基本稳定,改变已经不大可能,仍然可以通过将情境赋予不同的意义而控制情绪。例如,无论你怎么运用前3个阶段的方法,拜访本身的担心和忧虑都是不可避免的,这时你可以把客户拜访看作一次锻炼自己的绝好机会,即使失败,所积累的经验也是非常宝贵的,可让你下一次的拜访更加顺利。事实上这是控制情绪最重要的方法,因为在现实生活中我们操纵情绪的可能性太低,"苦中作乐""穷快活""阿Q精神""酸葡萄心理"等尽管不太好听,但确实是非常实用的调节情绪的方法。

5) 行为调控阶段

行为调控阶段与前4个阶段有一个很大的区别,前4个阶段都是在行为的冲动产生之前进行调节,也就是我们常说的"疏导";最后这一阶段是指在行动的冲动已经产生后对这种冲动进行调节,用日常的话来说就是"压抑"。例如,也许你的客户拜访"砸了锅",你在别人面前仍要"强颜欢笑",这时你有如祥林嫂一样碰到谁就跟谁诉苦的冲动,这就是最后一阶段可用的调节方法。这里有一个忠告:作为职业人,最好向你的家人和知心朋友倾诉。

2. 情绪调节的方法

1) 心理暗示法

心理暗示法是指利用语言的指导和暗示作用,来调适和放松心理的紧张状态,使不良情绪得到缓解的方法。心理学的实验表明,当个人静坐时,默默地说"勃然大怒""暴跳如雷""气死我了"等语句时,心跳会加剧,呼吸也会加快,仿佛真的发起怒来。相反,如果默念"喜笑颜开""兴高采烈""把人乐坏了"之类的语句,那么他的心里也会产生一种乐滋滋的体验。由此可见,言语活动既能唤起人们愉快的体验,也能唤起人们不愉快的体验;既能引起某种情绪反应,也能抑制某种情绪反应。因此,当我们在生活中遇到情绪问题时,应当充分利用语言的作用,用内部语言或书面语言对自身进行暗示,缓解不良情绪,保持心理平衡。比如默想或用笔在纸上写出下列词语:"冷静""三思而后行""制怒""镇定"等。实践证明,这种暗示对人的不良情绪和行为有奇妙的影响与调控作用,既可以松弛过分紧张的情绪,又可用来激励自己。

2）注意力转移法

注意力转移法是指把注意力从引起不良情绪反应的刺激情境，转移到其他事物上去或从事其他活动的自我调节方法。凡是在不愉快的情绪产生时能很快将精力转移他处的人，不良情绪在他身上存留的时间就短。当受到无法避免的痛苦打击时，长期沉浸在痛苦之中既于事无补、不能解决任何问题，又影响自己的工作、损害健康，所以应尽快地把自己的注意力转移到那些有意义的事情上去，转移到最能使你感到自信、愉快和充实的活动上去。

一般情况下，能对自己的情绪产生强烈刺激的事情，通常都与自己的切身利益有很大关系，要很快将它遗忘是很困难的。要使自己的心思有所寄托，不要使自己处于精神空虚、心理空旷的状态。可以进行积极的转移，或者主动去帮助别人，或者找知心朋友谈心，或是找有益的书来阅读，或者外出散步、看看电影、电视、打打球、下盘棋、换换环境等，有助于使情绪平静下来，在活动中寻找到新的快乐。这种方法，一方面中止了不良刺激源的作用，防止不良情绪的泛化、蔓延；另一方面，通过参与新的活动特别是自己感兴趣的活动而达到增进积极的情绪体验的目的。

3）适度宣泄法

过分压抑只会使情绪困扰加重，而适度宣泄则可以把不良情绪释放出来，从而使紧张情绪得以缓解、轻松。因此，遇有不良情绪时，最简单的办法就是"宣泄"；宣泄一般是在背地里、在知心朋友中进行的。采取的形式，或是用过激的言辞抨击、谩骂、抱怨恼怒的对象；或是尽情地向至亲好友倾诉自己认为的不平和委屈等；或是通过体育运动、劳动等方式来尽情发泄；或是到空旷的山林原野，拟定一个假目标大声叫骂，发泄胸中怨气，一旦发泄完毕，心情也就随之平静下来。必须指出，在采取宣泄法来调节自己的不良情绪时，必须增强自制力，不要随便发泄不满或者不愉快的情绪，要采取正确的方式，选择适当的场合和对象，以免引起意想不到的不良后果。

4）自我安慰法

当一个人遇到不幸或挫折时，为了避免精神上的痛苦或不安，可以找出一种合乎内心需要的理由来说明或辩解。如为失败找一个冠冕堂皇的理由，用以安慰自己，或寻找理由强调自己所有的东西都是好的，以此冲淡内心的不安与痛苦。这种方法，对于帮助人们在大的挫折面前接受现实、保护自己、避免精神崩溃是很有益处的。因此，当人们遇到情绪问题时，经常用"胜败乃兵家常事""塞翁失马，焉知非福""坏事变好事"等词语来进行自我安慰，可以摆脱烦恼，缓解矛盾冲突，消除焦虑、抑郁和失望，达到自我激励、总结经验、吸取教训之目的，有助于保持情绪的安宁和稳定。

当不良情绪被压抑的时候，可以通过语言暗示作用来调整和放松心理上的紧张状态，使不良情绪得到缓解。语言是一个人情绪体验强有力的表现工具。语言可以引起或抑制情绪反应，即使不出声的语言也能起到调节作用。例如，林则徐在墙上挂有"制怒"二字的条幅，这是用语言来控制调节情绪的好办法。再如，你在发怒时，可以用言辞暗示自己"不要发怒""发怒会把事情办坏的"；陷入忧愁时，提醒自己"忧愁没有用，于事无益，还是面对现实，想想办法吧"；等等。

5）交往调节法

有时候，不良情绪光靠自己独自调节还不够，还需借助别人的疏导。某些不良情绪常常是由人际关系矛盾和人际交往障碍引起的。因此,当我们遇到不顺心、不如意的事,有了烦恼和苦闷的时候,可以主动找亲人、朋友交往、谈心,诉说内心的忧愁,比一个人独处胡思乱想、自怨自艾要好得多。在情绪不稳定的时候,找合适的人谈一谈,具有缓和、抚慰、稳定情绪的作用。另外,人际交往还有助于交流思想、沟通情感,增强自己战胜不良情绪的信心和勇气,使人更理智地去对待不良情绪。

6) 情绪升华法

升华是改变不为社会所接受的动机和欲望,而使之符合社会规范和时代要求,是对消极情绪的一种高水平的宣泄,是将消极情感引导到对人、对己、对社会都有利的方向去。如一学生因失恋而痛苦万分,但他没有因此而消沉,而是把注意力转移到学习中,立志做生活的强者,证明自己的能力。

升华就是将强烈的情绪冲动引向积极的、有益的方向,使之具有建设性的意义和价值。我们常说的"化悲痛为力量",就是指升华自己的悲痛情绪。其实不只是悲痛可以化为力量,其他的强烈情感也都可以化为力量。例如,可以化愤怒为力量、化仇恨为力量、化教训为力量、化鼓励为力量等。

7) 情绪解脱法

解脱就是换一个角度来看待令人烦恼的问题。从更深、更高、更广、更长远的角度来看待问题,对其作出新的理解,以求跳出原有的圈子,使自己的精神获得解脱,以便把精力集中到自己所追求的目标上。

我们的烦恼有很多都是因为自己心胸狭窄,只看到自己眼前的一点利益或身边的几件事,而没有从更广的范围、长远的角度来想,为一些非原则的小事而忽略了生活中的大事。积极的解脱是把长远利益放在首位,抛开区区小事,而全神贯注地去追求自己的远大目标。

当事业遭受挫折、生活艰难不堪、人生处于低谷时,悲观脆弱者,要么自暴自弃、一蹶不振,要么低头认输,境况越来越糟;而乐观豁达、直面人生者,能把平凡的日子过得精彩,能把沉重的生活变得轻松,能把苦难的体验变得生动,能够不断去开辟人生的新境界,享受生活赋予的一切酸甜苦辣,从而真正去感受人生的真谛和生命的意义。

"以出世的精神做人,以入世的精神做事",道出了为人处世的哲学,这也是情绪解脱的最高境界。这样的境界就是要以超越的心态,超越是非和利益的关系,做事就会轻松。具有出世情怀的人随缘做事,随缘放下,随遇而安,不要太执着。要很好地处理出世和入世的关系,入世,就是把现实生活中的恩怨、情欲、得失、利害、关系、成败、对错等作为处事待人的要素。出世,就是尊重生命,尊重客观规律,既要全力以赴,又要顺其自然,以平和的心态对人,以不苛求完美的心态对事。超脱出来冷静全面地看问题,站得高一些,看得远一点,很多事也要看得淡一些,这样才能排除私心杂念。以这种出世的精神去做入世的事业,心态就会平和,不良情绪就会很好地消解。

8) 环境调节法

环境对人的情绪、情感同样起着重要的影响和制约作用。素雅整洁的房间,光线明亮、颜色柔和的环境,使人产生恬静、舒畅的心情。相反,阴暗、狭窄、肮脏的环境,给人带来憋气和不快的情绪。因此,改变环境,也能起到调节情绪的作用。当你受到不良情绪压抑时,不妨到外面走走,看看大自然的美景,能够旷达胸怀、欢娱身心,对于调节人的心理活动有着很好的效果。

11.5 建立良好人际关系的原则与方法

11.5.1 人际关系的特点和影响因素

人际关系指人们在人际交往过程中结成的心理关系、心理上的距离。交往双方在个性、态度、情感等方面的融洽或不融洽、相互吸引或相互排斥,必然会导致双方人际关系的亲密或疏远。人际关系包括3种成分:认识成分(指相互认识、相互了解)、动作成分(指交往动作)和情感成分(指积极情绪或消极情绪、爱或恨、满意或不满意)。其中情感成分是核心成分。人际关系反映了交往双方需要的满足程度。若交往双方能互相满足对方的需要,就容易结成亲密的人际关系;反之,则容易造成人际排斥。

1. 人际关系的特点

人际关系归根结底受客观社会关系的制约,反过来又深刻地影响着社会关系各方相互作用的形式。人际关系的好坏反映人们在相互交往中的心理满足状态,以及人与人之间心理上的距离。人们所结成的大部分社会关系,可以分成使人的物质、精神需要得到满足的酬赏性关系和破坏这种满足的处罚性关系。满足与不满足程度的差异、人们愉快或不愉快的情绪体验可以形成一个连续分布的区间,制约着人际关系的亲疏情感。

良好的人际关系表现为热情、诚恳、理解、同情、大度、互助、信用和原则性与灵活性的结合。促进人际关系密切友好的因素是缩短空间的距离、提高交往的频率、增加相似的东西、实现需要的互补。阻碍人际关系的个性特征是不尊重、不关心他人,对人不诚恳、不同情,缺乏自尊心、自信心,妒忌、猜疑、偏激、固执、报复、苛求、依赖他人等。

人际关系的变化、发展取决于双方之间需要的满足程度,如果互相的需要得到满足,就容易结成密切关系;如果需要得不到满足,人与人之间发生的矛盾又得不到妥善的解决,人际关系就会恶化。

人际关系是社会关系的一个侧面,其外延很广,包括朋友关系、夫妻关系、亲子关系、同学关系、师生关系、同事关系等。它受生产关系的决定和政治关系的制约,是社会关系中较低级的关系;同时,它又渗透到社会关系的各个方面之中,是社会关系的"横断面",因而又反过来影响社会关系。它对群体内聚力的大小、心理环境的好坏有直接的重要作用。

人际关系的形成包含着认知、情感和行为3种心理因素的作用。认知成分包括对他人和自我的认知,是人际知觉的结果。情感成分是指交往双方相互间在情绪上的好恶程度及对交往现状的满意程度,还包括情绪的敏感性及对他人、对自我成功感的评价态度等。行为成分主要包括活动的结果、活动和举止的风度、表情、手势以及言语,即所能测定与记载的一切量值。在这3种因素中,情感因素起着主导作用,制约着人际关系的亲密程度、深浅程度和稳定程度。可见,情感的相互依存关系即人际关系的特征。一般来说,在正式组织关系中,行为成分是调节人际关系的主导成分;在非正式组织关系中,情感成分承担着主要的调节功能。

2. 人际关系倾向

社会心理学家舒兹(W.C.Schutz)认为每一个人都需要他人,因而均具有人际关系的需求。这些需求可以分为3类。

(1) 希望与他人来往、结交,想跟他人建立并维持和谐关系的包容需求。

(2) 在权力上与他人建立并维持良好关系的支配需求。

(3) 在爱情(广义)上希望与他人建立并维持良好关系的感情需求。

这样3种不同的需求类型又可区分为主动型与被动型两种,从而产生了6种基本的人际关系倾向(表11-1)。

表 11-1 基本人际关系倾向(类型)

需 求 类 型		e	w
		主 动 型	被 动 型
I	包容	主动与他人来往	期待他人接纳
C	支配	支配、控制他人	期待别人引导
A	感情	对他人表示亲密	期待别人对自己表示亲密

3. 人际关系的影响因素

和谐的人际关系,有利于满足人们心理和交往的需要,有利于发挥人们的积极性和创造性。影响人际关系密切程度的因素有以下几个。

(1) 距离远近。人与人之间在地理位置上越接近,越容易发生人际交互关系,相互建立紧密的联系。

(2) 交往频率。相互交往、接触次数越多,越容易形成密切关系。

(3) 观念的相似性。人与人之间有着共同理想、信念、价值观和人生观,对某些问题的看法、观点相同或相似,则比较容易形成密切关系。

(4) 兴趣爱好的一致性。兴趣爱好相同的人在一起不仅有共同语言,而且谈话投机,彼此可以从对方身上得到教益和启发,因而容易形成密切的人际关系。

4. 人际关系的建立与发展过程

人际关系的建立与发展过程,实际上是一个情感卷入和交往由浅入深的过程。在这个过程中,交往双方通过自我暴露的方式来增加相互间的接纳性和信任感。自我暴露水平越高,表明人际关系交往水平越深。

根据交往双方的情感卷入水平、自我暴露水平的不同,奥尔特曼认为良好的人际关系的建立和发展需要经历4个阶段,分别为定向阶段、情感探索阶段、感情交流阶段和稳定交往阶段。

(1) 定向阶段。对交往对象的注意、选择和初步沟通等心理活动。

(2) 情感探索阶段。随着双方共同情感领域的发现,双方沟通也越来越广泛,自我暴露的深度与广度也逐渐增加。人们的话题仍避免触及别人私密性的领域,自我暴露也不涉及自己基本的方面。

(3) 感情交流阶段。人际关系发展到这个阶段，双方关系的性质开始出现实质性变化，此时的人际关系的安全感已经确立，谈话也开始广泛涉及自我许多方面，有较深的情感卷入。

(4) 稳定交往阶段。人们心理上的相容性会进一步增强，自我暴露也更加广泛深刻，可以允许对方进入自己高度私密性的个人领域，分享自己的生活空间和财产。

在现实生活中，还有一种稳定的人际关系，就是亲戚、老邻居、老朋友、老同学、老战友、老同事等，曾经有过稳定交往，但由于人生迁徙的时空距离，见面少了，交往少了，但彼此并没有忘记，尽管常年没有联系，但彼此心里都没有忘记对方，一旦有机会、有事情，又会产生新的交往，之后，又可能进入新的彼此心里有但没有交往的状态。所以，人际交往并不是以稳定交往为结束，而是以没有交往但心里有彼此而维系。

11.5.2　处理人际关系的基本原则

人际关系虽是一种错综复杂的社会现象，但其存在和发展是有规律可遵循的。处理人际关系所涉及的基本原则如下。

1. 择善原则

择善原则是指建立和发展人际关系时，不能盲目从事，而要有所选择地进行。不仅要"择其善者而从之，其不善者而改之"，而且要"两害相权取其轻，两利相权取其重"。善者，是指对社会、对他人、对自己无害或有益的人及其关系。在建立和发展人际关系时，要考虑自己与交往对象是否相互需要，是否有益于社会、有益于他人。如果是有益的，就采取积极态度；如果是有害的，就要坚决放弃。

2. 调衡原则

调衡原则是指协调平衡各种关系，使之不相互冲突与干扰。一个人的精力和时间是有限的，建立人际关系的目的是满足需要，不能过多或不足。过多则忙于交往，影响自己履行岗位职责；不足则会使自己陷于孤独苦闷，导致信息闭塞、孤立无援，使自己减少发挥能力的机会与范围。所以，要经常协调平衡人们的需要与时间、精力之间的关系。

3. 积极原则

积极原则是指在人际交往中行为要主动、态度要热情，即待之以礼、晓之以理。例如，在机关工作中，对来办事者，一请坐、二倒茶、三办事、四送出，主动认真有利于消除隔阂、密切关系。主动的作用还表现在文明礼貌的语言中，表现在热情的交往态度上。没有热情，人际关系就会变得冷漠、暗淡无光。

4. 真诚原则

真诚是做人的基本要求，也是人际交往的基本原则，要以诚相待。信息反馈原理告诉我们，有良好的信息输出，才能有良好的信息反馈，实现人与人之间的心理交融。真诚是一种传统美德，"精诚所至，金石为开""心诚则灵"，这些都是对真诚及其作用的高度评价。

在人际交往中，真诚的品质尤为重要。1968年，心理学家安德森曾经对不同个性品质受人们喜爱的水平进行了研究，结果发现，受喜爱程度最高的6种个性品质依次是真诚、诚实、理解、忠诚、真实和可信，受喜爱水平最低或被拒绝水平最高的几个品质包括说谎、虚伪、不诚实、不真实等。很显然,受人们喜爱的个性品质与"真诚"的品质有关,而不受人们喜爱的则与"不真诚"有关。由此可以说,"真诚"是最受人欢迎的个性品质,而与其对立的"不真诚",则是最令人厌恶的个性特征。因此,一个人要想吸引别人,与别人保持良好的交往,真诚是必须有的品质和交往方式。真诚使人们对于与自己交往的人对自己会做出怎样的行为有明确的预见性,因而更容易建立其安全感和信任感,而不真诚或欺骗使人感到焦虑与不安。

5. 理解原则

理解原则主要是指关系双方在人际行为中互相设身处地、互相同情和谅解。只有相互理解,才能心心相通,才有同情、关心和友爱。人之相识,贵在相知;人之相知,贵在知心。关系主体双方要互相了解对方的理想、抱负、人格等情况,了解彼此之间的权利、需要、义务和行为方式;要相互体谅、互相包涵,不斤斤计较、吹毛求疵;要善于养成"心理换位"的思考方式,这样在平常交往或发生矛盾、产生冲突时,都能妥善处理之。

6. 守信原则

守信原则就是在人际关系中讲求信用、遵守诺言。守信乃处事立世之本,要"言必信",说真话,说话算数;要"行必果",遵守诺言,实践诺言。在交往中,要不轻诺,这是守信的重要保证。要严守对方的秘密,不炫耀和披露大家不知的隐私,也不要依据自己的臆想来推测对方如何。

7. 平等原则

平等原则就是尊重他人的自尊心和感情,不干涉他人的私生活,人格平等。在交往中,情感对等、价值对等、地位对等、交往频率对等。平等还具体体现在政治平等、法律平等、经济平等和人格平等方面。

交往双方的社会角色和地位、影响力、对信息的掌握等方面往往是不对等的,这会影响双方形成实质性的情感联系。但如果平等待人,让对方感到安全、放松与尊重,我们也能和那些与自己在社会地位等方面相差较大的人建立良好的人际关系。

8. 相容原则

相容,即宽容,是指宽宏大量、心胸宽广、不计小过、容人之短、有忍耐性。相容不是随波逐流、不讲原则,容人正是为了把原则性与灵活性有机结合起来,以便更好地达到自己的远大目标。要有谦让精神,做到有理也让人;要将心比心,"己所不欲,勿施于人";要大事清楚,小事糊涂;要严于律己,宽以待人。

9. 交互原则

人际关系的基础是人与人之间的相互重视和相互支持。人际交往当中喜欢与厌恶、接近与疏远是相互的。日常生活中我们可以经常看到,对于真心接纳、喜欢我们的人,我们也倾向于接纳对方,愿意同他们交往并建立和维持关系。相反,对于表现出不喜欢、排斥我们的人,我们倾向于排斥、疏远对方,避免与其有进一步的交往。俗话说:"士为知己者死,女为悦己者容",它反映了因为知音难得,人们为了报答知己,虽万死不辞的精神,也反映了人与人之间的交互原则。尤其是知识分子,一方面是洁身自好,"凤非梧桐不栖";

一方面是士为知己者死,如诸葛亮为了报答刘备的"三顾"之恩,辅佐后主,鞠躬尽瘁,成为古代知识分子向往、倾慕的典范。

10. 交换原则

人际交往是一种社会交换过程。交换的基本原则是:个体期待人际交往对自己是有价值的,在交往过程中得大于或等于失,至少是别太少于失,故又称为"功利原则"。人际关系的发展取决于双方根据自己的价值观进行的选择。俗话说:"桃李不言,下自成蹊",一个人有交往的价值,自然就会吸引他人,使之愿意与其交往,如果一个人恶名远扬,与他交往既不能有精神上的交换和享受,也不能获得物质上的交换和支持,那就没有人愿意与其交往。现实社会中,人们的交往、选择朋友都是非常现实的,总要希望通过交往获得或满足某些个人需求。

11. 适度原则

适度原则即在人际交往中的一切行为都要得体,合乎分寸,恰到好处。这是人际交往中最重要的一个原则,是唯物辩证法关于质、量、度观点在人际行为中的具体体现。过与不及,皆为不妥。

另外,适度原则还体现在相互交往的频次、深度要适度和对等。如果对方不希望双方交往过于频繁,也不希望交往过深,那就要充分尊重对方,不要主观地认为,主动交往越多、越频繁、越深,关系就越铁,如果太主动、太频繁,交往过深、过密,对方可能不适应,或者反感,就不好了。

12. 自我价值保护原则

自我价值是个体对自身价值的意识与评价。自我价值保护是一种自我支持倾向的心理活动,其目的是防止自我价值受到贬低和否定。由于自我价值是通过他人的评价而确立的,个体对他人评价极其敏感。每个人的潜意识里或内心深处,都渴望得到别人真诚的赞美和肯定。对肯定自我价值的他人,个体对其认同和接纳,并反过来给予肯定与支持;而对否定自我价值的他人则给予疏离,与这种人交往可能激活个体的自我价值保护动机。

13. 情境控制原则

人对于新情境,总有一个适应的过程。适应本身就是一个逐渐对情境实现自我控制的过程。情境包括交往的内容、方式、心理控制等方面。情境不明确,会使人们倾向于逃避。例如,大学新生由于对周围环境缺乏了解,会在相当长的时间内处于高度紧张的自我防卫状态。在人际交往中,人们对情境的控制程度将决定交往在什么气氛中进行。所以,在人际交往中,双方对交往的情境必须都能控制。在人际交往中无视他人的意愿、需要和心理感受,会使交往产生情境障碍。

11.5.3　处理人际关系的基础是全面了解他人

1. 了解他人的情感需要

在实际的人际关系处理中,除了对自我情绪进行有效管理,还可以了解他人的情感需要,最终达成和谐人际关系的目标。

1) 他人需要尊重

人人都有自尊心,都希望得到他人的尊重。俄国教育家别林斯基曾说过:"自尊心是一个人灵魂中的伟大杠杆。"当人的自尊心得到满足时,他就会心情愉快地去做一切事情;反之,就会不情愿地做事情。

尊重是人的一种心理需求,是社会发展的需要,体现了多元化时代的价值共识。21世纪是一个多元化的时代,人们更强调的是差异而不是统一。多元化的发展,其最根本的动力是人的自由天性的存在与发展。"尊重"体现了多元化时代的基本道德取向。

被人尊重是一种权利,尊重他人是一种美德。敬人者人恒敬之。

2) 他人需要关怀

关怀他人,会使自己的存在更有价值,会使自己的生命更有意义。关怀他人是美好心灵的体现,是伟大爱的升华。正如德兰修女所说,我们都不是伟大的人,但我们可以用伟大的爱来做生活中每一件平凡的事。

关怀他人并不需要轰轰烈烈的举动,救他人于危难之间的壮举值得歌颂,可大多数情况下我们没有这样的机会。生活中我们要做的也许仅仅是一个微笑、一声赞许、一个轻轻的拥抱、一个依靠的肩膀。生活中我们总有那么多的机会给他人一点关心,让别人因你的存在而温暖。关怀他人有时会给我们带来麻烦,可也会让我们终身受益,更多情况下是我们的福祉,而不是祸事。

3) 他人需要理解

任何一种结果、一种行为、一种境界、一种心态,都有其事,必有其理,我们要学会以理所当然的心态来理解他人。当认识到理所当然时,就理解他人了,同情心、宽容心自然而然流露出来。此时,内心充满欢喜和平静,所有的人与事,都会变得耳顺目畅。

许多推销员考虑的是自己的利益,他们确信自己的商品是消费者必需的。他们以为理解了消费者,但可悲的是,他们并未能很好地将这份理解传达给消费者。事实上,把理解传达给对方是处理所有人际关系的根本。

无论何时、何地,你都要向对方传达你的理解,这是最迅速、简洁的做法。例如,"我知道你的感觉"或者"我很理解你的心情"。

4) 他人需要帮助

帮助了别人,能让自己感受到"百分快慰"。帮助了别人,快慰了自己。那么,何乐而不为？帮助他人是中华民族崇尚的美德,也产生了许多令人敬佩的榜样：雷锋、丛飞、张桂梅等助人为乐的道德模范人物层出不穷。还有许许多多的普通人,他们都在用自己的行动、自己的力量去帮助有需要的人,去温暖这些人的心灵。只要人人都献出一点爱,世界将变成美好人间。你帮助了别人,付出了爱,别人就愿意和你交朋友,也会回报你更多的爱和帮助。

5) 他人需要同情

戴尔·卡耐基有一句名言,"我可以理解你的看法,因为如果我是你的话,我一定也会有相同的感受。"要化解纠纷、赢得友谊,请记得要同情他人的立场与愿望。

同情心一般是指对别人遇到的麻烦、烦恼、不快及意外给予真诚的关心,而不是视而不见、麻木不仁、冷漠处之与幸灾乐祸。同情心是一种爱,是一种友谊与理解,是平等的而非居高临下的施与。其实,每个人在生活中都会因种种原因,需要获取他人的同情,大多是精神、情感上的,物质的缺少或有与无的问题,不牵扯同情问题。每个人同样还需要获得尊重与尊严。

心理学家亚瑟·盖提斯在《教育心理学》中曾说:"同情是人类最普遍的一种需求,小孩子在受伤时,即使是一点点擦伤,也会需要大量的同情和安慰。对于成年人来说,他们之所以会醉心于诉说自己的忧伤、病痛和一切生理异状的细节,全都是基于同样的心理。"所以,要想说服别人,先要学会设身处地地替别人着想。

6)他人需要激励

"激励"意味着什么?《韦氏新世界英语词典》定义为"向别人提供积极性或以积极性影响别人",而"积极性"一词的意思是"促使一个人做事或以某种方式行事的内心的动力、冲劲或意欲"。所以,激励涉及如何激发一个人内心深处的东西,即潜能。

没有激励,人就很难动起来,更不可能鼓起冲劲,也就很难发挥潜能。因此,成功学大师安东尼·罗宾指出,要想成功,你必须学会调动别人内心深处的积极性,让他们发挥潜能,你必须"给他们的油箱加油"。在一次调查中,要求70位心理学家说出主管人员必须懂得的人性中最关键的东西,有65%的人说"积极性",就是使人行动起来的那种感受和认识。如果你不能调动别人的积极性,你就不能领导他们。如果你领导不了别人,那么你想做的一切事情都要由自己独立完成。

7)他人需要赞美

赞美可以激励别人发挥他们的潜能实现他们的理想,可以建立他们的信心,并使他们成长。一位心理学家曾经这样说过:"抚育孩子没有其他窍门,只要称赞他们。当他们把饭吃完时,赞美他们;画了一幅画之后,也赞美他们。当他们学会骑自行车时,也赞美他们,鼓励他们。"

我们应该学会赏识、赞美他人,努力去挖掘他人的闪光点。同是一棵树,有的人看到的是满树的郁郁葱葱,而有的人却只看到树梢上的毛毛虫。为什么同样一件事物,会产生两种截然不同的结果呢?原因就在于有的人懂得赏识、赞美,而有的人只会用挑剔、指责的眼光看待事物。

2. 注意人际关系中的交往忌讳

我们在热情助人的谆谆教诲下长大,认为自己真诚、善良,经常自以为是地去关注安排别人的生活。当别人对自己不领情时,还会觉着委屈至极,其实假若你超越了人与人之间交往的界限,虽是好意,也会让别人感到极不舒服,更得不到预期的效果。人与人之间的交往忌讳有以下几种情况。

1)拿自己当"救世主"

有些人总是过高地估计自己的能量,以为自己可以拯救别人于水火,而事情往往不是你想象的那样,许多人往往不领你的情,而你也会把自己弄得很累,真是费力不讨好。

2) 总想妄图改变别人

这也是许多人在交往中的误区,尤其在夫妻之间、家长与儿女之间更为普遍。其实90%的人都不愿意接受别人的改造,甚者对其产生反感,对你敬而远之。我们所能做的就是用自己的言行去影响、温暖、感化、陪伴你的亲人朋友,让他们自己心甘情愿地发生转变。

3) 将自己的意愿强加到别人身上

我们喜欢一个人,关怀一个人,总喜欢把他攥得很紧很紧,其实这是最不明智的。每一个人都不是另外一个人的附属品,都是一个独立完整的人。所以,无论朋友或亲人都有自己的一个空间,进可攻,退可守,不纠缠、不占有、不束缚,不要将自己的意愿强加到任何一个人身上,来满足自己的掌控欲。

4) 侵犯别人的"隐私"

当今社会,每个人都有自己不同的生活方式,哪怕是单身、离异或是未婚先孕,都是人家自己的私事。假若你特别八卦,东家长、西家短,总是对人家夫妻内幕、家庭矛盾乐此不疲,无疑闯入别人的私人领地,侵犯了别人的心理空间。

5) 过于熟络而没有尺度

有的人一旦和别人熟悉之后就会忘乎所以,立刻亲密无间起来,借别人的衣服穿、用别人的东西、进别人的卧室、使用别人的卫生间、翻别人的抽屉、看别人的日记、查别人的电话记录等。这种界限不清的行为经常让别人感到无可奈何,直到敬而远之。

6) 好为人师纠正别人

有的人自以为爱着你、为你着想而处处管着你,当你产生某种想法、出现某种情绪变化、想做某件事的时候,他会告诉你,你的想法、情绪和行为都是错的,不应该这样,应该那样。这样的人自以为你和他是一样的人,总把自己的感受想法投射到你身上,表面上很关心你,希望你别犯错误,常来纠正你,其实这样的纠正是不必要的。因为每个人都有犯错误的权利,剥夺他人犯错误的权利就是剥夺他人成长的机会。心理学有个经典语录,就是"管好你自己"。别人的事,用不着你管,老天的事,你也管不了。归你管的你管,不归你管的别管,想来想去,管好自己的事是最轻松也是最明智的。

7) 在与人交往中炫耀你的优越感或比别人强的地方

有的人在与人的交往中,常常有意无意地流露出自己的成就、地位、财富,包括孩子、房子、金钱等方面比别人强的地方,那样会使别人对他敬而远之,因为别人和他交往的过程中,常常感到不如他而不快乐,时间长了,就会远离他。

3. 人与人之间的交往,需要保持距离

人与人之间的和谐关系有很多种,大多都有一个完美的尺寸和距离。我们常说,爱人之间,要给对方保留足够的空间,一段感情才能长久。亲人之间,距离是尊重;爱人之间,距离是美丽;朋友之间,距离是爱护;同事之间,距离是友好;陌生人之间,距离是礼貌。

人与人之间都应该保持一定的距离,距离远近自己定,原则是让自己愉快、别人轻松。

别小看这些生活里的距离,有多少情感都最终败在距离上。远了生出不满,近了又生出矛盾。

许多人都有这样的经验和体会:与某人的关系越亲密,越容易经常与其发生摩擦和矛盾,反倒不及与初次见面者交往容易。家庭成员、情侣之间常常相互埋怨,正是这种情况的表现。按理说应该是交往得越深,就越容易相处,相互之间的人际关系也越好,可事实上并非如此。原因何在?

这其实可以用心理学上的刺猬法则(也称心理距离效应)来解释。在一个飘雪的冬日,森林中有十几只刺猬冻得发抖。为了取暖,它们紧紧地靠在一起,却因为忍受不了彼此的长刺很快各自跑开了。可是天气实在太冷,它们又想要靠在一起取暖,然而靠在一起时的刺痛又使它们不得不分开。就这样反反复复,分了又聚,聚了又分,不断在受冻与受刺两种痛苦之间挣扎。最后刺猬们终于找出一个适中的距离可以相互取暖而又不至于被彼此刺伤。这是个很古老的故事了,其中的寓意是告诫人们相处之时要学会保持距离,只有适当的距离才会使人愉悦。

所谓"距离美"说的大概也就是这个意思吧,距离,让人有想象的空间,让人规避彼此的缺点,把美好的一切展现在对方的面前。俗话说,熟悉的地方没有风景。距离产生美,其实,就是彼此尊重,能够随时退一步海阔天空。在和别人的交往过程中,我们都应该保持距离,不是不交心,而是给对方的心留下一小片空间,我们没有权利侵犯别人的隐私。

保持一定的距离也不是不热情,而是给自己留一点缓和的余地,以免过热招致别人的反感。要把自己的热心用对地方,你终究不是别人,别人也不是你。置身太近,有时反而感觉不到实际存在的东西;要把握某一事物,有时需要跳出这一事物;人对事物的看法与对美的感受同距离是有关系的。

距离使人体会思念的意味深长,使一种情感蓄在心中,使一种思念穿越时空、萦绕心间,爱不是枷锁,更不是手段。没有距离的相处是一种自私的表现,因为只想着自己,而没有顾及别人的感受。就算那是爱,自私的爱又能走多远?用距离来节制爱,才是最恰当的爱护与情谊。不必靠太近,还有各自的生活;不必离太远,只有一个转身的距离。

复习思考题

1. 为什么说情商较高的人在人生各个领域占有较多优势?应该如何提高自己的情商?
2. 为什么要提高认知他人的能力?认知他人的方法和技巧有哪些?
3. 为什么要自我激励?有哪些自我激励的情境与方法?
4. 如何控制好自己的情绪?
5. 处理好人际关系有哪些基本方法和要点?

职场人际关系案例剖析

即 测 即 练

第 12 章 职业环境发展变化的新特点和新趋势

12.1 职业环境发展变化的新特点

12.1.1 新发展阶段的职业环境变化新特点

党的十九届五中全会决议指出,"我国将进入新发展阶段",这是以习近平同志为核心的党中央作出的重大战略判断。根据我国新发展阶段的目标任务、国内外环境发生的复杂深刻变化,新发展阶段有以下新特点。

1. 新发展阶段是全面回应我国社会主要矛盾发生变化、不断满足人民美好生活需要的发展新阶段

党的十九大报告对我国社会主要矛盾发生变化作出了全局性、历史性和战略性的判断,党的十九届五中全会通过的"十四五"规划建议是贯彻落实十九大精神,全面回应和着力解决新时代我国社会主要矛盾的首个五年规划。人民日益增长的美好生活需要和不平衡不充分的发展之间的矛盾将贯穿于社会主义初级阶段的全过程。一方面,人民对美好生活的需要是多方面多层次,不断发展变化的,旧的需求满足了,新的需求又会产生,这是一个长期的历史过程;另一方面,实现更加平衡更加充分的发展,也是一个长期的历史过程,旧的不平衡不充分发展问题解决了,新的不平衡不充分发展问题又会产生。因此,解决我国社会主要矛盾是一个长期的历史过程。人民对美好生活的向往就是我们的奋斗目标,这不仅是社会主义初级阶段的长期历史任务,也是构建新发展格局、实现高质量发展可持续的根本动力。

2. 新发展阶段是高质量发展阶段,是构建新发展格局,不断实现更加平衡更加充分的发展新阶段

习近平总书记在党的十九大报告中指出:"我国经济已由高速增长阶段转向高质量发展阶段。""十四五"规划首次将"以推动高质量发展为主题"列入"十四五"时期经济社会发展指导方针和主要目标。这是根据我国发展阶段、发展环境、发展条件变化作出的科学判断。未来,我国仍处于并将长期处于社会主义初级阶段,我国仍然是世界上最大的发展中国家,发展仍然是我们党执政兴国的第一要务。但与过去的发展阶段不同的是,新发展阶段的发展必须贯彻新发展理念,必须是高质量发展,必须是更加平衡更加充分的发展。当前和今后较长的一个时期,我国经济发展中的矛盾和问题集中体现在发展质量上。这就要求我们必须把发展质量问题摆在更为突出的位置,着力提升发展质量和效益。

全面推动高质量发展,要全面把握新发展阶段的新任务新要求,坚定不移贯彻新发展理念、加快构建以国内大循环为主体、国内国际双循环相互促进的新发展格局。理解新发展格局，需要把握三个要点：第一，构建新发展格局是把握发展主动权的先手棋，而不是一个被迫之举和权宜之计。第二，加快形成全国统一大市场的国内大循环，而不是搞地区小循环、内循环。第三，新发展格局是以习近平同志为核心的党中央治国理政思想的一次升华。构建新发展格局，就是把供给侧改革、扩大内需、创新驱动、科技自立自强、高质量发展等思想，统一到新发展格局的框架之中。

新发展格局的内涵包括双循环，但不仅是双循环：首先是"格局"，这是一个宏观的结构概念，是坚持系统观念的体现；然后是"循环"，要进一步畅通国内的生产、需求、分配之间的循环，畅通国民经济循环中的堵点，使国内国际循环更好地相互促进。加快构建新发展格局，要坚持稳中求进工作总基调，统筹推进"五位一体"总体布局，协调推进"四个全面"战略布局，统筹发展和安全，把科技创新摆在更加突出的位置，推动经济社会高质量发展、可持续发展，着力在改革创新、推动高质量发展上有重大进展。要以深化供给侧结构性改革为主线，坚持质量第一、效益优先，切实转变发展方式，推动质量变革、效率变革、动力变革，使发展成果更好惠及全体人民，不断实现更加平衡更加充分的发展，不断满足人民对美好生活的向往。

3. 新发展阶段是开启全面建设社会主义现代化国家新征程、实现"强起来"中国梦的发展新阶段

党的十九届五中全会进一步对2035年基本实现社会主义现代化作出更全面、更系统、更具体的国家发展规划，提出了首个开启全面建设社会主义现代化国家新征程、实现国家"强起来"中国梦的国家发展规划建议。

新发展阶段之"新"，体现为战略目标实现的时间节点提前，即2035年基本实现社会主义现代化，21世纪中叶把我国建成富强民主文明和谐美丽的社会主义现代化强国；新发展阶段之"新"，还体现为现代化强国建设的战略目标内涵的丰富拓展。例如，规划建议提出的现代化国家的总体目标强调"我国经济实力、科技实力、综合国力将大幅跃升，经济总量和城乡居民人均收入将再迈上新的大台阶"，把经济总量和居民人均收入并驾齐驱作为现代化国家的两大主要衡量指标，体现了强国和富民、经济建设和民生福祉的高度统一。再如，政治建设上，进一步明确"基本实现国家治理体系和治理能力现代化"的同时，强调"人民平等参与、平等发展权利得到充分保障"；文化建设上，强调"建成文化强国、教育强国、人才强国、体育强国、健康中国，国民素质和社会文明程度达到新高度"；社会建设上，在明确"基本公共服务实现均等化"的同时，强调"人均国内生产总值达到中等发达国家水平，中等收入群体显著扩大……城乡区域发展差距和居民生活水平差距显著缩小"；生态文明建设上，强调"广泛形成绿色生产生活方式""美丽中国建设目标基本实现"；安全保障上，强调"平安中国建设达到更高水平，基本实现国防和军队现代化"等。

4. 新发展阶段是全面应对世界大变局，统筹国际国内两个大局，主动延长和塑造战略机遇期的发展新阶段

习近平总书记在党的十九大明确指出："国内外形势正在发生深刻复杂变化，我国发展仍处于重要战略机遇期，前景十分光明，挑战也十分严峻。"重要机遇期与重大风险期两

种状态并存、光明前景与严峻挑战两种趋势同在,构成了中国特色社会主义新发展阶段的显著特征。当今世界正在发生深刻复杂变化,新一轮科技革命和产业变革深入发展,国际力量对比深刻调整,和平与发展仍然是时代主题,人类命运共同体理念深入人心,同时国际环境日趋复杂,不稳定性不确定性明显增加,新冠肺炎疫情影响广泛而深远,经济全球化遭遇逆流,国际经济政治格局复杂多变,世界进入动荡变革期,单边主义、保护主义、霸权主义对世界和平与发展构成威胁。

党的十九届五中全会深入分析了我国发展环境面临的深刻复杂变化,认为当前和今后一个时期,我国发展仍然处于重要战略机遇期,但机遇和挑战都有新的发展变化。我们既要看到我国发展总体态势是好的,完全有基础、有条件、有能力取得新的伟大成绩,也要看到当前诸多矛盾叠加、风险挑战显著增多,我国发展面临着前所未有的严峻复杂环境。必须深刻把握这一机遇与挑战并存的战略背景,胸怀中华民族伟大复兴战略全局和世界大变局,深刻认识错综复杂的国际环境带来的新矛盾新挑战,增强机遇意识和风险意识,立足社会主义初级阶段基本国情,保持战略定力、战略信心和战略耐心,办好自己的事。要深刻认识和把握新时代发展规律,深刻认识和把握外部环境变化的新特点新趋势,发扬斗争精神,树立底线思维,准确识变、科学应变、主动求变,善于在危机中育先机、于变局中开新局,开拓进取,应对挑战,趋利避害,奋勇前进。

新发展阶段就是我们每个人职业生涯规划和发展的外部客观环境,把握以上新发展阶段的 4 个特点,就是把握我国经济社会发展的大环境、大趋势、大战略,帮助我们更好地把个人发展置于国家发展的大环境中,把个人职业生涯规划与国家发展战略规划紧密结合起来,才能顺应时代变化,谱写最美乐章。

12.1.2 全球化发展新变化的职业环境新特点

1. 世界进入全球化与逆全球化博弈时代

全球化是我们每个人面临的最鲜明的时代背景。"地球是平的""一个地球村"是当今世界流行的术语,全球化已经不仅局限于经济全球化,而且渗透到我们生活中的各个方面。日本的地震海啸使世界许多国家都感受到了核辐射的威胁,美国华尔街的金融危机使全世界爆发了严重的经济危机,新冠疫情全球蔓延。全球化是我们面临的最突出的时代背景,每个人的职业发展不可避免地要与国际社会经济发展变化相关联。因此,职业生涯规划要有全球化眼光,必须在这一鲜明时代背景条件下进行规划和发展。

但是,全球化是一把双刃剑,主要体现在区域之间、人群之间发展的不平衡。这些问题,日积月累,就会汇聚成一股强大的政治力量,影响一个国家的价值取向,进而改变全球化的进程。当然,在全球化发展的过程当中,不同国家在全球产业链上的相对位置也会不断地发生变化,处于相对低端的国家奋力往高端走,而处于优势地位的国家奋力反击。这种全球产业链上发生的国家之间的竞争是十分正常的,而如何处理好这种竞争关系对全球化的顺利发展至关重要。上述这些问题就是前面提到的"国家逻辑"的重要内因,如果这些问题解决不好,就有可能成为逆全球化的一个重要推手。

从长远发展来看,全球化仍然是人类未来发展的必然趋势,原因有三。第一,全球化的商业逻辑无懈可击,因为生产力的提高是全人类的共同财富。第二,全球化将促进人类命运共同体的建立,一张深度连接的全球生产供应网络——你中有我、我中有你——必然有利于世界的和平和稳定。第三,全球化旨在整合全球资源,既有分工又有协作,而协作形成的合力有利于应对人类的共同挑战,如气候、环境、资源,也包括像新冠肺炎这样的大流行病。

显然,全球化的进程将取决于上述正反力量的相互作用,如果正向的力量占上风,全球化就向前迈进,否则,全球化就有可能倒退。在目前逆全球化势力纷纷抬头的关键历史时刻,世界各国应该携手同行,共同来推动全球化的健康顺利发展。因此,职业生涯规划要有全球化眼光,必须在这一鲜明时代背景条件下进行规划和发展,时刻关注国际风云变幻对每个人生活和工作的影响。

2. 世界新一轮科技革命和产业革命正在孕育成长

以信息技术为引领,生物技术、新材料技术、新能源技术等技术群广泛渗透,交叉融合,带动以绿色、智能、泛在为特征的群体性技术突破,重大颠覆性创新不时出现。其主要有以下几个趋势:一是移动互联网、智能终端、大数据、云计算、高端芯片等新一代信息技术发展将带动众多产业变革和创新;二是围绕新能源、气候变化、空间、海洋开发的技术创新更加密集;三是绿色经济、低碳技术等新兴产业蓬勃兴起;四是生命科学、生物技术带动形成庞大的健康、现代农业、生物能源、生物制造、环保等产业。

随着新技术、新产业的发展,不同产业之间边界渐趋模糊,新兴产业的空间巨大广阔。如传统制造业核心业务是生产产品,但将来产品的生产、开发、维护、售后服务等在制造业价值链中同等重要,越来越多的公司将制造与服务结合起来,形成服务化制造新趋势。人工智能、新型材料、3D打印技术及基于网络的服务模式,将推动制造业向数字化、智能化方向发展,生产过程中,厂商可以通过网络获取生产所需的各类协作服务,使生产要素成本降到最低,无人化的机器人工厂将越来越多;销售过程中,可借助互联网把最新产品在短时间内销售至全球各地。不同产业领域相互渗透和融合,必定催生出全新的服务业态,"互联网+"、大数据、云计算等领域表现得最为明显。当前互联网、区块链、物联网、人工智能等已渗透到金融、教育、商业、医疗、交通、旅游等领域,几乎所有的传统行业都受到侵蚀,业态不断改变,互联网企业本身由于客户数据资源的优势,积极开拓线上线下一体化服务,涵盖行业领域迅猛拓展。

另外,未来大企业和中小微企业的关系将发生改变,从竞争协作关系转变为网络化共生关系,共同成为机会均等的平台网络参与者。在领先企业和跟随企业的共同推动下,新技术、新成果迅速转化,推动新兴产业发展壮大。依托新技术的新模式、新业态,将在短时间内改变产业发展路径,甚至能够对全球范围内的产业格局重新洗牌。在未来一段时间,全球范围的颠覆性产业创新还会进一步发生,将会给产业组织模式带来根本性变化。

此外,技术发明、创新及其转移和普及时间的缩短,加快了科技转化为生产力的速度,给全球经济发展和经济活动以及经济管理带来了革命性或非预测性的变化,也使得职业的更新变化速度越来越快。互联网改变了我们的生活方式和工作方式,这也是职业生涯必须面对的显著时代特征。

3. 新一轮产业革命正在催生新经济

新经济相对于旧经济而言,这里的旧经济是指传统的产业和产品形态,而新经济则是以互联网、知识经济、高新技术为代表,以满足消费者的需求为核心的新产业、新技术、新产品和新商业模式。从根本上讲,新经济的出现主要得益于信息技术革命的推进,是人类经济发展史中前所未有的科技型、创新型经济。

可以把新经济分成4种具体形态,即数字经济、智能经济、共享经济和体验经济。数字经济,是指把物质化形态的产品完全转变成非物质化形态的产品,产品将经历一个由硬件到软件的过程,即"去物质化"。智能经济,是指不能完全去物质化的产品,就要全面改向智能化方向。这种经济形态实际上是对传统产业的一种改造,具体包括智能汽车、智能穿戴、智能电机等。共享经济,则是基于一种新的所有权和使用权的经济模式,即"不求所有,但求所用"的商业模式。体验经济,即生产过程与消费过程两者完全合一,这种经济模式更加强调消费者自身独一无二的心理和精神感受,包括体验农业、体验工业等相关经济形态。

新经济之所以"新",源于推动其产生与发展的原动力——信息、技术所具有的全新的革命意义。以数字经济为代表的新经济,将为中国经济迈向高质量发展提供源源不断的内生动力。从全球看,新经济发展方兴未艾。在新经济四大形态中,数字经济的规模最为庞大,在产业发展的格局中日益重要。全球新经济形成了以美国、德国、以色列、中国等为主的新经济策源地和新经济活跃区。其中,美国是新经济发展最为迅猛的地区,以"原创产业"为主推进新经济发展。自2000年"白宫新经济会议"后,美国逐步构建起互联网、生物科技、人工智能等原创产业为主的新经济体系,形成了"世界发明—硅谷开发—全球应用"的新经济发展格局。德国以"智能制造"为主推动新经济发展,全面实施"工业4.0"与"数字战略2025",致力打造全球智能制造创新中心和欧洲数字经济龙头,工业机器人、新能源汽车等产业在全球处于领先地位。以色列以"创新创业"为主推动新经济发展,依托全球开放式创新、高科技创新和技术应用创新领跑世界,是全球公认的"创业国度",人均创建企业数全球第一。从国内看,近年来新经济进入迅猛发展阶段。高铁、支付宝、共享单车和网购"新四大发明"正引领全球科技变革。目前,全国已形成以北、上、深、杭等城市为引领、部分区域中心城市竞相追赶的新经济发展格局。

新经济有以下几个"新"特征。

一是新要素,即信息(数据)成为新的生产要素。在人类社会的相当长时期,能作为生产要素的主要是劳动力、土地和资本,俗称"人、地、钱"。进入工业社会以后,科技创新与制度变革相继成为新的生产要素。自互联网兴起以来,信息本身正在成为一个独立的生产要素,谁拥有更多的信息,谁就拥有更多的机会与财富。这一点正在对传统的经济学理论和产业发展产生前所未有的影响。

二是新基础设施,即互联网成为新的基础设施。经过20多年的发展,互联网已经从最初的"工具"提升为"渠道",现在,正在演化为社会性的基础设施,并正在形成"云、网、端"的立体形态。一个遍及所有人、物、场景、设施,从人与人的互联到物与物相连、再到"一切连接一切"的万连状态,理论逻辑上已没有任何问题。如同铁路、公路、电力等传统基础设施一样,互联网正在成为基于信息这一新要素所必不可少的基础设施。历史地看,人类经济社会发展的每一次大的跃升,都与同时代基础设施的更新有着密切的关联,如铁路的兴起带动了第一次工业革命的发展,电力基础设施的建成带来第二次工业革命的进步,而每一轮基础设施在全社会的安装到位,一般需要持续20~30年的时间,此后就会迎来技术—商业—社会三者协调一致、充满希望的黄金年代。当前,全世界正处于互联网这一全新信息基础设施的"安装期"。

三是新主导权,即商业活动的主导权从生产商、流通商向消费者转化。在整个工业时代,生产者和消费者之间信息不对称是常态,相对于组织严密、规模巨大、行动力强的生产者而言,消费者往往分散、独立、缺乏行动能力,前者强而后者弱。但在互联网时代,随着各类终端的普及,消费者开始变得见多识广,其获取信息能力的提升速度,甚至远远超过了企业。传统的信息不对称正在发生逆转,这无论是对于企业还是对于政府,都有着非比寻常的意义。

新要素、新基础设施、新主导权正在塑造新经济、形成新规则。美国《连线》杂志创始人、有"数字文化代言人"之称的凯文·凯利(KK)指出未来新经济的十条新规则是:①拥抱集群:当力量逐渐远离中心,竞争优势属于那些懂得接受去中心化控制点的人。②回报递增:随着人与物之间连线增加,这些连线的效果快速地倍增,你取得的初步成功将不再是自我限制的,而是自我供给的。③普及,而非稀有:制造工艺趋于完美,使大批量复制越来越容易。因此,价值产生于普及,而非稀缺性,这颠覆了传统的商业定律。④追随免费之道:随着资源匮乏性将让位于资源充足性,慷慨将带来财富。坚持免费印证了价格下滑的必然性。学会利用真正匮乏的资源,那就是人的注意力。⑤优先发展网络:网络使各种商贸业务纠缠在一起,公司的关注重心从最大化公司价值转移到最大化网络价值。只有你适应网络效应并使其运作,公司才不至于灭亡。⑥不要在巅峰逗留:创新不断加速,抛弃那些目前极为成功,但是最终会因为守旧而被淘汰的公司,这将是最困难但最根本的任务。⑦从地点到空间:物理层面的临近(地点)将被大量的互动所代替,这些互动存在于任何事物、时间与地点之间(空间)。中介、中间人以及中型利基市场将大幅扩大。⑧和谐不再,乱流涌现:商业世界中,动荡与失衡成为常态,因此最高效的生存状态是持续的选择性破坏,我们称之"创新"。⑨关系技术:软性技术胜过硬性技术,最强大的技术是能够提高、放大、延伸、增进、提取、召回、扩展或者建立各种软性关系的技术。⑩机会优于效率:人类不断完善机器,使其变得越来越高效,并以此创造财富。

也有人将其更通俗地解释为:蜂群比狮子重要;级数比加法重要;普及比稀有重要;免费比利润重要;网络比公司重要;造山比登山重要;空间比场所重要;流动比平衡重要;关系比产能重要;机会比效率重要。这些预言,一些已经验证,另一些即使还未验证,也正在成为人们在互联网世界的行动指南。显然,这些互联网时代的游戏规则将深刻改变我们的创业和职业发展环境,我们必须尽快熟悉、领悟和适应这些规则,即使难以成为时代的引领者,至少不要成为时代的落伍者。

4. 地球正面临气候紧急状态,发展绿色经济与低碳生活迫在眉睫

《巴黎协定》要求将升温幅度尽可能控制在1.5摄氏度以内,但世界各国在巴黎所作出的承诺并不足以达成这一目标。由于全球面对气候变化问题反应迟钝,15个已知的全球气候临界点,已有9个被激活。联合国秘书长古特雷斯呼吁全球所有的领导人"宣布进入气候紧急状态,直到本国实现碳中和为止"。为减缓气候变化、应对气候风险,国际减排目标已逐渐过渡至净零碳排放导向。习近平主席在第七十五届联合国大会一般性辩论上的讲话中庄严承诺,中国宣布将提高"国家自主贡献"力度,力争2030年前二氧化碳排放

达到峰值,努力争取2060年前实现碳中和。随后,在党的十九届五中全会、中央经济工作会议、全国两会等一系列重要会议上,党中央对碳达峰、碳中和工作作出部署,明确基本思路和主要举措。实现碳达峰、碳中和是一场广泛而深刻的经济社会系统性变革,要把碳达峰、碳中和纳入生态文明建设整体布局,拿出抓铁有痕的劲头,如期实现2030年前碳达峰、2060年前碳中和的目标。

实现碳达峰、碳中和目标,对我们这个最大的发展中国家来说是一场硬仗。从碳达峰到碳中和,发达国家大体上需要50~60年的时间,而我国仅有30年左右的时间。我国"富煤贫油少气",能源消费以煤为主,实现碳中和需要非化石能源比例大幅增加,能源结构的低碳转型任重道远。

实现碳达峰、碳中和目标,不仅需要国家攻坚克难的决心,也需要我们每个人脚踏实地的行动。中央财经委员会第九次会议提出:"要倡导绿色低碳生活,反对奢侈浪费,鼓励绿色出行,营造绿色低碳生活新时尚。"我们可以从点点滴滴的小事做起,在衣、食、住、行、游等方面,践行简约适度的生活方式,让绿色低碳生活成为新时尚。例如,积极参与义务植树活动,节约用纸减少林木砍伐,购买使用节能电器、节能环保型汽车等低碳产品,避免餐饮浪费,夏天把空调温度调高一些,人走灯灭节约用电,少开车多坐公交等。当"绿色达人"受到赞誉、低碳生活蔚然成风,汇聚而成的绿色潮流,将为减污降碳提供澎湃动力。

实现碳达峰、碳中和目标,发展低碳环保的绿色经济代表着中国经济未来发展的方向,包含循环经济、生态经济、低碳经济和低碳生活,其中循环经济主要是解决环境污染问题,低碳经济主要是针对能源结构和温室气体减排而言,生态经济主要是指向生态系统(如草原、森林、海洋、湿地等)的恢复、利用和发展(如发展生态农业等)。

毋庸置疑,调整经济结构、发展低碳经济,将对我们每个人职业生涯产生深远和深刻的影响,将为大学生毕业提供更多的就业岗位,并对高校专业设置、人才培养方向产生深远影响。近年来,许多大学生发现越来越多的"绿色岗位"摆在了面前,如绿色建筑师、城市规划师、资源回收商、可持续发展智能软件开发者等,绿色就业行业风生水起,使大学生的就业空间更广阔。因此,职业生涯规划要面向未来,适应绿色经济发展的要求,才能占得先机,拥有未来。

12.1.3 人工智能迅速发展对未来职业选择的影响

人工智能(AI)将影响每个行业和每个国家的每一项工作。智能时代传统行业被取代或改造,新行业大量涌现,知识获取更加便捷,职业日益碎片化,休闲时间持续增多……与此同时,人们强烈担心人工智能将彻底消除工作。许多报告暴露了劳动力被人工智能和自动化替代的严酷现实。例如,美国布鲁金斯学会研究发现,自动化威胁着全美25%的工作,重点是那些以日常工作为基础的低薪阶层。

1. 人工智能能干什么

牛津大学的丹尼尔·萨斯坎德(Daniel Susskind)认为,由于普通人对专业领域的知识了解有限,这些职业才应运而生。然而,现在科技提供了便利,使得人们在有需要之时更容易获得相关知识。机器学习技术使机器不需要人类对所负担任务作出明确指令,有能力自主提升表现,通过"深度学习",机器人能通过处理海量数据来扩展它们的能力,形成可以归纳的关联。它们解决复杂问题的能力会远超人类。

当这一潜能得以实现时,这些"会思考的机器"就能从执行具体任务的生产线大批进入更多领域,扮演更为多样化的角色。全球网络和云端技术进一步加强了协同效应。AI和机器学习搭载云技术后进一步提升和扩散,机器人将所有信息整合到一个系统内,学习速度会显著提高,洞见也几乎能即时得到分享。

人工智能现在做的事及其最大的进步出现在以下两大领域:感知和认知。

在第一类中,发展迅速的技术如语言识别和图像识别,前者如我们熟知的Siri、Alexa和谷歌助手都在使用这项功能,后者大名鼎鼎的应用如无人驾驶汽车识别行人。

第二类重大突破是认知和问题解决能力的提升,这方面如网络安全公司能利用智能代理检测恶意代码和防止洗钱,保险公司索赔流程自动化,还有利用人工智能技术辅助银行信贷决策、进行股票交易、优化库存、辅助癌症诊断、翻译文本、提升个性化推荐和在线广告精准度,等等。

人工智能比人类更纯粹、更优秀,因为它有更大的进化优势。人工智能的优势在于,记忆的深度和广度、运算的速度、学习和进化的速度、创新的速度。这些优势是人类个体无法比拟的。在这些优势下,人们逐渐丧失了原有的工作,似乎成为社会上可有可无的活动体。

2. 人工智能迅速发展对现有产业、行业和职业的"颠覆"

持悲观态度的人预测,随着人工智能和机器学习的快速进步,用途越来越广泛的机器人将以前所未有的规模取代劳动者。有专家称,未来20年,美国几乎一半的就业岗位、印度2/3、中国3/4的工作岗位都很可能被机器学习所带来的自动化取代。

世界级人工智能专家维威克·沃德瓦估计:到2036年,所有的人类工人都将被机器人和人工智能淘汰掉,而现实中发生的以智能机器代替人工劳作的情形更是随处可见。在这场劳动变革中,最先受到冲击的当属知识型岗位。

有关专家把人类的职业技能按功能分为4种:有工人、农民和清洁工之类的操作类的工作;有教师、裁判和咨询师之类的索引类的工作以及如手术医生、诉讼律师和动画师之类的索引和操作共同使用的工作;有作家、发明家和产品经理之类的创造类的工作;还有企业管理者、商人和立法者之类的管理流通类的工作。牛津大学的研究数据表明,智能机器是从操作类的工作开始入侵职业的。这些职业包括农民、快餐店加工员、服装销售员等23个类别。

从资本的角度来看,被人工智能所取代的领域都是成规模、成批量、容易复制且不太复杂的岗位。而那些如玻璃安装、园林修剪之类的工作,难以做到标准化,也就会在相当长时间内难以被机器取代。

从技术上来看,索引类工作比操作类要求更高。不过,随着技术进步,这方面的一些如非诉讼律师、金融分析师、高等教师、医师和药剂师等多达13个门类的职业都会消失。但在这一类工作中,如考古人员、教练和化妆师等所从事的职业不容易被替代。而在这类工作当中,具有标准化工作程序,很少涉及情感和价值判断的职业,却很容易被机器取代。而需要细腻沟通、需要人类的情感投入和需要复杂的价值判断的职业,则不容易被机器所取代。这也可以作为未来人们选择职业时的一个参考依据。

第12章 职业环境发展变化的新特点和新趋势

但人工智能的发展速度却总是超乎人类的想象。许多一度被坚持认为非常安全的工作，就在不经意间变得岌岌可危起来。例如，保姆是个需要细心、耐心加爱心的工作。谁都不会把它与冷冰冰的机器联系在一起。然而，智能机器人正在改变人们这种根深蒂固的观念。一些机器人不但能照顾孩子，还能给孩子讲笑话、做智力测验，培养孩子的独特互动能力，并且能准确对孩子进行定位。显然，后一项远远超出了人类保姆的能力。

再如心理咨询师。英国实验室研究的心理援助系统，可以识别1万多种人的面部表情，能同时接受超过1 000人进行在线咨询，并且能于咨询过程中进行学习和积累经验。相比人类咨询师来说，人工智能咨询师更容易为患者所接受。因为它们不会有自身情绪方面的影响，而且更能保护隐私，让患者不必考虑疾病以外的人际关系影响。该系统已经应用在为老年人和孤独症患者提供服务。

对发明家、思想家之类从事创造类工作的人员来说，最不能接受的就是自己的创意能力受到他人的威胁甚至剥夺。然而，不管人们愿意不愿意，人工智能正在向人类的创意能力发起挑战。人类的进步归根结底是从学习而来。而人工智能已从按部就班的自动化中走了出来，变为自身可以学习，并且其通过学习取得成绩的速度非常快。这种学习能力，从理论上说极有可能让机器智能超越人类。

从本质上来说，人类发展人工智能就是想让机器替代人，像人一样思考、劳作。尽管让机器类人还有一段路要走，但这个时刻极有可能说来就来。到时候，由机器人进行设计、创意，来参与人类的活动并展现出独特的品位，就会成为一种真实的场景。可以说，到时只要是人类所能想到的工作和能力，都可以在机器智能身上得到再现。

3. 人工智能会带来新的产业、行业和职业

持乐观观点的专家认为：人工智能时代的到来，在快速淘汰一些传统行业和职业的同时，会使一些产业和职业领域呈现爆发式的增长，从而形成新的产业和职业。这样的观点可以从以下事实得到支撑：20世纪尽管科技进步令人眼花缭乱，美国就业人口比重仍然上升；农业就业人口占劳动力的比例从40%降至2%，但并未导致普遍失业。

例如，在人工智能技术大发展和广泛应用的同时，相伴着出现了各种人机合体的技术。这种技术既可把机器植入人体，也可把人植入机器。在这方面可用Jan Scheuermann的事例来做说明。

Jan Scheuermann是一位脊髓小脑变性病患者。1996年得此病后，其病情不断恶化，以致她无法感知和移动自己的手臂。随后她志愿参加了一项再次"拥有四肢"的科研项目。在该项目进程中，她的大脑中被植入两块正方形电极网络，均为1/4英尺（1英尺=0.304 8米）长，有96个接触点。它们直接与大脑中控制手臂和手掌的部位相连。经过一段较长时间的调整与适应，她终于成功地操控了机械手臂。经过大概1年的时间，她就可以用机械手臂抓取物品了。她抓取的第一个物品是一块巧克力。

可以预期的是，人工智能的广泛应用，会促进大量新的行业兴起。这些行业大部分都是围绕着人工智能的最新科技展开的。这时，科技研发和拓展的范围变得更大。人工智能的研发、人体工程的研究和宇宙太空拓展都成了热门方向，其行业本身也就成了热门行业。另外，缘于人工智能的带动，新的行业兴起后会带来管理上的新问题。例如，人工智能所带来的都是新情况和新事物，每一个新情况和新事物的出现都亟须用法律和道德来

规范。这时政府和一些管理机构就会需要更多的雇员、顾问和专家来运作,出台法律、制定规则,以及需要更多的人来辅助决策等。

再就是,机器替代人类后,会让更多的人拥有更多的闲暇时间。这时,出于人类享受心理的支配,娱乐业、旅游业、竞技体育活动、互联网游戏以及一些能给人的感官带来刺激或享受的行业,就会出现空前繁荣的情形。这种繁荣会催生出更多的就业岗位来。

还有就是,人工智能技术的发展,会让人类窥探和征服外太空的物质和技术条件臻于成熟。这会进一步刺激人类征服外太空的欲望,各种征服外太空的制造业、服务业也会随之兴起。这同样会催生出大量的就业岗位来。

人工智能将为人类提供新的机会、创造新的体验和职业。例如,人工智能在解决问题方面能超越人类,但在发现问题方面,人类的创造力还是更胜一筹。持悲观态度的专家则认为,机器智能的进步可能是革命性的而非渐进式的。

因而,由人工智能带来的百业凋敝的未来,并不是毫无希望的未来,同样会是众多新行业涌现的时代。人类本身的学习能力、沟通能力、记忆能力、感知能力、统合和创新能力等,每一个地方都能形成一个巨大的产业。可以说,人类对自身的研究将会成为最热门的产业。

4. 人工智能时代的个人职业生涯规划要未雨绸缪

还有专家提出,人与智能机器人不是替代的关系,而是会形成新的分工。这种新分工体现在:人利用人工智能、机器学习优化工作绩效;机器善于解决问题,但不会提问题,不擅长创新,故而在机器学习时代最有价值的社会职业是创新者、科学家、创作者和其他能够分析出待解决问题、待发掘机会和待探索领域的人才。目前,人类社会尚处于摸索如何让智能系统与人类无缝合作的早期阶段,这将促进人类与智能系统实现工作共享。人和机器为实现共同目标进行合作,将实现新的突破。

对个人来说,人工智能时代必须时刻关注人工智能的最新科技趋势,无论从事什么行业,学习什么专业,都不能把工夫花在死读书上,也不能十几年学习一个行业。因为那个时候人们最需要的是应变的能力和超前的意识。从职业角度来说,创意产业与人工智能有关的行业、娱乐业和边缘科学,以及与人自身成长相关的职业,都是现在职业发展的方向,未来职业的最佳选择。

12.2 组织变革的发展趋势与无边界职业规划

12.2.1 组织变革的发展趋势

个人职业生涯与组织发展有着密不可分的关系,组织的性质、规模、目标以及发展变化趋势对组织成员的职业生涯目标及其实现状况有着直接的重要影响,无论是营利组织——企业,以及非营利组织,如政党、民间团体等。目前,金字塔式组织结构已经无法满足组织发展的需求,所以,组织变革是必然的。根据近年来组织演变发展趋势,结合资料收集与分析,这里将组织发展变化趋势及其对职业生涯规划的影响总结归纳为以下几点。

1. 组织的分散化与虚拟化，多维网络成为组织的主要结构

组织的分散化、虚拟化是指运用技术手段把人员、资产、创意等动态地联系在一起而形成的组织。一般地说，虚拟组织指两个以上的独立实体，为迅速向市场提供产品和服务，在确定的时间内结成一个动态联盟，是以机会为基础的各种核心能力的统一体。当机会消失后，虚拟组织就解散了。所以，虚拟组织可能存在几个月或者几十年。虚拟组织是一种开放的组织结构，可以在拥有充分信息的条件下，从众多的组织中通过竞争招标或自由选择等方式精选出合作伙伴，迅速形成各专业领域中的独特优势，实现对外部资源的整合利用，从而以强大的结构成本优势和机动性，完成单个企业难以承担的市场功能，如产品开发、生产和销售等。

组织的结构已经不再是职能化的结构，多维网络成为组织的主要结构。整个组织的网络结构一旦确定下来，真正的岗位就不存在了，因为工作是不固定的，只有短暂性的角色存在，现在越来越多的角色充当了岗位的职能。前一秒是我给他汇报，他是我的领导，后一秒换一个会议室，这件事情归我领导，他就是我的下属，我给他考核。在这样的情况下，工作关系、汇报关系、考核关系、激励评价关系等，都会发生很大的变化。组织发展的这一趋势，要求组织在制订职业生涯规划时必须考虑这种趋势并重视这一领域。这种工作需要雇员自发向上和自律的能力，能在独立、无监督的环境中成功地工作显得更加重要，而提供在家工作技巧的培训也会受到欢迎。

2. 组织的结构从金字塔式、科层到扁平化、网络化

金字塔式科层组织结构是工业文明时代的典型组织形态，其典型特征是自上而下的指挥命令链条，从高层、中层、执行层形成金字塔式形态，基于专业分工形成专业职能部门，其特点是：分工明确，组织边界清晰，权力集中，指挥命令层层传递，管理层级多，决策重心高，对市场反应速度慢。其以"官本位"为主，是一种典型的自上而下的职能型组织。

今天的企业，随着经济的高速发展，企业之间的竞争力越来越大，"互联网＋"的世界将一切都变得容易，也将一切都变得复杂。市场环境也从最初的卖方市场转为如今的完全的买方市场，消费者的定位越加细分，变化越来越快，要求越来越高，同质化的产品出现得越来越多。企业需要适应复杂、不确定的外部环境，要应对消费者瞬息万变的需求，要抓住互联网与知识经济的发展机遇，组织结构就需要从过去那种金字塔式的、科层式的垂直组织结构逐渐向扁平化、网络化的组织结构转型，使组织变得更轻、更快、更简单、更灵活。像Google等互联网企业首先对这种组织模式进行了颠覆，取而代之的则是扁平化网状组织架构。这是一种非框架、非结构、非固定的状态，公司内部有数不清的"项目经理"，但是他们的"活"必须自己找。Google内部出现需要解决的难题、规划、计划等任务时，大多数时候会组织出一个又一个工作小组，由它们分头负担起随时可能冒出来的专项工作，因而公司内部存在着大量的"双重领导"与平行决策。对传统企业而言，扁平化意味着：第一，要不断减少管理层级，尤其要削减中间层；第二，要不断减少行政审批与汇报层级，按角色汇报，而不是按职位汇报，同级可以汇报；第三，平行决策，决策越来越多地授权给一线，决策链条越来越短，执行的速度越来越快。

真正的扁平化是权限的下移而不是上移，这一点我们要清楚。在这种情况下，在制订

职业生涯规划的时候,就不仅要考虑到组织中职位高低,还必须考虑工作的改进和扩展。

3. 企业的生产组织方式从集中化、规模化、标准化转向平台化下的分布式、微化、创客化

在工业文明时代,企业的生产组织方式主要体现为集中化、规模化、标准化,而在互联网与工业智能化时代,企业的生产组织方式主要有3种:一是智能化无人工厂大量出现。目前,中国家电企业如海尔、创维、美的等都在加速智能化生产的进程,过去一个工厂要一两千人,现在只要一二十个工程师就可以了,工业4.0彻底改变了传统企业的生产组织方式。二是企业总部组织日趋平台化,内部经营单元日益微项目化、团队化,如海尔近年来的组织变革,就是在推进整个企业逐步走向平台化、分布式的管理。广东温氏集团则通过互联网将56 000个家庭农场连接在一起,实行集约化管理平台下的分布式生产模式,既达到了规模化经营和集约化管理的效率与效益,又激发了分布于全国的56 000个家庭农场的经营活力与自主经营能力。三是基于互联网社会协同组织平台的智能家庭工厂与个体知识劳动者的创客化。

企业生产转向平台化下的分布式、微化、创客化组织方式,一般通过人事外包来实现,从而实现组织的轻型化。这种管理形式能够避免企业内部过高的人力成本和"协调成本"。调查研究表明,全球财富500强企业通过人事外包而使其劳工成本削减了25%~30%。在美国出现了各种各样的"临时雇员"公司,为客户公司承担有关工资、福利、招聘等管理工作并提供相关服务等,是为企业提供人事方面服务的专门机构。所以,从整个组织的角度,企业主体将越来越成为一个资源配置平台,经营与生产的"细胞"越来越微化,整个组织越来越轻型化,可以有效避免组织臃肿、机构庞大的弊端,为组织注入新的活力与动力。

4. 组织边界被打破,组织的破界与跨界将成为一种组织变革时尚

超越行业界限、打破组织边界、组织无边界、跨界将成为组织的新常态,组织从过去的串联关系走向串联与并联交织在一起的网状结构,从过去封闭的产业价值链过渡到现在的产业生态圈。

未来,组织的边界打破,主要围绕4个主题进行:一是围绕用户打破组织内外边界,形成重构客户价值的产业生态圈,价值不仅来自企业内部价值链的活动,而且还来自企业与产业边界之外的客户、合作伙伴等所构成的生态圈,只有产业生态才能为用户造像,才能让用户有极致的体验;二是围绕员工打破领导与被领导的边界,人人都是CEO,都是创客;三是围绕组织扁平化与网络化,打破科层边界,不断细分业绩单元,不断将经营责任落实到个人和小团队,推倒决策墙,汇报关系多元化,项目任务蜂窝化;三是围绕组织氛围,打破沟通边界,实现零距离、无边界的即时沟通。

5. 组织的合作与协同从部门化到团队化,从中央协同到平行分布协同

过去组织的合作主要是以职能为主分部门,基于部门化合作,现在是以人(人才与客户)为主划团队:战略业务单元、自主经营体、项目化团队、跨团队跨职能客户解决方案团队成为团队合作新形式;过去组织内部的协同主要基于科层结构中的权力与权威,下级与同级之间的协同一定来自上级,而未来组织的协同要从中央协同到平行分布协同甚至

第 12 章 职业环境发展变化的新特点和新趋势

是下级协同。从自上而下的科层制组织到无中心分布式网状结构自组织，自主经营组织，决策不是来自某个中心，而是广泛分布的贴近客户的散点，行动不一定来自预先设计，而是随需而动，协调不是来自上级，而是自动自发协同。

6. 组织的驱动机制从来自上级威权指令式驱动转向愿景与数据驱动

传统组织的内在驱动机制主要是权力驱动、威权指令式驱动。而现在，组织要激发人才价值，创造活力，驱动员工创造价值，不再依靠简单的指令、单一而严格的制度约束和标准化行为规范来驱动员工，而是通过文化价值观管理，依靠人才对组织使命与愿景的认同，使千军万马朝着一个共同的目标而奋斗。通过唤醒人才自我开发与自我管理意识，激发员工价值创造潜能，使人才从要我干转向我要干、我们一起干。

同时，用户数据将成为企业核心资产，用户数据流向决定产品与业务流向，并成为决策与业务运行的依据，得数据者得天下！企业不再是简单按照威权式的命令指挥员工去做什么、怎么做，而是为员工确定好未来的发展愿景，让人才凝聚在共同愿景之下，力出一孔，同时利用大数据驱动企业决策和业务的运行。从这个角度来讲，未来组织的驱动机制叫作愿景驱动和大数据驱动。

7. 组织的管控监督机制从刚性管控走向柔性引导

刚性管控主要是依靠严格的制度、流程管理及纪律约束，但在知识型员工面前，流程、制度与风险控制体系再完备也有漏洞，当人与流程、制度对着干的时候，再好、再完备的流程与制度体系都会失效。只有当高素质的经营管理者及具备职业道德与技能的员工认同公司价值观的时候，才能实现制度与管控流程的无缝连接。人是企业的最大资产，也是最大风险，人的道德风险最难控制。对道德风险的控制除了靠流程、制度、信息对称，还需靠文化，更要靠柔性引导，让员工愿意并有动力去遵守规则。因此，人与文化才是组织管控的核心，也是企业整体竞争力的源泉。而从人性的角度看，信任、授权、经营责任的下移才是最有效的管控。

柔性引导下的组织呈现弹性化的工作安排，员工的工作时间不再固定，在完成规定的工作任务或固定的工作时间长度的前提下，员工可以灵活自主地选择工作的具体时间安排，以代替统一、固定的上下班时间的制度。弹性工作制为个人职业生涯规划和个人全面发展提供了新的选择机会和工作条件。

8. 组织的特征从静态到动态，从封闭到开放

组织作为一个不断适应环境变化的有机生命体，不断变革、创新并进化升级成为一种常态和生存方式，真正从静态走向动态发展。与外部环境不断进行能量交互与置换，使组织不再封闭，而是作为一个开放式系统不断融入产业生态，同时承担起相应的社会责任。

组织的动态特征还表现为组织的柔性化趋势，是指企业组织结构的灵活性、可调整性以及对环境变化的适应能力。很显然，组织结构发生的这种变化也是企业所处的社会经济环境不断变化的结果。在新发展阶段，各类企业以及各类组织面临的各种风险和外部环境变化的不确定性大大增加，企业的战略和组织结构的调整也要根据柔性化，为应对各种风险、挑战和外部环境变化作出及时调整。

9. 组织的信息化，组织沟通与氛围从面对面沟通到网络化沟通

在数字信息化时代，企业内部打破部门界限，各部门及成员以网络形式相互连接，使信息和知识在企业内部以最快的速度传播，实现最大限度的资源共享。组织的信息化一般是经历在线化、信息化、数据化、智能化 4 个阶段的。随着技术的发展，4 个阶段在组织的信息化过程中是交叉进行的，在不同的业务领域有不同的表现，一般情况下核心业务最早进行信息化、数据化，而很难进行智能化，反而基础办公会先于核心业务进入智能化。

在数字信息时代，谁拥有了大数据，谁就具有垄断地位，拥有了话语权和治理权，大数据是生产要素，也是组织管理和社会治理的基础条件。与此同时，数字信息时代的制造业所占份额在急剧下降，信息产业提供的就业机会在不断增加，数字经济成为新经济的核心。数字金融、数字服务、数字政府、数字治理将改变整个社会组织信息沟通状态，许多政府机构正遭遇着缩减规模的危险，而专门从事提供信息、解释信息的企业组织却大规模涌现，并在世界范围内呈现出相同的趋势。

10. 从竞争到共生共赢，合作共享成为组织建设的主题

互联网时代，当公司采用网络化结构的时候，"管理无层级，组织无边界，运行无法度"，这就是组织的变化情况。在这样的组织内部，大家靠什么聚集在一起？真正靠的是目标、战略和共同的利益。大家聚集在一起，为了一个目标去奋斗，叫合作。为了共同的利益去创造出价值之后再进行分享，叫共享。所以，合作、共享将会成为组织建设的一个主题。

从这个角度来讲，可以看到，现在人力资源管理有两大趋势：一是宏大事业感召人。一定要让所有的员工知道我们干的是一件多么伟大的事，这件伟大的事情干起来是多么有意义。二是要构建起共享机制，构建起在网络化组织当中各自贡献的评价体系。以前领导说怎么分就怎么分，现在没领导，要靠内在的机制，所以合伙人就成为组织的一种通行模式。现在有些公司，甚至把全员都视为合伙人。

站在未来看未来，洞见变化，把握趋势，主动变革创新将成为组织生存的核心技能，同时，构建或融入产业生态，将成为组织生存的主要方式。融入产业生态又不失去自己的方向感。利他才能长期利己，组织以自我价值贡献赢得合作价值的实现，将成为主流生存观。

11. 组织与人的关系重构，从人是工具到人是目的，劳动者身份和角色正在由劳动成本向人力资产转变

在农业文明时期，组织与人形成了血缘性团队、地缘性组织，发展到工业文明时期，组织与人形成了专业化的团队、科层制的组织。而到了智能化时代，组织与人的关系在重构，衍生出了细胞型组织、网状结构组织。组织围绕人进行关系与价值重构——从体力劳动者为主体到知识工作者为主体；从资本雇佣劳动到人力资本与货币资本相互雇用；从雇佣关系到合作伙伴；从打工人到合伙人；从人才管理到人才经营；从关注现实能力到关注潜能；从人力成本到人力资本，越来越多的劳动者成为公司股东；从人性为本到价值为本；从人才所有权到人才使用权；员工体验从物质激励到全面认可体验等。这些都意味着人已不再是价值创造的工具，而是价值创造的自我驾驭者。

传统的经济和管理理论都把劳动视为一种成本,必须加以控制,甚至由于劳动不能和其人性动机以及意识分离,必须加以激励,确保劳动者会为目标投入技能。此外,由于劳动者也把自己的利益和能力带入组织,组织必须防止他们借由组成维护自己权益的工会或其他组织来展现他们的力量。

人力资本、知识导向的观点认为,劳动者是创造组织价值的人力资产。一旦加入并留在这个组织,员工就形同冒着风险在投资他们的人力资本。借助持续学习与发展的机会,他们的人力资本会随之深化与扩张。由于员工有着工作之外的兴趣和义务——针对他们的职业、家庭、社区与其自身——他们不可能也不希望将全部精力都贡献给组织。因此,必须整合工作与个人生活。员工对工作也有很多期望,包括在他们看来在很多重要的事情上拥有影响力和发言权。同时,雇主可以适度要求员工和他们所代表的组织为公司长期的生存与绩效贡献力量,因此,组织必须采取同时满足组织利益和个人利益以及期望的方式雇用员工。我们每一个职场人士都应该了解这一变化,准确定位自己的角色,发挥应有的建设性作用。

随着市场竞争的日益加剧,企业为吸引人才、留住人才,充分发挥人才的潜力而采取各种激励手段和措施。在各种手段和措施中,股权激励越来越受到企业的重视,越来越多的企业倾向于采用股权激励。据不完全统计,2015年至2019年深市公司推出股权激励计划数量分别为161单、199单、280单、281单和218单,推出员工持股计划数量分别为281单、127单、164单、96单和88单。其中,213家公司推出多期股权激励计划,153家公司推出多期员工持股计划。这些数据说明劳动者身份和角色正在由劳动成本向人力资产转变,股权激励和员工持股计划已步入常态化,成为改善公司治理、增强员工凝聚力和公司竞争力的有效手段。

12. 组织的形式、结构和人员的多元化

在当今日益复杂的世界中,企业需要在许多不同的市场中开展业务、与不同的品牌共事、与不同的供应商合作、用不同的运营结构进行不同的交易。较过去而言,企业需要做更多的尝试,甚至不得不与竞争对手展开合作。企业需要通过众多的产品与服务,满足不同区域市场中不同客户群的需求。简言之,企业需要变成多样化的组织。在服务不同市场客户的过程中,企业不能一成不变。每一个追加的客户群、地区或产品/服务方案都有可能为企业带来额外的收入、发展和盈利能力。但多元化也可能导致代价更高昂的复杂性——阻碍企业发展,拉低利润率。为避免这一风险,企业领导者需要谋求人员、组织及商业模式的多元化。

随着企业客户的多元化,企业人员构成也需要多元化。多元化的人员构成可以促进思想的交融碰撞,使企业从多种不同的角度理解不同客户群的需求,变得更富有创造力,且能更好地理解公司所处的复杂环境。为了在一个日趋复杂的世界中发展壮大,企业应该拥抱多样性,即聘用多元化的员工,建立可以反映企业所处的多元化环境的组织,灵活运用多样的商业模式。

当然,多元化是有代价的。多元化的人才不容易管理。仅仅接纳他们是远远不够的,敞开双臂欢迎他们非常重要,因为这些人才是最可能产生新观点、新产品和新思路的。与此同时,社会也正朝着多元化发展,评价标准更为复杂,绝对的对错成败已不复存在。因

此,企业员工期望得到更多的多元化的技能培训。当一个人找到新的工作和接受新的任命时,他就必须更新职业规划并开展一系列新的职业活动来确保工作成功。

13. 组织的全球化,全球整合资源成为组织常态

随着经济全球化和区域经济一体化程度的加深,中国企业的全球化发展意识愈加强烈,开始主动走出国门配置资源和拓展市场。现今,中国企业的全球化战略已不只限于产品输出,而是在全产业链上进行全球化布局,不断提升产业链各个环节的国际化水平,企业组织遍布全球各个角落。

在全球化的互联网时代,所有的资源既不是你的,也不是我的,为我所用就可以了。"但求为我所用,不求为我所有",在现阶段的个人和组织之间的劳动关系上,在组织和组织的合作关系上,这是一个基本原则。

现在,从属关系已经不重要了,重要的是怎么能够把大家的价值和贡献整合在一起。所以,在互联网时代经常会听到一种组织叫平台化组织。什么叫平台化组织?就是搭建一个平台,大家都愿意在这上面做贡献,然后大家享有分成就行了。互联网时代,海尔主要进行全球资源整合。其中,人力资源系统面临的挑战是怎么样把全球的有用人才整合到平台上来,不用管是哪家单位、哪个学校的,用就行了。

未来,随着经济全球化的不断深化和各国间障碍的逐步消除,去国外工作将变得越来越普遍。因此,在选择此类职业时,也要适当考虑外语培训和不同的文化价值观的沟通问题。

14. 组织的哑铃化

众所周知,哑铃的形状是两头大、中间小,用其来形容企业的组织,就是说一个好的组织要像哑铃一样:一要有极强的市场开拓能力,二要有极强的研发能力,而中间的生产能力则由两头带动。

哑铃型组织是指企业的产品开发能力和营销能力强,生产能力相对较弱的一种组织结构形式,是一种中间小、两头大的管理。在管理方式上,哑铃型组织重点抓研究开发和市场营销环节,而生产环节以组装为主,少数关键、重要零部件由自己生产,多数零部件则是择优选择生产厂家进行外协和外购。在继续做好生产管理的同时,提高市场营销能力和产品开发能力。

相对而言,中国多数企业的组织结构是枣核状的,市场开拓能力与研发能力很弱,缺乏核心技术,空有机器与厂房,却没有自己的核心竞争力。生产型的企业除生产外,其他都不干,甚至不会干,就非常危险了。因此,企业要重视自身价值链的构建,主要有两条,一条是经营管理价值链:战略—规范化—人力资源—市场营销—资本运营—企业文化;另一条是运营价值链:研发—采购—生产—物流—营销—品牌。从理论上分析,购买量越大,其议价的空间也越大,但改革开放以来,虽然中国在国际市场的购买力很强,却没有议价的话语权。

因此,中国企业必须自强,进行"抓两头,带中间"的组织变革,提升企业的市场开拓能力及研发能力,逐渐改善只会生产、不会管理与运营的局面。

15. 组织的矩阵化

矩阵型组织，又称任务组织或项目组织，是按照职能划分的纵向领导系统和按项目（任务或产品）划分的横向领导系统相结合的组织形式。这种纵横交叉的领导系统构成了矩阵结构。矩阵型组织已广泛运用于行政组织和其他组织。

现代行政组织经常面临一些非定型、非例行性的任务，涉及众多的机关或部门，不是哪一个机关或部门可以独自完成的。为完成这些特别任务，就需要建立非常设的专门任务小组或委员会。它们随特定的需要而建立，随特定任务的完成而撤销。其成员由各相关的职能机关或部门根据任务的需要配备，仍属于原单位，并于任务完成后返回。专门任务小组或委员会负责人对特定任务负领导的责任，对整个工作统一协调和指导。相关的职能机关或部门对特定任务不负直接责任，但有义务予以支持与合作。这种组织形式既与单纯的职能结构不同，又同单独建立的专门小组有别。

首先，矩阵型组织可以将企业中各个办事处更有效地结为一体，矩阵组织结构可以解放各个职能部门经理间的限制，以使职能部门经理间更好就资源进行全面的沟通。其次，矩阵式组织可以帮助企业暂时减少员工招聘的成本，特别是对一些刚刚建立的部门。各个部门中关键的人可以同时被企业中各个项目所使用，如每个部门的经理。除此之外，当知识在一个平等的基础上，所有项目也是可以利用的。因此，矩阵式组织可以在项目管理过程中，帮助企业在时间、成本和绩效上平衡。

矩阵型组织的优点是：把职能分工与组织合作结合起来，从专项任务的全局出发，促进组织职能和专业协作，有利于任务的完成；把常设机构和非常设机构结合起来，既发挥了职能机构的作用，保持常设机构的稳定性，又使行政组织具有适应性和灵活性，与变化的环境相协调；在执行专项任务组织中，有助于专业知识与组织职权相结合；非常设机构在特定任务完成后立即撤销，可避免临时机构长期化。

矩阵型组织的缺点是：组织结构复杂，各专项任务组织与各职能机构关系多头、协调困难；专项任务组织负责人的权力与责任不相称，如果缺乏有力的支持与合作，工作就难以顺利开展。专项任务组织是非常设机构，该组织的成员工作不稳定，其利益易被忽视，故他们往往缺乏归属感和安全感。

扩展阅读 12-1：中国企业组织变革与模式创新的 8 个典型案例

12.2.2 新环境新趋势下的职业发展新变化

1. 职业结构变化新特点

当前我国经济社会发展正在实现由高速增长向高质量发展转变的新阶段。在此期间，传统行业不断优化升级，新经济行业纷纷创新涌现，"互联网+"跨界融合快速发展，带来了我国就业市场中职业结构的一些新特点，具体表现如下。

（1）总体就业形势趋好，职业两极分化矛盾突出。由中国人民大学中国就业研究所发布的《我国就业市场景气报告》显示，2020年二季度以来，中国就业市场景气度持续上升。2021年三季度，中国就业市场景气（CIER）指数为 2.15。受招聘需求人数降幅小于求职申请人数影响，CIER 指数环比季节性回升，同比显著上升，总体就业形势逐渐转好。

然而值得注意的是,不同职业及行业间的招聘需求与求职供给不平衡等原因,造成就业结构两极分化现象十分突出。例如,受益于互联网技术的快速发展,物流服务、证券期货和软件开发等职业招聘需求旺盛,就业形势相对较好;而环境科学、项目管理、物业管理等职业人才供给充足,但企业招聘需求有限,因而就业形势相对紧张。

(2)新兴行业人才供不应求,传统行业求职竞争较大。随着各大行业与互联网技术融合的迅速发展,以及"互联网+""大众创业,万众创新"利好政策的大力扶持,互联网/电子商务、基金/证券、交通运输等新经济行业,在市场和政策的双重推动下人才供不应求,表现出较好的就业形势;与此同时,能源/矿产/采掘/冶炼、印刷/包装/造纸、石油/石化/化工等传统行业,受经济增速放缓的下行压力,以及产业升级转型进程缓慢的影响,多数企业采取转岗、分流、提前内退的方案安置现有职工,这些行业就业竞争压力较大,就业形势相对严峻。

(3)职业细化拓宽就业领域,跨界人才竞争优势明显。伴随着移动互联网融入人们生活衣食住行的各个方面,不断涌现出新需求、新体验和新业态,由此衍生了更细化、更专业的职业。例如,专门负责生鲜食品外卖的"同城闪送",负责上门服务的家居衣橱整理"收纳师",为新开发App提供编写程序服务的"App技术工程师"等。这些新职业都是依附于整体产业的互联网化而出现,要求从业人员不仅具备相关专业技能,而且要掌握网络平台运营的基础知识,这种综合素质较高和综合技能较强的跨界人才,在求职竞争中体现出较大的竞争优势。

(4)企业转型升级初见成效,技能人才需求不断上升。在"供给侧结构性改革"政策的引导下,部分企业正在经历以混合所有制改革为主的机制转型,与互联网、大数据、云计算、智能化融合的结构转型,以及承担国家战略、顺应全球大势发展的战略转型。特别是现代农业模式创新、传统制造业和服务业的优化升级等企业转型初见成效,对经济增长的贡献也在不断加大。与此同时,在全球化和信息化的进程中,我国正从处于产业链低端的"世界工厂"向高附加值产品生产过渡,对高技能人才的需求在不断上升,一些全球化程度高的IT服务、软件服务、研发服务及金融服务等企业也正吸收大量的高等教育劳动力。

2. 职业发展变化的新趋势

互联网等新经济行业的快速发展,既对就业市场中传统职业造成一定冲击,同时也为新兴职业的产生提供了良好的市场环境,创造了新的生机和活力。未来职业发展的新趋势,主要表现在以下几个方面。

(1)高新技术行业优势领先,知识型劳动者比例直线攀升。信息科技时代,未来企业将朝着通信技术、人工智能、新材料领域等高技术产品的产业群发展,这些行业具有知识技术密集、资源能耗较少以及产值贡献率高等特点,是推动经济繁荣和增长的重要引擎。高技术产业的发展,需要较多的研发投入和庞大的研究人员团队,将凭借智能性、创新性、战略性和环保性等优势,吸引海内外知识型人才不断涌入,这将对社会和经济的发展具有重要的意义。

(2)传统职业逐渐更替,新兴职业技术含量不断提高。技术的不断进步,给传统职业带来了巨大冲击,同时也延伸出许多新的工艺、服务和产品,这些新技术的开发及应用,必然导致部分职业的新旧更替。例如,互联网通信技术的发展,将导致传统的电话接线员、打字员等职业不复存在,但电子商务、网络设计、在线教育培训等新职业纷纷涌现,提高了对从业人员的技能要求,即未来脑力劳动职业将越来越多,体力劳动职业将越来越少,新兴职业技术含量不断提高。

(3) 职业更新速度逐步加快,职业发展边界逐渐趋于模糊。随着网络设施不断完善、海量数据快速产生,以及信息处理技术不断提高而诞生的信息革命,带来了社会经济结构质的飞跃,加速了新旧职业的替代和更新。同时,社会对未来人才知识的综合性结构提出了更高的要求,职业发展的边界在逐渐模糊,劳动者不仅要成为本专业领域技能人才,而且能够顺应环境变化转换职业角色,成为掌握多种知识和技能的高素质复合型人才。

3. 未来职场发展变化新趋势

信息技术革命、产业升级和消费者需求,带动了新业态的产生和发展,由此带来产业链的分化和融合、互联网与各行业跨界整合,以及共享经济模式的快速渗透,也为未来职场带来新的变化。

(1) 新经济推动消费和服务升级,传统雇佣关系转为合作关系。信息时代的新经济,呈现出比工业时代的规模经济和范围经济更丰富、更深刻的内容。未来消费和服务的优化升级方式,更注重智能、绿色和安全等体验,正从生存型向发展型转变、从单一化向多元化转变、从大众化向个性化转变。共享经济、平台经济等新经济的推动,也促使生产活动的组织方式发生跃迁性的变革。"90后"员工,是伴随着互联网发展而成长的,他们更注重人文情怀、工作环境和发展空间等条件,未来企业与员工之间单向的雇佣关系,也逐渐转变为双方共赢的合作模式。

(2) 共享平台优化岗位供需配置,工作形式趋于灵活协作状态。共享经济以互联网平台为媒介,整合线下的闲散物品或劳动力服务,通过以较低的价格或成本实现供给方和需求方的最优匹配,达到了物质资源和人力资源的高效利用。近年来,国内的共享经济正逐渐渗透到交通出行、房屋住宿、金融、知识技能、生活服务等各个领域。这种模式允许人们平衡工作和生活的时间配置,尤其是有助于提高家庭中女性的劳动参与率,其工作场所更加多元,工作时间更加灵活,工作方式更加人性化。

(3) 大中企业趋向扁平化高效化,小微企业"职场社群"异军崛起。面对日新月异的产品和服务变化需求,大中企业这样的中央集权组织已经很难适应快速的变化。通过扁平化和高效化,有限的要素和资源才能得以充分利用,进而构建跨越传统分工的新型产业体系。同时,小微企业也在"双创"的政策扶持下,向"职场社群"的模式快速发展,将吸纳更为广泛、深入的社会参与和互动,以分散化、自组织的创新供给,充分满足客户的个性化、多样化需求。

(4) 人工智能逐渐取代劳力工作,企业人才争夺战将愈演愈烈。以"无人驾驶""农用机器人"以及"机器仓管员"等为代表的人工智能技术崭露头角,正逐步取代基础的劳力工作。一些科技巨头公司,诸如谷歌、微软和百度争相开拓各自的人工智能领域,抢占行业制高点,推出重金招聘、大量并购人工智能小公司、将人工智能团队进驻在各个部门等策略吸引人才。全球范围内的人才争夺战也将愈演愈烈。

12.2.3 无边界职业生涯规划与管理

为适应组织分散化、虚拟化、网络化、弹性化等的发展特点和发展趋势,无边界职业生涯规划的理论和概念也应运而生。

无边界职业生涯的概念最早出现于20世纪90年代,是由Arthur在1994年《组织行为学杂志》(*Journal of Organizational Behavior*)的特刊上首先提出来的,是指"超越单个就业环境边界的一系列就业机会"。1996年,他进一步进行了修正和丰富,使之成为一个颇具影响的概念。Arthur和Rousseau出版《无边界职业生涯》一书,他们详细描述了以下6种不同的无边界职业生涯。

(1) 像硅谷公司职员一样,跨越不同雇主的边界流动的职业。

(2) 像学者或木匠等职业那样,从现在的雇主之外获得从业资格的职业。

(3) 像房地产商那样,受到外部网络和信息持续支持的职业。

(4) 打破关于层级和职业晋升的传统组织设想的职业。

(5) 并非职业本身或组织内部原因,而是个人或家庭原因令其放弃现有职业机会的职业(这里强调对"职业与个人"或"组织与家庭"之间边界的跨越)。

(6) 基于从业者自身的理解,认为无边界而不受结构限制的职业。

Arthur和Rousseau还总结了这些定义中的共同特征,即"独立于而不是依赖于传统组织的职业安排"。因此,可以说,无边界职业生涯是一种多角度的概念,包括甚至超越了多种边界,而且涉及实体和心理、主观和客观等多种分析层面。

1. 无边界职业生涯产生的背景

20世纪中后期以来,企业所面临的竞争环境变化剧烈,尤其是20世纪90年代以来信息技术和知识经济迅猛发展,组织结构正在发生根本性的变化,从传统科层体制向更具柔性、更扁平的组织形式发展,出现了信息化、分散化、虚拟化、小型化等多元发展趋势。在这一背景下,企业势必改变传统的长期雇佣形式而代之以更具弹性的雇佣形式,如雇佣短期化、员工派遣、裁员等,即使日本企业长期坚持的终身雇佣模式,也产生了动摇甚至崩溃。实质上,企业将外界环境剧烈变动的风险通过组织结构与雇佣形式的调整传递到员工。

由于企业战略在外部环境剧烈变化下不断调整,只有通过弹性雇佣形式才能保证企业组织结构的弹性,从而保证企业组织能够随战略调整而调整。企业战略调整对员工能力不断提出新的要求,如果原有员工不能满足需求就必须不断雇用新人。尤其是日新月异的技术变革,造成企业内部员工技术老化加速,要求企业必须不断雇用掌握新技术的员工。20世纪90年代以来大规模的并购潮流动摇了长期雇佣的基础,跟随企业并购的往往是大规模的裁员行动,而被并购企业的员工雇佣状况也成为并购成功与否的重要影响因素。

2. 无边界职业生涯的分类

无边界职业生涯可以分为自愿无边界和非自愿无边界两种。

(1) 自愿无边界。自愿无边界是指当听说或者找到一个能够获得更多发展和回报的机会时，人们主动选择进入一个新的企业。

（2）非自愿无边界。非自愿无边界是指当发生如缩小规模、淘汰、重组或者裁员时，人们被迫去寻找新的工作。

这种划分更加体现了环境因素和结构因素在无边界职业生涯中的影响，有助于界定不同职业生涯转换中的实质，为现实世界中的无边界职业生涯提供更加准确和精细的分析框架。

3. 无边界职业生涯的影响

无边界职业生涯的影响主要表现在如下方面。

1）雇佣关系的变化

组织结构变革导致了雇佣关系的变化。雇佣保障是传统职业生涯管理方式赖以存在的先决条件，而组织内存在的专业的职能部门和多个层级则是传统职业生涯管理模式运行的组织基础。组织结构变革使传统的职业生涯规划丧失了基础，员工不得不在多个企业间寻求受雇机会。

从制度层面上看，雇佣短期化和员工派遣构成了雇佣关系调整的最直接表现形式。这两种雇佣形式不仅增强了企业组织柔性，还促使雇员不断更新技能以保持就业能力。不论雇佣短期化还是员工派遣，员工就业能力无疑是实现雇佣、促成派遣的最核心要素，"能力恐慌"无疑是促使员工比任何时候更重视企业提供的培训、参与有挑战性工作的动因。

隐藏在雇佣制度层面之下的是不同雇佣条件下心理契约的变化。一般观点认为，无边界职业生涯中，员工与组织之间的心理契约由关系型转变为交易型。传统关系型心理契约的核心在于员工从未来和稳定角度出发，以忠诚换取长期雇佣保障；而交易型心理契约的核心则转变为员工更关注现实条件下组织为员工提供的经济利益和自身就业能力的提升。相比制度层面的雇佣关系调整，心理契约变化的影响更加深刻。

2）职业生涯成功标准的变化

与无边界职业生涯转变相一致的是员工对个人职业生涯成功标准认识的变化。传统职业生涯成功的标准主要是作为职业生涯结果的薪酬增长、职位晋升，以及外在的社会评价因素，如职业声望、社会称许等。无边界职业生涯的成功标准则发生了方向性变化，从看重结果转变为看重过程，如职业生涯经历、职业社会网络等；从看重外在评价标准转变为个人内在感受标准，如工作是否与兴趣一致、工作与家庭的平衡等。

职业生涯成功标准的转化既是无边界职业生涯导致的结果，同时也是无边界职业生涯产生的原因。无边界职业生涯成功的标准无疑体现了社会价值观多元化趋向，重视过程和自我是当前社会价值观的重要取向。从这个意义上说，职业生涯成功标准既是结果，又是原因。

3）人力资源中介模式的变化

人力资源中介业务的迅速发展是雇佣关系变化的直接结果，集中表现为20世纪末员工派遣业务和网络招聘的崛起。尤其是网络招聘这种成本更低、更快捷的招聘方式降低了企业招聘成本，扩大了招募范围，提高了空缺岗位的填补速度；也为员工寻找新岗位提供了更多的便利。

更具冲击力的是猎头服务,这种以职业社会网络关系为基础的定向招募服务在满足企业高端人才需求的同时,也为高端人才突破组织边界获得职业发展提供了便捷途径。目前,类似的猎头服务逐渐突破高端人才的范围,向中低端岗位扩展,出现了推荐人招聘网站,即利用同一职业人员的社会网络寻找合适的候选人,如美国的 Jobster 公司、我国中人网推出的中人网猎以及新兴的"职客"网站。

4. 企业视角的无边界职业生涯管理建议

针对企业视角的无边界职业生涯管理的应对建议具体如下。

1)更新理念

企业必须放弃以雇佣保障换取员工忠诚的雇佣哲学,即使企业单方面坚持也是没有意义的,因为对于大多数企业尤其是中小企业而言,外界环境的整体改变不可能允许个体企业的抵抗行为获得成功。

企业必须重新定义忠诚的含义,忠诚不再代表员工长期服务于一家企业,而变成员工在合同期内遵守职业操守,达到既定的绩效标准。

无边界条件下以薪酬、事业、文化和感情为手段的留人策略遭遇挑战,持续提升员工就业能力将成为吸引和保留员工的重要手段,这不能简单等同于职位晋升和提供培训机会。例如,即使没有职位晋升和培训,员工也可能由于有机会参加某一关键性项目而获得就业能力的提升。这也部分解释了相当多的年轻求职者会选择职位和薪酬都稍低的大型外资企业作为初期职业生涯开始的现象。

传统职业生涯规划是以企业为主导的,员工是在企业指导下参与职业生涯管理的。在无边界条件下这一主导权转移到员工手中,这表现为员工有充分的动机对个人就业能力提升负责,员工必须在职业生涯管理中具有主导权。

2)透明操作

员工具有主导权的职业生涯管理的关键是透明操作。在企业主导下,传统职业生涯管理一般是半透明的,员工一般只能从整体上了解企业人力资源规划;员工只能在人事决策后被告知结果,而无法了解和参与决策过程。在无边界条件下,员工应当成为职业生涯管理的主体,而不仅仅是参与者,因此必须使职业生涯操作透明化。

企业人力资源规划是根据企业战略对人力资源进行整体协调和指导,包括企业人力资源发展方向和对关键岗位的接替计划。开放的人力资源规划可以使员工按照企业需求主动提升就业能力。

无边界职业生涯是相对于组织边界而言的,对员工封锁内部发展机会则是在组织内部制造壁垒,从而更加促使员工寻求组织外部机会。很多大型企业采取内部招聘策略,在企业内公布岗位空缺信息、接受报名,内部人员优先录取。这是职业生涯实施的最有效保证。

企业内的人事决策应该是透明的,人事决策的暗箱操作只会降低员工对职业生涯管理的信任程度,很多企业职业生涯管理体系都是被暗箱操作架空的。

3)集中资源

相对于企业所有员工而言,职业生涯通道上的高端岗位永远是稀缺的,无论企业如何设计多维度的职业生涯通道,其最主要的任务都是解决员工争夺有限行政岗位的问题,即所谓的"千军万马争过独木桥",但无论如何也不可能依靠职业生涯通道设计解决所有员工向高端岗位发展的问题。

有限的资源必须使用在最具价值的人力资源的激励上,即为企业创造80%价值的20%的关键员工。客观上讲,传统职业生涯管理的目标也必须集中于保留少数关键人员,因为只有稀缺资源才需要规划,对于以低成本即可获得充分满足的人力资源进行规划的意义不大。以职业生涯规划减少其他大多数一般员工的流动既是不明智的,也是不现实的。合理流动有利于增强该部分员工提升自身就业能力的动力,企业也将因此而获益。

在具体操作上,从传统角度来看,企业应提供更具竞争性的薪酬和弹性福利,与绩效和能力挂钩的更可预期的晋升通道,企业品牌价值下的职业声望等。从无边界职业生涯的角度,则需进一步向员工提供更具挑战性和多样化的工作,更自由和宽松的工作氛围,帮助员工平衡工作与家庭[如提供EAP(员工援助计划)]。

4) 加强企业的知识管理

在无边界职业生涯管理中,由于员工潜在流动性增强,必须加强企业的知识管理和商业机密管理,有效避免因员工频繁离职给企业造成的损失。

(1) 防止员工对企业知识产权、商业秘密的侵害。这已成为某些人员流动率较高行业的一个焦点问题,如IT行业。

(2) 员工个体能力提升过程并非仅是单向的,往往还伴随着"干中学、学中干"式的创新过程。这需要企业不断将这一过程中产生的零散的、隐性的、存在于员工身体之内的经验上升为系统的、显性的、独立于员工个体的组织知识,从而避免关键员工的离职构成对组织能力的巨大破坏。

5. 个人视角的无边界职业生涯管理要点

无边界职业生涯正成为未来职业生涯的基本模式。在个人无边界职业生涯规划的实施中,提升个人就业能力是核心,培育个人的社会资本是重要保障。个人的无边界职业生涯规划内涵包括以下几个方面。

1) 关注人职匹配,确定无边界职业生涯方向

大学生通过较长时间的专业学习,掌握了丰富的专业知识和技能,形成具有专业特点的思维和行为模式。因此,大学生应立足自身专业,尽可能选择与所学专业接近的职业,提高自己人力资本的使用效率。如果自身选择的未来职业方向和专业不符,要尽早调整专业,以避免因专业和职业不对口带来的时间和金钱上的更多成本。同时,对于大学生来讲,促进所学专业知识的迁移、提高学习知识的能力显得更为重要。未来新职业对知识、经验和专业素养的要求更新与变化速度非常之快,如果具有较强的学习能力,就能不断地、主动地进行人职匹配——个人主动地适应职业要求,而不是让职业适应个人条件,或被动应付职业要求。大学所学的专业应成为职业生涯发展的基础条件和推动力,而不是束缚我们的绳索。

2) 设定多维的职业生涯发展路径,提升职业规划管理能力

无边界职业生涯是易变性职业生涯,要设定多维的职业生涯发展路径。俗话说,"不能一条道走到黑""一招鲜吃遍天",要多准备一些谋生和发展的手段与本领。另外,职业生涯的易变性更凸显了职业生涯规划的重要性。面对无边界职业生涯趋势,个人必须承担

自我职业生涯管理的责任,提升职业生涯管理的能力,进行更科学可行的职业生涯规划。

3) 形成和谐、合理的职业生涯成功目标

长期以来,"追求完美""追求卓越""永远争第一"等,是许多人自励或追求的人生目标,但现实情况中"完美、卓越、第一"的目标都是理想状态,或是昙花一现,或是永远难以达到。与其为一个永远达不到的目标让自己身心疲惫,不如设定一个和谐、合理的职业目标。环境变化越来越复杂、多变,个人所依赖的组织目标、组织形式也是易变的,个人的目标也要灵活。无边界职业生涯规划的要点就是,职业目标的确定要和谐、合理,体现多元化、易变性、无边界的特点。

4) 不断培育个人的社会资本

个人的成功不完全是个人的事情,而需依靠个人和他人之间的关系,每个人的薪酬、升职和绩效在很大程度上是由其人际和企业关系网络的组织结构所决定的,就连天赋、智力、教育、个人努力和所谓的运气等决定职业生涯成功的因素也根本不属于个人品质,全都是借助与他人之间的关系而发展、形成和体现出来的。

Defillippi 和 Arthur 提出适应无边界职业生涯成功的胜任特征结构模型,将影响因素分成 3 个领域,即"知道为什么""知道谁""知道如何"。其中,"知道谁"包括有没有导师、组织内部的人际关系网络、组织外部的人际关系网络,这 3 个方面构成了个人的社会资本。因此,一定要充分认识社会资本的重要性。不少人存在认识上的误区,把运用社会资本错误理解为不道德地"耍手腕",把建立和运用社会关系看作追求私利的工具。其实,社会资本和物质资本、人力资本一样重要,是社会发展不可或缺的资源。人作为社会性动物,不可避免地处于社会关系网络中,任何人都有必要对自己的社会关系网络进行有意识的管理。在建立和运用社会关系网络时,不能仅着眼于我们能从社会关系网络中获得什么,而是要致力于我们如何为他人作出贡献,在付出的同时获得回报,在自身获得发展的同时为他人和社会作出贡献。

采取科学策略,培育自己的社会资本。大学生在校期间和毕业后都应致力于建立开拓型的社会关系网络,以获得更多的信息,发现更多的机会。在校期间应积极发展学校内人际关系网络,积极参加组织的各种活动,主动与同学、老师增加联系,多帮助别人,建立组织内良好的人际关系,同时要主动发展学校外部人际关系网络。工作后,更应积极主动地拓展人际关系网络,培育自己的社会资本。

12.3　自由职业者的生涯规划与管理

个人视角的无边界职业生涯规划与管理的要点,是如何成为一名成功的自由职业者,这是一条可以自己自由发挥和发展的新路,也是一条适应互联网时代组织分散化、虚拟化和网络化发展的更个性化和多元化的理想之路。

12.3.1　自由职业者的界定和特点

1. 自由职业者的界定

自由职业者是脑力劳动者或服务提供者,特指摆脱了企业与公司的制辖,自己管理自己,以个体劳动为主、有稳定收入的一种职业,如作家、编辑、会计、自由撰稿人、独立的演员歌手、摄影师、牙科医生、技术小工、管道工、电工、理发师、艺术家等。他们是不隶属任何组织的人,是不向任何雇主做长期承诺而从事某种职业的人,他们在自己的指导下自己找工作做,经常但不是一律在家里工作。

大部分自由职业者是喜欢亲自动手的人,他们不愿意雇用帮手,因为不相信别人会做得跟他们一样好。大部分自由职业者不喜欢与别人合伙,因为不相信别人会按照他们喜欢的方式做事。

自由职业是改革开放以来渐露端倪、慢慢发展形成的。改革开放之后,百业振兴,各路精英脱颖而出,人们再也不满足于安全却无色彩的"大锅饭"生活。尤其某些经济与文化领域,一些知识人表现出强烈的独立个性,希望摆脱"组织"限制,恢复传统自由职业者的身份。于是乎,一大批"自由人"破土而出。

由此可见,自由职业是改革开放之后,市场化和社会化用工模式下的产物,社会化用工模式是近年来高速发展的新型用工模式,其平等合作、时间自由的特点,是当下职场人士转型的最好选择之一。随着经济社会的快速发展、各项改革开放的深化、技术的进步,自由职业者也正在向各个领域不断扩展。例如医生、律师等将会成为最大的自由职业者群体。

与自由职业相类似的还有签约职业。20 世纪 90 年代,"签约职业"相对于体制内来讲是个极具诱惑力的词汇,诞生了许多签约作者、签约演员、专栏主持人等。撰稿人王朔,音乐人郝峰、谭盾等都是当时媒体捕捉的热点。自由职业者享受着无拘无束的自在生活,但由于水平和名声尚不能达到"签约"的高度,有时也要以生计的窘困为代价。但是无论如何,对这种生活方式的向往,一直都是绝大多数不满于生活现状、愤世嫉俗的新新人类的梦想。

有人认为所有没有正式单位的人员都可以叫作自由职业者,这种观点是错误的。一个人没有职业,是不可以叫作自由职业者的。而有的工作职位有较大的自由,如记者、业务员等,也是可以称为自由职业的。

2. 自由职业的优劣势和特点分析

对个人来说,自由职业者有以下几点好处。

(1) 选择成为自由职业者,能够有更多职业选择,有更多自由的时间,还能身兼数职增加收入,可以通过社会化用工平台很快找到工作,解决资金问题,实现财务自由和时间自由。

(2) 不用看老板脸色。给别人打工,都要看老板的脸色,无论老板的脸色如何,笑还是不笑,仔细一读,都是一个"严"字。当你成为一个自由职业者时,就不用看老板脸色。只要不逾越道德与法律的红线,你想怎么干就怎么干。

(3) 不用朝九晚五。给别人打工,都要遵守朝九晚五的作息时间。自由职业者可以自行安排时间,实现时间自由;能够实现工作、生活的平衡,想工作的时候就工作,不想工作的时候就休息一下。

(4) 可以避免不必要的同事纠纷。给别人打工,都有许多同事,彼此之间的竞争在所难免,办公室里处理同事关系稍有不慎,便会惹出一大堆剪不断、理还乱的纠纷来。自由职业者没有复杂的同事关系,可以大胆地做自己想做的事,少了牵制,工作的效率也高。

现实中,自由职业者并没有想象的那么美好,也要承担许多压力和责任。

(1) 成为自由职业者以后,很多隐形的福利就有可能消失,如五险一金等。所以,在计算收入的时候,也得把这块隐形收入算上。

(2) 自由职业者事业越成功,意味着他的工作时间越长,与家人共聚的时间越短。

(3) 从事自由职业"忙的时候忙死,闲的时候闲死"。表面上时间自由,但仍然必须赶时间,要在规定时间保质保量完成工作任务。

(4) 收入来源不稳定,时刻存在不安全感。自由职业者没有固定的收入,一天不工作就没有收入,有业务时,才能够拿到钱,没事做时心里会着急,每天都忙着找活干。

(5) 自由职业者名义上和公司没有隶属关系,表现上看是自由平等,但是实际上仍然要受公司的控制。如网络小说写手,他们没有底薪,靠在平台上更新文章赚钱,平台就相当于他们的老板。工作流程一般是平台发出任务,出一定的价格让写手去做。又比如给顾客代写,其实就相当于是在公司里做文案按照老板的要求写作,写完之后经常发生顾客不满意这种情况,然后就互相扯皮,有时可能闹得不欢而散。

另外,自由职业者还要忍受周围人的眼光,因为自由职业者一定程度上在他们的眼里就是无业人员。

12.3.2 自由职业者的职业领域

近年来,随着经济迅速发展和社会分工的细化,我国自由职业者和灵活就业人员逐年增加,灵活就业人员规模达 2 亿左右。灵活就业人员中,小商小贩多,生活服务业就业人员多,大龄失业人员多。这些自由职业者主要工作的领域和收入一般包括以下方面。

(1) 作家、写手、编辑等文字工作者。靠写作的自由职业者是最多的,主要原因是他们只需要一台电脑和一条网线就可以工作。例如网络小说写手,只需要每天更新几千字就有收入,这个群体在中国有几十万人。

成为网络小说写手,收入最低的一个月只有几百元,高的一年达千万以上,如唐家三少,2017 年,他的版税高达 1.2 亿元人民币。因此成为知名作家是很多年轻人的梦想,很多人为此前仆后继孜孜不倦写作。但可惜的是,中国的大部分网络小说看点不够,并不被主流媒体认同。

同时靠写作谋生的还有许多自由撰稿人、编辑等,他们靠给杂志、报纸、网站、公司写作,写一些新闻、故事、剧本等作品,也能获得报酬。做这行的就比网络小说写手稳定,一个月一般收入几千元,多的能有几万元。

自媒体人也是主要的文字工作者,这个群体的从业人员呈爆发式增长。

(2) 无底薪的业务员和兼职者,如保险顾问、地产经纪人、广告中介人员、销售员等。做这行最出名的当属微商,他们靠一部智能手机就能获得收入,推销面膜、化妆品等产品。当然,微商里面很多是属于传销式拉人头的,因此进入这行需要谨慎。

(3) 网店老板。在中国,许多人靠在淘宝天猫、京东、亚马逊等平台上开网店获得收入。

(4) 小本生意人。如地摊主、小超市老板、小饭店老板等,一般是一家几口经营一点小生意,不过按照严格的说法,这个群体并不算真正的自由职业者,虽然他们的收入并不低。

(5) 美工、设计师、摄影师。许多人在淘宝、天猫上开一个小店,然后接受一些修图或设计任务。也有很多摄影师选择做自由职业者这行,拍一些图片卖给公司和网站。

(6) 会计师。

(7) 牙科医生。牙科医生是最常见的医疗自由职业者,主要原因是牙齿问题普遍,几乎每个人都有。牙齿问题不会危及生命健康,做这行一般不会出现重大医疗事故。治疗牙齿收费不低,镶一颗牙要上千元。

(8) 律师。

(9) 画家、音乐家、诗人等文艺工作者。

(10) 咨询、顾问、教师等咨询教育行业。

(11) 程序员。

(12) 管道工、电工等维修和装修工匠。

(13) 主播、网红。

(14) 主持人。

(15) 外贸小老板。

(16) 翻译。

(17) 司机。

(18) 导游。

(19) 保姆等家政服务人员。

(20) 承包人。

(21) 自由代理人等。

12.3.3 自由职业者的生涯规划管理要点

个体经营、非全日制以及自由职业等灵活多样的就业方式,是劳动者就业增收的重要途径,对拓宽就业新渠道、培育发展新动能具有重要作用。2020年7月31日,国务院办公厅发布《国务院办公厅关于支持多渠道灵活就业的意见》(国办发〔2020〕27号),提出加大对个体经营、非全日制、新就业形态的支持。

选择自由职业,不仅是选择与众不同的职业方向,更是选择一种自由的生活方式。不同于传统的就业形式,自由职业者是在不确定的工作环境下工作,自己是自己的管理者、经营者,工作形式和条件不同于传统的就业形式,自然要承受不同于传统就业形式的工作压力和生活压力。在下决心成为自由职业者之前,要做足功课,从以下几方面做好自由职业生涯规划与管理。

1. 客观认识和评估自己从事自由职业的条件

1) 充分认识自由职业者的两面性

现在越来越多的人向往自由职业,觉得可以自由支配自己的时间,也可以更多地兼顾家庭与事业,终于可以不用看老板脸色,不用朝九晚五挤地铁,不用再和同事钩心斗角、尔虞我诈。但是,当看到身边那些自由职业者的光鲜时,应多思考他人背后付出的巨大努力。当你准备步入自由职业者这个行业时,必须对它的利弊做到面面俱到的观察,为以后可能出现的挫折做好相应的应对措施。毫无准备就尝试自由职业会让你碰一鼻子灰不说,还会很大程度上打击到你的自信心。

　　2) 充分考量自己的承受力

　　不确定的工作环境下,自由职业者普遍感觉精神压力比一般从业者要大。所以,想要成为自由职业者,要考虑自己能否承受这些精神压力。

　　很多自由职业者在前期非常艰难,所以,在从事自由职业者之前,需要考虑,如果半年,甚至一年,没有收入,自己能否承受。

　　3) 充分考量自己是否是一个非常自律的、有规划的人

　　很多人朝九晚五地上班,能顺利完成任务,一旦放假,效率大打折扣不说,能不能顺利完成都不好说。所以,如果不是一个非常自律的人,可能还是朝九晚五的生活更适合。

　　4) 能否摆正自己的心态

　　上班的时候,你也许是个各方面都很优秀的人,但是,创业是一个全新的领域,能否做好,自己是否有预见承受最差的结果,都值得考虑。

　　5) 充分考量自己的工作经验和能力是否满足自由职业需要

　　许多自由职业者的职业都与其原生职业有着一定的关联性,这里还有一个前提是你必须在你所处的领域具有足够的经验。以室内设计为例,一名室内设计师助理和一名拥有5年工作经验的室内设计师同时尝试成为独立设计师,哪一位的成功概率更大不言而喻。如何衡量自己的经验很简单,当你可以对一个项目从头到尾全权负责时,就说明你的专业能力已经达到要求了。

2. 找到你最擅长的领域

　　当你想成为某一个行业的自由职业者前,先思考一下自己最擅长做这个领域的哪一个方向。

　　还是以室内设计为例,你是偏向于工装还是偏向于家装,这是最基本的领域细分,继续细分甚至可以考究到你最擅长的是哪一种设计风格等。

　　在做自由职业者的初期,将自己最擅长的那一面展现给客户,客户会更加认同你的价值,等到稳定下来后,再循序渐进地充实自己的擅长领域。

　　在职时可以利用一些渠道做兼职,寻找自己的定位,同时也能切实地体会到自由职业者的部分压力,这些经历将成为你未来转型自由职业者的地基。

3. 建立适合自己的约束系统、支持系统、协作系统、职级系统

　　一个公司通过规章管理制度的约束、为每个员工提供办公环境、同事之间的协作配合、岗位绩效的评估等,为普通打工人开展正常工作建立了四大系统:约束系统、支持系统、协作系统、职级系统。

　　相信不少向往成为自由职业者的人都想摆脱这几个系统的约束和枷锁,但这偏偏是造成很多自由职业者迷茫和失败的原因。自由职业得到了自由,但失去了外部系统的激励、约束和支持,如果不能建立自己自由职业的约束系统、支持系统、协作系统、职级系统,那么,自由职业是维持不下去的。

　　所以自由职业者的职业规划目的就是建立这四大适合自己的系统,从而使得自己的职业生涯发展具有清晰感、自信感、成就感、安全感。

第12章　职业环境发展变化的新特点和新趋势

如图 12-1 所示，分四步建立好自己的支撑自由职业的四大系统。

约束系统	支持系统	协作系统	职级系统
● 自律 ● 时间管理 ● 项目管理	● 办公环境 ● 计时-计件 ● 季薪年薪	● 社群 ● 虚拟项目 ● 固定社交	● 自我绩效 ● 设定头衔 ● 单价提升

图 12-1　支撑自由职业的四大系统

第一步：做好自我约束，为自己设定好详细的时间安排及项目安排。无论你是职场老手还是"菜鸟"，千万不要高估自己的自制力，工作计划对每一位自由职业者都非常重要。高效工作的同时平衡自己的生活，只需要一纸规划而已。

第二步：给自己创造一个独立的工作环境，即独立办公或经营场所。除了工作计划以外，工作场地及工作设备也是每一位自由职业者无法忽视的要点。拥有一个良好的工作环境可以帮助你更加放松、快乐地工作，而办公需要的设备诸如电脑、打印机、扫描仪等也请记得提前准备妥当。

对于薪水的衡量，我们可以按照工作性质，用季薪或者年薪的方式来考量自己的收入。这样就能尽可能地避免因为某个时间段的无收入而造成焦虑和恐慌。

第三步：建立固定社交，这点很重要，尤其是线下社交。人是群居动物，长时间宅在家里的自由职业者，缺乏社交和沟通，有可能会对心理健康产生不利影响。一些做自由职业的人会很孤单，他们自己一个人在家做事，没有接触社会和同事，时间久了对自由职业的发展并不利。

尤其是内容创造者，从事自由职业之后减少了与人接触的机会。那么，没过多久你就会输出枯竭，不知道自己该写些什么、拍些什么。如果选择做自由职业者，最好不要脱离社会和群体，尽量创造机会与更多的人去接触。

第四步：自我绩效评估，根据自身情况，为自己设定一个职级头衔，如现在我是自由设计师，当完成的项目达到一定量、技术达到一定标准后（前提是客户满意，行业普遍认可），则可自己升级为高级设计师，并通过提升单价的方式来实现收益的逐年递增。

4. 哪些人不适合做自由职业者

（1）没有一技之长，换句话说，如果你的一技之长还达不到行业内中上水平的话，也不建议做自由职业者。

（2）心理承受能力较差，不能承受零收入带来的压力。

（3）性格过于内向，不善交际。

（4）自我约束力差，不擅长自我管理，没有长远规划。

扩展阅读 12-2：自由职业者职业生涯的十八道门槛

最后要说的是，无论是普通职业者还是自由职业者，都是我们作为社会角色的一种，并无高低之分。让工作变得更有意义，实现自己、创造价值、享受生活，才是我们的共同追求！

复习思考题

1. 职业环境变化的新特点和新趋势有哪些？如何应对职业环境的复杂性和多变性？
2. 组织变化的新特点和新趋势有哪些？如何适应组织分散化、虚拟化、网络化、弹性化等变化，进行自己的无边界职业生涯规划？
3. 自由职业者有哪些优劣势和特点？
4. 评价一下自己是否适合做一个自由职业者。
5. 自由职业者职业规划和管理的要点有哪些？

什么人在当自由职业者

即 测 即 练

第13章 高难度的职业规划：创业

13.1 创业环境与政策

李克强总理在2015年政府工作报告中，两次提到"大众创业，万众创新"。2015年6月11日，国务院印发《国务院关于大力推进大众创业万众创新若干政策措施的意见》（国发〔2015〕32号）；2015年8月20日，国务院办公厅发布《国务院办公厅关于同意建立推进大众创业万众创新部际联席会议制度的函》（国办函〔2015〕90号）；2018年9月26日，国务院发布《国务院关于推动创新创业高质量发展打造"双创"升级版的意见》。

国家出台了一系列推动大众创业、万众创新的系统性、普惠性政策文件。创新创业，不仅是经济增长的内生动力，也是保证就业的重要出路。大学生是最具创新与创造活力的群体。在就业压力巨大、从制造大国向制造强国转变的语境下，激发大学生的创新创业活力，意义重大。

"大众创业，万众创新"是在当代以互联网、大数据发展为代表的科技大发展条件下，以及在制度变革和政策创新作用下，中国社会生产力的又一次解放。长期以来，在中国社会中创业和创新只是少数人从事的"高大上"事情，对于普通大众来说只能沿着前辈的生活轨道谋生。随着电子商务快速发展，淘宝网等平台凭借技术难度小、进入门槛低、初始资金需求量少等优势，帮助千百万普通民众实现创业梦想，在中国城乡地区形成了极强的示范和带动效应。近年来，东部地区的浙江、山东、江苏等地出现了一批"淘宝村"，极大改变了现代技术发展与普通民众的疏离，这是我们前辈没有遇到也没有想到过的事情。

青年是创业创新的生力军，国家特别需要并大力支持青年创业创新。青年创业创新要符合国家和社会发展需要，要千里之行始于足下，脚踏实地从小事做起。要经得住困难的考验、失败的考验、各种诱惑的考验，守法创业、诚信创业、合作创业，以恒心和毅力坚持不懈地创业。大学生是最具创造力的群体，也处在最有创造力的年龄段。响应时代呼唤和国家号召，不负这个时代赋予当代年轻人的机遇和责任，勇于创新创业成才，就成为当代年轻人职业规划的重要选项。

1. 经济的发展需要创业

当前，衡量一个国家的综合实力特别是国际竞争力的标准已经发生了很大变化，不再主要看实物产品、生产能力，不再看生产了多少钢铁、水泥、汽车，甚至也不再看其外汇储备多少。纵观世界，凡是能够长期保持强劲竞争力的国家，无一不是创业创新活动普及活跃、依靠创新驱动发展的国家。推进大众创业创新，正是这些国家提升综合实力、保持国际竞争力的一条重要经验。

德鲁克认为，创业型就业是美国经济发展的主要动力之一，是美国就业政策成功的核心，鼓励创业是带动就业增长的主要措施。他分析了1965—1984年美国的就业结构，发现就业机会都是由中小企业创造的,并且几乎全都是创业型企业和创新型企业创造的。特别是最近10年以来,美国经济的推动力越来越多地来自创业型企业和创新型企业。未来学家约翰·奈斯彼特认为创业是美国经济持续繁荣的基础。自1990年以来,每年都有100多万个新公司成立,即平均每250个美国公民就有1个新公司。创业浪潮在美国是一浪高过一浪。据《华盛顿邮报》报道,在美国,人们创办企业的势头还从来没有像现在这样强劲过,它已经成为美国经济增长的强大推动力。美国"考夫曼企业家领袖中心"1999年6月的一份研究报告显示,每12个美国人中就有1个人期望开办自己的企业。91%的美国人认为,创办自己的企业是"一项令人尊敬的工作"。20世纪90年代以来,美国经济的高增长堪称当代经济奇迹,内在的原因固然很多,但是,具有企业家意识、自下而上的创业精神,可以说是美国经济持续发展的根本原因。在美国的资本市场上,资金流向那些能够获取高收益的创业公司,年轻的创业者由于掌握新技术或能够把握新的商业机会,他们的创造性和创业热情促使他们寻求更多的机会获得创业资本。美国经济几十年的持续发展,即得益于高新技术的创业成功。

2. 时代发展呼唤创业

改革发展是当今中国的主旋律,当今的经济社会正处于一个不断变革的时代。这种变革渗透到社会生活的各个方面,从经济领域到政治领域,从家庭的组合到个体的发展,而每个方面的变革又同其他方面相互影响、相互作用。在这种变革过程中,更加注重突出人的价值,体现人的发展,显示人的才能。只有这样,变革的目的与人的发展才能趋于一致。在这种变革的社会,要实现人的价值,显示出个性的特征,只有适应社会的发展,创造自己的事业,才能把自己融于变动的社会发展之中,适应经济发展的要求。

当今时代是经济发展的时代,是变革的时代,是高科技革命的时代,也是世界经济全球化发展的时代。在这样的时代中,要求每个有志于实现人生价值的人都应有创业的精神和创业的志向。在这个不断进步的经济社会,人类积淀的科技成果和物质基础为人们开创事业提供了充分的物质保障。通信的发展,使信息交流更为便利;交通的发展,使人们的出行和物流更加便捷。要适应经济社会不断发展的要求,使自己从容地生活于这个不断进步的社会,人们可以根据环境的要求和自身的特点进行一番创业活动。它既是社会进步对人的要求,也是人们自身发展的必然趋势。

在工业化时代的市场经济条件下,创业和创新所需要的资金、技术门槛高,不是普遍大众能轻易迈过去的。今天互联网的广泛应用和低门槛使机会平等有了更为有利的基础,依托于"互联网+"的创业和创新无处不在,普通大众都可以参与其中,并找到获得成功的机会。

"市场是天生的平等派"。改革开放,特别是推进建设社会主义市场经济,给了社会中相当一部分人改变自身命运的机遇,一批人通过诚实劳动和艰苦努力成为市场竞争的优胜者,今天中国社会主义市场经济体制带来的积极的流动效应比以往任何时期都要强得多。大力推进"大众创业,万众创新",就是让更多的人富裕起来,让更多的人实现人生价值,这有助于调整收入分配结构,促进社会公平,也会让更多年轻人,尤其是贫困家庭的孩子有更多的上升通道。

3. 产业结构的调整需要创业

推进大众创业创新，是推动我国经济转型升级、提质增效的迫切需要。当前我国经济进入新常态，稳增长、转方式、调结构的任务十分紧迫，需要通过创业创新进一步释放市场活力，增强经济转型发展的内生动力。中央一再强调要以大众创业创新形成发展的新动力，并接连出台有关政策措施，就是要通过深化改革激发数以亿计各类人才的创业和创新潜能，推动我国经济从依靠要素驱动、投资驱动向创新驱动转变，为我国经济可持续发展打造不熄的引擎。

在经济全球化的发展趋势下，我国经济结构亟待进一步优化，主要是产业结构不合理、地区发展不协调、城镇化水平低，这是当前我国经济发展中的突出矛盾。在产业结构方面，面对目前我国农业基础薄弱、工业素质不高、第三产业发展滞后的局面，我国产业结构调整的方针是：巩固和加强第一产业的基础地位，加速和提高第二产业，发展第三产业。这一方针将为创业者提供大量的发展机遇和广阔的发展空间。

随着我国经济的发展和改革的逐步深入，以及经济结构战略性调整的不断推进，产业结构的调整已加快了步伐。这意味着行业中原有投资主体退出，个别行业萎缩或消失，而新的投资者出现，新兴的行业将迅速崛起。新兴行业的出现和投资主体的多元化将推动一大批创业者产生与成长。在大力发展第三产业方针的指导下，第三产业将蓬勃发展。为适应社会发展和产业结构调整的需要，就要有更多的人创办第三产业，为我国的改革发展注入新的活力。第三产业是投资少、见效快的投资领域，十分适合青年投资。一般来说，创办一个企业，必须有地点、人员、设备和资金，即人、财、物三个起码的要素。就地点而言，第三产业一般不需要占用太多的场地，而且对场地的选择要求也不太苛刻。就人员而言，不要求过高的专业知识和过多的技术人员，有些服务性行业的人员只要掌握熟练的技术即可，这样的劳动力相对而言价格低廉，且极易找到。就设备而言，第三产业的设备投资一般不大，所需资金有的仅几百元。就资金而言，第三产业的投资项目一般具有灵活、新颖、特色等优势，通过充分发挥自身小而精的特点，根据人们的需求，灵活经营，加速资金的周转，自然获利也较大，创业成功的机会就比较多。由此可见，迅速发展的社会不仅需要人们创业、呼唤人们创业，而且它也为创业者创造了前所未有的机遇和条件。

4. 新经济时代为大学生"双创"带来新机遇

全球已经进入数字经济时代，与工业革命不同，数字经济、大数据的基本特征是知识与数据的排他性约束相对较少。与传统工业扩大规模带来边际成本递增不同，同一（同类）数据则可以被多个主体同时使用，乃至越用越丰富，其边际成本还会出现不断降低趋势，这对国家治理模式、企业决策、组织和业务流程、个人生活方式产生巨大的影响。

今天社会生活正日益高度数据化，数据信息的传播也从单中心、单向传播向多中心、网络裂变式传播转变。例如，传统条件下对消费者的需求只能依据人口统计特征来描述，而个人需求所具有的隐蔽性、复杂性、易变性和情景依赖性难以把握，现在大数据通过细分化、个性化、精准化、动态化，可以实时模式化其需求行为。"互联网＋"和大数据在带来传统重构的同时，更催生了无数的商业机会和盈利空间，把人重新组织进新的财富创造体系之中。

大数据具有无限接近消费者潜能的性质，它极大地推进了人的愿望、需要和现实需求与可能提供的产品、服务在更细微层面的匹配，预示着新一轮生产率增长和消费者盈余浪潮的到来。依托于互联网所带来的平台效应、链接效应和重构效应，"淘宝村"等业态所面对的市场早已不是简单的地域性本土市场，它们连接的是全国乃至全球大市场。

目前，以"互联网＋"为代表的数字经济，大大降低了创新创业成本，为大学生创新创业提供了广阔的市场。在这个时代，新的产业部门将取代传统的产业部门，新的资源与新的资源配置方式也将出现。一些社会新型阶层必将兴起，知识的拥有者、控制者将打破传统的货币资本与实物资本的控制者对社会权力的垄断地位，成为新时代社会结构的核心和中坚力量。与此同时，社会财富也必将被新的知识创新阶层所控制。一些新的就业方式和财富增长方式也必将出现，知识就业者、信息就业者、网络就业者、数字就业者将大量涌现。通过知识的生产、交换获取社会财富将成为财富积累的主要方式。这就出现了新型的财富观，即不以拥有的货币量和实物量作为测算财富的主要指标，而是以知识拥有量、市场化水平及更新速度作为财富的主要指标，无形资产成为财富的主要表现形式，财富已经成为一个知识资本化的动态概念。随着知识的资本化，知识资本家和知识资本营运家将成为时代新宠，成为社会发展与控制的主导力量。

人类社会的不断发展与进步的过程，就是一个不断创新的过程。在以高新技术为支柱的新经济时代，创新意识、创新精神、创新能力更是衡量新型人才的重要标志。大学生作为我国高素质国民的群体之一，新经济时代将为其提供更多的就业与创业机会。大学生要迎接新经济的挑战，不仅要注重掌握科学前沿的最新知识，更要注重把自己培养成为创新人才。在新经济时代，大学生通过科技创新在某一方面取得突破性的成果或者毕业后先进入某一行业就业，进而自己或与他人合作创办公司，在为自身创造就业机会的同时，也为社会和他人提供更多的就业机会将成为一种新的时尚。

5. 实现高质量发展需要"双创"升级版

近年来，"大众创业，万众创新"持续向更大范围、更高层次和更深程度推进，创新创业与经济社会发展深度融合，对推动新旧动能转换和经济结构升级、扩大就业和改善民生、实现机会公平和社会纵向流动发挥了重要作用，为促进经济增长提供了有力支撑。当前，我国经济已由高速增长阶段转向高质量发展阶段，对推动"大众创业，万众创新"提出了新的更高要求。深入实施创新驱动发展战略，进一步激发市场活力和社会创造力，加快打造"双创"升级版，推动创新创业高质量发展，有利于进一步增强创业带动就业能力，有利于提升科技创新和产业发展活力，有利于创造优质供给和扩大有效需求，对增强经济发展内生动力、加快实现经济社会高质量发展具有重要意义。

6. 大学生是"双创"的主力军

推进大众创业创新，是解决大学生就业、促进年轻人成长成才的有效路径。有些大学生经过数载寒窗苦读，感觉终成正果，踌躇满志地准备一展宏图时，却发现社会并未如其想象的那样向他们展开欢迎的双臂。在"双向选择"的就业方式下，有些学生就业的单位不理想，有些学生未找到就业单位，面对所学专业知识和社会现实所产生的困惑，走自我创业之路不失为一种发展自我、完善自我的新途径。

青年处于创新创业的活跃期,大学生是"双创"的主力军。但目前我国高校毕业生创业的比率只在2%左右,与西方发达国家大学生创业比率的平均水平20%相差还很大。高校还应进一步思考和探索,创业教育究竟该如何开展?

要激发更多的大学生创业,大学营造一种创业文化很重要。现在大学中创业的文化氛围还不够浓厚。在大学里的各种讲座和报告中,学术方面的内容居多,而关于创业的内容较少。今后可以多邀请企业家和成功的创业者来到大学开办讲座、同学生交流,让企业家的精神在青年学生的心中发芽。

值得注意的是,大学在营造创业文化的过程中,不仅是要培养学生的创业热情,更重要的是要让他们认识到创业不仅是就业和挣钱,更是一种更高一层的精神和价值追求!创业应该是比简单的就业具有更高的自我实现的价值。

要激发更多的大学生创业,加强创业实践教学是重要基础。培养学生创业,仅通过开设课程是难以完成的。创业是综合多方面内容的复杂实践,因此创业教育一定要通过实践性的教学和训练进行。创业教育可以借鉴MBA案例教学的方式,让学生通过鲜活的创业案例,学习和体会创业中需要的工商管理、金融和法律等方面的知识和技能。

组织不同类型的创新、创业竞赛,让学生在模拟创业练习中积累经验、提高能力。"创青春"全国大学生创业大赛两年一次,参加人数有限。各个学校可以在学院层次定期举办类似的创业比赛,让学生在比赛中学习。

激发更多大学生创业,需要给学生提供创业空间。实验空间就像乔布斯家的车库,是创新创业的原始空间。因此,利用大学科技园提供创业空间很有必要。这方面需要高校予以重视,出台更加灵活、便于学生到科技园创办企业的政策和措施。这方面工作做得好,我国的大学也能够像斯坦福大学等国外大学那样,在大学科技园中产生很多有影响的创新企业。

创业教育还要求高校转变办学思路,与社会加强联系,使更多的金融、法律等资源进入学校,为创业服务。目前高校教师普遍较为缺乏实践经验,这就促使学校在体制和机制方面有所创新,使社会上经验丰富的"创业导师"走进学校,以多种灵活的形式到学校上课或任教。这也可借鉴德国大学的经验,对一些学科的教师要求有企业工作的经验。

总之,时代的发展,社会的进步,高科技的创新,经济制度的变革,孕育了一个需要创业的时代。大学生要适应时代的发展要求,响应社会变革的召唤。每一个希望实现自己价值、发挥自己才能的大学生都应在这样一个时代的大舞台上一显身手,创一番事业。

13.2 创业需要激情,更需要理性的创业规划

鼓励"大众创业,万众创新",不是说每个大学生毕业后都要去创业。的确,大学生创业有其优势,有激情,有专业技术,观念超前,敢闯敢拼,但创业仅有这些显然是不够的。有数据表明,近年来中国大学生创业的成功率不足3%,远低于其他人群的成功率,诸多小微企业都熬不过3年。

"创业比就业更难",这是因为创业是一个创造性劳动,创业需要各种各样的资源,包括资金、技术、政策、时机等。每个人的特点、素质、资源、时机、智慧和优劣势不同,所处的

环境都不同,创业成功的概率就不同,一旦有任何微小失误,都可能被放大,最终失败。所以,并不是每个人都适合创业,需要做好综合评估。

创业创新,需要足够的知识储备和市场经营经验以及一定的创业资本,而对大多数大学生来说,并不具备这样的条件。更重要的一个事实是,大部分学生在学校所学的知识和实践还有一些差距,创业过程中也不一定占优势,而且不少大学生是独生子女,动手能力不足,人际交往经验和市场经验缺乏,这时贸然去创业,就非常艰难,显然不是理性的选择。因此,学生创业之前应该做好应对各种困难的思想准备,理性做好创业前自我评估和职业规划。

13.2.1 创业之前要进行综合评估分析

1. 创业前需要进行职业生涯规划

对于一个立志创业的人来说,职业生涯规划与其创业规划在一定程度上是同一个东西。要制订一份好的创业规划,从原则上说,应该把握3个主要内容,严肃地问一问自己3个问题:自己能够做什么?社会需求什么?自己拥有什么资源?因此,就有必要进行自我分析、环境分析和关键成就因素分析。

(1) 自己能够做什么?作为一名创业者来说,只是知道自己想干什么,是不够的,更重要的是,应该知道自己能够做什么、做到什么。当然,这也是相对而言的,因为一个人的潜能是逐渐展现出来的。但是,一个人对自己的兴趣、潜能应有一个基本的认识,这是一项具有前提性的工作。

(2) 社会需求什么?一个人在明确自己想做什么、能做什么的同时,还应考虑社会的需求是什么这一重要因素。如果一个人所选择的创业领域既符合自己的兴趣又与自己的能力相一致,却不符合社会的需求,那么,这种创业的前景无疑会变得暗淡。由于分析社会需求及其发展态势并非一件易事,因此,在选择创业目标时,应该进行多方面的探索,以求得出客观而正确的判断。

(3) 自己拥有什么资源?要创业,就必然依赖各种各样的资源。创业者应该清楚地审视自己所拥有或能够使用的一切资源,是否足以支持创业的启动和创业成功之后可持续地进行。这里所说的资源,不仅指经济上的资金,还包括社会关系,即通过自己的既有人际关系以及既有人际关系的进一步扩展所可能带来的各种具有支持性的东西。

总之,一份创业规划必须将个人理想与社会实际有机地结合,创业规划同样能够帮助一个人真正了解自己,并且进一步评估内外环境的优势、限制,从而设计出既合理又可行的职业事业发展方向。只有使自身因素和社会条件达到最大限度的契合,才能在现实中发挥优势、避开劣势,使创业规划更具有可操作性。

2. 写好一份创业规划书

一份创业规划书能够在多大程度上取得实际成功,取决于它在多大程度上对以上3个内容进行了准确的把握,并进行了最完美的结合。

具体地说,一份创业规划书至少应该包括以下7个方面的内容。

(1) 确立创业目标和方案。一个人要把一个创业理想变成现实,首先就必须确立一个创业目标并制订一个总体计划。

(2) 制定创业原则和步骤。创业原则常常是在创业理念的指导下确立的,它会产生有效的创业实践构想,并使创业活动赢得新的资源。创业步骤把整个创业过程和有关阶段加以具体划分,但是,它在深层上仍然是创业目标、创业原则的一种体现。

(3) 创造创业的基本条件。要创业,从来不是等到条件成熟了之后才开始的。创造创业的基本条件,这本身就是创业的一个重要组成部分。这种条件既包括创业领域的内在条件,也包括创业领域的外在条件。

(4) 确定创业的期限。有必要制定一个关于创业成功的时间表,有的专家认为,创业期限以两年为最佳;换言之,创业者应尽量在两年内把创业的产品做成功。但是,创业环境和市场是处在发展和变化之中的,人的主观努力应尽量与环境的客观条件相符合。

(5) 提出好的创意。一个独到新颖的创业创意,能够较大可能地把市场的需求与产品的生产结合起来,从而形成一项新事业的生长点和扩展基础。

(6) 组织创业团队。要创业成功、创成大业,就需要一个团队的共同努力。在组建一支创业团队时,应该把团队精神或合作意识放在至关重要的地位。

(7) 选择风险投资者。首先要选择能够同甘共苦的风险投资者,以便在创业不顺利的时候,还能够继续得到支持;其次要寻找具有较大影响力的风险投资者,他的经验和力量本身就是一种重要资源。

3. 深刻分析创业面临的困难和问题

就大学生、研究生而言,由于其年龄、阅历与知识等方面的原因,其在创业过程中面临较多的心态、知识、经验、技术与资金等方面的问题。

1) 心态问题

拥有良好的心态,尤其是对创业风险具有清醒的认识,并充分拥有应对风险的心理准备,是创业成功的必要条件。但是大学生、研究生受年龄及阅历等方面的限制,未必对创业风险具有清醒的认识,缺乏对可能遭遇到风险的必要准备。在缺乏良好心态的情况下,创业前景也会受到相应的不利影响。

2) 知识限制

创业需要企业注册、管理、市场营销与资金融通等多方面的丰富知识,在缺乏相应知识储备的情况下,仓促创业不仅难以筹集到必需的资金,而且在残酷的市场竞争中也将处于劣势。

3) 经验限制

受年龄及相应学识的限制,大学生、研究生很难拥有关于创业的直接经验与间接经验,创业知识一般也限于"纸上谈兵",这种情况下学生创业及在公司运营中肯定会遇到各种不可预见的问题,以致创业困难。

4) 技术限制

理工类学生受学识的限制,掌握可创业技术的学生只可能是少数。而对于那些文科类学生来说,又很难掌握可以创业的技术。技术的缺乏直接限制了学生创业,在激烈的市场竞争中学生创业将遭遇较多的困难。

5) 资金问题

由于大学生很难有足够的创业资金,从社会上融资或获取无息及贴息贷款是必然选择。但是学生创业由于风险较大,难以获得必需的资金,而且一般在获取资金方面也存在两个问题:一是急于获得资金而不惜贱卖技术;二是过于珍惜技术而不肯作出适当的让步。这些问题都决定了大学生创业初期在资金方面难以获得相应的支持。

4. 进行创业前的自我评估

面对如上所述的众多困难,大学生要想减轻创业过程中的阻力,进行创业前的自我评估不失为一个行之有效的方法。

1) 要看专业是否适合

学生自主创业虽然存在很多未知数,除了要有生意头脑外,还要有资金、专业技术、创业背景、懂得市场运作,等等。但是,有些专业的学生或许会更加适合自主创业,如美术、装潢设计类的学生。由于专业的特殊性,他们的工作本身就是一种创作行为,只要具备一定的专业技术,反而不需要太多的创业背景和承担过多的风险。据悉,广东技术师范学院的艺术设计系把"项目设计"融入教学,从而带动学生自主创业。近年来,毕业生一次就业率都保持在98%以上,其中有近80%的毕业生实现了自主创业。除艺术类专业的学生外,自主创业以理科和经济类专业的学生居多。文科学生中也不乏自主创业的例子,如自由撰稿人、策划人、职业写手,甚至作家。文科学生的自主创业更偏向于自由职业一类,从这个角度上说,创业所需要的诸如资金、经验、市场等条件反而不会太苛刻,学生也较容易在刚出校门的"一穷二白"中站稳脚跟。

2) 综合考虑社会经验和实践能力

自己尝试办设计工作室的某师范学院学生认为,创业前的社会经历十分重要。他这样评价自己:"我绝对不是最顶尖的学生,就算是在我们系里,也有不少人比我强。我之所以比他们更敢走出这一步,主要是因为朋友较多、经验多些、懂一点儿法律知识。创业不仅仅是有专业能力就可以的,社会阅历、人际交往、客户关系、法律常识更重要。"创业是一个整合过程。它需要充分考虑各方面的因素,如果没有经验的积累,没有社会的支持,学生创业实际上是"独木难支"。相对于其他背景的创业者而言,学生最大的劣势就是社会经验的严重缺乏,所以学校应当理解、支持和正确引导学生创业。"把创业纳入学校的管理教育思路中,成了许多人的共识。"现在的高等教育更侧重于培养学生的知识和技能,毕业培训也千篇一律地指向就业,而在自主创新、自由创业方面显得较为薄弱。既然现在国家鼓励高校毕业生自主创业,那么是不是学校可以适当地在平常的教学中向学生渗透一些市场动态、融资、法律等知识,让学生慢慢树立起自己创业的意识与信心?还可以利用学校既有的资源优势和科研力量,再加入一些配套的思路,在一定程度上帮助学生实现自主创业。

3) 切忌好高骛远

学生自主创业容易产生好高骛远的心理,如把创业目标定位在需要一大笔启动资金的高科技大型项目上。这会给创业带来巨大的风险和压力。所以,学生应该选择一些低成本、低风险的小项目,放下架子去创业。一些家长也表示,资金困难、经验能力缺乏是高校毕业生创业面临的主要问题,建议高校最好设立学生"创业辅助机构",让毕业生更好地走上自主创业的道路。

5. 大学生创业前的知识积累和准备

大学生在学习期间对自我的将来要有一个初步的规划,如果选择自主创业,那么在各方面都要早做准备,要从多方面丰富知识、积累经验,提高个人的业务和管理本事,归纳起来主要途径包括以下几个方面。

1) 经过大学课堂、大学图书馆和网络媒介积累

大学生创业者经过课堂学习能拥有过硬的专业知识,一般经过教师的讲解和察看实例后,对所学知识能加深理解、记忆犹新,在今后的创业过程中将会受益无穷。另外,其能够针对性地到图书馆找一些关于创业理论方面的报刊和书籍进行学习,纸质媒体中的人才类、经济类等媒体是首要选择,如比较专业的《21世纪人才报》《21世纪经济报道》《IT经理世界》等。网络媒体中管理类、人才类,专业创业类网站是必要选择,如中国营销传播网、中华英才网、中华创业网等。此外,从各地创业中心、创新科技园、大学生就业指导中心、留学生创业园、科技信息服务中心、知名民营企业的网站等都能够学到很多的创业知识。广泛阅读能增加对创业市场的认识、拓展个人的思维方式、丰富个人的社会知识,提高自我创业的信心和决心。

2) 经过与政、商界人士广泛交流积累

一是大学生毕业后应多与自我创业项目所对应的政府部门取得联系,如工业、农业、商业、科技、创业办等单位。一方面深入了解创业政策及一些地方性规定,咨询大学生创业国家给予的相关优惠政策;另一方面经过推荐多参加一些政府和商界主办的讲座、经验交流会等活动,进一步拓宽人脉资源、信息渠道,很好地融入市场。二是经过电子邮件和电话请教崇拜的商界人士,或咨询与创业项目密切联系的商业团体,一般在初次创业中遇到困难和问题的时候,你的谦逊总能得到他们的支持。

3) 经过"曲线创业"积累

先就业再创业是时下很多学生的选择,由于自我各方面阅历和经验都不够,毕业后,先到相关的实体单位锻炼几年,积累必需的经验和知识再创业也是一个很好的选择。在工作中对企业产品的生产、人员的管理、公司的运作都有一个全面和深刻的认识与了解,同时能够利用与专业人士交流的机会获得更多的来自市场的信息和创业知识,对企业存在的隐患和问题以及加强和改善的措施都有一个准确的定位,从而有利于自我创业后举一反三。

总之,创业知识来自大学的学习、生活和社会各阶层的交流与实践,只要善于学习、刻苦钻研,总能找到施展自我才能的途径,但在信息泛滥的社会之中,"去粗取精,去伪存真",这是很重要的,善于学习和总结经验教训永远是赢者的座右铭。

13.2.2 创业成功的影响因素和风险分析

1. 全面分析影响大学生创业成功的因素

影响大学生创业成功的因素,大致包括以下5个方面。

1) 个人能力与素质

创业是一项非常具有挑战性的社会活动。由于其强烈的个体性色彩,因此十分强调创业者本身的个人素质和能力。毕业生要在真刀真枪的社会竞争中站稳脚跟,靠的只能是实力。没有实力,其他一切都是妄谈。只有创业的美丽梦想,没有足够的创业实力,创业永远不可能成为现实。而当毕业生的创业实力达到一定的程度时,他们会排除其他因素的影响,坚定地走创业之路。因此可以说,个人的能力与素质在创业过程中起决定作用,其他因素都是外因。

2) 个人的性格、气质、个性、爱好和特长

性格、气质、个性、爱好、特长与创业项目的结合,会为创业的成功增加重要的砝码。比尔·盖茨、杨致远所进行的创业项目,正是他们的爱好和特长,他们对其有着无比浓厚的兴趣,而且可以说,是兴趣引领他们开始了创业的脚步,他们在创业最初绝对没有想到未来是如此的灿烂。

3) 家庭因素

父母的价值观对毕业生的创业选择产生影响。父母鼓励孩子不要担心失败、大胆尝试、勇于开拓,那么受父母的影响,他们在选择创业时就会持更积极、乐观的态度。父母担心孩子吃苦受累,希望他们找一个安稳的工作,一步步发展,那么,毕业生就会在选择创业之路时更为谨慎。家庭的现实状况对学生的创业选择也会产生影响。家庭的经济条件较好,父母有着较高、较稳定的收入,不需要孩子在眼前给予照顾甚至可以给他们的创业提供某些方面的支持,那么,毕业生在选择创业时,就会更自主,敢于冒更大的风险;相反,如果家庭条件不太好,父母需要给予及时的照顾,那么毕业生就会更在乎创业的失败。听取父母的意见,考虑家庭的情况,这都是毕业生选择创业时必经的一环。事实上,父母的意见对学生创业选择的影响并不小,虽然已经成人,但是我国大多数大学生,即使已经进入硕士、博士学历学习阶段,仍然没有在经济上以至心理上摆脱对父母的依赖。

4) 学校因素

学校对毕业生创业的影响分直接和间接两方面。直接的影响来自学校针对学生创业推出的政策和各种教学、训练活动。间接的影响指学校所有的教育活动,尤其是以创新为主题的教育教学改革对学生创业潜移默化的影响。近年来,各高校已经注意到学校教育对学生创业的影响,并采取相应措施。

5) 社会因素

影响学生创业选择的社会因素有两方面:一是社会为学生提供的创业硬软件环境;二是学生创业的社会舆论。"硬"的社会环境主要指风险投资机构对学生创业项目的关注和扶持;"软"的社会环境是指与大学生创业相关的政策环境、法律环境、商业环境。除此之外,从众是人的正常心理反应,在年轻人中表现更甚。年轻的毕业生往往把周围同学朋友的观念、选择作为自己行动的有力参照,加以实践和效仿。所以我们说,第一代毕业生的创业路走得如何,对后来人的创业选择有着十分重要的影响。

以上5方面因素相互作用,对学生毕业创业产生影响。当前,对于毕业生创业,各方面的条件和环境还在逐步完善中。随着时间的推移,参与创业的毕业生越来越多,创业定将成为根植学生心中的一种成才模式、成才理念。

2. 大学生创业的风险分析

大学生创业者要认真分析自我创业过程中可能会遇到哪些风险,这些风险哪些是能够控制的,哪些是不能够控制的,哪些是需要极力避免的,哪些是致命的或不可管理的,一旦这些风险出现,应当如何应对和化解,需要异常注意的是,必须要明白最大的风险是什么,最大的损失可能有多少,自我是否有本事承担并渡过难关,大学生创业的风险综合起来主要有以下几个方面。

1) 项目选择太盲目

大学生创业时如果缺少前期市场的调研和论证,只凭自我的兴趣和想象来决定投资方向,甚至仅凭一时心血来潮做决定,必须会碰得头破血流,在创业初期必须做好市场调研,在了解市场的基础上创业。一般来说,大学生创业者资金较少,选择启动资金不多、人手配备要求不高的项目,从小本经营做起比较适宜。在调研中我们发现一个餐饮行业倒闭的原因是没有做好调研工作,其选择的餐饮位置地段较为偏僻,又没较广的人脉资源和固定的客源,在开张一年半后便只能另辟门路。

2) 资金风险

资金风险在创业过程中会一直伴随在创业者的左右。是否有足够的资金创办企业是创业者遇到的第一个问题。企业创办起来后,就必须研究是否有足够的资金支持企业的日常运作。对于初创企业来说,如果连续几个月入不敷出或者因为其他原因导致企业的现金流中断,都会给企业带来极大的威胁。相当多的企业会在创办初期因资金紧缺而严重影响业务的拓展,甚至错失商机而不得不关门大吉。

另外如果没有广阔的融资渠道,创业计划只能是一纸空谈,除了银行贷款、自筹资金、民间借贷等传统方式外,还可以充分利用风险投资、创业基金或者申请创业富民扶持资金等融资渠道。在 32 个大学生创业者中,有 8 人因懂创业政策申请到了 3 万~10 万元的创业扶持资金,在一定程度上缓解了企业资金周转的困难。

3) 社会资源贫乏

企业创立、市场开拓、产品推介等工作都需要调动社会资源,大学生在这方面都感到十分吃力。平时应多参加各种社会实践活动,扩大自我人际交往的范围。

4) 缺乏管理经验的风险

一些大学生创业者虽然技术出类拔萃,但理财、营销、沟通、管理方面的知识普遍不足,想创业成功,大学生创业者必须技术、经营两手抓,可通过合伙创业、家庭创业或开虚拟店锻炼创业本事,也可聘用职业经理人负责企业的日常运作。一些大学生创业失败者基本上都是管理出了问题,其中包括决策随意、信息不通、理念不清、用人不当、忽视创新、急功近利、盲目跟风、意志薄弱等。大学生知识单一、经验不足、资金实力和心理素质明显不足,更会增加在管理上的风险。

5) 激烈竞争风险

竞争在经济社会中是必然的,如何应对竞争是每个企业都要面对的事,而对新创企业更是如此,如果创业者选择的行业是一个竞争十分激烈的领域,那么在创业之初极有可能受到同行的强烈排挤。对于大企业来说,由于规模效益和实力雄厚,短时间的降价并不会对它造成致命的伤害,而对初创企业来说可能意味着彻底毁灭。所以,研究好如何应对同行的残酷竞争是创业者生存的必要准备。

6）团队分歧的风险

现代企业越来越重视团队的力量,创业企业在诞生或成长过程中最主要的力量来源一般都是创业团队,一个优秀的创业团队能使创业企业快速地发展起来,但与此同时,风险也就蕴含在其中,团队的力量越大,产生的风险也就越大,一旦创业团队的核心成员在某些问题上产生分歧不能到达统一,极有可能会对企业造成强烈的冲击。事实上,做好团队的协作并非易事,特别是涉及股权或利益分配等相关事务时,很多初创时关系很好的伙伴都会闹得不欢而散。

7）核心竞争力缺乏的风险

对于具有长远发展目标的创业者来说,他们的目标是不断地发展壮大企业,所以,企业是否具有核心竞争力就是企业能否实现长远发展的关键。一个依靠别人的产品或市场来打天下的企业是永远不会成为优秀企业的。核心竞争力在创业之初可能不是最重要的问题,但要谋求可持续的发展,就是最不可忽视的问题,没有核心竞争力的企业终究会被淘汰出局。

8）人力资源流失风险

一些研发、生产或经营性企业需要面向广阔的市场,很多的高素质专业人才或业务队伍是这类企业成长的重要基础,防止专业人才及业务核心人员的流失应当是创业者时刻注意的问题,在那些依靠某种技术或专利创业的企业中,拥有或掌握这一类关键技术的业务人员的流失是创业失败的最主要风险。

9）意识上的风险

意识上的风险是创业团队最内在的风险,这种风险来无形,却有强大的毁灭力。风险性较强的意识有投机的心态、侥幸的心理、试试看的心态、过分依靠他人、回本的心理等,这些意识作为一个新生企业来说都是要极力避免的。

3. 全面客观分析创业环境

作为当代的大学生、研究生,面对复杂多变的创业环境,要做到以下几点。

1）抓住机遇,顺应时代环境

我们面临着一个创业的好时代,这个时代有更多的机会让人们去选择自己的命运、去改变自己的命运。当机遇来临的时候,要注意从社会的需要中发现机遇,并围绕这种需要进行创造,以最快最有效的方式满足社会的需求。要通过踏实的工作来驾驭机遇,通过艰苦而诚实的劳动去获取成功。要在洞察和分析时代环境中创造机遇,并在进与退、得与失、成与败之中进行选择与整合,以便在新的需求即将出现的时候,或者市场的游戏规则即将改变的时候,抓住时机率先进入,以此获得先机及丰厚的回报。

2）把握地利,善用地域环境

无论是处于好的地域环境还是处于差的地域环境,都可以利用地域的特点和有利之处进行创业。在一些发达城市,创业空气浓厚,对创业的支持包容度大,许多学生创业者就是利用了这种地利,充分发挥自己的才干获得了事业的成功。但是,地域环境差的地方也有地利,是最需要建功立业的地方,穷乡僻壤有时也会变成创业的肥沃土壤。地域环境的地利,有的是比较明显的,有的则比较隐晦。

3) 善于经营,构筑物质环境

在现代社会创业,必须以经营为手段,最大限度地利用现有的物质资源,进行有效的管理与使用。只有这样,创业才能够健康发展。要充分利用国家政策法规获得物质上的实惠。要善于经营自己的"知本资源",懂得"知本"作价和股权比例等具体问题的操作程序,了解其中的游戏规则,以知识优势和技术成果去获取经营产权,善于获得金融支持体系的支持。

13.2.3 大学生创业必备的8项基本能力

大学生创业主体主要是由在校大学生群体和大学毕业生群体组成。现今大学生创业问题越来越受到社会各界的密切关注,因为大学生属于高级知识人群,并且经过多年的教育往往背负着社会和家庭的种种期望。在现今社会经济不断发展、就业形势却不容乐观的情况下,大学生创业也自然成为大学生就业之外的新现象。

创业是一条艰难但又充满激情的路。大学生创业需要具备哪些基本能力才能更有优势创业成功呢?下面中国教育在线就业频道为大家总结了大学生创业的8项基本能力。

1. 规划人生、制订计划

这一点对年轻人来说,是不容易实现的。尤其是大学生刚出校门,对社会和自己的认识还非常有限。要想清楚地知道自己以后发展方向在哪里,仅靠自身的苦思冥想是找不到答案的。最好的办法就是通过自己去观察别人,征求"过来人"的意见,再结合自己的实际情况制订一些小的目标,通过确定和实现这些小的目标,再慢慢地开始规划自己的人生。

在创业过程当中,要经常性地提前计划或规划一些事情。在制订计划的时候一定要综合各种因素,形成切实可行的动作分解,要将任何可能的细节都考虑在内。而在实施的过程当中要针对当下的具体情况适时做调整。运营需要强有力的计划管理能力,只有具备这一能力才能让自己更靠近成功创业之门。

2. 胆识和魄力

作为创业者,你就是团队的灵魂。团队运营后,甚至在筹备之初就会面临各种各样的决策,你的一举一动都左右着创业的发展走向和兴衰。前期创业者可能会广泛地征求亲朋好友的建议,一旦自己能够独立自主,就必须通过自己的智慧和胆识去决定各种大小事务。在自主地作出决策时,谨慎是必不可少的,一旦优柔寡断可能就会失去一个绝佳的商业的机会。同时,决策的胆识和魄力一定是要建立在深思熟虑的基础之上,既要选择风险小,又要兼顾利益最大化。

3. 团队管理、信息管理、目标管理

任何创业都如同经营一家企业,需要制定各种制度。制度不在于多,而在于是否让所有相关人都明白其道理,并且严格执行。创业者需要针对自己团队实际情况建立各种有效的管理制度,包括店员管理、培训、绩效考核等。同时,针对市场的不断发展变化而改进相应制度,只有这样,才能够让创业者及其团队立于不败之地,拥有发展的主动权。在此想提醒大学生创业者,在制定和改进管理制度的时候,一定要从客观事实出发,而不要想当然，要极力保证制度的可实施性。

创业者每天都会通过不同渠道接触各种信息，如竞争对手又开始降价了；明天要下雨；厂家又有新政策等。如何从大量的信息里筛选出与自己相关的，再从与自己相关的信息里找到有效的，这需要长时间的锻炼。只有正确有效的信息才能指导自己各项工作有序开展。对于大学生创业者而言，由于缺乏大量的社会实践经验，所以在接触各种信息的时候，难免会有失偏颇地做一些决定。在创业者对信息无所适从的情况下，可以向过来人进行请教，加以甄别。要在观察和请教别人的过程当中，不断提高自身管理信息的能力。

开店创业必须有明确的目的性。在不同创业阶段需要制订明确的目标，把目标进行细致化的分解。一个团队要想得到长远发展，必须得有长远的发展目标，长远的发展目标又可以按阶段分解成不同的小目标，而这些小目标又可以分解到每个相关人。在这个过程当中，作为创业主导者，就需要对不同的目标进行统筹和管理。

4. 谈判

在创业者人际交往过程当中，与人谈判的情况必不可少。谈判对创业者的要求是综合多面的，需要创业者有一定的语言能力、心理分析能力、人文素养等。要想在谈判当中占得主动地位，必须有很强的谈判能力。杰出的谈判能力能够让创业者在谈判过程当中直接获得更多的利益。

5. 处理突发事件

创业过程当中，会不可避免地发生一些突发事件，而其中很大部分都是我们想避免的。然而当事情发生的时候，需要我们更为积极地应对。如果这些事情发生在创业者与顾客身上，处理得当的话，还能起到广告效果。用心的服务会向顾客传递一个负责任的形象。"好事不出门，坏事传千里"，任何一个突发的事件，稍加不注意，都会使自己的形象一落千丈，甚至砸掉招牌。处理好每次的突发事件，化险为夷甚至通过这些事件的妥善解决，让顾客更加认同你或者你的团队，再借由顾客之口，为你不断传播好口碑。

6. 学习

现代社会要想取得不断的成功，必须具备持续的学习能力。市场和行业的竞争日益激烈，大到一个企业，小到个人，要想力争上游，那就必须比竞争对手更快地掌握更多的知识，通过不断的学习使自己处于不败之地。对于大学生创业者而言，除了书本的理论知识，更要重视培养其他方面的综合能力。

7. 社会交往能力

良好的人际关系，不仅能给人生带来快乐，而且还能助人走向成功。大学生创业者在开始创业后必将会接触到各种不同类型、身份的人，而接触的人大多都是跟自己的利益攸关的。所以从创业最开始就要学会跟各种人打交道。要尽可能地去结交人脉、认识朋友，舍得给自己投资。在与前辈的交流和学习当中不断认识到自己的不足，针对性地加以完善。

8. 保持身心健康

创业者经常是要与孤独和挫折为伴，绝大多数的创业过程不是一帆风顺的。时下流行一个词——"逆商",也就是说人适应逆境的能力。创业者如何保持乐观而稳定的心态,需要在长时间的历练当中找到方法。而大学生创业者一般都比较心高气傲,有着强烈的自尊。建议大学生创业者一定要放低姿态,平静地去接受一切可能的打击。同样,在得意时,也要克服骄傲的情绪,切不可沾沾自喜、妄自尊大。

身体是革命的本钱,创业者只有身体健康才能够支撑一切的打拼和奋斗。为事业拼搏而废寝忘食的精神非常值得肯定,但是终究不能视之为常态。大抵年轻的创业者都精力旺盛,一旦投入工作中很难自拔。在创业的过程当中一定要注意劳逸结合,切莫因为太拼而让自己的健康状况下滑。

13.3　学生创业的成功之道

13.3.1　融入社会,修炼自我,把握机遇

学生完成学业并就业后,如果是在已有企业的岗位上施展自己的才华,以求生存和发展,工作中只需要考虑如何履行好本岗位的职责,通常不需要考虑企业人、财、物的管理,协调企业的发展,除非通过努力达到了一定职位。而创业则完全是从零开始,从设立企业的可行性研究分析到筹备、运作,都必须按照自己的意志和实际能力去设计、把握事业发展的进程。这就需要创业者有远见卓识、超人的智慧以及挑战风险的勇气,并能把握自己的实力资本。此外,还需要创业者不断了解市场的竞争态势,及时调整应对策略,力求将风险转化为机遇。

为了获取经验,毕业生应该树立起"先就业,后择业,再创业"的新意识,走一条面对现实、降低起点、先融入社会再寻求发展的道路。"先就业,后择业,再创业"就是指学生毕业时,只要有条件基本认可的单位接纳,就应该采取先工作的方式,实现就业。工作一段时间后,如果认为工作不合适,可以重新选择就业。有了一段就业和择业的工作经历,自己各方面的能力都会有所提高。当具备创业的自信心和一定的主观条件后,客观上时机也到来时,就可以考虑走创业这条路。这是一种完善自我、减少风险的好方法,但也不能苛求每个毕业生都这样循规蹈矩。有一定知识产权、发明创造的毕业生,可将自己的技术作为资本投入企业或自己开办公司直接进入创业阶段。对大多数毕业生而言,通常都有一个"先就业,后择业,再创业"的过程,这种就业观是以职业流动观、创业观等现代就业观为基础,并符合市场经济环境下奋力拼搏、追求发展、事业有成的鲜明写照,是人生事业追求的"三部曲"。

1. 进入欲创业的行业了解现状

当你确立了创业志向后,不一定能立即实现,除了创造必需的条件外,还必须在思想上做好准备。首先,要有创业的坚定信念。因为一个人的信念具有不可思议的力量。对自己的人生态度,可能会产生巨大的力量,也可能会使人裹足不前。其次,要树立终身创业的意识。创业就是激励自己,开发自己最大的潜能,发现和挖掘通往成功的潜在时机。创业就是创造,创造新的就业岗位,创造新的成功机遇,创造新的富有挑战性的人生。只有立志不断创造,才能提高创业成功的概率。最后,勇敢地走向市场、走向竞争。在瞬息

万变的社会,只有适者才能生存。因此,为了达到上述目的,必须一步一步地进行心理激励并重新认识自我。有了创业的志向,但主客观条件不具备时,可以先就业。即使从事的工作与创业的志向不一致,也必须为了解决基本生活问题先稳定下来。当基本生活有了保障,并对现有工作不满意而再择业时,应进入欲创业的行业,目的是观察、了解和熟悉该行业。因为对特定行业熟悉是创业成功的基础。仔细观察各行各业,赚钱的关键只在"熟悉"二字。熟悉一个行业到一定的程度,研究它的规律,具备比较成熟的业务关系和一定量的资金,就可以自己创业了。

有一条规律对有志创业者是有用的:一年入行,两年入门,三年有小成。如果不敢确定自己是天才,那么熟悉欲创业的行业,选择创业时机,预测创业结果,最终付诸行动,这条规律人人都可以用来参考。

由此可见,创业成功者的秘诀就是对行业的熟悉再加上勤奋和自信心。所以不要担心自己不如别人聪明能干,因为多数人的智商差别不大。许多工作、许多行业需要的是熟悉、熟悉、再熟悉,而不是天才。只有熟悉以后,才能总结出规律,找到成功的诀窍。

2. 在实践中修炼自我,选择时机

对欲创业的学生而言,修炼自我的过程,单凭在学校中的学习是不能完成的,也很难有条件在自己的企业中完成,绝大多数人只能通过打工的方式在别人的企业中完成,这是修炼的基本途径。

如果正在适合个人创业的小公司、小企业中工作,那是最好不过的。你可以将所需知识和经营运作的各个环节全面熟悉,而不会有盲点。熟悉之后要面对特定行业,全面分析,以研究自己的长处和不足,并确定适合个人特点的做法。更为可取的是,老板赔钱,就是在为你的成功准备经验。你有充分的资料和机会来研究行业成败。这些资料和机会是外面的人永远得不到的。你是在内部,用一个老板的眼光研究这些资料,是在为自己做实战演习。你还有足够的机会与老板交流,这是你向老板学习的最好时机,他想保守一点行业机密都不可能。因此,不要怕与老板交流、谈心,也不要不想、不敢说出内心的真实想法,但要注意分寸,不要忘记你的身份,你是打工的,不能因为自己是大学毕业生而显出比老板高一筹。在小公司,鉴于小老板个人的经历,他只会相信自己,因此你也不要心存什么幻想。在理智的思想指导下,你才会尽快学到想要的东西。有朝一日你成为老板,也会面对这个问题。

欲创业的学生具体应从哪些方面修炼自己,掌握创业的本领呢?

(1) 了解和熟悉企业产品的生产工艺、原材料购进渠道、产品的销售渠道。这是欲创业的学生应具备的基本常识,即明确生产什么、如何生产、原材料从何而来、产品又如何销售出去等问题。

(2) 了解该企业产品的特点、优势与劣势。不同的企业生产的同类产品,除具有共同的基本功能外,通常都有各自的特色。你应通过比较分析,博采众长,设计出更能满足消费者需要的产品,为创业做好产品准备。

(3) 了解企业的机构设置和管理方式。管理界有一句话:"管理无定式。"意思是说企业的管理没有固定的模式可循,因为不同行业、不同产品、不同的技术条件,甚至不同的地域和人文环境都会影响管理方式与组织机构的设置。所以,对未来企业的管理设想不能局限于理论或某一企业的模式上,应了解现有企业的管理状况,分析不足,总结归纳,为欲创企业的管理做准备。

(4) 预测市场前景。在企业各部门工作可以有机会观察市场的需求变化,预测产品的市场前景。因为任何一种产品都有其生命周期,在产品成长期进入该行业风险最小。了解和掌握了这些规律,就会为成功创业打下良好的基础。

通过这一过程的锻炼,熟悉和了解了该行业的现状及未来发展前景,当时机成熟时,就可以自立门户。

3. 以小博大,借鸡生蛋,积小利求大成

自己创业,获取财富,最省时省力的办法就是以小博大、借鸡生蛋。这也是白手创业的必修课程。

初创业的人往往资金有限、经验不足,有了机会,却没有力量去干。在这种情况下,最好能借鸡生蛋,即利用别人的资金关系、组织机构、人员去做事,事成之后参加利润分成。人们各有各的优势。有的人有销售渠道,有的人有方方面面的关系,有的人信息灵通,有的人掌握着新产品的技术秘密,有的人有很好的主意。在这种情况下,初创业者可以用技术、信息、销售渠道、关系网、智慧做股本与他人合作,得利后按比例分成。这样做虽然不如独自做获利大,但可以化解风险,同时也可避免受自己资金数量小的制约。

经济生活中有这样一条规律,风险与收益是成正比的。一般来说,风险大,收益也大;风险小,收益也小。例如,市场上一种新产品或服务的出现,通常会产生两种截然相反的结果:一种是企业提供的产品和服务供不应求,价格必然高于价值,收益也大;另一种是企业提供的产品和服务,由于各种原因得不到消费者的认可,就可能产生投入资金后没有收益甚至亏损的结果。这就是风险所在,也是大多数人望而却步的原因。对于已经有了一定基础,且有多项业务的公司,为了赢得较多的利润,有时冒点风险是必要的,也是可以承受的。如果企业搞的是多元化经营,东方不亮西方亮,这儿赔了,那儿却赚了,企业还可以生存下去。但是,对于初创业者来说,应该尽量避免做风险大的事情,应将为数不多的资金投入风险小、规模也较小的事业中去。先赚小钱,再赚大钱,聚沙成塔,滚动发展。等资金雄厚了,再干大事业、冒大险、赚大钱。

4. 在"冷"与"热"上寻求机会

有市场需求,而目前又没有多少人干的"冷门"行业,风险小,盈利大,是创业初期可供选择的行业。当然,从事"热门"行业也可以创业赚钱,不过要在需求达到高峰之前。需求高峰一过,赶快抽身,不要陷在里面。这需要较高明的决策艺术。

创业之初为了保证稳定的利润,最好瞄准"冷门"和即将成为"热门"的产品。在看不清的情况下,不要轻举妄动。如果一开始就加入竞争激烈的行业,可能会因实力、经验不足而在竞争中败北,出师不利,落得"赔了夫人又折兵",从此一蹶不振。

5. 发挥自己的知识优势

随着知识经济的到来,人类社会将进入知识社会。知识创业是促进科学技术进步和高新技术产业化的决定性因素。经济的知识化和知识的资本化使创业行为发生在社会生活的各个角落,使创业成为更多知识工作者的最佳选择。在科学技术日新月异的今天,无

论是创业行为实现的价值或是实现这种价值的机会,几乎都是无限的。计算机、通信等信息技术的发展,改变了人们对时间、空间、知识(智力)的理解,同时也改变了人们对需求、市场、管理、价值、财富等概念的基本认知。人类正处于知识经济时代,这使创业形式也呈现出多样化的趋势,一些新的创业形式纷纷出现,包括大公司创办的小公司、学生创办的公司、个人公司、为一个客户服务的公司,等等。毕业生作为知识工作者中的一分子,在创业过程中应充分发挥自己的知识优势。

在知识经济时代,知识工作者的创业优势主要有以下几点。

(1) 创业将更加容易。由于信息产业的出现与壮大,人们获取市场信息更快捷、更容易。技术的日新月异、市场的快速变化、人们生活节奏与方式的变化,使创业机会大大增多。根据市场的需要、企业的需要以及技术的进步进行创业构思并实践,是每个人都能做到的。在知识经济时代,只要有愿望,人人都可以找到创业的机会。

(2) 创业使得学生与教师、学习与工作、企业与社会的界限更加模糊。当今,知识的快速更新要求人们在工作中不断学习,使以往存在于人们头脑中的"学习是吸纳知识,工作是使用知识"的简单认知发生了改变,学习与工作的界限逐渐模糊。这在美国硅谷的企业以及中关村的高新技术企业中体现得很明显。由于企业与社会界限的模糊,出现了许多创业的新模式。例如,在公司内创业、公司鼓励与吸纳新创企业、公司支持员工在社会上创业等。

(3) 创业与成功的距离更拉近了。由于创业环境大大改善,创业所需的信息可以快捷、低廉地获得,创业所需的资金也可以从风险投资家那里得到。同时,企业孵化器和创业中心的大量出现,加之资本市场的发育成熟,使得从创业到成功、从投入到回报所花费的时间比以往任何时候都短。

(4) 创业的源泉大大增加了。由于知识与技术获取渠道的增多,技术发明者与技术掌握者已经不是主要的创业者来源,知识与技术能够面对更多的人,创业行为将更加普遍。

(5) 利用技术或构思进行创业将更加普遍。创业团队的概念将被普遍接受,创业团队是拥有技术、管理等各种专门技能的创业人才的自愿组合。创业者在形成基于市场需求的创业构思后,无论他是管理者还是技术掌握者,都可以去寻找技术掌握者或管理人员从而形成创业团队。

13.3.2 谨慎选择,注重开局,力求成功

1. 谨慎选择行业

特长是一个人最熟悉、最擅长的某种技艺,它最容易表现一个人在某一方面的能力和才华。事实证明,能够发挥自己最大特长的事业是最容易取得成功的事业。因此,当选择了能够发挥自己最大特长的事业时,实际上就意味着已经在创业的道路上步入成功的开端。那么,如何将特长作为创业时选择行业的依据呢?

(1) 弄清楚自己有哪些特长。无论自己的特长是不是自己的爱好,都要清清楚楚地了解它。有些人可能说,我什么特长也没有。其实这些人并不真正了解自己,因为不管是什么人,都有一定的特长,没有任何特长的人是没有的。只要认真地去发现和挖掘,就会

发现自己的特长,如善于唱歌、善于写作、善于用人等。不要小看这些特长,它们有时会使你获得意想不到的收获。所以,在走向创业之路之前,首先要尽可能诚实并客观地回答这样一个简单的问题:我究竟有哪方面的特长?我的这些特长能作为我创业时选择行业的依据吗?了解自己的特长,并确定这些特长是否你的爱好,就可以很从容地对自己将要从事的事业作出选择。想一想自己周围的或从书上读到的有关创业的成功经验,很多人似乎都是在创业活动中发挥了自己的特长。如果想成功,就应该向他们学习。

(2) 选择特长中的特长。一个人往往具有许多方面的特长,如喜欢写作或擅长进行商业咨询以及生物学研究等。在选择创业行业之初,往往觉得有些眼花缭乱,可能将自己所有的特长都在心中设计成创业的各种方案,但要在多个方案中作出优化选择似乎并不十分容易。其实,选择方案的过程就是对自己的选择过程,即在许多方面的特长中,选择自己特长中的特长。这样就可以把自己的最大特长转化为创业行业,并在创业致富的道路上不断走下去。什么是特长中的特长?就是最能体现自己创造力的特长,它不仅仅是自己所熟悉的某种手艺或某一方面的知识,还包含着自己的兴趣。如果在选择创业时,将自己最感兴趣的、能够体现自己创造力的特长作为首要选择的目标,那么,创业就不会轻易地失败。

此外,在多种特长中,选择了自己最好的特长作为创业之始,就会由于自己的特长得到了淋漓尽致的发挥而处于高度兴奋之中,灵感会不断地涌现,从而使自己不断地创造出能够为自己赚钱的好主意。而且,创造力越是丰富,获得新的创意的可能性也就越大,而新的创意会使自己走向成功。

如何选择创业行业,并没有统一不变的固定模式。不同的人,所处的社会环境不同,选择创业行业的标准也不同。创业行业的选择,不仅仅是一个理论问题,更重要的是一个实践问题。当然,创业行业的选择还有许多应该考虑的因素,例如,社会风尚、国家关于创业的有关法律政策和个人的投资能力、资金状况,等等。实践证明,在"八仙过海,各显神通"的创业大潮中,凡有一技之长者往往独占鳌头。

2. 精心制订开局方案

创业开头难,开个好头更难。开头顺利会增强自信心,就可以继续干下去,随着经验的日趋丰富、实力的日益雄厚,事业越干越大,再做起生意来就会更顺利、更容易。如果开头就出师不利、赔了钱,就会对创业丧失信心。其实,对开头是否能干好过分担忧、过于恐惧也是不必要的。

(1) 头三脚不好踢,是正常的。古人云:"不入虎穴,焉得虎子。"搞科学研究,一开始也是不知所措。经过一次又一次的失败,逐渐掌握了事物运动的规律,成功的概率大了,失败的概率就小了。什么事都是由不知到知,由知之不多到知之甚多,这个过程就是不断失败,而后取得成功的过程。创业或干其他事也是一样,因为经济活动是复杂的,如果人们对经济活动的规律缺乏认识,不按规律办事,当然要栽跟头,开始时人们对经济活动规律的了解必然是较少的,因而会干出一些违背规律的事情,失败的概率大一些,这不奇怪。即使对经济活动规律较为了解的人,由于经济运动过程中起作用的因素多,某种突发性、偶然性因素的作用,也会使结果与预期不一致。因此,创业就要准备"交学费",不然,就不能从市场经济的"大学校"毕业。如果怕失败、怕栽跟头,就很难实现创业目标。由此看来,先应有这样的心理准备:宁愿多考虑失败了怎么办,而不要把开局设想得过于美妙。这样,即使开头不顺利,也不会就此一蹶不振,而会振奋精神、总结经验、接受教训,由不会做生意到会做生意,由赔钱到赚钱。

(2) 经济活动毕竟是有规律可循的,只要认真地研究与观察,经济活动规律是可以被认识的。按照规律办事,在一开始可能取得成功,即使不成功,也不会败得很惨。在创业初期受挫折的例子固然有,但是,一开始就旗开得胜的先例也不是没有,事在人为。

3. 行动是成功的先导

我们每个人都崇拜成功者,尤其在小的时候,可长大后却发现许多成功者原来只是曾经生活在我们身边的普通人。我们很了解他们,如果抛开媒体的渲染,要我们崇拜他们,还真不知崇拜什么。何况他们中还有人曾经崇拜过我们中的某个人呢。但他们毕竟不平凡了,毕竟与我们地位不同了。为何如此?他们比我们聪明或者条件比我们好?当我们冷静地思考后,发现答案只有一个:他们不懈地行动了。行动使他们增长了才干,行动使他们获得了成功。特别对于为人处世,即与人交往的学问,实践才是最好的导师。毛泽东曾说:"你要知道梨子的滋味,你就得变革梨子,亲口吃一吃。"要获得创业的成功,就要亲身去实践。我们应该崇拜成功者,崇拜他们敢于行动、不懈行动的精神。有行动才可能有成功。行动说起来容易,做起来却很难。行动就要克服懒惰,行动就可能遇到难以想象的困难和挑战。能行动也是一种能力,行动才是对你是否真正具备自信和勇气的严峻考验。要不为什么将那些卓越的行动者称为行动家呢?有许多次我们都被名人的事迹感动得热血沸腾,浑身充满力量,恨不得马上就去大干一场。但可惜的是这些想法如大海的波浪,来得快,去得也快。思想上的震撼、情感上的激动都只是短暂的,作为一个立志创业者,真正重要的就是行动。有了以上思想准备和认识,就可以做开局方案了。创业的开局方案是以可行性研究的结果为基础制订的创业实施计划,一般应包括以下步骤和内容。为了保证创业投资行为方向的正确性,要对投资项目的必要性、可能性和经济效益进行认真分析,落实项目的可行性研究,投资在项目的建立和选择的过程中是由浅入深、由粗到细分步完成的。首先是机会研究,即创业者对投资的初步设想所进行的概括性分析,以便确定投资的必要性和可能性的基本因素;其次是初步可行性研究,它是在有了项目概貌的基础上,对关键性的问题进行专题研究,如市场的需求问题等;最后是详细进行可行性研究,它是在认真调查、掌握足够信息资料的基础上,对项目进行系统分析,其结果应是诞生一个或几个认为较优的方案。创业者通过对不同方案利弊的比较,进行选择决定。

13.3.3 学生创业应该始于熟悉和擅长的领域

学生创业有优势,也有局限性。学生思维活跃、充满活力、喜欢接受新鲜事物,学校的学习使大学生具备了一定的专业知识,但由于没有进入社会,商业意识、社会经验、企业管理、财务及营销等方面的技能都比较欠缺,因此学生在创业方向的选择上应扬长避短,寻找适合自己发展的道路。以下几个创业领域较符合学生的创业特点,不妨尝试一下。

1. 科技成果研究

大学是科研成果和科技人才聚集的地方,曾经出过不少科技创业的成功人才。作为学生,如果自己在某一领域有科技成果,则可以利用自己的成果走科技创业的道路。这里要注意的是,在进行科技创业时,要充分利用学校的资源,包括科技成果、技术、设备、老师、同学等;另外要注意的是,要将科技成果转化成商品,这是用科技成果创业成功的一个重要因素。

2. 科技服务

学生根据自己的兴趣爱好结合专业可以做出一些科研成果,但这些科研成果往往难以转化成商品,更无法直接用于创业,我们的一些企业,特别是一些大中型企业会有许多科技难题,学生可以通过老师、学校加强与企业联系,将企业难题作为科研课题,为企业提供科技服务。如果某项科技服务成果能成为大企业一个长期的配套产品或服务,这就将为创业者奠定一个稳定发展的基础。

3. 科技成果应用

大学的许多科技成果是与我们的生活息息相关的,但缺少应用方面的开发,许多都被束之高阁。学生可以利用自身的知识及学校资源,进行科技成果的应用开发。这里不一定把眼光放在能改变社会生活的大项目上,只要能找到与人们日常生活相结合的一个点,小商品就可能做成大市场,比如,我们把食品科技的成果用于休闲食品领域,把种植、养殖方面的科技成果用于家庭种花、养宠物,把材料表面处理新工艺用于工艺品、饰品,等等。

4. 智力服务

随着社会经济的发展,服务业在我们的生活中已占有越来越重要的地位。学生创业应发扬自己的知识优势,选择一些需要知识和专业的智力服务,如翻译、计算机维修维护、家教培训等,或把软件设计应用到一些传统行业、中小企业、商务及商业连锁领域中。

5. 电子商务

现在网络已日益普及,成为人们生活的另一个舞台。电子商务成本低,不受时间、空间限制,学生从小就学习和使用计算机,他们可以用自己的知识技能进行网上创业,做电子商务。在这方面学生不应停留在网上开店、买卖传统商品上,而应该结合自己的特点提供一些网上智力服务,或一些有创意的电子商务。例如,学国际贸易的可以通过网络寻求国际订单,为传统行业提供网络销售,为需要"走出去"的中小企业提供外部信息,建立虚拟办公服务,等等。

6. 创意小店

学生年轻有朝气、思维活跃,喜欢接受新鲜时尚的东西,小店的经营相对简单,对社会经验、管理、营销、财务要求不高。因此,学生可以发挥自己的特点在这座日新月异的国际化大都市开一些有创意的小店。例如,创新的蔬果店、甜品店、幼儿绘画坊、成人老年人玩具吧、绣品工艺品DIY(自己动手做)店、个性家饰、饰品店、美容美发吧,等等。

7. 连锁加盟

连锁加盟是一种成功的商业模式,发达国家的连锁加盟在商业经营中占有很高的比例,在我国,连锁加盟的比例不高,还有很大的市场空间。连锁加盟可以为加盟者提供成功的模式和经验。对学生来说,通过连锁加盟形式创业,可以弥补自身的不足,快速掌握经营所需的经验和知识,降低风险,提高创业成功率。通过连锁加盟创业的关键,是要寻找一个连锁加盟体系相对完善、适合自己的项目。

以上所说的一些创业方向,比较符合学生的特点。随着大学精英教育向大众教育转变,学生的就业也将从学历就业转变成能力就业,创业将成为就业的一种选择。生存型的创业将逐步成为我们的一种选择,因此,为了明天更美好的生活,学生应做好全方位的准备。

13.3.4 学生创业如何避免没有实践经验

当前,很多学生把创业当作实现人生理想的最好途径,既可避开就业压力,又可自由发挥自己的综合能力,何乐而不为?有同学说,创业固然需要很强的综合能力,但可以一边创业一边锻炼,没有相关实践经验无所谓,只要创业项目有市场就可以操作。是的,有市场的项目就有可能盈利。但是市场竞争非常激烈,在你看好一个项目时,稍有风声,就会有人跟风,只要别人的各方面经验高于你,那你的项目就相当于是为别人做了嫁衣。有无经验不能决定是否创业,却能决定创业是否成功。那么,如何避免创业经验不足呢?

1. 利用大学社团得到实践锻炼

学校社团的任何一项活动,从策划到最后实现是个综合过程。参与全局,体验全局,可锻炼组织、协作、资源利用等能力。这是锻炼综合能力最基本的途径。

2. 利用大学课余和寒暑假实习

现在社会留给学生的实习机会很多,利用实习可充分锻炼自己的综合能力。市场调研、销售、组织、人力资源管理、财务管理、物流管理等各方面能力都可以在实习的过程中或多或少地得到锻炼,加上相关书籍的对照学习,积累经验是完全可能的。学生实习的实际工作往往都是烦琐或者重复性强的工作,但不能小看这些工作。例如,做销售,在此过程中,学生可以获知消费者的消费能力、消费观点、对公司产品及市场相关产品的评价等,掌握市场消息、预测市场需求、洞察市场空白,以市场指导生产。如果担任市场销售的学生团队领导,还可以借机向公司相关销售人员讨教经验、申请到生产现场参观等。担任学生领导,可以带领学生充分发挥团队协作能力,超额完成任务,积累人员管理、物流管理、财务管理等方面的实践基础经验。以后,从事相关的项目创业,在市场方面便有了对照和参考。在其他内容的实习实践中,同样可通过简单的工作综合积累相关经验。

3. 参与学校的科研项目获取实践经验

参与学校科研项目的学生,有更多接触项目导师的机会。项目导师跟社会的接触往往很紧密,学生在导师那里能学到很多实践经验。参与科研项目,能通过实验充分锻炼动手能力,找出创业金点子,锻炼策划能力。

4. 毕业后在企业实际锻炼

企业就是个实际创业团队,在这个团队里,锻炼能力积累经验都是可取的。但在企业里,要想独立创业,还需要善于发现全新的创业点子,或在所在企业市场空白处找到创业契机,或自己组建的团队能力强于所在企业的团队,那么独立创业才会有成功的可能。

"眼高手低,纸上谈兵"是一些急于创业的学生的特点,经验不足,缺乏从职业角度整合资源、实行管理的能力,是学生创业失败的一个重要原因。因此,要做成功一个项目,没有实践经验则无必要盲目尝试,没有在人生独立之初就体验重大失败的必要。

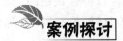

1. 为什么说创业是高难度的职业生涯规划?
2. 大学生创业有哪些优势和劣势?如何提高成功率?
3. 创业者需要具备哪些基本素质?
4. 谈谈你对"大众创业,万众创新"的大环境的认识,你如何顺应这个时代潮流?

陈欧从 GGgame 到聚美优品的创业之路

即 测 即 练

第14章 职业生涯规划与投资理财规划

14.1 生涯发展需要投资理财规划支撑

人不理财,财不理人。投资理财已经成为现代人不可忽略的技能,但是,很少有人意识到,投资理财与职业生涯规划是密切相关的。一方面,职业是大多数人收入的主要来源、安身立命之基,规划好职业,也就相当于理好了财,如跳槽也是有成本的;另一方面,无论是幸福生活还是生涯规划都需要资金支持,没有钱,许多生涯目标就实现不了。俗话说,钱不是万能的,但没有钱是不行的。虽然钱不一定能够买来幸福,但没有钱就没有实现幸福生活的经济基础。常听到一句话说:能赚钱是一种能力,会花钱是一种水平,而懂得投资理财最能反映一个人的花钱水平,而且投资理财也是一种赚钱能力的体现。在通胀持续的当代,如何使自己的财富跑赢通胀,既让自己的财富不贬值,又能很好地规避风险,这是职场人士一生都需要处理好的问题。因此,处在不同职业阶段的职业人士,应该学会把自己的职业生涯规划与投资理财规划紧密结合起来,这样才能在生涯发展中实现理想的"滋润"生活。

14.1.1 长期投资理财规划与生涯发展

1. 投资理财规划的长线思维

每个人的一生都是在赚钱与花钱中度过的,从独立生活起,就面临着投资理财的挑战。职业生涯规划偏重于个人的职业生涯发展,通常以18岁为出发点,从学业、职业的选择到家庭、居住、退休等的抉择,好比是人生之旅的预订行程图。如果把职业生涯规划与投资理财规划有机结合起来,可以帮助我们预先规划人生处在哪一站、从事什么职业、大致收入是多少、住哪里、拥有什么样的生活水平、有多少家庭成员等,并将其转化为投资理财目标的数据,合理地算出一生中要花多少钱,一生中有可能赚多少钱,平衡一生的收支差异。

俗话说得好:赚钱一阵子,消费一辈子。在人的一生中,从出生到成年这18年中,我们有长辈关照;之后,如果我们能一直工作到60岁,那么这42年都是为将来做准备的;60~80岁这20年里,如果以每月2 000元的生活水准计算的话,我们需要48万元的养老金,这还不算上80岁之后的用钱期。如图14-1所示。

如果一个人对未来每月2 000元的生活水准充满恐惧,现在每月挣4 000元还觉得不够花,那么他将来的生活水准就要设定在这个基础之上,现在他就得挣8 000元、10 000元。如果他还打算深造学习、成家立业、教育孩子、购买房产、投资、旅游,那么这个数目就远远不够了。怎么办?一方面,提高职业能力,进而提升职业工资收入;另一方面,学会投资理财,树立投资理财的长线思维,做好长期投资理财规划,让钱生钱。

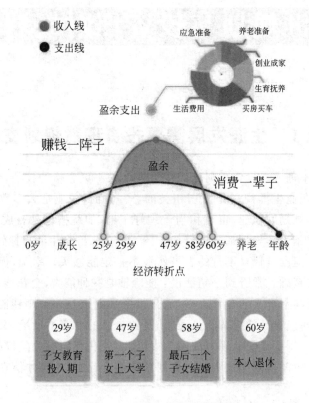

图 14-1 人的一生收支曲线图

长期理财规划关系到一生的幸福,财富让我们自由、安全,获得尊严、责任以及生命价值,也让我们的职业生涯规划发展有经济基础支撑。

个人长期的理财规划要有长线思维,重点是挣、赚、省、防的紧密结合,在获得财富和控制风险中寻求平衡,如图 14-2 所示。

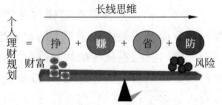

图 14-2 个人长期理财规划

挣:靠自己的劳动和时间去获取财富。要增进自己挣钱的能力、保持体力,提升专业能力,发展人脉。

赚:靠自己的钱,利用自己或别人的智慧和时间去获得财富。要选择好的金融机构,选择好的金融产品,设立稳健的投资组合。

省:做好支出管理,要养成记账习惯,规划家庭支出,量入为出。

防:保护好自己的财富,维持正常生活水平所需要的资金,控制好投资理财风险,避免损失。

2. 生涯规划需要资金支持,没有钱,许多生涯目标就实现不了

今天的职场上,无论是选择充电来提升自己,还是找寻新的发展舞台,无不需要一个精于理财的头脑,同样,规划好了职业,无疑是事半功倍,成功地完成了人生中最重要的一项"长线投资"。随着社会保障体系的健全,每个人正在从单位人向社会人过渡,每个人必须为自己的一生进行财务上的预算与策划,科学地规划自己的理财生涯。

一个企业的发展需要长远的规划,长期、中期与短期目标计划的相互协调,日常必要的各种预测、考察和尽心尽力的实践。不管一个人是否意识到,每一个人都是自己人生企业的董事长。对于年轻人来说,建立自信与责任感并不困难,如何去经营人生却是一个需要努力思索、大胆实践、以不懈的勇气去面对失败与挫折的漫长过程。经营人生包括经营自己的才能和职场生涯实践活动,也包括经营自己的财富。一个成熟的职场人士,应该根据自己的情况,只有建立自己的理财理念与思路,设立长远的投资理财规划方案,形成自己独特的投资理财风格,才可能创造出独特的人生财富和幸福生活。

3. 跳槽成本也需"精打细算"

跳槽是当前一个很热门的话题,转行也是现代职业人士经常会碰到的难题。当一个人面对这些职业调整问题时,决策之时一定别忘了仔细计算成本和收益,这也是理财的重要内容之一。很多人跳槽的首要条件是找到比目前薪水高的东家,其实跳槽也需要一定的成本。

先说跳槽。假如一个人的新东家愿意支付其比以往更丰厚的薪水,千万不要一看到较高数字就兴奋地投入其怀抱。先来看一下成本:放弃原来的工作投入新工作,一个人很可能需要经历3个月的试用期,这就意味着在这段时间内他的收入会打折扣,试用期的薪水比起他所期待的薪水会少很多;他现在的公司有不少软性的福利待遇,这些福利待遇新东家很可能没有,虽然看起来给他的薪水比较高,但是扣除五险一金、个人所得税之后很可能所剩无几;跳槽后往往需要一段时间的适应,这段时间如果过渡不好,很可能造成职业的暂时性"中断",也可能影响收入等。当一个人打算跳槽时,不妨"精打细算",算一笔账,再考察一下前后两家公司的总体待遇问题,不要到时候辛辛苦苦跳完槽,发现待遇竟不如以前了。

再说转行。隔行如隔山,当一个人下定决心转换他所在行业的时候,这里面的成本更加难以估量:虽然他有工作经验,但新行业所需的知识和技能也许和他以前的工作截然不同,他必然要从头开始学习,这时又牵涉到"充电"的投资问题;他放弃了目前的工作跳槽到另外一个行业,或许一时的薪水有了提高,但长远来看,如果新的行业发展势头并不好,将来他的薪水会呈现下降态势,很可能给他带来更大的损失等。当然,当一个人在决策是否要转行的时候,除了计算成本之外,更要做好职业规划,新行业或许一时难以为他提供较高的薪水,甚至比原来还要少很多,但经过学习和适应阶段过后,说不定这个更适合他的行业会让他得到更好的发展和更丰厚的回报。总而言之,职业调整要从长远职业规划出发,一边精打细算,一边理性规划,这样才能在财务上得到较好的收益。

14.1.2 投资理财规划的范畴、目标和步骤

1. 明确个人与家庭投资理财的范畴

投资是指牺牲或放弃现在可用于消费的价值以获取未来更大价值的一种经济活动。简单来说,投资也是一种支出,是一种可以在未来的某个时期获得总价值超出原有价值的

经济活动。个人投资,或者说家庭投资,就是投入一定的本金在未来能增值或获得收益的所有活动。

个人投资的种类有很多,包括银行理财产品、股票、债券、信托、外汇、期货、房地产、各类收藏品等,不一而足。

个人理财和投资的关系是:投资是个人理财活动的一部分,个人理财包括投资在内的多种形式和内容。

以家庭为单位进行各种投资,使家庭财产有效地保值和增值,从而达成家庭的各种生活目标,就叫作家庭理财。换言之,家庭理财就是确定阶段性的生活与投资目标,审视自己的资产分配状况及承受能力,根据专家建议或自己的投资理财知识、经验,进行资产配置与投资,通过有效控制风险,实现家庭资产收益的最大化。个人作为家庭的特殊形式之一,个人投资理财也应该归纳到家庭投资理财的范畴中。

2. 明确理财目标

每个人都会有不同的愿望,比如想要去国外旅行、想要一所更大的房子等,这些愿望都是一些很模糊的概念,并不是周密而详细的计划。那么,家庭投资理财开始的第一步,就是要将愿望转化为一个合理的理财目标。

理财目标的特点具有可量化的检验性和时效性。比如我想要在10年(时效性)的时间内使我的财富达到50万元(可量化的检验性),这个目标就具有以上的两个特征。

确立投资理财目标,首先要明白自己具有多少愿望。这需要和家人一起,逐一列举出可能实现的愿望。有些愿望是不具备可能性的,如我在一年内要成为中国第一首富之类,明显是遥不可及的愿望,那么这样的愿望就应该排除,只列举出具有实现可能的那一部分。

下一步就是把这些愿望逐步量化,如想更换一处更宽敞的住房,那么确定其地段、面积等参数之后,大致可以得到一个量化的具体金额。这些就是基本的投资理财目标。将所有的愿望都进行量化以后,实现你全部愿望的总金额就明确了。全部目标的实现是一个长期过程,甚至可能要花掉整整一生的时间,因此,必须分阶段来逐步完成所确立的各个具体目标。

再进一步就是围绕每一个具体的目标,制订详细的投资理财计划,使其具有实现的可能性和行动的方向性。例如每月储蓄的金额、每年投资的收益等。需要注意的是,投资理财目标的确立必须和家庭的经济状况与风险承受能力相适应,才能确保目标的可行性。

确立了阶段性的理财目标之后,理财活动才能有条不紊地进行。

3. 客观评估自己的家庭资产

进行家庭资产的评估,其目的是使自己更清楚地了解家庭资产总体状况,家庭月和年收支额度等信息,掌握家庭财务状况,以分析投资理财的能力、方向和品种。

家庭资产是指家庭成员所共同合法拥有的全部现金、实物、投资、债权债务等,以货币进行量化之后的净值。信誉、学识、社会地位等无形的东西,虽然也属于财富的一种,但无法对其以货币进行量化,所以在理财活动中,不将其归纳为资产的范畴。

家庭资产的评估包括以下几个方面。

(1) 固定资产(家居物品、收藏品、房产、汽车)。

(2) 金融资产(现金、活期存折、信用卡、股票、基金、外汇、债券、保险、其他投资)。
(3) 债权资产(债权类项目)。

上述资产以货币进行量化加总后,得出的净值就是家庭实际资产总额。

4. 计算家庭收支及损益

家庭收入是扣除应缴纳的税款之后的纯收入,一般来说分为以下类别。
(1) 常规收入(工资、奖金、补助、福利等)。
(2) 经营收入(房租、佣金等)。
(3) 投资收入(股票、基金、债券等)。
(4) 偶然收入(彩票等)。

家庭支出是所有以各种方式支付的货币总额,一般来说分为以下类别。
(1) 日常支出(饮食、服装、水电、交通、通信、赡养等)。
(2) 投资支出(股票、基金、外汇、债券、存款、保险等)。
(3) 意外支出(医疗、赔偿等)。
(4) 消费支出(旅游、保健、购物等)。

以上关于收入支出的归类不一定全面,根据个人实际情况可能会有所区别。将家庭收支按类目进行归类整理,是进行家庭资产管理的第一步。

家庭损益是指在一段时间内,家庭的收支及余额等财务状况,通过记账,用报表的形式表现出来,就是收支损益表。通过这张表,可以了解到家庭一段时间内的资金流入或流出情况,在下一个财务周期制订相应的财务计划,从而科学地控制资金流动,合理配置资产结构,以达到投资理财的目的。

5. 选择适合自己的投资项目

为了实现自己的愿望和生活目标进行投资理财,首先要选定适合自己的投资理财项目和策略。例如,为了买房,要选择在某段时间内储蓄多少钱,或是在某段时间内投资某个生意获得较理想的回报。不同的投资者,会有不同的投资理财风格,大致可分为以下几类。
(1) 风险型投资者,愿意接受高风险以期获得高回报。
(2) 普通型投资者,愿意接受正常的投资风险以期获得高于一般标准的回报。
(3) 保守型投资者,几乎不愿意承担风险,这种投资者选择的投资方式一般是储蓄。

风险承受能力的判定标准有两个,一个是家庭财务状况,另一个是心理承受能力。根据对风险的承受能力,可以选择不同的投资方式和投资项目。

6. 筹集资金

通过家庭资产的评估、收支项目的制定,确定投资项目后,可以筹集可用于投资理财的资金,不仅包括可动用的现金,还可以通过举债方式筹集,当然,举债的额度必须在自己可以承受的风险范围。

借贷的方式很多,如向亲友借款或者向银行贷款等。借贷的金额可根据自己现阶段财务状况、期望年度收益、投资项目的需求等几方面进行综合评定。借贷过程中需注意两个方面,一方面是借贷的合法性,理财不同于投机,所以保证经济往来对象的可靠性、合法性是非常重要的;另一方面是贷款资金的投资收益应大于利息成本,否则借贷就没有意义。

14.2 投资理财的基本知识、原则和方法

14.2.1 投资理财的基本知识

1. 常见理财工具和资产配置图

常见的理财工具有:黄金,基金,股票,期货,债券,银行存款,保险,信托,外汇,银行理财产品。那么在众多的理财工具中,不同的产品扮演什么样的角色呢?我们来看下这张资产配置图(图14-3)。

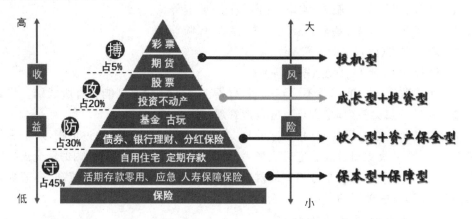

图14-3 资产配置图

其中,定期存款、自用住宅等属于保本型和保障型投资理财,一般占比45%。

债券、银行理财和基金等属于收入型和资产保全型投资理财,一般占比30%。

投资不动产、股票等属于成长型和投资型投资理财,风险高收益高,一般占比20%。

期货、彩票属于投机型投资理财,风险更高,一般占比5%。

当然上述占比,因人而异,不同的人不同的家庭,有不同的风险偏好,因此,资产配置没有标准的模式,以上配置和分类仅供参考。

2. 理财金字塔与风险控制

要特别注意的投资理财原则如下。

(1) 投资不等于理财,投资只考虑回报率,理财是为生活目标服务,理财以资金安全和保值为主要原则。

(2) 高投资收益意味着承担高风险。

(3) 投资理财要先保本、再保障、后投资,用功能配置规避风险。

(4) 不要将鸡蛋放在同一个篮子里,在资产配置中,除了获利性的风险投资,应必备防损性、防御性的金融产品。

(5) 将资金合理分配于不同风险收益的投资工具,形成合理的阵型,既稳固,又不失

进取。

（6）财富的根本作用是稳定，提高家庭的生活品质，不要将理财的风险直接转化为生活风险。

图 14-4 是按照风险、理财技巧和意志高低设计的理财金字塔，越往高，风险越大，理财技巧要求越高，收益也越高。

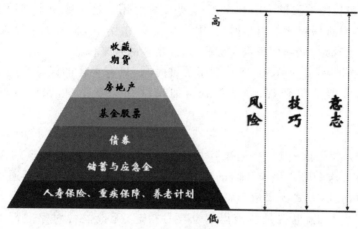

图 14-4 理财金字塔

3. 读懂标准普尔家庭资产象限图

标准普尔曾调研全球 10 万个资产稳健增长的家庭，分析总结出他们的家庭投资理财方式，从而得到标准普尔家庭资产象限图（图 14-5）。此方式被公认为最合理稳健的家庭资产分配方式。

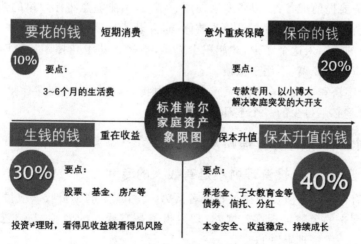

图 14-5 标准普尔家庭资产象限图

第一个账户。

这个账户是日常开销账户，用来存放要花的钱，一般占家庭资产的 10%，为家庭 3～6 个月的生活费，一般放在活期储蓄的银行卡中。

第 14 章 职业生涯规划与投资理财规划

这个账户保障家庭的短期开销,如日常生活食物开销、买衣服、美容、旅游等都应该从这个账户中支出。这个账户最容易出现的问题是占比过高、花销过多,而没有钱存入其他账户。

第二个账户。

这个账户是杠杆账户,用来存放保命的钱,一般占家庭资产的20%,为的是以小博大。这个账户可保障突发的大额开支,一定要专款专用。这个账户主要用于意外伤害和重疾保险,因为只有保险才能以小博大,用100元换10万元,平时无须投入太多,又能保障在家庭成员出现意外事故、患重大疾病时,有足够的钱来保命。

这个账户平时没什么作用,但是到了关键时刻,只有它才能保障家庭不会为了急用钱,卖车卖房、股票低价套现,到处借钱。如果没有这个账户,家庭资产就随时面临风险。

第三个账户。

这个账户是投资收益账户,用来存放生钱的钱,一般占家庭资产的30%。其可为家庭创造收益。这个账户用有风险的投资为家庭创造高收益,往往是通过家庭成员的智慧,用其最擅长的方式为家庭赚钱,包括投资的股票、基金、房产、企业等。这个账户关键在于合理的占比,也就是要赚得起也要亏得起,无论盈亏对家庭都不能有致命性的打击。

第四个账户。

这个账户是长期收益账户,用来存放保本升值的钱,即家庭成员的养老金、子女教育金、留给子女的钱等,一般占家庭资产的40%。这个账户一定要保证本金没有任何损失,并要抵御通货膨胀的侵蚀,所以收益不一定高,但要长期稳定。

有很多人年轻时风光,老了贫困潦倒,就是因为没有这个账户。这个账户最重要的是专属。第一,需要提前准备钱,以备专项使用。第二,不能随意将账户里的钱取出来使用,养老金说是要存,但是经常被用于买车、装修等,到老了就没有养老保障了。第三,每年或每月要将固定的钱存入这个账户,才能积少成多,不然就随手花掉了。第四,要受法律保护,要和风险资产相隔离,不用于抵债。

从理财金字塔和标准普尔家庭资产象限图中我们可以看出,商业保险是我们长期个人财富规划过程必不可少的一个工具。

14.2.2 树立科学的投资理财观念

1. 树立坚强信念,投资理财不是有钱人的专利

现实中,有许多工薪阶层或中低收入者认为,每月固定的工资收入应付日常生活开销就差不多了,哪来的余财可理呢?抱着"理财投资是有钱人的专利,与自己的生活无关""有钱才有资格谈投资理财"的观念。

事实上,投资理财并不是富人的专利,越是没钱的人越需要理财。正所谓"你不理财,财不理你"。每个人都可以理财,但是首先要有良好的心态,抛弃"没财可理""不会理财"的观念。在这个世界上,没有人天生就是富翁,多数人的财富都是靠投资理财赚来的。被人们称为"股神"的巴菲特也是通过投资复利、利滚利、钱生钱让他成为世界著名的大富

翁。他就曾说:"一生能够积累多少财富,不取决于你能够赚多少钱,而取决于你如何投资理财。"

然而,投资理财却常常被人们忽略,究其原因,有的人认为自己没有足够的资产,谈不上理财。实际上,穷人比富人更需要理财。因为资金的减少对富人来说影响不是很大,而对穷人来说则恰恰相反;有的人认为现有的财务已处理得很好,并没有出现什么问题,但在投资机会繁杂的经济社会,投资决策并非轻而易举,资产贬值随时可能发生;有的人认为工作繁忙,无暇顾及个人财务,但如能科学地理财,便能事半功倍,轻松享受人生;有的人认为理财常常是对疾病、失业、风险而言的,这些是生活忌讳,但"人无远虑,必有近忧",倘若在急切需要用钱时捉襟见肘,岂不是更加困窘吗?

人们常常误解,理财就是生财,就是投资赚钱。然而这种狭隘的理财观念并不能达到理财的最终目的。理财是善用钱财,使个人以及家庭的财务状况处于最佳,从而提高生活品质。对于钱不多的家庭来说,顺利的学业、美满的婚姻、悠闲的晚年,是多数人的追求目标。在实现这些生活目标的时候,金钱往往扮演着重要的角色。如何有效地利用每一分钱,如何及时地把握每一个投资机会,便是理财所要解决的。理财的诀窍是开源、节流,争取资金收入。所谓节流,便是计划消费、预算开支。理财不只是为了发财,还为了丰富生活内涵。成功的理财可以增加收入,可以减少不必要的支出,可以改善个人或家庭的生活水平,使人享有宽裕的经济能力,可以储备未来的养老所需。所以,低收入家庭从今天开始就要认识理财,投资理财要先立志,不论贫富,投资理财都是伴随人生的大事,在经营人生的过程中,投资理财从树立自信心和坚强的信念开始。

2. 投资理财重在规划,别让"等有了钱再说"误了你的"钱程"

在我们身边,有许多人一辈子工作勤奋努力,辛辛苦苦地存钱,却又不知所为何来,既不知有效运用资金,亦不敢过于消费享受,或有些人图以小博大,不看自己能力,把理财目标定得很高,在"金钱游戏"中打滚,失利后不是颓然收手,放弃从头开始的信心,就是落得后半辈子悔恨抑郁再难振作。

要圆一个美满的人生梦,除了要有一个好的人生目标规划外,也要懂得如何应对各个人生不同阶段的生活所需,而将财务做适当计划及管理就更显其必要。因此,既然理财是一辈子的事,何不及早认清人生各阶段的责任及需求,制订符合自己的生涯理财规划呢?

越早学会理财,就越早为以后走向社会获得生存能力以及获取财富的技能,越能在资源竞争越来越激烈的现代社会中,更易更快更早地获得成功,从而更好地实现个人以及家庭生活目标。许多理财专家都认为,一生理财规划应趁早进行,以免年轻时任由"钱财放水流",蹉跎岁月之后老来嗟叹空悲切。

3. 拒绝各种诱惑,不良理财习惯可能会使你两手空空

每个月的领薪日是上班族最期盼的日子,可能要购置家庭用品,或是购买早就看中的一套服饰,或是与朋友约好去上一份"人情",各种生活花费都在等着每个月的薪水进账。月初领薪水时,钱就像过节似的大肆花,月尾时再苦叽叽地一边缩衣节食,一边再盼望下个月的领薪日快点到,这是许多上班族的写照。尤其是初入社会、经济刚独立的年轻人,往往最无法抗拒消费商品的诱惑,也有许多人是以金钱(消费能力)来证明自己的能力,或是补偿心理某方面的不足,这就使得其对金钱的支配力不能完全掌握了。

面对这个消费的社会,要拒绝诱惑当然不是那么容易,要对自己辛苦赚来的每一分钱具有完全的掌控权就要先从改变理财习惯下手。"先消费再储蓄"是一般人易犯的理财习惯错误,许多人生活常感左入右出、入不敷出,就是因为其"消费"是在前头,没有储蓄的观念。或是认为"先花了,剩下再说",往往低估自己的消费欲及零零星星的日常开支。对许多老百姓来说,要养成"先储蓄再消费"的习惯才是正确的理财法,实行自我约束,每月在领到薪水时,先把一笔储蓄金存入银行(如零存整取定存)或购买一些小额国债、基金,"先下手为强",存了钱再说,这样一方面可控制每月预算,以防超支;另一方面又能逐渐养成节俭的习惯,改变自己的消费观甚至价值观,以追求精神的充实,不再为虚荣浮躁的外表所惑。

4. 没人是天生的投资理财高手,能力来自学习和实践经验的积累

常听人以"没有数字概念""天生不擅理财"等借口规避与每个人生活休戚相关的理财问题。似乎一般人易于把"理财"归为个人兴趣的选择,或是一种天生具有的能力,甚至与所学领域有连带关系。非商学领域学习经验者自认与"理财问题"绝缘而"随意""随性"而为,一旦被迫面临重大的财务问题,不是任人宰割就是自叹没有金钱处理能力。

事实上,任何一种能力都非天生具有,耐心学习与实际经验才是重点。一是要加强学习,主动学习理财品种相关的业务知识、掌握理财品种的基本特点,厘清各项经济、金融政策与理财产品的关系。当然,学习金融知识并不一定要上大学,在家里轻松看电视、阅读书籍、报纸、杂志,或上网浏览专业网站也可以补充这方面的知识,还可以向有理财知识的朋友请教,或参加一些理财方面的活动。二是要养成主动关心时事、关心政治、关注新闻的习惯;在平时生活主要多注意银行、保险、基金等方面的新闻,你的财商神经就会慢慢绷紧,对理财的认识也会逐渐提高。三是对各类经济事件要善于进行独立的思考,要掌握一些政治、经济事件对投资产品的影响规律。

除了学习经济金融基本知识和信息外,在实践中提高投资理财技能最快、最有效。中国许多退休大爷大妈就是在投资股市中自学成才,用省下来的买菜钱投资股票赚钱。当对自己的家庭财务状况一目了然、对金融市场有一定认识的时候,就应该制订一套适合自己家庭的理财规划,按照短期理财目标合理安排资产。如果你实在没法制订这样完善的理财规划,可以请专业的理财师帮你完成。有了一套完善的理财规划,就积极参与到投资理财的实践中去,在实践中提高投资理财技能比任何"模拟"的学习效果都要好。要不断总结、积累业务交易经验;保持良好的心态,逐步形成自己稳健的理财风格。当然,刚刚开始进行投资理财时,最好启用家庭的闲置资金,投资一些风险比较低的理财产品,或在专家的指导下投资自己能够承担的风险性理财产品。

5. 不要奢求一夕致富,平衡好收益与风险

有部分人投资理财是走投机路线的,也就是专做热门短期投资,今年或这段时期流行什么,就一窝蜂地把资金投入。这种人有投资观念,但因赌性太强,宁愿冒高风险,也不愿扎实从事较低风险的投资。这类投机客往往希望一夕致富,若时机好也许能大赚一笔,但

时机坏时亦不乏血本无归甚至倾家荡产的活生生的例子。

目前的投资工具,最普遍的不外乎银行存款、股票、房地产、期货、债券、黄金、共同基金、外币存款、海外不动产、国外证券等,不仅种类繁多,名目亦分得很细,每种投资渠道下还有不同的操作方式,若不具备长期投资经验或非专业人士,一般人还真弄不清。因此,一般大众无论如何对基本的投资工具都要稍有了解,并且认清自己的投资倾向是保守或具冒险精神,再来衡量自己的财务状况,量力而为地选择较有兴趣或较专精的几种投资方式,搭配组合以小博大。投资组合的分配比例要依据个人能力、投资工具的特性及环境时局而灵活转换。个性保守或闲钱不多者,组合不宜过于多样复杂,短期获利的投资比例要少;个性积极有冲劲且不怕冒险者,可视能力来增加高获利性的投资比例。各种投资工具的特性,则通常依其获利性、安全性和变现性(流通性)三个原则而定。例如银行存款的安全性最强,变现性也强,但获利性相对较弱;股票、期货则具有高获利性、变现性佳但安全性弱的特性;而房地产的变现能力差,安全性强,获利性(投资报酬率)则视地段及经济景气程度而有弹性。

理财规划应配合大经济环境和时局变化。一般说来,经济不景气、通货膨胀明显时,投资专家莫不鼓励投资人增加变现性较强且安全性也不错的投资比例,也就是投资策略宜修正为保守路线,维持固定而安全的投资获利,静观其变,"忍而后动"。经济回苏、投资环境活络时,则可适时提高获利性佳的投资比例,也就是冒一点风险以期获得高报酬率的投资。另外,不管环境如何变化,投资组合中最保险的投资工具仍要占一定比例。不要把所有资金都投入高风险的投资里去。投资组合乃是将资金分散至各种投资项目中,而非放在同一投资"篮子"中。认真做好理财计划,设定好盈利预期和止损目标,积小胜为大赢。

6. 投资理财通用原则

(1) 量入为出原则。将税前收入的10%存入银行。即使目前的投资收益还比较可观,但这并不能真正替代养老计划。正确的理财方式还应该养成良好的储蓄习惯。如果已经退休,那么追加投资金额应该低于前期投资回报额,以免财务状况过于复杂而受到通货膨胀或其他风险的影响。

(2) 侧重股票原则。投资组合中股票应占到至少一半。通常年轻人在投资组合中保持较大的股票比重,但现在有些老年人也这么做。尤其是对那些已退休20年以上的老年人来说,股票类资产更是必不可少。对于投资者来说,投资股票既有利于避免因低通胀导致的储蓄收益下降,同时也能够在行情不利时及时撤出股市,变现能力较强,可谓是进可攻、退可守。

(3) 合理负债原则。"借鸡下蛋",以借贷方式筹措资金,是资金的重要来源之一,但在借贷中应避免高成本负债,如尽量以较合理的借款利率筹措资金,避免因信用卡过量透支而支付高额利息等。

(4) 现金流动性原则。无论手头多紧,始终都应该掌握一笔可以灵活运用的现金,用于应付有可能的突发事件。在这个原则中,最重要的不是现金有多少,而是投资能在最短时间内变现的能力。

(5) 合法性原则。合法性原则即投资活动、投资的品种要合法,一定不能参与那些地下赌博的投资,不要参与高息揽存的非法集资。在投资理财过程中,会经过很多手续并签订很多文件,要善于留存和妥善保管一系列资料证据,特别是合同、转账凭证、收条等核心证据,以确保后续出现问题时,有相应的应对措施和文件资料。投资理财时要考察理财公司是否有正规合法的经营场所,并且查验是否有市场监督管理部门颁发的营业执照和银保监会颁发的金融许可证,确保理财在合规合法的过程中进行。要慎重考察营销人员是否与理财公司具有合法有效的劳动人事关系,是否能代表公司签订民事合同。要提前确认客户经理宣传的是理财产品、属于银行自身的产品还是其他公司的产品。在资金支付时一定要向合同相对方的账户内支付款项,并留存凭证,切勿向营销人员指定的第三方个人账户付款。

(6) 流动性原则。投资要容易兑现,如产品到期能保证拿到本金和收益。投资理财的资产的流动性强,有利于组合管理者及时抓住有利的投资机会。谨慎的组合管理者往往会专门保留一部分现金资产或持有部分流动性强的证券。

(7) 安全性原则。不要冒太大的风险,首先以稳健型的(如稳利精选基金等)低风险投资品种为主,然后再根据实际情况配置高风险的(如股票等)投资品种。

14.3 不同生涯阶段的投资理财规划

14.3.1 不同生涯阶段的投资理财需求及规划

个人生涯规划可以分为探索期、建立期、稳定期、维持期、高原期以及退休期这6个阶段。由于个人生涯规划几个阶段存在差异,这几个阶段的理财重点也存在不同,具体如表14-1、表14-2 所示。

表14-1 个人生涯规划阶段与理财需求

期间	学业事业	家庭形态	理财活动	投资工具	保险计划
探索期 18~24岁	升学或就业 转业抉择	以父母家庭 为生活重心	提升专业 提高收入	活存定存 基金定投	意外险、寿险受益人——父母
建立期 25~34岁	在职进修 确定方向	择偶结婚 有学前小孩	量入节出 攒首付款	活存定存 基金定投	寿险、子女教育险 受益人——配偶
稳定期 35~44岁	提升管理技能 进行创业评估	小孩上小学 中学	偿还房贷 筹教育金	自用房地 股票基金	依房贷余额金额 递减的寿险
维持期 45~54岁	中层管理 建立专业声誉	小孩上大学 或出国深造	收入增加 筹退休金	建立多元 投资组合	养老险或投资型 保单
高原期 55~64岁	高层管理 偏重指导组织	小孩已独立 就业	负担减轻 准备退休	降低投资 组合风险	养老险或长期看 护险
退休期 65岁后	名誉顾问 传承经验	儿女成家 含饴弄孙	享受生活 规划遗产	固定收益 投资为主	领终身年金至终老

表 14-2 不同人生阶段银行提供的投资理财服务产品

人生阶段	理 财 需 求	银行能提供的理财服务
单身男女	刚踏入社会,经济收入较低,个人支出较多,理财观念较淡薄,有个人消费贷款的需求	信用卡、零存整取、代理基金及定投、代理保险、个人消费贷款等业务及个人理财规划等
二人世界	收入增加,家庭支出增加,有一定风险承受能力,资产增值意愿强烈,开始形成理财观念,购房、购车需求上升	代扣代缴、信用卡、股票第三方存管、代理基金及定投、代理保险、房贷、车贷等业务及家庭理财规划等
三口之家	已逐步成为社会中坚力量,经济收入和日常消费趋于稳定,风险承受能力较强,孩子成为家庭的中心,理财意识强,理财需求迫切	教育储蓄、受托理财、代理基金及定投、股票第三方存管、外汇买卖、代理保险、个人贷款等业务及家庭理财规划等
事业有成	事业达到巅峰阶段,生活压力减轻,开始为退休生活做准备,更注重投资的稳健性,二次置业需求出现	受托理财、信托集合理财、代理黄金买卖、代理保险、经营性贷款等业务及家庭理财规划等
颐养天年	处于退休阶段,收入下降,医疗支出增加,投资风格趋于保守,开始关注家庭财产的传承	国债、定期存款、代理保本基金、代理债券基金、受托理财、代理保险等业务及家庭理财规划等

1. 探索期——就业前的准备,18～24 岁

(1) 学业。生涯规划应从一个人念大学时选择科系开始。个人的兴趣和专长学科及社会的需求方向都要加以考虑。

(2) 家庭。处于此阶段的人大多未婚,和父母同住或住在学校宿舍,是家庭形成期前的阶段,以父母的家庭为生活重心。

(3) 理财活动。重点在提升专业知识,取得可提升未来工作收入的证书。此时可理的财相当有限,可能是零用钱、打工或家教所得。在银行开一个活期储蓄账户,可申请一张信用卡来延迟给付,但切忌超额消费把卡刷爆。

(4) 保险。在找到第一份工作的同时投保第一张保单,以低廉的费用购买一份 20 万元保额 5～10 年期的定期险或 50 万元每年缴费的意外险,以父母为受益人,以此作为保险状况发生时,对父母的回馈。

2. 建立期——从职场新人到独立贡献者,25～34 岁

(1) 事业。处于此阶段的人此时刚刚踏入社会,第一份工作的选择相当重要,最好是能学有所用。但若未如所愿,在工作的前 10 年可再留意是否有更合志趣、更能发挥抱负,同时待遇也较高的其他工作机会。

(2) 家庭。这段时间是一般人择偶、结婚、养育婴幼儿子女的时间,和家庭形成期相当。婚前和父母同住,若夫妻商量后决定要拥有自己的房子,就要开始制订储备购房首付款的计划。

(3) 理财活动。该阶段可投资的钱不多,但因为还年轻,可以承担较高的风险。可以将相当 3～6 个月支出的金额作为存款,当作紧急备用金,多余的钱尝试投资一些股票,或以定期定额的方式投资国内股票型基金。

(4) 保险。婚后可互以配偶为受益人购买保额为 30 万～50 万元、20～30 年期的定期寿险,子女出生后可以以子女为受益人,购买保额为 15 万～20 万元的 20 年期定期寿险,万一发生保险事故,可把理赔金用来作为子女的高等教育金。

3. 稳定期——确定生涯方向,35～44 岁

(1) 事业。处于此阶段的人差不多经过了 10 年职场的历练,这个时期对于未来的生涯发展应该有明确的方向。是否转向管理岗位,是否专注于个人业绩或专业发展,是否可以自行创业当老板,在该阶段都可以定案。

(2) 家庭。该阶段是家庭成长期的前段。此时子女也应该到了上小学和中学的阶段,应该趁子女上中小学学费负担较轻时开始为他们准备高等教育金。对购置自用住宅的家庭而言,此间最大的负担是房贷本息摊还额。

(3) 理财活动。此时的投资除了自用住宅之外,若每月储蓄扣除房贷和教育金准备还有余额的话,可以用来作为退休准备金。以实现目标的年限在 20 年以上来说,当作退休准备的资金可多用于股票等获利性为主的投资上。

(4) 保险。若有房贷负担,针对房贷余额购买递减型房贷寿险,可以在保险事故发生时用理赔金还清贷款,使家人不至于因房屋被法院拍卖而流离失所。此时家计负担者收入的持续性相当重要,可负担的话最好也投保失能险,且保额以收入的 5～7 成计算。

4. 维持期——最具投资力的年龄层,45～54 岁

(1) 事业。处于此阶段的人若在企业循序发展则很有可能做到中层管理者,若走专业路线,积累 20 年的职场经验应该可以建立专业声誉。

(2) 家庭。此阶段的人子女多处于念大学或深造阶段,属于家庭成长期的后半段,子女教育费用是最大支出。由于房贷多已在前阶段 10 年内提前还清,但稍具经济能力的家庭在子女长大时会考虑换房,因此仍要准备由小换大的房价差额及装潢费用。

(3) 理财活动。最重要的理财目标是为自己及配偶准备退休金。因为收入增加而负担减轻,离退休至少还有 10 年,此时投资能力最强,同时还能承担中等程度的风险,因此除了前阶段定期定额投资股票型基金外,对于已累积的资产,应该构建一个多元化的投资组合,包括存款、货币市场基金、债券基金、股票型基金、投资房地产、艺术品等,来分散风险。

(4) 保险。若选择以基金而非储蓄来累积资产,此时最好投保 10 万元的终身险附加终身医疗险。此时人已中年,对医疗的需求增加,只依靠社保则不能满足对医疗品质的要求,以及因此可能中断的收入。

5. 高原期——退休前的准备,55～64 岁

(1) 事业。在中国,一般人的退休年龄为 55～64 岁。此时还在企业发展者,可望成为高层管理者。专业工作者也到了经验最丰富的时候,可传承经验培养接班人。

(2) 家庭。子女应已就业,可能自己租房或仍和父母同住;若已成家也到了离巢的时刻,和家庭成熟期的阶段相当。居住多半维持原有住所到退休,届时再考虑是否换购可满足银发族需求的住宅。

(3) 理财活动。应开始规划退休后的银发生涯,把退休当作圆梦的开始而非人生的

终点。在投资上应逐步降低投资组合的风险,增加债券基金或存款的比重。

(4) 保险。在退休时可以将原有的养老险转换为活到老领到老的终身年金,同时应该趁还未超过保险年龄而投保长期看护险,以免年老无法自理起居时,无人照顾或成为子女的负担。

6. 退休期——退休后享受生活,65 岁以后

(1) 事业。处于此阶段的人已从职场退休,若体力、智慧尚可,还可以做个名誉顾问,传承经验以保持成就感。

(2) 家庭。子女应已成家,可去探望他们,含饴弄孙,相当于家庭衰老期的阶段。夫妻中一方先身故后,剩下的一方可能和子女同住。居住可以考虑从大换小、变现差额来补充退休养老金。

(3) 理财活动。若前述安排妥当,即使没有企业退休金,也已经累积 100 万元以上的自储退休金,应足以过上有尊严的晚年生活。因为已经没有工作收入,开始吃老本,此时的投资组合应以固定收益工具为主,但无论如何报酬率还是要高于通货膨胀率。

(4) 保险。可将已累积退休金的一大部分用于购买活得越久领得越多的终身年金,一直领至终老为止,让保险公司承担准备的退休金不够用的风险。

14.3.2　不同生涯阶段的投资理财策略

在具体的投资项目上,需要就该项资产做多样化的分配,使投资比重恰到好处。按照年龄阶段采取不同的投资理财策略,没有什么特殊的标准和原则,但大体上可遵照一个 100 减去目前年龄的经验公式。

20~30 岁时,年富力强,风险承受能力是最强的,可以采用积极成长型的投资模式。按照 100 减去目前年龄的公式,你可以将 70%~80% 的资金投入各种渠道,在这部分投资中再进行组合。30~50 岁时,家庭成员逐渐增多,承担风险的程度较低,投资相对保守,但仍以让本金快速成长为目标。这期间应将资金的 50%~60% 投在证券方面,剩下的 40%~50% 投在有固定收益的投资项目上。50~60 岁时,孩子已经成年,是赚钱的高峰期,但需要控制风险,你至多将 40% 的资金投在证券方面,60% 的资金则投于有固定收益的投资项目。到了 65 岁以上,多数投资者会将大部分资金存在比较安全的固定收益投资项目上,只将少量的资金投在股票上,以抵御通货膨胀,保持资金的购买力。

根据人生不同的年龄阶段,给出不同的投资理财建议。

1. 单身期:参加工作到结婚前(2~5 年)

理财重点:这一时期自己没有太大的家庭负担,精力旺盛,因为要为未来家庭积累资金,所以,理财的重点是要努力寻找一份高薪工作,打好基础。也可拿出部分储蓄进行高风险投资,目的是学习投资理财的经验。另外,由于此时负担较轻,年轻人的保费又相对较低,可为自己买点人寿保险,以应对因意外导致收入减少或负担加重。

投资建议:可将积蓄的 60% 投资于风险大、长期回报高的股票、基金等金融品种;20% 选择定期储蓄;10% 购买保险;10% 存为活期储蓄,以备不时之需。

理财优先顺序:节财计划→资产增值计划→应急基金→购置住房。

2. 家庭形成期：结婚到孩子出生前（1～5 年）

理财重点：这一时期是家庭消费的高峰期。虽然经济收入有所增加，生活趋于稳定，但家庭的基本生活用品还是比较简单。为了提高生活质量，往往需要支付较高的家庭建设费用，如购买一些较高档的生活用品、每月还购房贷款等。此阶段的理财重点应放在合理安排家庭建设的费用支出上，稍有积累后，可以选择一些比较激进的理财工具，如偏股型基金及股票等，以期获得更高的回报。

投资建议：可将积累资金的 50% 投资于股票或成长型基金；35% 投资于债券和保险；15% 留作活期储蓄。

理财优先顺序：购置住房→购置硬件→节财计划→应急基金。

3. 家庭成长期：孩子出生到上大学（9～12 年）

理财重点：家庭的最大开支是子女教育费用和保健医疗费等。但随着子女的自理能力增强，父母可以根据经验在投资方面适当进行创业，如进行风险投资等。购买保险应偏重于教育基金、父母自身保障等。

投资建议：可将资本的 30% 投资于房产，以获得长期稳定的回报；40% 投资股票、外汇或期货；20% 投资银行定期存款或债券及保险；10% 存为活期储蓄，以备家庭急用。

理财优先顺序：子女教育规划→资产增值管理→应急基金→特殊目标规划。

4. 子女大学教育期：孩子上大学以后（4～7 年）

理财重点：这一时期子女的教育费用和生活费用猛增。对于理财已经取得成功、积累了一定财富的家庭来说，完全有能力支付，不会感到困难。因此，可继续发挥理财经验，发展投资事业，创造更多财富。而那些理财不顺利、仍未富裕起来的家庭，通常负担比较繁重，应把子女教育费用和生活费用作为理财重点，确保子女顺利完成学业。一般情况下，到了这个阶段，理财仍未取得成功的家庭，就说明其缺乏致富的能力，应把希望寄托在子女身上，千万不要因急需用钱而盲目投资。

投资建议：将积蓄资金的 40% 用于股票或成长型基金的投资，但要注意严格控制风险；40% 用于银行存款或国债，以支付子女的教育费用；10% 用于保险；10% 作为家庭备用。

理财优先顺序：子女教育规划→债务计划→资产增值规划→应急基金。

5. 家庭成熟期：子女参加工作到父母退休前（10～15 年）

理财重点：这期间，由于自己的工作能力、工作经验、经济状况都已达到最佳状态，加上子女开始独立，家庭负担逐渐减轻，因此，最适合积累财富，理财重点应侧重于扩大投资。但由于已进入人生后期，万一风险投资失败，就会葬送一生积累的财富。所以，在选择投资工具时，不宜过多选择风险投资的方式。此外，还要存储一笔养老金，并且这笔钱是雷打不动的。保险是比较稳健和安全的投资工具之一，虽然回报偏低，但作为强制性储蓄，有利于累积养老金和资产保全，是比较好的选择。

投资建议：将可投资资本的 50% 用于股票或同类基金；40% 用于定期存款、债券及保险；10% 用于活期储蓄。但随着退休年龄逐渐接近，用于风险投资的比例应逐渐减小。在保险需求上，应逐渐偏重于养老、健康、重大疾病险。

理财优先顺序：资产增值管理→养老规划→特殊目标规划→应急基金。

6. 退休以后

理财重点：应以安度晚年为目的，投资和花费通常都比较保守，身体和精神健康最重要。在这时期最好不要进行新的投资，尤其不能再进行风险投资。

投资建议：将可投资资本的10％用于股票或股票型基金；50％投资于定期储蓄或债券；40％进行活期储蓄。对于资产比较丰厚的家庭，可采用合法节税手段，把财产有效地交给下一代。

理财优先顺序：养老规划→遗产规划→特殊目标规划→应急基金。

理财总会有风险，所以，我们在进行投资前，有必要先盘算一下自己承担风险的能力。因为任何人在承受风险时都有一定的限度，超过了这个限度，风险就会变成负担或压力，可能就会对我们的心理、健康、工作甚至家庭生活造成伤害。

复习思考题

1. 个人为什么要进行投资理财？
2. 投资理财与生涯规划的重要关系是什么？
3. 不同的人生阶段有哪些不同的理财需求和投资策略？

打造30岁后美好生活理财

即测即练

参 考 文 献

[1] 刘仲仁.大学生择业指南[M].北京:中国物资出版社,2000.
[2] 周文霞.职业生涯管理[M].上海:复旦大学出版社,2004.
[3] 小舍曼,等.人力资源管理[M].大连:东北财经大学出版社,2001.
[4] 周文霞.人力资源管理[M].北京:中国城市出版社,2004.
[5] 石建勋,等. 职业规划与创业管理[M].北京:机械工业出版社,2006.
[6] 石建勋.多元化与和谐管理[M].北京:机械工业出版社,2008.
[7] 伦兹,彼得森.职业生涯发展与规划[M].侯志瑾,伍新春,译.北京:高等教育出版社,2005.
[8] 石建勋.160种求职择业致富新方法[M].北京:中国人民公安大学出版社,1998.
[9] 姚裕群.职业生涯规划与发展[M].北京:首都经济贸易大学出版社,2003.
[10] 查普曼.职业生涯发现方案[M].韩经纶,等译.天津:南开大学出版社,2002.
[11] 刘冰,张欣平.职业生涯管理[M].济南:山东人民出版社,2004.
[12] 米多顿.职业规划[M].胡零,译.上海:上海远东出版社,2002.
[13] 王凌峰.我的大学:大学生职业规划与就业指导[M].北京:中国时代经济出版社,2005.
[14] 周文,龚先,等.素质测评与职业生涯规划[M].长沙:湖南科学技术出版社,2005.
[15] 徐娅玮.职业生涯管理[M].北京:海天出版社,2002.
[16] 谌新民,唐东方.职业生涯规划[M].广州:广东经济出版社,2002.
[17] 张玲玲,张芝萍.大学生就业指导[M].北京:科学出版社,2004.
[18] 鄂桂红.现代人事管理技术实用手册[M].北京:中国人事出版社,1999.
[19] 姚裕群.走向市场的中国就业[M].北京:中国人民大学出版社,2005.
[20] 苏永华.人才测评案例集[M].北京:中国人民大学出版社,2011.
[21] 肖勇.在职场中如何建立个人品牌[J].金领世界,2007(5).
[22] 俞国良.心理健康与生涯规划[J].教育研究,2008(10).
[23] 宋振杰.成就精彩的自己[EB/OL].http://www.chinahrd.net.
[24] 林泽炎,陈红.职业生涯设计与管理技术[EB/OL].http://www.docin.com.

教学支持说明

▶▶ **课件与教学大纲申请**

尊敬的老师:

您好!感谢您选用清华大学出版社的教材!为更好地服务教学,我们为采用本书作为教材的老师提供教学辅助资源。该部分资源仅提供给授课教师使用,请您直接用手机扫描下方二维码完成认证及申请。

任课教师扫描二维码
可获取教学辅助资源

▶▶ **样书申请**

为方便教师选用教材,我们为您提供免费赠送样书服务。授课教师扫描下方二维码即可获取清华大学出版社教材电子书目。在线填写个人信息,经审核认证后即可获取所选教材。我们会第一时间为您寄送样书。

任课教师扫描二维码
可获取教材电子书目

 清华大学出版社

E-mail: tupfuwu@163.com 网址: http://www.tup.com.cn/
电话: 010-83470332/83470142 传真: 8610-83470107
地址: 北京市海淀区双清路学研大厦B座509室 邮编: 100084